김정은시대 북한을 보는 10가지 시각: 지속과 변화

김정은시대 북한을 보는 10가지 시각: 지속과 변화

북대북한연구회 편

역사인

북한의 변화에 대한 북대인의 시각

이 책은 2018년 3월 출간된『북한학의 새로운 시각: 열 가지 질문과 대답』이라는 첫 연구총서에 이어 '북대북한연구회'가 기획하고 발간한 두 번째 연구총서이다.『김정은시대 북한을 보는 10가지 시각: 지속과 변화』라는 문제의식은 2018년 평창올림픽 이후 한반도 평화 프로세스를 주도했던 김정은에게서 과연 '변화'를 엿볼 수 있었는가에 대한 단순한 질문에서 기획된 것이다. 2018년 4.27 판문점선언과 6.12 싱가포르 회담 그리고 9.19 평양선언에 이르기까지 북한의 변화에 대한 높은 기대감과 함께 2019년 하노이 회담이 '노딜'로 끝나면서 북한의 변화에 대한 한계까지 다양한 시각이 글 속에 녹아있다. 10명의 연구자들이 지난 10개월 동안 치열한 논쟁과 토론을 통해 북한의 변화에 대한 10가지 주제를 선정하였고 과연 북한이 변하고 있는가에 대한 해답을 찾아가고자 노력했다.

이종주는 왈츠의 신현실주의 이론에 따라 북한 핵정책을 무정부적 국제체제에서 힘의 균형이 변화하는데 따라 체제안전을 확보하기 위한 북한의 생존전략으로 규정하고, 2009년을 기점으로 북한이 '제한적인 편승'에서 '전면적인 내부적 균형'으로 핵정책을 전환했다고 주장했다. 무엇보다 북한은 미중관계의 변화를 '기회의 얼굴을 한 위협'으로 인식하고, 편승의 대상을 조정하는 약소국의 현상유지가 아니라, 미중의 경쟁과 협력을 전략적 기회로 이용하여 핵 억제력을 강화하고 이를 바탕으로 "조선반도의 새로운 평화보장체계"를 구축하는 강대국의 현상타파 경로를 추구했다고 본 것이다. 그 결과 필자는 북한이 2017년 11월 기술적 미비에도 불구하고 "국가 핵무력 완성"을 서둘러 선언하였고, 2018년 1월부터 대화 테이블로 나왔다고 주장했다.

박시영은 북한이 핵무력 완성을 위해 '위험감수전략'과 '위험회피전략'이라는 양극단의 전략적 선택과정에서, 왜 위험감수전략에서 위험회피전략으로 선회하게 되었는지를 설명하고자 했다. 필자는 그동안 김정은은 미국의 지속적인 대북압박정책, 북중관계의 불안정성, 남북관계의 악화 등 대외적 위험인식 속에서도 체제 내부의 안정성을 강화하려는 노력과 연계하여 위험감수전략을 선택했었다고 주장했다. 그러나 2016년 이후 지속적인 유엔 대북제재, 미국의 독자적인 제재강화, 특히 제한적 대북 선제타격 위협으로 인해 지속적인 위험감수전략이 가져올 재앙적 손실, 즉 정권붕괴라는 위협을 인식하면서부터 북한이 위험감수전략에서 위험회피전략으로의 전환하게 되었다고 분석했다.

유판덕은 북한이 규정한 혁명의 핵심 대상은 "핵 공격 연습으로 공화국을 위협"하고 "혁명을 방해"하며, '핵무기로 무장한 미군(미제)'이라는 사실에 초점을 두고 있다. 이에 북한은 비핵화의 대상을 '북한의 비핵화'라고 하지 않고, 미군에 의한 '핵우산'까지를 상정한 '한반도의 비핵화'라고 주장했다. 북한은 선차적 혁명과업인 '사회주의 체제를 위협하고 남조선혁명을 방해'하는 주한미군의 '핵우산' 제거를 위해 '핵무력'이 필요했던 것으로 보인다. 그 결과 북한의 핵무력은 향후 주체군사사상의 '공세성과 과감성'을 더욱 강화시킬 것이라고 분석했다.

한상철은 북한이 핵무력 완성을 선언한 2017년 11월말부터 2차 북미회담이 교착되는 2018년 12월까지 북한 핵정치와 적대감의 연관성을 분석해 봄으로써 세 가지 질문을 던지고 답을 찾아보고자 했다. ① 질문: "북한은 핵무기를 포기할 것인가?" → 답: 북한은 "핵보유국"이 아닌 "사회주의국가"의 정체성을 가지고 있기 때문에 국제사회가 북한의 정체성을 존중하며 협상한다면 "완전한 비핵화"의 가능성은 열려 있다. ② 질문: "북한의 비핵화 협상은 진정성이 있는가?" → 답: 북한이 군사적인 적대관계를 청산하고 우호적인 관계를 맺으려 노력하는 것은 진정성을 갖고 협상에 나서는 근거로 볼 수 있다. ③ 질문: "비핵화는 평화를 만들 수 있을까?" → 답: 북한의 남한 보수세력에 대한 적대감은 변함이 없다. 그 결과 필자는 평화를 만드는 비핵화의 조건은 북한정권과 남한의 보수 세력이 서로를 인정하고 사상의 자유를 존중할 때 가능하다고 분석했다.

이규태는 지난 70년간 김일성과 김정일에서 김정은으로 이어지는 북한정권의 대내외정책 패러다임 유지와 전환 그리고 정권체제 안정문제에서 중국은 늘 우선적으로 고려해야 하는 외적 요인이었다는 점을 강조했다. 2012년 정권을 승계한 이후 6년 동안 정상외교를 하지 못했던 김정은이 '비핵화'를 의제로 남북관계와 북미관계 개선을 시도하면서, 2018년 3월부터 2019년 1월까지 모두 4번이나 북중 정상회담을 개최할 수 있었던 것은 김정은이 중국요인의 중요성과 필요성을 분명히 의식하고 있었기 때문이라고 분석했다. 따라서 필자는 북중 양국의 일당독재체제가 유지되는 한 양국의 현재와 같은 특수한 상호관계의 패러다임은 변함없이 유지될 수밖에 없다고 전망했다.

김옥자는 2018년 세 차례의 남북정상회담과 북미정상회담을 추진하면서 북미 양국 실무진들의 접촉이 빈번해지자, 『로동신문』에는 미국을 비난하는 기사가 현저하게 줄었고, 과거 <미제>라는 단어를 미국으로 표기했다. 필자는 북한의 이러한 반미선전선동의 중단을 미국과의 협상에서 긍정적인 결과를 얻기 위한 전략의 하나였다고 분석했다. 그러나 북한은 여전히 한반도의 분단과 한국전쟁으로 인한 피해의 전적인 책임을 미국의 참전으로 규정했을 뿐만 아니라, 오랫동안 지속된 경제침체의 책임도 미국의 강력한 대북제재 때문이라고 비난했다. 그 결과 북한 반미선전선동의 핵심거점인 '신천박물관'은 신천군사건을 재현하고 전시하여, 여전히 북한 주민들에게 반미투쟁에 적극 동조하도록 하기 위한 목적으로 건립되었다고 분석했다.

이경직은 선전선동의 측면에서 북한의 변화는 읽을 수 없다고 주장했다. 오히려 SNS, 인터넷 등 다양한 첨단 기기와 프로그램의 발전으로 김일성과 김정일 시대보다 북한이 주시하는 선전선동의 수단과 방법이 더 다양화해졌다고 주장했다. 북한의 수령에 대한 선전선동은 과거와 다름없이 진행되고 있으며, 그 결과 김일성 - 김정일 - 김정은으로 세습되는 백두혈통에 대한 정권교체를 허용하겠다는 의지가 없는 한 북한의 변화를 기대하기는 어렵다. 따라서 필자는 개혁·개방이 정권의 붕괴로 이어질 것을 가장 우려하는 북한 정권으로서는 국제사회의 식량지원 외에는 북한 개발을 위한 적극적인 경제적 지원을 받아들이기는 쉽지 않다고 분석했다.

홍성보는 북한이 체육을 중시하는 이유는 체육을 국가전략의 주요 동력으로 활용할 수 있기 때문이라고 주장했다. 1950년대 이후 체육은 전후 복구사업과 사회주의 건설 시기에는 집단경쟁의 '군중체육'을 활성화되었으며, 1970~80년대 주체적인 사상과 기술에 따라 '주체체육'으로, 1990

년대 경제난 이후에는 군대가 앞장서는 '선군체육'으로 호명되었다. 그러나 2018년 이후 북한의 체육사업은 김정은의 '경제건설 총력노선'에 따라 변화가 예상된다. 특히 민족체육으로서 태권도는 수령과의 직접적인 의미 부여를 통해 경제건설 과정에서의 '개인주의'를 경계하고, 첨단 과학기술로 '단숨에 도약'하려는 북한 권력의 의지를 들어낼 수 있는 매우 중요한 도구라고 주장했다. 그 결과 필자는 북한의 태권도는 민족체육으로서 단순한 신체(체육)활동 이상의 의미를 지니고 있다고 분석했다.

조우찬은 북한 사회주의체제 건축의 근간인 평양에서 역사적 문화유산이 지닌 의미는 극장의 무대(舞臺)적인 요소를 가미한 도시의 상징화를 극대화하는 것이라고 주장했다. 북한은 과거와의 단절이 아닌 계승을 통해 평양의 역사적 이미지를 구축하고 체제의 우월성과 민족적 정통성을 과시하고자 하였다. 이처럼 평양은 사상적 공간인 혁명전통 조형물과 함께 역사적 공간으로써 계획도시의 상징화를 담아내고 있다. 따라서 필자는 북한체제의 특징이 나타나는 평양의 공간 변화의 핵심은 혁명전통을 강조하는 상징물과 아울러 민족적 우월성을 과시하려는 역사문화유산의 '개건'이라고 분석했다.

신석호는 국제정치학의 헤게모니 이론에 비춰 2017년 도널드 트럼프 대통령 취임 이후 심화되고 있는 미국과 중국의 전략경쟁의 성격에 대해 논의하고 전망하였다. 우선 2차 세계대전 이후 버락 오바마 행정부까지 유지되었던 미국의 글로벌 헤게모니 정책은 유지되고 있으나 이전까지의 헤게모니 목표가 미국식 자유주의의 국제적 확산이었던 것에 비해 트럼프 행정부는 비자유주의적인 수단과 방법이 사용되고 있다고 주장했다. 필자는 역외균형론을 비롯해 역사상 강대국 경쟁관계를 다룬 다섯 가지의 개념들을 소개한 뒤 그 결과 양국의 전략경쟁이 이제 시작된 것으로 쉽게 끝나지 않을 것이라고 전망하였다. 그 결과 필자는 미중간 전략경쟁으로 한국에 대한 미국의 전략적 가치는 높아지겠지만 북핵문제 해결에 중국을 동원할 수 있는 미국의 레버리지는 약화될 수밖에 없다고 전망했다.

10명의 저자들이 본 북한의 변화는 매우 복합적이다. 김정은의 북한이 변화하고 있다는 의견과 아직 북한의 변화는 기대할 수 없다는 의견이 팽팽히 맞서고 있음도 확인할 수 있다. 그러나 저자들의 주장이 좀 더 돋보이는 것은 이들 모두 다양한 연구방법과 이론을 동원하여 문제의 본질을 파헤치고자 하는 처절한 노력의 흔적이 글 곳곳에 잘 드러나 있기 때문이다. 이 책의 모든 저자는 북한대학원대학교 박사 졸업생들이다. 북한대학원대학교와 경남대 극동문제연구소에서 연구의 기회를 제공했다. 이 자리를 빌어 북한대학원대학교 박재규 명예총장님과 안호영 총장님, 그리고 경남대 극동문제연구소의 이관세 소장님께 감사 말씀드린다. 특히 연구총서가 나올 수 있도록 배려하고 연구비를 후원해 주신 송민순 전 총장님께 깊은 감사의 인사를 드린다. 그동안 협조를 아끼지 않으셨던 신종대 교수님과 모든 교수님들께도 감사드린다. 저와 함께 이 책이 나올 때까지 함께 도와주신 교학지원실 최승혜 선생님께 감사드리고, 끝까지 좋은 책이 나올 수 있도록 노력해 주신 경인문화사의 한정희 사장님 그리고 많은 격려를 해주신 손진우 총동문회 회장님께도 감사를 드린다.

북대북한연구회가 중심이 되어 집필진을 모으고 연구 네트워크를 형성하였고 이들이 함께 자신의 연구 성과물을 공유하면서 이 책을 완성하였다는 점은 신중한 경험이자 성과라고 생각된다. 마지막으로 북대 박사들의 모임인 북대북한연구회의 모든 회원들에게 이 책을 드리며, 우리 연구회의 발전을 다시 한 번 기원해 본다.

2019년 6월 30일
북대북한연구회 회장 이 승 열

차 례

북한 핵정책 변화(2009~2017): 김정은의 핵정책의 형성과 전개*

이 종 주**

I. 북한 핵정책은 변화하는가?

북한은 탈냉전(脫冷戰)의 소용돌이 속에서 핵개발을 추진한 이래, 핵과 미사일 역량을 지속적으로 증대시켜 왔다. 그러나 북한 핵정책이 단일한 경로를 따라 일관된 형태로 전개되어 온 것은 아니다. 북한은 국제체제의 변동에 대응하여 핵정책을 끊임없이 변화시켜 왔다. 북한은 핵실험과 미사일 발사를 거듭하며 "국가 핵무력 완성"을 향해 전력 질주(2017)하다가, 우리와 미국에게 "한반도의 완전한 비핵화"를 약속하고 스스로 핵과 미사일 시험을 중단하면서 적극적으로 대화에 나서는 급격한 변화(2018)를 보여주기도 하였다. 탈냉전부터 현재에 이르기까지 북한 핵정책의 주요 전환점과 변화 요인은 무엇인가?

---

* 이 글은 『국제정치논총』 제59집 1호(2019. 3. 31.)에 게재된 저자의 "북한 핵정책의 변동(2009~2017): '전면적인 내부적 균형'의 핵정책 형성"을 수정·보완한 것임을 밝힙니다.
** 북한대학원대학교 북한학 박사

북한은 탈냉전으로 북한-소련-중국의 북방삼각동맹과 사회주의 진영을 상실하자, 핵개발을 통하여 국제체제의 유일한 초강대국이 된 미국으로부터 안보를 확보하고자 하였다. 북한은 미국 주도의 국제비확산체제에 도전함으로써 미국이 북한의 핵개발을 막기 위해 안전보장을 제공하는 협상에 호응하게 하는 핵정책을 추구하였다. 두 차례의 핵위기를 거치며 유지되어 온 이러한 핵정책은 김정일 국방위원장(이하 김정일)이 2008년 여름 뇌졸중으로 쓰러지고 김정은 후계체제가 부상하기 시작한 2009년 중대한 전환점을 맞이하였다. 북한은 2009년 4월 5일 장거리 로켓 은하 2호를 발사하고, 5월 25일 2차 핵실험을 하였으며, 2017년까지 장거리 미사일 발사는 6회, 핵실험은 4회 더 실시하였다. 또한, 북한은 2009년 1월 핵개발과 북미관계 개선은 "철두철미 별개의 문제"[1]라고 하면서, 2012년 4월 「사회주의헌법」 서문에서 스스로를 "핵보유국"이라고 명기하였다.

김정은 국무위원장(이하 김정은)은 2013년 3월 31일 조선로동당(이하 당) 중앙위원회 전원회의에서 "경제건설과 핵무력건설의 병진로선"을 공표하고 "전쟁억제전략과 전쟁수행전략에서 핵무력의 중추적 역할을 높이고 전투준비태세를 완비할 것"을 지시[2]하였으며, 2017년 11월29일 마침내 "국가핵무력 완성"을 선언[3]하였다. 북한은 2009년을 기점으로 제한된 핵능력을 모호하게 추구하며 미국과 협상을 통해 안보를 확보하는 '편승'(bandwagoning)의 핵정책에서, 미국과 "실제적인 힘의 균형을 이루는 것"을 목표로 "전국가적인 모든 힘을 총동원하여"[4] 핵억제력의 강화에 매달리는 '전면적인 내부적 균형'(full-fledged internal balancing)의 핵정책으로 전환한 것이다.

북한은 왜 2009년을 기점으로 편승에서 균형으로 핵정책을 전환했는가? 국제체제에서 상대적으로 취약한 위치의 약소국가(weak state)이자 국제사회에 의해 '불량국가'(rogue state)로 낙인찍힌 북한이 국제체제를 결정하는 초강대국인 미국을 상대로 핵무력의 균형을 추구하는 것은 지속 가능한 정책인가? 북한이 2018년부터 비핵화 협상에 나선 것을 핵보유에서 비핵화로 핵정책이 변화된 것으로 볼 수 있는가?

이 글은 왈츠(Kenneth N. Waltz)의 신현실주의(neorealism) 이론에 따라 북한 핵정책을 국제체제의 변동에 대응하여 안보를 확보하기 위한 생존전략으로 규정하고, 2009년에서 2017년의 북한 핵정책의 전개과정을 고찰함으로써, 이상의 질문들에 대한 해답을 찾기 위한 것이다. 2018년 이후 북한의 대화 행보는 진행 중인 만큼, 2009년 이후 북한 핵정책과의 연속성 및 차별성을 파악하는데 그치고, 정밀한 분석은 향후 연구과제로 남겨둔다.

II. 북한 핵정책의 새로운 분석틀

1. 왜 신현실주의(neorealism)인가?

신현실주의는 국제체제의 무정부성(international anarchy)과 주권국가의 자력구제(self-help)를 핵심가정으로 국제체제에서 국가들의 일반적 행동원리를 설명하는 이론이다.[5] 국제체제는 구성단위인 주권국가의 상위에 중앙 권위체(centralized entity)가 존재하지 않는 무정부 상태이며, 개별 국가는 누구에게도 생존을 위탁할 수 없기 때문에 자력으로 안보를 확보해야 한다. 국제체제에서 유일하게 변화하는 것은 국가 간 세력균형(balance of power)이며, 세력균형이 변화할 때 국가들은 안보의 불확실성에 직면한다. 개별 국가는 가장 강력한 국가에 대항하여 다른 국가들과 동맹을 결성하거나 스스로 힘을 키워 새로운 균형에 도달하고자 한다. 전자를 외부적 균형전략(external balancing), 후자를 내부적 균형전략(internal balancing)이라고 한다.[6] 국가들은 동맹 결성도, 국력 증강도 여의치 않은 경우에는 가장 강력한 국가에 편승한다. 왈츠는 편승은 편승한 국가에 유리하게 힘의 배분을 변화시켜 세력균형을 오히려 깨뜨릴 수 있기 때문에 균형을 시도할 수 없는 예외적 경우에만 선택된다고 보았다.

그러나 왈츠의 가설을 역사적 사례에 적용한 여러 연구들은 균형보다 편승을 선택한 국가들이 더 많았으며, 편승의 동기나 형태도 매우 다양하다는 것을 발견하였다. 대표적인 것이 스웰러(Randall Schweller)의 이익균형이론(balance of profit)이다.[7]

스웰러는 무정부 상태인 국제체제에서 국가들은 안보 뿐 아니라 이익도 추구한다고 보고, 균형은 손실회피를 위한 선택(negative feedback), 편승은 이익추구를 위한 선택(positive feedback)이라고 규정한다. 이익의 요소가 추가되면서 편승은 한 국가가 국익을 증진하기 위해 다른 국가와 협력하는 다양한 행동을 포괄하는 개념으로 확장되었다. 국가는 국제질서가 자국에 유리할 경우 패권국가에 편승하여 기존 질서의 유지에 협력하고, 국제질서가 불리할 경우 자국보다 강한 현상타파 국가에 편승하여 질서의 전복을 도모한다. 승리의 전리품을 얻거나 패배의 비용을 회피하고자 이기는 편에 편승하기도 하고, 범세계적인 세력균형의 변화가 일어나면 가장 강력한 국가 대신 '미래의 물결'을 대표하는 국가에 편승하기도 한다. 이처럼 편승은 생존을 위해 약소국이 강대국에 굴복하는 경우보다, 이익을 위해 약소국이 자발적으로 선택하는 경우가 더욱 많다.

슈뢰더(Paul Schroeder)도 다양한 사례 연구를 통해 국가들이 균형보다 편승, 숨기(hiding), 초월(transcending), 특화(specialization) 등을 더욱 자주 선택한다는 것을 확인하였다.[8] 세력균형이 바뀔 때마다 동맹국을 찾거나 군비를 증강하는 것은 강대국에게도 쉽지 않은 일이기 때문이다. '숨기'

는 강대국이 부상할 경우 다른 국가들이 이에 뒤따르는 위협을 무시하거나 중립을 유지하는 수세적 전략, '초월'은 국제합의나 제도를 만들어 위협 자체를 없애는 공세적 전략이다. '특화'는 강대국의 특정한 전략적 수요를 채워주고 안보를 보장받는 것을 말한다. 슈뢰더는 국가는 힘과 성향 외에 비용-편익까지 고려하여 행동한다고 분석한다.

스웰러와 슈뢰더는 왈츠의 핵심가정들을 수용하면서도 국가들의 선택에 능동성을 부여하고 생존전략의 유형을 다양하게 확장하여 약소국의 생존전략을 체계적으로 분석할 수 있는 틀을 제시하였다.

이 글은 왈츠의 핵심가정을 토대로 북한 핵정책을 국제체제의 변동에 대응하여 안보를 극대화하는 생존전략으로 규정하고, 스웰러와 슈뢰더의 이론을 빌려서 북한 핵정책의 분석틀을 구성한다. 신현실주의는 북한 핵정책을 분석하는 이론적 도구로서 적절한가? 북한 핵정책이 전개되는 공간인 한반도는 미국, 중국, 러시아 등 강대국들이 격돌하는 전장(戰場)이다. 냉전 중에는 미국과 소련이 격돌하는 최전선이었고, 냉전이 끝난 후에도 남북한 분단과 한-미-일 대 북-중-러 대립구도가 청산되지 않고 있다. 강대국간 세력균형의 변동이 약소국인 북한의 생존 여건을 직접 제약하고 있는 것이다. 이러한 안보환경에서 북한은 동북아 강대국들의 틈바구니에서 생존하기 위한 전략으로 핵개발을 선택하고, 강대국들의 역학관계가 변화하는 데 따라 핵정책을 전개해 왔다. 북한 문헌에서도 국제체제를 "강대국의 횡포," "힘에 의한 평화" 등 힘의 관점에서 인식하고, 핵개발을 강대국의 위협에 맞선 "자위적 조치," 미국과 "힘의 균형"을 실현하는 방도 등 세력균형의 논리로 정당화한 대목을 자주 발견할 수 있다. 한반도의 안보환경과 북한 핵개발의 성격, 북한의 국제질서에 대한 인식을 감안할 때 국가의 행동을 세력균형의 시각에서 파악하는 신현실주의는 북한 핵정책을 분석하는 유용한 틀을 제공한다.

2. 북한의 국가 속성

북한 핵정책을 분석하는 유효한 틀을 구성하기 위해서는 신현실주의 이론과 함께 북한의 국가속성을 고려해야 한다. 북한은 국제정치이론에 따른 일반적인 약소국 또는 강대국과는 차별화되는 독특한 국가속성을 가지고 있기 때문이다.

가. 강대국 정체성을 추구하는 약소국가

북한은 객관적·물리적으로는 약소국에 해당하면서도, 주관적·심리적으로는 강대국 정체성을 추구하는 국가다. 코헤인(Robert O. Keohane)은 약소국을 국제체제의 체계에 영향력을 행사하지 못하며, 자신의 힘만으로 국제체제에서 살아남을 수 없고 생존을 위해 다른 국가에 의존할 수밖에 없는 국가로 정의하였다.[9] 무정부적 국제체제에서 자력구제가 불가능하다는 것은 주권국가로서의 자주를 일부 포기하고 그 대가로 강대국으로부터 안보를 보장받아야 한다는 의미이다. 약소국은 국제체제의 세력균형 변동을 면밀히 살피며, 자국의 지정학적 위치, 보유자원 등을 종합적으로 고려하여 안보와 자주가 최적의 균형을 이루는 생존전략을 찾아야 한다.

로스스타인(Robert L. Rothstein)은 자위력을 갖추되 군비증강에 몰두하지 않고, 여러 강대국들과 다자동맹을 형성하는 것이 약소국에게 가장 유리한 생존전략이라고 보았다. 약소국이 군비증강에 매달리면 강대국과 군사력 균형에 도달하지도 못하면서 강대국을 자극하여 안보위협이 더 커지고, 특정 강대국과 동맹을 맺으면 동맹에게 방기될 경우 다른 강대국들의 위협에 아무런 안전장치 없이 노출되기 때문이다.

북한은 다른 국가에 대한 영향력보다 취약성이 부각되는 국가[10]이며, 국제체제에 영향을 미치지 못하고 국제체제에 의해 생존이 좌우된다는 점에서 약소국이다. 그러나 북한은 일반적인 약소국과는 전혀 다른 길을 추구해 왔다. 북한은 '자주와 안보의 교환'이라는 약소국의 숙명을 거부하고, "국제관계에서 자주성을 확고히 견지하고, 여러 나라들과 친선협조관계를 발전시키며, 세계의 평화와 안정을 보장하기 위해 투쟁하는 것"을 대외정책의 목표로 설정하였다.[11] 북한은 안보를 위해 자주를 포기하는 약소국의 경로가 아니라, 자주와 안보를 동시에 얻기 위해 투쟁하는 강대국의 경로를 추구한 것이다.

북한은 미·소 냉전기에는 중·소 등거리 외교, 비동맹 외교를 통해 자주와 안보를 함께 추구하였고, 탈냉전 이후에는 핵개발을 통해 미국 주도의 국제체제에 도전하였다. 북한은 '힘'의 차원에서는 국제체제의 체계에 영향을 미치지 못하고 현상유지에 머물 수밖에 없는 약소국이지만, '정체성'의 차원에서는 국익을 위해서 국제체제의 체계 변경까지 추구하는 강대국의 속성을 보여 온 것이다.

나. 정상국가로 인정받으려는 불량국가

북한은 국제체제에서 보편적으로 수용되는 원칙과 규범에서 이탈한 경로를 추구하는 '불량국가'이면서, 국제체제에서 '정상국가'로 인정받기 위해 투쟁하는 국가다. '불량국가'는 물리적 기준이 아니라 국가의 정체성(identity)에 의해 규정된다. 캠벨(David Campbell)은 "국가란 국가행위에서 분리된 어떤 존재론적 위치가 아니라, 다른 국가들과의 관계에서 정형화된 행위의 반복(stylized repetition of acts)을 통해 형성된 정체성"이라고 정의하였다.[12]

국가의 정체성은 선험적으로 주어진 것이 아니라 다른 국가들과 정체성을 교환하는 과정에서 형성되고 변화된다. 국가 A가 다수 국가들과 적대적 상호작용을 반복하면, 국가 A는 다수 국가들에게 적(敵)으로 인식되는 '불량국가' 정체성을 가지게 된다. 리트워크(Robert. S. Litwak)는 '불량국가'를 "피포위 의식(siege mentality)에 사로잡혀 공격적이고, 보편적 국제규범과 질서를 수용하지 않으며, 외부세계에 참여하기를 거부하는 국가들"이라고 규정[13]하였다. '불량국가'는 미국이 냉전 이후 봉쇄정책(containment)을 펼 때 대상 국가를 지칭하기 위해 사용한 용어이기도 하다. 미국은 탈냉전 이후 세계 유일의 초강대국이 되었으나, 적이 사라진 것이 아니라, 분산되고 잠재된 것으로 인식하였다. 미국은 숨은 적들을 식별하기 위해 '불량국가' 개념을 정책에 도입하고, 미국에게 위협이 되는 국가들을 '불량국가'로 규정하였다.

어떤 국가가 '불량국가'인지는 미국의 대외정책 기조에 따라 달라져 왔다. 클린턴 행정부는 '미국 주도 국제질서에 반대하는 국가', 부시 행정부는 '테러를 지원하는 국가'를 '불량국가'로 지칭하였다.[14] 오바마 행정부는 '국제규범을 준수하지 않고 국제질서의 바깥에 위치한 국가'를 '불량국가'로 보았는데 '아웃라이어'(outlier)라고 불렀다. '아웃라이어'는 변화할 가능성이 있는(redeemable) 국가로, 변화할 가능성이 없는(irredeemable) '불량국가'에 비해 유연한 개념이다. 오바마 행정부는 '불량국가'의 속성을 고정된 것으로 보면 징벌적 제재나 강압적 정권교체라는 해법뿐이 없다고 보고, '아웃라이어'라는 용어를 도입하여 정책 선택의 폭을 넓히고자 하였다.[15]

정리하면, '불량국가'는 국제체제의 보편적 가치와 규범을 위협하여 국제체제 안의 대부분의 국가들에게 '적'으로 인식되는 국가이자, 미국의 대외정책이 '적'으로 규정한 국가이다.

북한은 '미국의 안보와 국제질서에 대한 위협'이라는 미국이 인식하는 북한의 정체성과 '북한의 생존권과 자주권에 대한 위협'이라는 북한이 인식하는 미국의 정체성을 교환하면서 미국과 상호 적대적 정체성을 형성하였다.[16] 미국이 국제체제의 체계를 결정하고 질서를 유지하는 초강대국이기 때문에 미국과 상반된 규범과 가치를 추구하는 북한의 적대적 정체성은 곧 국제체제의 '불량국가'라는 정체성으로 확장되었다.

북한은 미국의 대외정책 차원에서도 일관되게 '불량국가'에 속했다. 북한은 클린턴 행정부에서는 비확산조약(Non Proliferation Treaty; NPT) 탈퇴를 선언한 확산 위험국가, 부시 행정부에서는 '악의 축'(axis of evil), 오바마 행정부에서는 핵능력 고도화를 추구하며 변화의 가능성을 보여주지 않는 국가였다.

흥미로운 것은 북한이 '불량국가'의 경로를 선택했으면서, 동시에 '불량국가'의 정체성을 거부해 왔다는 점이다. 북한은 국제비확산규범을 위반하며 핵·미사일을 개발하면서도 국제비확산규범을 준수하는 모양을 갖추고자 하였다. 북한은 우라늄 농축 프로그램은 경수로 건설, 장거리 미사일 발사는 인공위성 발사로 포장하는데 공을 들였으며, 국제사회로부터 평화적 핵에너지 및 우주이용 권리를 인정받는데 강한 집착을 보였다. 기회 있을 때마다 '책임 있는 핵보유국'으로서 비확산·핵안전 국제규범을 준수하겠다고 강조하기도 하였다. NPT 등 핵개발과 양립할 수 없는 규범은 "강대국의 횡포," "이중기준" 등으로 비난하며 정당성을 흔들었다. 이러한 태도는 북한이 국제규범을 무시하는 '불량국가'로서 국제체제의 밖에 머무는 것이 아니라, 국제규범을 존중하는 '정상국가'로서 국제체제의 안에 편입되고자 한다는 것을 보여준다.

'강대국 정체성을 추구하는 약소국가'이자 '정상국가로 인정받기 위해 투쟁하는 불량국가'인 북한에게 핵개발은 강대국들의 세력균형 변동 속에서 살아남기 위한 약소국의 생존전략 이상의 의미를 갖는다. 북한은 핵보유를 통해 스스로 부여한 '강대국 정체성'을 미국이 수용하게 하여 북한 체제의 고유성을 지킬 수 있는 편승의 조건을 창출하고, 미국에 의해 부여된 '불량국가' 정체성을 탈각하여 '정상국가'로 인정받고자 한다. 따라서 북한 핵정책에 대한 분석틀은 국제체제에서 살아남기 위한 '생존전략'이자, 국제체제에서 소망하는 위치를 차지하기 위한 '인정전략'이라는 복합적 속성을 모두 포착할 수 있어야 한다.

3. 북한 핵정책의 분석틀

이 글은 국제체제의 변동을 독립변수, 국제체제의 변동에 대한 북한의 인식을 매개변수, 북한의 핵정책을 종속변수로 분석틀 I 을 구성한다. '강대국 정체성을 추구하는 약소국가'이자, '정상국가로 인정받기 위해 투쟁하는 불량국가'라는 북한의 국가속성은 국제체제 변동에 대한 북한의 인식을 제약하는 요인으로 설정한다.

〈그림 1〉 분석틀 I : 북한의 핵정책 결정 과정

아울러, 이 글은 스웰러와 슈뢰더의 이론을 토대로 국제체제의 변동에 대한 북한의 위협 및 기회 인식이 핵정책의 변화로 이어지는 과정을 유형화하여 분석틀 II 를 구성한다. 북한은 국제체제의 변동이 일어나면 이를 위협 또는 기회로 인식하고, 변화된 생존조건에서 안보가 유지될 수 있도록 핵정책을 재구성한다. 북한은 국제체제의 변동에 대해 ① 대응 또는 포기를 선택하고 ② 편승과 균형 중 두 번째 선택을 하며 ③ 편승-균형의 여러 유형 중 안보를 최대화하는 유형을 선택한다.

편승은 위협국의 요구를 전적으로 수용하는 '전면적인 편승'과 위협국의 특정한 전략적 수요를 채워주거나 위협국과의 관계에서 의도적으로 갈등을 야기함으로써 위협국의 요구를 일부만 수용하는 '제한적인 편승'으로 구분된다. 균형은 위협국의 요구를 수용하지 않고 자국의 보유자원을 동원하여 군비를 증강하는 '내부적 균형'과 위협국에 대항하여 다른 국가와 동맹-협력관계를 구축하는 '외부적 균형'으로 구분된다. '내부적 균형'과 '외부적 균형'은 자원 동원 범위 등 정도에 따라 다시 '전면적인 균형'과 '제한적인 균형'으로 나뉜다.

편승과 균형은 관여와 결합하기도 한다. 관여는 위협국과 교류·협력을 통해 상호 정체성을 협력적으로 변화시켜서 위협을 제거하는 전략이다.

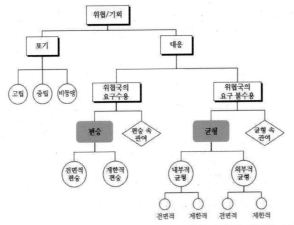

〈그림 2〉 분석틀 Ⅱ : 국제체제의 변동에 대응한 북한의 핵정책 선택

출처: 조동준의 '안보위협에 대한 중소국의 선택' 도식[17]을 변형하여 작성

편승, 균형, 관여의 각 유형은 상호 배타적인 것이 아니며 여러 유형을 조합하여 동시에 추구할 수 있다. 북한은 각 유형의 편익과 비용을 면밀히 검토하고 여러 유형을 배합하여 안보를 극대화하는 생존전략의 조합(a portfolio of multiple options)을 선택한다. 이를 도표로 나타내면 <그림 2>와 같다.

이 글은 신현실주의 이론과 북한의 국가속성을 바탕으로 "북한의 핵정책은 국제체제의 변동에 대응하여 안보를 확보하기 위한 생존전략이며, 북한은 미국의 단극체제에서는 편승의 핵정책을 추구하였으나 2009년 이후 중국이 부상하면서 미중 양극체제가 가시화되는데 따라 균형의 핵정책으로 전환하였다."는 가설을 도출하고, 분석틀 Ⅰ·Ⅱ를 통해 검증한다.

이 글은 김정은이 왜 2009년을 기점으로 균형의 핵정책으로 전환하고 균형의 핵정책을 전면적으로 추구해 왔는지 규명하는데 목적이 있는 만큼, 2009년 이전의 북한 핵정책은 간략하게 살펴보는데 그친다. 2009년에서 2017년의 북한 핵정책은 미중관계 변화에 대응하여 주목할 만한 변화를 보인 주요 분기점에 따라 ① 미중관계의 재인식과 전면적인 내부적 균형 선언(2009~2010) ② 미중관계의 제도화와 내부적 균형의 추진기반 공고화(2011~2012) ③ 동북아 미중 양극체제의 가시화와 내부적 균형의 전면화(2013~2017)로 나누어 검토한다. 2009년에서 2017년은 김정일의 후계자로 권력을 승계한 김정은이 자신의 핵정책을 형성해 온 시기이기도 하다.

Ⅲ. 탈냉전과 북한의 '제한적인 편승'의 핵정책 형성(1991~2008)

탈냉전은 국제체제의 구조가 미국과 소련의 양극체제(bipolar system)

에서 미국의 단극체제(unipolar system)로 이행하는 극성의 변화였다. 1991년 소련연방 해체 이후 국제체제는 미국이 유일한 초강대국으로서 다른 강대국들에 대해 힘의 우위를 가지는 단극체제[18]가 되었다. 이러한 국제체제의 변동은 북한이 인식하는 안보위협을 증대시켰다. 냉전 기간 북한은 북한-소련-중국의 북방삼각동맹에 의존하여 한국-미국-일본의 남방삼각동맹의 위협을 억지해 왔는데 탈냉전은 이 균형을 깨뜨렸다. 북방삼각동맹은 소련연방 해체, 소련과 중국의 대북원조 중단 등으로 사실상 와해된 반면, 남방삼각동맹은 한소·한중수교, 한미·미일동맹 강화 등으로 더욱 단단해졌다.

북한은 대내적으로도 잇단 경제정책 실패 등으로 1980년대 중반부터 경제가 침체되었고, 남한과의 재래식 군사력 균형에서도 열세에 처하게 되었다. 북한은 탈냉전을 외교·경제·군사 등 여러 방면에서의 중층적 안보위협으로 인식할 수밖에 없었다.

북한은 탈냉전이 야기한 '위협'에 대응하여 미국 주도의 국제비확산체제에 정면으로 도전하는 핵정책을 선택하였다. 탈냉전 이후 소련연방에 속했던 국가들을 포함한 대부분의 국가들이 미국 주도의 국제질서를 전적으로 수용하는 '전면적인 편승'을 택한 것과는 전혀 다른 행보였다.

<그림 2>의 분석틀을 적용해 보면, 북한은 탈냉전이라는 국제체제의 변동에 '대응'하는 것을 선택했으나, 미국에 대항하여 외부적 균형을 도모할 동맹국도 찾기 어렵고, 내부적 균형을 위한 자원을 동원할 여력도 없어 균형을 포기하고 편승을 선택한 것이다. 편승을 택하자니 북한의 국가속성이 걸림돌이었다. '강대국 정체성을 추구하는 약소국가'이자, '정상국가로 인정받기 위해 투쟁하는 불량국가'인 북한은 미국의 규범과 가치, 요구 등을 전적으로 수용하고 자주를 포기하는 '전면적인 편승'을 선택할 수 없다.

북한에게 국가의 생존은 곧 정권의 존속을 의미하기 때문에 미국에 편승하더라도 김일성 정권을 존속시킬 수 있는 자주성은 확보해야 한다. 북한이 미국에 제공할 특별한 지정학적·전략적 가치, 자원 등을 가지고 있다면, 그 대가로 체제의 자주성을 일정 수준 보장받는 '제한적인 편승'의 경로를 추구할 수 있다. 그러나 사회주의 진영의 보호막마저 상실한 약소국 북한에 미국과 편승의 조건을 협상하기 위해 내놓을 특화된 가치나 자원은 없었다.

'제한적인 편승'을 추구하는 또 다른 경로는 거꾸로 미국이 중시하는 가치나 자원을 위협하여 의도적으로 갈등을 야기하고, 미국이 갈등 해결을 위해 북한과 편승의 조건을 협상하도록 유도하는 것이다. 이러한 방식의 편승을 추구하기 위해서는 미국과의 관계에서 적정한 수준의 갈등을 유지할 수단이 필요하다. 북한은 핵개발을 선택했다. 국제비확산체제 유지라는 미국의 핵심이익을 위협할 수 있는 핵능력을 구축하여, 미국이 북한의 핵개발을 억지하기 위해 북한에게 일정 수준의 안보와 자주를 보장하도록 만들고자 한 것이다.

이 시기 북한 핵정책은 '제한적인 편승'을 기조로, '제한적인 내부적 균형'(핵개발)과 '편승 속 관여'(북미대화)가 결합된 조합으로 정리할 수 있다. 북한은 '제한적인 편승'의 핵정책을 가동하기 위해 미국이 북한과 협상에 나서도록 강제할 정도의 핵능력을 갖추되, 군사적 해법을 선택할 정도에는 이르지 않도록 핵능력의 수위를 세심하게 제한하였다.

북한은 탈냉전과 1·2차 핵위기를 거치며 '제한적인 편승'의 핵정책을 정교하게 다듬어 왔다. 이 기간에 국제체제는 미국의 단극체제가 유지되었으나, 북한의 생존조건에 영향을 미치는 변동은 지속되었다. 탈냉전에 대응하여 '제한적인 편승'의 핵정책을 통해 「제네바 합의」를 끌어냈던 북한은 미국이 2001년 9.11 테러 이후 강력한 대테러·비확산 정책을 추진하면서, 부시 대통령이 2002년 국정연설에서 북한, 이란, 이라크를 '악의 축'으로 규정하고, 2003년 이라크 전쟁을 일으키자 위협이 증대된 것으로 인식하였다.

이러한 위협인식은 북한이 (핵)억제력을 공개적으로 거론하고, 적극적으로 추구하도록 하였다. 북한은 2003년 4월 6일 외무성 대변인 성명에서 "국제여론도, 유엔헌장도 미국의 이라크 공격을 막지 못했다. 이것은 미국과 불가침 조약을 체결한다 하여도 전쟁을 막을 수 없다는 것을 보여준다. 오직 물리적 억제력을 갖추어야만 전쟁을 막고 나라와 민족의 안전을 수호할 수 있다는 것이 이라크 전쟁의 교훈이다."라고 주장하였다. 4월 28일 노동신문에서 "(이라크 전쟁의) 교훈은 무장해제가 침략을 불러오는 초청장과 같다는 것이다. (중략) 미국의 핵위협에는 타협이나 후퇴가 아니라 오직 핵으로 당당히 맞서야 한다는 진리를 터득하게 되었다."[19]고 밝힌 데 이어, 6월 9일에는 "미국이 대조선적대시정책을 포기하지 않고 우리 공화국에 대한 핵위협을 계속한다면 우리로서도 핵억제력을 갖추는 수밖에 다른 도리가 없다."고 보도하였다.[20]

이러한 주장은 2005년 핵무기 보유 선언, 2006년 장거리 로켓 발사와 1차 핵실험으로 이어졌다. 이라크 전쟁 이후 북한의 행동은 어떻게 보아야 하는가? 북한은 2003년을 기점으로 이미 '제한적인 편승'에서 '내부적 균형'(핵억제력 증강)으로 핵정책을 변경한 것인가?

이 글은 이 시기 북한이 '제한적인 편승'의 핵정책 기조를 유지하면서 '내부적 균형' 전략의 비중을 높이는 방향으로 핵정책의 조합(portfolio)을 조정한 것으로 해석한다. 북한은 2003년부터 '(핵)억제력'을 강조하면서도, 2003년에서 2008년까지 6자회담에 지속적으로 참여하고, 핵무기를 협상수단으로 북미관계 정상화와 경제지원을 확보하는 생존전략을 유지했기 때문이다.

북한은 1차 핵위기를 겪으면서 핵위협을 통해 미국을 협상으로 유도하는 '제한적인 편승' 전략의 유효성을 확인했고, 2차 핵위기에 이르러 안보위협이 증대되었다고 인식하자 핵능력을 강화하고 과시하며 협상의 레버리지를 확충하고자 하였다. 북한은 2차 핵위기 동안 핵억제력 공개 거론(2003년)-핵무기 보유선언(2005)-핵실험 예고 및 핵실험(2006년) 등 위협 카드를 준비하고, 예고하고, 실행하는 방식으로 핵위협의 효과를 극대화하였으며, 6자회담을 북한의 핵능력을 극적으로 드러내는 '핵고백의 극장'으로 이용하였다.[21] 핵억제력을 '제한적인 편승'의 핵정책의 유효성을 높이는 수단으로 적극적으로 활용한 것이다.

요컨대, 북한은 2003년 이라크 전쟁 이후에도 '제한적인 편승'의 핵정책을 유지하였으나, 이때부터 핵억제력의 중요성을 재인식하고 '전면적인 내부적 균형'의 핵정책을 추구할 토대를 마련해 온 것으로 볼 수 있다.

IV. 미중관계의 변화와 북한의 '전면적인 내부적 균형'의 핵정책 형성(2009~2017)

1. 미중관계의 재인식과 북한의 '전면적인 내부적 균형' 선언 (2009~2010)

2008년 국제금융위기는 미중관계를 재편하는 전환적인 사건이었다. 탈냉전 이후 초강대국으로 군림해 오던 미국은 자국에서 시작된 금융위기에 제대로 대응하지 못하면서 국제질서 유지자로서의 리더십에 치명적 손상을 입었다.

반면, 중국은 금융위기의 충격 속에서도 9%대의 높은 경제성장률을 유지하고 매년 연평균 10% 이상 군사비 지출을 늘리며 압축적으로 성장하였다. 2009년을 기점으로 중국을 미국과 함께 국제체제의 '양강'(兩强)으로 규정하는 'G-2'(group of two) 담론이 등장하고, 중국의 부상이 중국이 강대국이 되는 일국 차원의 문제가 아니라 국제체제가 미국의 단극체제에서 미중의 양극체제로 전환되는 구조적 변화일 가능성이 제기되었다. 2009년 1월 브레진스키(Zbigniew Brezinski)는 『Financial Times』 기고에서 미중이 금융위기 공동대응을 넘어 북한, 인도-파키스탄, 이스라엘-팔레스타인 등 안보영역으로 협력을 확대해야 한다고 주장하였다.[22] 미중을 국제질서의 공동 관리자로 바라보는 인식이 형성된 것이다.

이러한 변화를 국제체제의 극성 변화 또는 미중간 세력전이로 볼 것인지는 여전히 논쟁 중이나, 미중이 아시아 지역을 넘어, 세계적 차원의 책임 있는 이해당사자(responsible stakeholder)로서 경제·정치·군사·문화 등 제반 영역에서 협력-경쟁하는 체제는 탈냉전 이후 지속된 미국의 단극체제와 차별화되는 것이었다. 2009년 출범한 오바마 행정부는 중국의 부상을 긍정적으로 평가하며, 미중의 경제 및 외교수장이 참여하는 전략·경제대화(Strategic and Economic Dialogue; SED)[23]를 신설하고, 같은 해 11월 첫 중국 방문에서 미중관계를 "긍정적, 건설적, 포괄적 관계"로 발전시켜가기로 합의하였다. 새로운 미중관계의 틀을 마련한 것이다.

그러나 2010년 중국이 미국의 대만 무기수출, 오바마 대통령의 달라이라마 접견 등을 비난하고, 남·동중국해 문제에서 베트남 등 동남아 국가 그리고 일본과 갈등을 빚으면서 미중관계는 도전에 직면하였다. 미국이 2010년 7월 아세안 지역안보포럼(ASEAN Regional Forum; ARF)에서 남중국해 항행 자유를 '미국의 이익과 직결된 사안'으로 규정하자, 중국은 역외자 미국이 남중국해 문제에 개입하여 중국의 '핵심이익'을 침해한다고 공개적으로 반발하였다. 2010년 중국의 공세적 대외정책은 미국이 중국의 부상을 위협으로 인식하게 하였으며 미중간 전략적 불신을 심화시켰다.

미중관계의 변화는 미중이 북핵 문제를 다루는 방식도 변화시켰다. 오바마 행정부는 북핵 문제 해결책임을 일정 부분 중국에 전가(buck passing)하되, 이러한 선택이 미중 경쟁에서 중국의 입지를 강화하고 미국의 대한반도 영향력을 축소하지 않도록 북핵 문제에 대한 공동 관리체제를 형성하고자 하였다. 중국이 미중이 합의한 국제규범의 틀 안에서 북핵 문제를 관리하고, 미국이 허용하는 범위 이상으로 역할을 확대하지 못하도록 제한하려는 의도였다. 중국은 북핵 문제를 미중관계의 발전과 중국의 국제적 위상 제고에 활용할 수 있다고 보고, 미국의 책임 전가를 수용하였다. 미중의 이해관계가 맞아떨어지면서 북핵 문제에 대한 미중의 공동 관리체제가 형성되었다.

이 글은 북핵 문제에 대한 미중의 공동 관리체제를 미중이 미중관계의 큰 틀 안에서, SED 등 양자 협의체와 유엔 등 다자 협의체를 활용하여, 북핵 문제에서 공동의 목표를 설정하고 역할을 분담하며 책임을 공유하는 체계로 정의한다.

2009년에서 2010년 미중은 미중관계 발전, 북한 비핵화, 한반도 평화·안정이라는 목표를 공유하고 북핵 문제에 대한 미중 공동 관리체제를 형성하였으나, 북한의 거듭된 도발로 상기 목표들이 충돌하면서 공동 관리체제의 한계도 드러냈다. 북한 비핵화를 우선하는 미국과 한반도 안정을 중시하는 중국의 우선순위의 차이가 미중 협력의 한계를 결정하였다. 중국은 북한의 비핵화를 위해 미국이 요구하는 대북제재에 협력하지만, 제재가 북한 체제의 안정을 위협하지 않는 범위까지만 호응하고, 미국은 한반도 안정을 깨뜨리는 군사개입은 자제하지만, 비핵화를 압박하기 위해 북한 체제의 존립을 위협할 정도까지 제재를 강화하고자 하였다.

정리하면, 2009년에서 2010년 미중은 협력과 갈등, 신뢰와 불신을 오가며 미중관계의 새로운 정의와 방향을 모색하였다. 북한은 이러한 미중관계의 변화를 어떻게 인식하고, 핵정책을 어떻게 변화시켰는가?

북한은 중국의 부상으로 미국의 단극체제에 균열이 생겨나고 미중이 "세계에서 가장 중요한 양자관계"[24]로서 국제체제를 주도하는 변화를 '기회의 얼굴을 한 위협'으로 인식하였다. 북한에 불리한 생존조건을 부여한 미국의 단극체제가 약화되고 동맹국인 중국이 부상하는 우호적인 세력균형의 변화이면서, 미중관계에 따라 북한문제가 좌우될 가능성이 높아지는 위험한 변화였기 때문이다.

미중관계의 변화는 북한에 1960년대 중소분쟁 시기처럼 미중 사이에서 '등거리 외교'(equidistance diplomacy)를 시도할 여지를 주었다. 등거리 외교는 한 국가가 대립관계에 있는 두 국가 사이에서 한편으로 기울지 않고 일정한 거리를 유지함으로써 이익을 극대화하는 전략이다.[25] 미중이 한반도에서 지역 패권을 다투며 갈등하는 경우 북한은 등거리 외교의 주도국으로서 미중 모두로부터 실익을 취하고, 정책 선택의 자주성을 누릴 수 있다.

그러나 북한의 기회는 잠정적인 것이었다. 미중 양극체제가 미소 양극체제와는 달리 협력관계로 발전하고 미중이 북한 문제에서 이익균형에 도달하게 되면, 북한은 북-미-중 삼각게임의 '주도국'에서 미중의 타협에 의해 '관리'되는 대상으로 전락하여 전략적 가치를 잃고 미중 모두로부터 '방기'될 위험에 처하게 된다.[26] 따라서 북한은 미중의 갈등을 조장하여 북핵 문제에 대한 양국의 공동 관리체제가 안착하는 것을 저지하거나 최소한 지연시켜야 한다. 더욱이 미중관계에서 힘의 우위에 있는 미국의 오바마 행정부가 '핵무기 없는 세상'(nuclear-free world)을 지향하는 강력한 비확산 정책을 표방하며, 북한의 핵·미사일 개발을 미국의 안보에 대한 위협으로 규정하고, 중국을 비롯한 역내 국가들에 북한 비핵화를 위해 미국과 협력할 것을 요구하는 상황에서는 북핵 문제가 중국이 미국의 우선순위를 수용하는 협력 의제가 아니라 미중의 우선순위가 충돌하는 갈등 의제가 되도록 해야 한다.

북한은 'G-2 시대' 개막과 북핵 문제에 대한 미중 공동 관리체제의 등장이라는 미중관계의 변화에 '대응'하기로 하고, '제한적인 편승'의 핵정책을 중단하고 핵억제력을 강화하여 스스로 안보를 지키는 '전면적인 내부적 균형'의 핵정책으로 전환하였다.

북한은 2009년 1월 17일 외무성 대변인 기자문답에서 "미국과의 관계 정상화 없이는 살아갈 수 있어도 핵억제력 없이는 살아갈 수 없으며, 핵문제와 북미관계 정상화는 철두철미 별개의 문제"라고 선언하였다. 북한은 2003년부터 핵억제력을 공개적으로 거론해 왔지만, 핵과 북미관계를 분리하고 핵억제력을 전면적으로 추구하겠다고 밝힌 것은 이때가 처음이다. 핵억제력을 '제한적인 편승'의 핵정책의 유효성을 높이는 보조적 수단이 아니라, 그 자체로 목적으로 설정하고 있다는 점에서 2003년의 핵억제력 추구 주장과 차별화된다. 이러한 선언은 미국의 초강대국 지위가 약화되는 상황에서 북한의 생존이 북미관계 정상화가 아니라 자체 핵억제력에 달려있으며, 더 이상 핵억제력을 유예하면서 북미관계 개선에 매달리지 않겠다는 인식의 전환을 보여준다.[27]

또한 핵억제력 강화는 비확산체제 유지라는 미국의 국익과 한반도 안정이라는 중국의 국익을 동시에 자극하여 미중간 우선순위 충돌을 일으킴으로써 북핵 문제에 대한 미중 공동 관리체제를 균열시킬 수 있다. 미중관계의 변화가 야기하는 위협은 줄이면서 기회는 활용할 수 있는 대안인 것이다.

북한은 2009년 1월 핵억제력의 전면적인 추구를 선언한 이래, 같은 해

장거리 미사일 발사와 2차 핵실험을 실시하고, 2010년 해커(Siegfried S. Hecker) 스탠퍼드대 국제안보협력센터 소장에게 우라늄 농축시설을 공개하였다. 북한은 유엔이 대북제재 결의를 채택하자 핵개발은 "미국과 대결전에서 자주권과 존엄을 지키기 위한 자위적 조치"이며, "핵포기란 철두철미 있을 수 없는 일이다."라고 주장하였다.[28]

아울러, 북한은 2010년 두 차례 북중정상회담을 열어 전략적 소통을 강화하고, 황금평·위화도·나선특구 개발 등 대규모 협력을 추진하였다. 2010년 미중관계의 불확실성이 커지고, 북한의 권력승계가 표면화되면서 중국이 북한체제의 안정에 더욱 민감해졌다는 것을 이용하여 '제한적인 외부적 균형'을 강화한 것이다.

북한이 '전면적인 내부적 균형'을 추구하면서 동시에 '제한적인 외부적 균형'을 병행한다는 것은 형용모순이다. 이러한 모순은 북한 핵정책이 고정된 완성품이 아니라 국제체제의 변동에 대응하여 생존전략의 조합을 끊임없이 조정하는 역동적인 과정의 산물임을 보여준다. 북한은 '전면적인 내부적 균형'으로 생존전략의 기조를 전환한 이후에도 중국이 인식하는 북한의 전략적 가치를 이용할 수 있을 때는 '제한적인 외부적 균형'을 강화하여 생존전략의 조합을 확장하였다. 그 결과 '전면적인 내부적 균형'과 '제한적인 외부적 균형'이 중첩되는 핵정책이 형성되었다.

2. 미중관계의 제도화와 북한의 '내부적 균형'의 추진기반 공고화(2011~2012)

2011년에서 2012년 미국은 '아시아 재균형 정책'(rebalance to Asia), 중국은 '신형대국관계'(新型大國關係)를 바탕으로 미중관계의 제도화를 모색하였다. 미중의 가장 중요한 과제는 2010년 격화된 갈등을 끝내고 미중관계를 안정적으로 관리할 공통의 규범과 제도를 마련하는 것이었다.

오바마 행정부는 미국의 패권을 유지하고 국익을 관철할 새로운 지정학적 설계를 아시아에서부터 구축하고자 하였으며, 이를 위해 아시아 재균형 정책을 추진하였다. 2011년 10월 11일 클린턴 장관은 『포린 폴리시(foreign policy)』에 '미국의 태평양세기'(America's pacific century)라는 기고문을 발표하고, "21세기의 지정학은 이라크나 아프가니스탄이 아니라 아시아에서 결정될 것이며, 미국은 아시아로 회귀하고, 아시아에 머무르며, 아시아에 대한 다층적 개입(multifaceted engagement)을 추구할 것"이라고 밝혔다.

오바마 행정부는 한국, 일본과 전통적 동맹관계를 강화하고, 베트남, 미얀마 등 과거의 적대국들과 새로운 파트너십을 구축하였으며, 환태평양동반자협정(Trans-Pacific Partnership: TPP)과 국방전략지침(Defense Strategic Guidance: DSG)에 의해 아태지역에 경제력과 군사력을 집중적으로 투사하였다. 아시아 재균형 정책은 좁게는 9.11 테러와 이라크 전쟁 등을 거치며 중동에 치우친 미국의 관심과 자원을 아태지역으로 재배분하는 조치이며, 넓게는 21세기에도 아태지역에서 미국의 우위를 확고하게 유지하는 지역 아키텍처를 구축하는 구상이다.[29] 대중정책 차원에서는 중국의 부상을 일방적으로 억누르지도, 그대로 수용하지도 않고, 봉쇄와 억지, 균형과 편승, 관여 등을 배합하여 최적균형을 모색하는 위험분산전략(hedging)이다.

중국은 신형대국관계로 화답하였다. 2012년 2월 시진핑 당시 국가 부주석은 미국 방문에서 세계 최대 개발도상국인 중국과 세계 최고 선진국인 미국이 "새로운 유형의 강대국 관계"를 만들자면서 이 용어를 처음 사용하였다. 그는 신형대국관계의 핵심요소로 ① 상호 이해와 전략적 신뢰의 증진 ② 상대방의 핵심이익과 주요 관심사 존중 ③ 호혜협력 심화 ④

국제문제에서 조정·협력 증진을 제시하였다.[30] 중국은 2012년 11월 8일 제18차 공산당대회에서 신형대국관계를 미중관계의 안정적 발전을 위한 비전으로 선포하였다. 중국은 미국의 아시아 재균형 정책을 중국의 부상을 억지하기 위해 군사적·경제적 포위망을 구축하는 견제전략으로 인식하고, 이를 수용하는 대신 신형대국관계를 대안으로 제안한 것이다. 신형대국관계는 미중관계에 중점을 둔 구상이지만, 중국이 미중관계의 규범과 제도를 창설하고, 이를 통해 아시아 역내 질서를 재구축하는 데 관심을 갖기 시작했다는 점에서 중국의 강대국 외교 또는 대전략(grand strategy)의 출발점이기도 하다.

미중은 '투키디데스의 함정'(Thucydides' trap)[31]을 벗어나 새로운 발전 경로를 찾아야 한다는데 공감하였으나, 미중관계의 목표는 달랐다. 미국은 중국을 미국의 패권을 위협하지 않는 우호적 권력분점 기지이자, 기존 국제체제의 이해당사자로 묶어두고자 하였다. 반면 중국은 미국의 세계 패권에는 대항하지 않되, 아시아의 지역 패권은 장악하여 미국의 방해를 받지 않고 지속적으로 부상하고자 하였다. 이러한 차이 때문에 양국은 인권·민주주의 등 가치, 비확산·기후변화 등 국제레짐, 동·남중국해와 북핵 문제 등 개별 이슈까지 다양한 층위에서 충돌하였다.

북한은 미중이 아시아 재균형 정책과 신형대국관계를 통해 미중관계의 제도화를 추구하는 것을 안보위협이 장기화하고 증폭되는 것으로 인식하였다. 북한은 2012년 8월 31일《조선중앙통신》에서 "제반 사태는 미국의 대조선 적대도수가 계단식으로 고조되고 있다는 것을 보여준다. (중략) 미국은 새로운 국방전략을 실현할 때까지 앞으로 상당한 기간은 무력 증강을 합리화하기 위해 우리 공화국을 적으로 남겨두려 할 것이다. 게다가 미국의 국방전략은 유라시아의 큰 나라들에 대한 군사적 포위망을 조이기 위한 것으로 이를 위해 어느 한순간에는 공화국을 무력 침공하지 않으리라는 담보가 없다."[32]고 주장하였다.

북한은 '전략적 인내'에 대해서도 "계속 압박을 가하면 언젠가는 조선이 내부로부터 붕괴될 것이니 기다리자는 것이다."[33]라고 비난하였다. 이러한 진술은 북한이 아시아 재균형 정책은 미국이 아시아에서 군사적 우위를 유지하며 북한에 불리한 역내 질서를 고착하는 구상, '전략적 인내'는 붕괴유도전략으로 인식한다는 것을 보여준다. 북한의 관점에서 위협이 "계단식으로 고조"된 것이다.

그러나 북한은 김정일의 사망과 김정은의 권력승계로 인해 기회도 확대되었다고 인식했다. 미중은 북한의 권력승계를 지역 정세의 안정을 좌우하는 결정적 변수로 보았기 때문에 북한이 미중을 오가며 이익을 추구할 공간이 넓어진 것이다. 중국은 북한의 비핵화를 위한 제재·압박이 북한 내부의 불안정을 초래할 가능성에 예민하게 반응하며 핵문제 해결을 미루고 북중관계를 강화하고자 하였다. 미국 내에서도 북한의 권력승계 과정의 안정성과 북중관계의 밀착에 대한 우려가 커지면서 '전략적 인내'를 유보하고 대북개입을 확대할 필요성이 제기되었다.

북한은 이러한 미중관계의 변화에 대응하여 '전면적인 내부적 균형'의 핵정책의 추진기반을 강화하였다. 첫 번째 조치는 역설적으로 미국 등 주변국들과 대화하는 것이었다. 북한은 2차 핵실험(2009년), 우라늄 농축시설 공개(2010년) 등으로 높아진 긴장을 낮추고 '전면적인 내부적 균형'의 핵정책을 안정적으로 추진하기 위해 '균형 속 관여'를 병행한 것이다. 북한은 2011년 『신년공동사설』에서 "남북대결상태 해소" 및 "조선반도 비핵화" 의지를 표명하고, 5월 북중정상회담, 8월 북러정상회담에서 "조건 없는 6자회담 재개" 입장을 밝혔다. 특히, 권력승계기 북한 체제의 안정성에 대한 중국의 우려를 이용하여 최대의 지원을 얻어내는 데 주력하였다.

김정일은 2010년 두 차례의 방문에 이어 2011년에도 중국을 방문하였다. 김정일은 후진타오 주석에게 "조·중 친선 우호를 이어갈 것"이라는 약속을 받아 김정은에 대한 지지를 확보하고, 방중 직후 황금평과 나선경제무역지대 착공식을 개최하는 등 경제협력도 진척시켰다. 미국에게는 인도적 식량 지원을 요청하고, 2011년 5월 킹(Robert King) 미국 국무부 북한인권특사를 단장으로 하는 식량실태 평가단이 방북하도록 했다. 북한에 우호적인 중국과 러시아를 활용하여 먼저 대화 분위기를 조성하고, 미국이 거부하기 어려운 인도적 문제를 의제로 제기하여 미국을 대화로 끌어낸 것이다.

북미는 2011년 7월에서 2012년 2월 보즈워스(Stephen W. Bosworth) 미국 대북정책특별대표와 김계관 북한 외무성 부상을 수석대표로 세 차례 고위급회담을 개최하고, 「2.29 합의」를 채택하였다. 「2.29 합의」는 오바마 행정부와 김정은 정권이 맺은 최초의 합의이며, 2008년 12월 이후 멈춰선 북한 비핵화 협상을 재개하는 중대한 성과였다. 그러나 「2.29 합의」는 북한이 4월 13일 김일성 탄생 100주년을 기념하여 '광명성 3호'를 발사하면서 40여일 만에 깨졌다. 표면적으로 「2.29 합의」는 미사일 발사 모라토리움 범위에 대한 양측 해석 차이 때문에 파기되었다.

북한은 "우리의 위성발사는 북미합의와 전혀 관련이 없다."[34]고 주장했으나, 미국은 '광명성 3호' 발사는 유엔 안보리 결의와 「2.29 합의」의 명백한 위반이라는 입장이었다. 미국 협상단의 한 인사는 저자와의 인터뷰에서 미국은 3차 북미고위급회담에서 북측에 미사일 발사 모라토리움에 인공위성 발사도 포함되며 북한이 위성을 발사할 경우 북미합의는 파기될 것이라고 설명하였으며, 김계관으로부터 "미측 입장을 이해하며 위성을 발사하지 않겠다."는 '구두 동의'를 받았다고 확인하였다.[35] 그렇다면 「2.29 합의」는 북한의 말만 믿고 인공위성 문제를 명문화하지 않은 채 채택하였기 때문에 깨진 것인가?

이 글은 「2.29 합의」가 파기된 근본원인은 북한의 '전면적인 내부적 균형'의 핵정책 자체에 있다고 본다. 북한이 '전면적인 내부적 균형' 정책을 고수하는 한, 북미대화와 같은 '균형 속 관여' 정책은 핵억제력의 증대를 중대하게 제약하지 않는 범위에서, 일시적으로만 성립할 수 있다. 북한은 핵억제력을 추구하는 과정에서 위기가 고조되면 상황을 통제하기 위해 핵억제력을 일정하게 제한하는 합의를 수용하지만, 이행단계에서 핵능력 제한 요구와 핵억제력 강화 목표가 충돌하면 핵억제력 강화를 우선하기 때문이다. 「2.29 합의」가 파기되는 과정은 북한이 북미대화를 이어가기 위해 핵억제력 강화를 유예할 수 있는 시간이 매우 짧다는 것을 보여주었다.

'전면적인 내부적 균형' 핵정책의 추진기반을 강화하는 두 번째 조치는 북한의 핵·미사일 개발을 '평화적 핵 이용 및 우주개발'로 포장하는 것이었다. 핵개발에 평화적 목적이라는 명분을 부여하여 국제사회의 제재를 회피하면서 핵억제력을 강화하기 위한 시도였다. 북한은 「2.29 합의」 발표문에 미측 발표문에는 없는 "6자회담이 재개되면 우리에 대한 경수로 제공 문제를 우선적으로 논의하게 될 것"이라는 문구를 포함시켰다.

경수로 발전소를 가동하려면 우라늄 농축이 불가피하다. 북한은 경수로 발전소를 확보하여 국제사회로부터 우라늄 농축을 정당한 '평화적 핵에너지 이용' 권리로 인정받고자 한 것이다. 북한이 「2.29 합의」 직후 '광명성 3호'를 발사한 것도 군사적 목적의 장거리 미사일 발사는 유예했으나 평화적 목적의 '위성' 발사는 지속하겠다는 의지의 표현이다. 북한은 발사계획 사전 공개, 국제기구 통보, 외신기자 초청 등을 통해 '광명성 3호' 발사를 투명하고 합법적인 '위성' 발사로 선전하는 데 공을 들였다. 북한은 국제사회의 규탄에 대해, "우주개발 권리는 모든 나라의 자주적 권리"[36]이며, "안보리 결의보다 우위의 보편적인 국제법들에 의해 공인된 자주적인 우주 이용권리를 계속 행사하고 경제발전에 필수적인 실용위성을 계속 쏴올릴 것"[37]이라고 응수하였다. 국제사회를 향해 북한이 '위성'을 발사하고 우라늄을 농축하며 경수로 발전소를 가동하는 등 '평화적 핵이용 및 우주개발 권리'를 행사하는 것을 '정상'(正常)으로 수용하라고 요구한 것이다.

북한의 세 번째 조치는 '전면적인 내부적 균형'을 김정은의 핵정책으로 공식화하고, 장기 국가전략으로 정립하는 것이었다. 김정은은 2012년 4월 13일 최고인민회의 제12기 5차 회의에서 헌법 서문을 김정일이 "조국을 불패의 정치사상 강국, 핵보유국, 무적의 군사강국으로 전변시키시었다."라고 개정하였다. 북한은 헌법에 스스로를 '핵보유국'이라고 명시하여 '전면적인 내부적 균형'의 핵정책에 헌법적 근거를 부여한 것이다. 이제 북한이 핵을 포기하려면 헌법을 개정해야 한다.

또한, 북한은 2012년 7월 20일 외무성 대변인 성명에서부터 "핵문제 전면 재검토"를 주장하였다. 북한은 미국이 대북적대시 정책과 아시아 재균형 정책으로 북한에 대한 위협을 고조시켜 왔기 때문에 이에 대응하여 핵문제를 전면 재검토할 수밖에 없다고 하면서, "미국이 끝내 옳은 선택을 하지 못하는 경우 우리의 핵보유는 부득불 장기화 되지 않을 수 없게 될 것이며 우리의 핵억제력은 미국이 상상도 할 수 없을 정도로 현대화되고 확장될 것이다."라고 주장하였다.[38] 북한은 "핵문제 전면 재검토"의 방향을 구체적으로 밝히지는 않았지만, 미국의 아시아 재균형 정책을 추진배경으로 지목하고 핵보유의 '장기화'를 선언함으로써, "핵문제 전면 재검토"가 '전면적인 내부적 균형' 핵정책의 추진기반을 강화하는 준비일 가능성을 시사하였다.

3. 동북아 미중 양극체제의 가시화와 북한의 '내부적 균형'의 전면화(2013~2017)

2013년에서 2017년 동북아에서 미중 양극체제가 가시화되었다. 미중의 국력격차가 여전히 크기 때문에 미중이 세력균형을 이룬 양극체제에 도달했다고 볼 수는 없다.[39] 그러나 지역 차원에서 동북아, 이슈 차원에서 북핵 문제로 한정하면 미중이 지역적 동급 경쟁자[40]로서 '전략적 운용 공간'(room for strategic maneuvering)[41]을 양분하는 양극체제가 이미 나타나고 있다. 국제적 차원에서는 미국의 힘의 우위가 지속되고 있지만, 동북아 차원에서는 중국이 미국과 '동급 경쟁자'로서 역내 주도권을 경합하고 있다. 힘과 위협은 거리가 가까울수록 강하게 작용하는 만큼, 동북아에서는 역내 국가인 중국이 역외 국가인 미국에 근접하는 힘을 투사할 수 있기 때문이다.

또한, 미중이 동북아 질서 유지의 책임과 이익을 공유하면서 미중의 협력·경쟁이 북핵 문제에 대한 국제사회의 대응을 결정하고 있다. 유엔 안보리의 대북제재 결의 채택 과정이 좋은 예다. 미중이 북핵 문제의 '전략적 운용 공간'을 분점하고 있는 것이다.

2013년 이후 미중 양극체제의 가시화 과정은 중국이 지역질서 재편 구상을 천명하고, 미국이 대응하는 형태로 전개되었다. 시진핑 주석은 2013년 6월 집권 후 첫 미중정상회담에서 신형대국관계를 더욱 정교하게 제안하고, 친(親)·성(誠)·혜(惠)·용(容)의 주변국 외교이념을 선포한 데 이어, '아시아인에 의한 아시아 안보협력'의 신안보관을 제시하고 '일대일로'(一帶一路) 구상을 추진하였다. '일대일로'는 아시아, 유럽, 아프리카를 하나로 묶어 65개국, 44억명 규모의 거대한 경제권을 건설하여, 중장기적으로 미국 주도 국제질서를 대체할 새로운 질서를 구축하는 전략이다.[42]

중국판 안보·경제 병진전략이자, 패권추구전략인 셈이다. 미국이 제2차 대전 이후 마샬 플랜을 통해 초강대국으로 발돋움했던 것처럼 중국이 '일대일로'를 통해 초강대국으로 부상할 길을 찾고 있다는 평가도 나왔다.[43]

중국은 미국 주도의 국제질서 안에서 성장하는 대신, 중국에 유리한 규범과 질서를 창출하기 위해 아시아에서부터 미국과 경쟁하기 시작한 것이다. '신형대국관계'에서 '일대일로'까지 시진핑의 대외정책은 중국이 2008년 이후 축적된 힘과 자신감을 바탕으로 강대국 정체성을 표출하며, 대전략을 펼쳐가는 과정으로 해석할 수 있다.

미국은 중국의 구상에 대응한 새로운 대전략을 내놓지 않고 아시아 재균형 정책을 지속하였다. 오바마 행정부는 2기에서도 "아시아는 미국의 전략적 관심의 최상위에 위치할 것"[44]이라고 확인하고, 『4개년 국방태세검토(QDR)』(2014년)와 『국가안보전략(NSS)』(2015년)에서 아시아 재균형 정책을 세계전략의 핵심요소로 유지하였다.

2017년 출범한 트럼프 행정부도 '미국 우선주의'(America first)를 표방하면서도 중국과 경쟁-협력을 병행하며 미중관계를 제도화하는 흐름을 지속하였다. 트럼프 대통령은 중국에 대미무역적자 해소 등을 강하게 요구하면서도, 중국을 '환율조작국'으로 지정하는 것을 유보하고 첫 미중정상회담에서 외교·안전 보장, 경제, 법집행·사이버보안, 사회문화교류 등 4개 분야의 대화채널을 구축하는데 합의하였다.

2013년에서 2017년 미중은 국제적 차원에서는 국제질서 유지책임을 분담하며 협력했으나, 동북아 차원에서는 지역 패권의 경쟁자로 첨예한 핵심이익 경쟁을 벌였다. 남중국해와 무역문제가 최전선이었다. 중국은 2013년 12월 남중국해 매립 개시, 2014년 서사군도 석유탐사선 진입, 2015년 남사군도 레이더 기지와 서사군도 '방어용' 미사일 포대 건설 등 공세의 수위를 높였다.

미국은 중국과 남중국해 영유권 분쟁 중인 필리핀, 베트남과 군사협력을 확대하고, 2015년 10월과 2016년 1월 미국의 군함이 중국이 영유권을 주장하는 해역을 통항하는 '항행의 자유'(freedom of navigation) 작전을 하였다. 2016년 7월에는 중국의 9단선은 법적 근거가 없다는 국제상설재판소의 판결을 공개 지지하였다. 미국은 다른 국가의 영토문제에 개입하지 않는다는 원칙을 깨고, 남중국해 문제에 직접 개입한 것이다. 남중국해 문제가 중국과 동남아 국가들의 영유권 분쟁에서 대륙국가 중국과 해양국가 미국이 아태지역의 패권을 다투는 전략 경쟁으로 전이되고 있다고 보았기 때문이다.

트럼프 행정부는 2017년 12월 발표한 『NSS』에서 중국을 미국의 가치·이익에 반(反)하도록 국제질서를 변경하려는 '수정주의 세력'(revisionist power)으로 규정하고, 2018년에는 중국에게 2017년 기준 약 3,750억 달러 규모인 대미무역흑자 중 2,000억 달러를 축소하라고 요구하며 중국산 수입품 일부에 대해 25%의 추가관세를 부과하는 통상보복에 나섰다. 미중 무역갈등은 중국의 지적 재산권 침해 및 상업기밀 절취 의혹, 기술이전 강요 및 보조금 지급 등 여러 분야로 확대되면서 첨단기술 선점을 위한 기술경쟁이자, 국제경제질서를 자국에유리한 방향으로 재구축하려는 패권경쟁의 양상까지 보이고 있다.

북핵 문제에서도 협력과 경쟁이 교차하였다. 미국은 북한이 핵·미사일 도발을 할 때마다 유엔에서 강화된 제재 결의를 추진하였고, 중국은 동북아 역내 질서 유지 책임이 커지는데 따라 제재의 채택과 이행에 더욱 적극적으로 협력하였다. 2013년 6월 오바마 대통령과 시진핑 주석의 첫 정상회담에서 북핵 문제는 미중 협력이 가장 잘 이루어진 사안으로 평가되었다.[45]

그러나 북한이 핵억제력을 공세적으로 추구하고, 미국이 대북제재 수위를 높이는 한편, 사드 배치 등 군사적 대응까지 강화하자, 북핵 문제는 미중 갈등사안이 되었다. 미국은 북한의 핵무력이 더 고도화되기 전에 강력한 경제·군사적 압박을 부과해 비핵화를 달성해야 한다고 보았으나, 중국은 미국이 북한 체제의 안정성을 위협할 정도로 제재를 강화하고 군사조치를 통해 중국의 안보까지 위협한다고 인식하였다. 2016년 7월 미국이 한반도에 사드를 배치하기로 결정 직후 개최된 ARF에서 미국은 국제사회의 대북압박을 강화하는 데 주력한 반면, 중국은 북중 외교장관회담을 열어 북한과의 협력을 확대하기로 약속한 것은 북핵을 둘러싼 미중 갈등을 단적으로 보여준다.

북한은 동북아에서 미중 양극체제가 가시화되면서 미중 경쟁이 격화되는 변화를 안보위협이 실재화(實在化)되는 과정으로 인식하였다. 2013년에서 2017년 북한은 네 차례의 핵실험을 강행했고, 미국이 주도하고 중국이 협력하면서 구축한 대북제재는 북한의 생존·발전기반을 실질적으로 잠식하기 시작했다. 북한의 주요 외화 획득경로인 광물 수출, 해외 노동자 파견이 차단되고, 원유 등 원자재 수입도 제한되었다. 북한은 국제금융거래망에서 퇴출되었으며, 투자 유치, 합작사업, 기술교류 등의 기회도 대폭 축소되었다. 더욱이 2013년 이후 B-52 전략폭격기, 항공모함 등 미국 핵전략자산이 한반도에 빈번하게 전개되고, 맞춤형 억제, 미사일 방어 등 확장억제가 강화되었으며, 한·미·일 안보협력도 확대되었다.

북한은 B-52 폭격기 출격을 "우리를 과녁으로 한 실동(實動) 핵 타격훈련"으로 규정하고, "미국이 핵으로 위협하면 더 강한 핵공격으로 맞설 것"이라고 주장하였다.[46] 북한의 핵능력 고도화와 미국의 확장억제 강화가 상승작용을 일으키면서 북미가 서로를 겨냥해 핵무력 시위를 벌이는 것이 한반도의 '새로운 일상'(new normal)이 된 것이다.

이 기간 북중관계는 북한의 핵·미사일 도발로 균열되고, 한반도의 안정 유지를 명분으로 복원되는 기존 패턴을 따랐으나, 이전보다 경색국면은 장기화되고 회복국면은 지체되는 양상을 보였다. 시진핑 주석은 북한의 핵·미사일 도발을 응징하는 제재의 채택과 이행에 적극 협력한 반면, 김정은 정권 출범 5년이 지나도록 북중정상회담을 하지 않고 2014년 북한보다 한국을 먼저 방문하였다. 중국은 북한과의 고위급 소통을 유지하고, 유엔 안보리의 제재 결의안 채택이나 미국의 사드 배치 논의과정에서 북한의 이해를 고려하기도 하였으나, 그 배경에는 북한이 중국의 이익에 반하는 행동을 하지 않도록 결박(tethering)하려는 의도가 깔려 있었다.

북한은 미중관계의 변화에 대응하여 '전면적인 내부적 균형'의 핵정책을 '전면화'하였다. 첫 번째 조치는 2013년 3월 31일 당 중앙위원회 전원회의를 개최하고 "경제건설과 핵무력 건설을 병진시킬데 대한 전략적 로선"(이하 병진노선)을 채택한 것이다. '병진노선'은 2009년 핵억제력 추구선언 이후 진행된 '전면적인 내부적 균형' 핵정책의 종합이자, 2012년 "핵문제 전면 재검토"의 결론이다. 김정은은 위 회의에서 "병진로선은 급변하는 정세에 대처하기 위한 일시적인 대응책이 아니라 우리 혁명의 최고이익으로부터 항구적으로 틀어쥐고 나가야 할 전략적 로선"이라고 규정함으로써 '병진노선'을 김정은 정권이 장기적으로 추구할 핵정책으로 공식화하였다. 북한은 2013년 4월 1일 최고인민회의 제12기 제7차 회의를 개최하고, 「자위적 핵보유국의 지위를 더욱 공고히 할 데 대한 법령」과 「우주개발법」을 채택하였다. '병진노선' 관철을 법정(法定) 과업으로 자리매김한 것이다.

또한 '병진노선'은 안보의 내부적 균형 전략인 동시에 경제의 내부적 균형 전략이다. '병진노선'은 핵무력 건설을 통해 재래식 무력 유지에 쓸 국방비를 절감하여 자체적으로 경제발전 재원을 마련하는 경제정책이기 때문이다. 궁극적으로 대외의존도를 낮추고 내부자원을 효율적으로 동원하는 경제구조를 만들어 제재 속에서도 경제발전을 달성하는 것이 목표다.[47] 김정은은 전원회의에서 '병진노선'의 우월성이 "국방비를 늘이지 않고도 적은 비용으로 나라의 방위력을 더욱 강화하면서 경제건설과 인민생활 향상에 힘을 집중할 수 있게 하는데 있다."고 자평하였다.[48] 북한은 이를 위해 2015년부터 '자강력 제일주의'를 집중적으로 부각하였다. 2016년 7차 당대회에서 '자강력 제일주의'를 "자체의 힘과 기술, 자원에 의거하여 주체적 역량을 강화하고 자기의 앞길을 개척하는 혁명정신"으로 정의하고, "사회주의 강국 건설을 위한 항구적 전략로선"으로 규정하였다.[49] 김정일이 핵무기를 안보를 지탱하는 핵심수단으로 삼았다면, 김정은은 안보(군사)와 발전(경제)을 동시에 구현하는 방도로 삼은 것이다.

끝으로, 경제정책으로서의 '병진노선'은 '내부적 균형'에 안주하지 않는 '확장전략'이다.[50] 북한은 2013년 3월 전원회의에서 핵무력 건설과 대외무역 및 외자 유치 확대 등 양립하기 어려운 과업들을 함께 제시하였다. 핵개발과 경제발전의 어느 쪽도 포기하지 않겠다는 의지의 표현이다. 북한이 '고난의 행군' 시기에 추진한 '선군정치'가 안보를 위해 경제를 희생하는 전략이었다면, '병진노선'은 핵개발을 경제발전에 일방적으로 앞세우지 않는 전략이다. 2012년 11월 5일 조선신보가 "령도자의 강성부흥은 경제와 선군을 대치시키는 일이 없다. 인민생활 향상과 경제강국 건설에 조준을 맞춘 정책의 작성과 추진이 감지되고 있다."고 주장한 것은 선군시대로 퇴행하지 않는 국가발전전략인 '병진노선'의 선포를 예고한 것이다.

북한의 두 번째 조치는 핵·미사일 도발을 '일상화'하며, 핵·미사일 역량을 고도화한 것이다. 북한은 2013년 2월 12일 3차 핵실험, 2016년 1월 6일 4차 핵실험, 2016년 9월 9일 5차 핵실험, 2017년 9월 3일 6차 핵실험을 실시하였다. 북한은 핵실험을 반복하며 폭발력을 키우고, 핵무기와 핵

물질을 다종화했으며, "소형화, 경량화, 규격화, 표준화" 등을 차근차근 달성했다. 북한은 기술적 성과를 총결산한 6차 핵실험에서 "대륙간탄도로 케트 장착용 수소탄 시험에서 완전 성공"[51] 했다고 주장하였다.

북한의 미사일 역량도 빠른 속도로 확충되었다. 중·단거리 미사일에서 대륙간탄도미사일(Inter-Continental Ballistic Missile: ICBM)과 잠수함발사 탄도미사일(Submarine Launched Ballistic Missile: SLBM)까지 모든 종류의 탄도 미사일의 기술적 제원이 향상되었다.[52] 김정일이 1994년에서 2011년까지 18년 집권기간 동안 26회 미사일을 발사한 데 비해, 김정은은 2012년에서 2016년까지 5년 집권기간 동안 60회 미사일을 발사하였고, 2017년에만 3회 ICBM 발사를 포함하여 15회의 탄도미사일 발사를 강행하였다. 북한은 마침내 2017년 11월 29일 정부성명에서 "미국본토전역을 타격할 수 있는 초대형중량급핵탄두 장착이 가능한 대륙간탄도로케트《화성-15형》의 발사에 성공"했으며, "국가핵무력완성의 력사적대업, 로케트 강국의 위업이 실현되었다."고 선포하였다. 북한은 미중 양극체제가 공고화되고 북핵 문제가 미중관계의 하위부문으로 고착되기 전에 '핵보유국'의 문턱을 넘기 위해 국가적 역량을 핵개발에 총동원할 수 있는 체계를 갖추고, 핵·미사일 역량을 끌어올리는데 전력 질주한 것이다.

주목할 것은 북한이 미국 본토 타격이 가능한 사거리, 대기권 재진입 기술 등을 입증하지 못한 상태에서 서둘러 '국가 핵무력 완성'을 선언한 점이다. 김정은이 '병진노선' 완료와 다음 단계 조치의 시간표를 가지고 있고, 엄밀한 기술적 성취보다 적시에 다음 단계로 이행하는 것을 전략적으로 더 중시한다는 것을 시사한다.

북한의 세 번째 조치는 '전면적인 내부적 균형'의 핵정책의 최종목표(end state)를 "조선반도의 새로운 평화보장체계"[53]로 구체화한 것이다. 북한이 제시한 '평화보장체계'는 첫째 평화협정을 체결하는 것이다. 북한은

2010년 1월 11일 정전협정 당사국들에 정전협정을 평화협정으로 바꾸는 협상을 시작할 것을 제안[54]하고, 2015년 10월 1일 리수용 외무성 부상이 제70차 유엔 총회 연설에서 미국에 평화협정 협상을 재차 제안하였다. 북한은 평화협정 체결이 비핵화에 선행되어야 한다고 주장한다. 과거 비핵화 협상이 원인인 '평화문제'를 해결하지 않고 현상인 '핵문제'만 해결하려고 했기 때문에 실패했으며, 평화협정을 먼저 체결해서 북미 적대관계를 제도적으로 해소하고 신뢰를 쌓아야 비핵화가 가능하다는 것이다.[55] 북한은 '전면적인 내부적 균형'의 핵정책으로 전환하면서 북미관계 개선, 경제보상 등을 비핵화와의 교환품목에서 제외하였으나, 평화협정은 비핵화의 선결조건이자, 교환품목으로 남겨둔 것이다.

둘째, 한미동맹에 의한 남북 핵 불균형을 제거한다. 북한은 2013년 이후 "핵전쟁연습 중단," "남조선과 주변지역의 핵전쟁수단 전면철수 및 재투입 단념" 등 핵우산 철폐를 집중적으로 요구[56]하고, 2016년 7월 6일 정부 대변인 성명에서는 ① 남조선에 배치된 미국 핵무기 공개 ② 남조선의 모든 핵무기와 핵기지 철폐·검증 ③ 한반도와 주변에 핵타격수단 전개 중단 ④ 핵 불사용 확약 ⑤ 주한미군 철수 선포를 주장하였다. 실재화된 핵위협의 제거가 북한의 우선순위가 된 것이다.

셋째, 대북제재를 해제한다. 북한은 "대화와 제재는 양립될 수 없으며,"[57] 대화를 원한다면 "1차적으로는 당치않은 구실을 붙여 조작해낸 유엔 안전보장리사회《제재결의》를 철회하는 조치를 취해야 할 것이다. 바로 거기에 우리에게 보내는 선의의 실마리가 있다"[58]고 주장하였다. 제재를 통해 북한을 대화로 끌어내려는 미국에 대항하여, 제재 '해제'를 통해 선의를 보여야 대화에 나오겠다고 거꾸로 요구한 것이다. 북한에게 제재 해제는 비핵화에 대한 경제적 보상이 아니며, 북한의 '정당한 자위권 행사'에 대한 국제사회의 '부당한 징벌'을 원상회복하는 것이다.

정리하면, "조선반도의 새로운 평화보장 체계"는 비핵화와 병행하여- 또는 우선하여- 평화협정을 체결하고, 비핵화와 연동하여 핵군축, 한미동맹 조정, 제재 해제를 진전시켜 한반도의 전략균형을 재설정하는 구상이다.[59] 북한은 '전면적인 내부적 균형'의 핵정책을 통해 미중 양극체제에서 장기적인 생존을 확보할 수 있도록 한반도의 안보질서(=생존조건)를 바꾸는 현상타파를 추구해 왔다는 것을 보여준다.

V. 결 론

북한이 2018년 1월 1일 김정은 신년사를 통해 남북관계 개선과 한반도의 평화적 환경 조성 의지를 표명하고 한국 정부가 대화 제의로 호응하면서 한반도 정세는 대결에서 대화로 빠르게 전환되었다. 2018년에만 세 차례의 남북정상회담과 북중정상회담, 최초의 북미정상회담이 열렸다. 김정은은 2019년 신년사에서 남북관계에서 "또 하나의 획기적 전환"을, 북미관계에서 "국제사회가 환영하는 결과를 만들기 위해 노력"[60]하겠다고 밝히고, 베트남 하노이에서 트럼프 대통령과 두 번째 정상회담을 가졌다.

북미는 비핵화 조치와 상응조치에 대한 이견으로 합의를 도출하지 못했지만 대화를 계속하겠다는 입장은 유지하고 있다. 2018년 시작된 북한의 행보는 "국가핵무력 완성"을 향해 질주해 오던 2017년까지의 행보와 전혀 다른 것인가? 북한은 2018년을 기점으로 '전면적인 내부적 균형'의 핵정책을 끝내고, 대화를 통한 비핵화로 전환한 것인가?

첫 번째 질문에 답하기 위해서는 북한의 '전면적인 내부적 균형'의 핵정책이 본질적으로 잠정적인 전략이라는 점에 주목해야 한다. 북한은 "미국과 실제적인 힘의 균형"을 '전면적인 내부적 균형'의 핵정책의 목표로 주장해 왔으나, 수백 배의 국력과 핵무기를 가진 미국과 힘의 균형에 도달하는 것은 불가능하다. 더욱이 북한은 핵능력을 고도화할수록, 더 강력한 제재와 더 큰 군사공격의 위험에 직면하고, 그 결과 안보위협이 증대되고 발전 동력이 약화되는 '핵보유의 딜레마'에 빠져 있다.

따라서 북한은 일정 시점에 핵억제력 증강(=내부적 균형)을 일단락 짓고, 축적한 핵억제력을 활용하여 체제의 장기적 생존과 발전을 확보해야 한다. 북한은 2009년 이후 중국이 부상하면서 국제체제가 미국의 단극체제에서 미중의 양극체제로 변동되는 데 대응하여 '내부적 균형'의 핵정책을 선택하고, 단계적으로 강화해 왔다. 미중관계의 변화를 기회이자 위협으로 인식하고, 핵억제력을 키워 미중 사이에서 안보를 극대화하고자 한 것이다. 북한으로서는 미중이 협력적 양극체제를 확립하기 전에 "국가핵무력"을 완성하고 "조선반도의 새로운 평화보장체계"를 구축하는 것이 미중관계의 변화가 준 '기회의 창'이 닫히기 이전에 핵보유 딜레마에서 벗어나는 길이다.

북한은 이러한 계산에서 2017년 11월 기술적인 미비에도 "국가핵무력 완성"을 서둘러 선언하고, 2018년 1월부터 "한반도의 완전한 비핵화"와 "항구적이며 공고한 평화체제 구축"을 위한 대화에 나선 것이다. 2018년 북한의 행보는 갑작스러운 경로 변경이 아니라, 북한이 2017년까지 추진해온 '전면적인 내부적 균형'의 핵정책과의 연속성 속에서 이루어진 것이다.

두 번째 질문은, 2018년 시작된 북한의 변화가 진행형이며 이중적인 모습을 보이고 있기 때문에 지금 답하기는 이르다. 김정은이 핵·미사일 시험을 중단하고, 한미 정상에게 "한반도의 완전한 비핵화"를 직접 약속하며, '병진노선'의 종료와 '사회주의 경제건설 총력집중 노선'의 추진을 선포[61]한 것은 비핵화를 진전시키는 조치이다.

그러나 북한은 핵능력을 실질적으로 제한하는 '행동'에는 아직 나서지 않고 있다. 2019년 2월 제2차 북미정상회담 이후 "한반도의 완전한 비핵화" 개념과 범위를 구체화하고 이행 시간표를 만들기 위한 북미 협상은 양측 입장 차이로 교착된 상태다. 북한이 "국가핵무력 완성" 선언 이후 "조선반도의 평화보장체계" 구축과 "사회주의 경제건설"이라는 다음 단계로 나아가고자 하는 것은 주목할 만한 변화이지만, 북한이 주장하는 '평화보장체계'와 국제사회가 추구하는 '비핵·평화체제' 사이에는 여전히 상당한 간극이 있다.

2019년 미중관계는 초불확실성(hyper-uncertainty)의 시대에 접어들었다. 미중관계는 양국이 국제질서의 주도권에서부터 양자문제에 이르기까지 모든 차원과 영역에서 경쟁-협력하면서 점차 경쟁이 협력을 압도하는 양상으로 전개되고 있다. 미중의 경쟁은 이제 특정 사안에 대한 일시적인 분쟁이 아니라, 중장기적이고 구조적인 전략경쟁, 패권경쟁의 성격을 띠게 되었다.

미중의 전략경쟁이 상수(常數)가 된 안보환경에서 북한이 미중관계의 변화를 핵보유국으로 자리매김하는 기회가 아니라 비핵화를 촉진하는 유인(誘因)으로 바라보고, 비핵화가 핵보유보다 우월한 생존전략이라고 인식하게 하는 것이 우리에게 남겨진 과제다. 북한의 국제체제와 생존조건에 대한 인식이 이러한 방향으로 변화될 때, 핵정책도 핵억제력 증강에 매달리는 '전면적인 내부적 균형'에서 국제사회와 함께 '비핵·평화체제'를 추구하는 '전면적인 관여'로 전환될 수 있을 것이다.

이 장의 주

1 "조선민주주의인민공화국 외무성 대변인 기자문답," 『조선중앙통신』, 2009년 1월 17일.

2 "조선로동당중앙위원회 2013년 3월 전원회의 보도," 『조선중앙통신』, 2013년 3월 31일.

3 "조선민주주의인민공화국 정부성명," 『조선중앙통신』, 2017년 11월 29일.

4 "김정은, 《화성-12》형 미사일 발사훈련 참관," 『조선중앙통신』, 2017년 9월 16일.

5 케네스 왈츠(Kenneth N. Waltz), *Theory of International Politics*, 박건영 역, 『국제정치이론』(서울: 사회평론, 2000), pp. 161~177; 이근욱, 『왈츠 이후: 국제정치이론의 변화와 발전』, pp. 31~40.

6 본 연구는 external balancing은 외부적 균형유지전략, internal balancing은 내부적 균형유지전략으로 번역한 이근욱의 용례를 참조하여 북한이 내부자원을 동원하여 핵억제력을 증강하는 것을 '내부적 균형'의 핵정책이라고 칭한다. 이근욱, 『왈츠 이후: 국제정치이론의 변화와 발전』, p. 44.

7 Randall L. Schweller, "Bandwagoning for Profit: Being the Revisionist State Back In," *International Security*, Vol. 19, No. 1(Summer 1994), pp. 88~89, 92~99.

8 Paul Schroeder, "Historical Reality vs. Neo-realist Theory," *International Security*, Vol. 19, No. 1(Summer 1994), p. 117.

9 코헤인은 강대국은 세력균형의 정치를 통해 국제체제의 구조와 질서를 형성하거나 큰 영향을 미칠 수 있는 국가, 약소국은 강대국간 세력균형의 결과로 주어지는 국제체제의 구조와 질서를 일방적으로 수용해야 하는 국가로 정의하였다. Robert O. Keohane, "Lilliputians' Dilemmas: Small States in International Politics," *International Organizations*, Vol. 23(1969), pp. 291~310.

10 마이클 헨델(Michael Handel), *Weak states in the international system*, 김진호 역, 『약소국 생존론』(서울: 대왕사, 1985), pp. 63~69.

11 방완주, 『조선개관』(평양: 백과사전출판사, 1988), p. 112.

12 David Campbell, *Writing Security: United States Foreign Policy and the Politics of Identity* (Minneapolis: University Of Minnesota Press, 1998), pp. 8~12.

13 Robert S. Litwak, *Rouge State and U.S. Foreign Policy: Containment after the Cold War* (Washington D.C.: Woodrow Wilson Center Press, 2000) pp. 2~3, 60~61.

14 2002년 9월 발표된 미국『국가안보전략(National Security Strategy)』은 '불량국가'를 ① 국민에게 잔혹하고 국가자원을 통치자 개인을 위해 낭비하며 ② 국제법과 규범을 무시하고 ③ 대량살상무기 획득에 매진하며 ④ 테러를 후원하고 ⑤ 미국과 미국의 가치를 증오하는 국가로 규정한다.

15 Robert S. Litwak, 저자와의 인터뷰(Woodrow Wilson Center, Washington D.C., 2013년 3월 11일).

16 서보혁, "탈냉전기 북한의 대미정체성 정치,"『한국정치학회보』, 제37권 제1호 (2003), p. 206.

17 조동준, "안보위협에 대처하는 중소국의 선택,"『세계정치』, 30집 1호(2009), p. 20.

18 나이(Joseph Nye)는 탈냉전 이후 국제체제를 미국이 힘의 '우위'(preponderance)에 있는 단극체제이나, 다른 국가를 '지배'(dominance)하는 패권체제는 아니라고 규정하였다. Joseph Nye, "Limits of American Power," *Political Science Quarterly*, Vol. 117, No. 4(2003); 클라우하머(Charles Krauthammer)와 월포스 (William Wohlforth)는 탈냉전 이후의 국제체제를 미국의 패권체제, 미어셰이머 (John Mearscheimer)는 다극체제, 헌팅턴(Samuel P. Huntington)은 초강대국 미국과 다수 강대국으로 구성된 단일-다극체제(uni-multipolarity)로 규정한다. 손용우, "신현실주의 관점에서 본 북한의 핵정책," 북한대학원대학교 박사학위 논문 (2012), pp. 94~96.

19 "조선민주주의인민공화국 외무성 대변인 성명,"『조선중앙통신』, 2003년 4월6일; 『로동신문』, 2003년 4월 28일; 구갑우, "북한 핵담론의 국제정치,"『동향과 전망』, 제99호(2017), p. 91.

20 "부쉬행정부의 우리 공화국 고립압살 책동 로골화,"『조선중앙통신』, 2003년 6월 9일.

21 후나바시 요이치,『김정일 최후의 도박』, pp. 637~639.

22 Zbigniew Brezinski, "The G-2 that could change the world," *Financial Times*, January 13, 2009.

23 미중 전략·경제대화(SED)는 미국이 세계 어느 나라와도 개최한 전례가 없는 형식으로 미국이 중국을 국제질서 유지의 파트너로 인정하고, 양자·지역·국제 차원의 위기를 관리하고 문제를 해결하는 포괄적인 메커니즘을 제도화했다는 점에서 중요한 의미가 있다(제프리 베이더,『오바마와 중국의 부상』, pp. 54~55.)

24 오바마 대통령, 제1차 미중 전략·경제대화 개회사, 2009년 7월 28일.

25 김옥준, "삼각관계 속의 중국의 대한반도 등거리 외교,"『영남국제정치학회보』, 제 2집(1999), pp. 10~12.

26 이상숙, "북미관계 개선이후 북한의 대중정책,"『북한학연구』, 제4권 1호(2008), p. 50.

27 안경모, "북한의 대외전략 분석(2008-2016),"『국가전략』, 제22권 4호(2016).

28 "조선민주주의인민공화국 외무성 성명,"『조선중앙통신』, 2009년 6월 13일.

29 Hillary Clinton, policy address on American leadership in Honolulu, Hawaii, October 28, 2010.

30 손병권, "오바마행정부 등장이후 미국의 대중정책,"『EAI 국가안보패널』(서울: EAI, 2014), pp. 9~10.

31 '투키디데스의 함정'은 고대 그리스 역사가 투키디데스가 스파르타와 아테네의 펠로폰네소스 전쟁에서 도출한 '기존의 패권국과 부상하는 강대국간에는 전쟁이 불가피하다'는 가설이다. 앨리슨(Graham Allison)은 이 가설을 지난 500년의 세계사에 적용해 보고, 부상하는 국가가 기존의 패권국에 도전한 사례가 16번 있었으며, 12번이 전쟁으로 이어졌다고 분석하였다. Graham Allison, "The Thucydides Trap: Are the U.S. and China Headed for War?," The Atlantic, September 24, 2015).

32 "미국의 적대시 정책은 핵문제 해결의 기본 장애,"『조선중앙통신』, 2012년 8월 31일.

33 "허망한 전략적 인내,"『조선신보』, 2010년 7월 30일.

34 『조선중앙통신』, 2012년 3월 19일.

35 미 국무부 관계자(실명 비공개)와 저자와의 인터뷰(2012년 4월 13일, 미 국무부 Washington D.C.).

36 "조선우주공간기술위원회 대변인 담화,"『조선중앙통신』, 2012년 4월 19일.

37 "조선민주주의인민공화국 외무성 성명,"『조선중앙통신』, 2012년 4월 17일.

38 "미국의 적대시 정책은 핵문제 해결의 기본 장애,"『조선중앙통신』, 2012년 8월 31일.

39 2017년의 국제체제는 세계 각국이 진영을 형성하지 않고 미중을 중심으로 사안별로 협력-갈등하는 '미중 주도 다극체제'에 가깝다. 윤영관,『외교의 시대: 한반도의 길을 묻다』(서울: 미지북스, 2015), pp. 172~176.

40 정재호, "미중관계의 진화: 전략적 경쟁단계로의 진입?,"『중소연구』, 제37권 제4호 (2013/2014), p. 26.

41 Gilbert Rozman, *Chinese Strategic Thought toward Asia*, (New York: Palgrave and Macmillan, 2010) p. 110.

42 김흥규, "미중관계와 한중협력," KIEP 중국전문가포럼 발표자료(2015년 11월 9일). pp. 13~14.

43 윤영관 (2015), p. 92.

44 "President Obama's Asia Policy & Upcoming Trip to Asia," Remarks by National Security Advisor Tom Donilon, Center for Strategic and International Studies, November 15, 2012.

45 Press Briefing by National Security Advisor Tom Donilon, White House, June 8, 2013.

46 "조선인민군 최고사령부 대변인 중통 기자 질문에 대한 대답," 『조선중앙통신』, 2013년 3월 21일.

47 안경모 (2016), p. 18.

48 "조선로동당 중앙위원회 2013년 3월 전원회의 보도," 『조선중앙통신』, 2013년 3월 31일.

49 "조선로동당 7차 대회 사업총화보고," 『조선중앙통신』, 2016년 5월 8일.

50 이정철, "북한의 공세적 대외정책과 경제확장전략," 『사회과학논총』, 제18권 (2016), pp. 43~46.

51 "조선민주주의인민공화국 핵무기 연구소 성명," 『조선중앙통신』, 2017년 9월 3일.

52 정성윤, "북한의 핵전력과 핵전략," 『북한 핵개발 고도화 파급영향과 대응방향』(서울: 통일연구원, 2016), p. 37.

53 "조선반도의 공고한 평화보장을 위한 조건과 환경," 『로동신문』, 2013년 7월 10일; "평화보장 체계는 시급히 수립되어야 한다," 『로동신문』, 2011년 7월 28일 등.

54 "조선민주주의인민공화국 외무성 대변인 성명," 『조선중앙통신』, 2010년 1월 11일.

55 평화협정 관련 북한 주장은 "조선민주주의인민공화국 외무성 대변인 성명," 『조선중앙통신』, 2010년 1월 11일, "조선민주주의인민공화국 외무성 성명," 『조선중앙통신』, 2015년 10월 17일, "조선민주주의인민공화국 외무성 대변인 기자답변," 『조선중앙통신』, 2015년 11월 13일 등 참조.

56 핵우산 관련 북한 주장은 "조선민주주의인민공화국 국방위원회 정책국 성명," 『조선중앙통신』, 2013년 4월 18일, "조선민주주의인민공화국 외무성 대변인 담화," 『조선중앙통신』, 2013년 10월 23일, "조선민주주의인민공화국 외무성 대변인 담화,"

『조선중앙통신』, 2016년 6월 16일 등 참조.

57 "조선민주주의인민공화국 외무성 대변인 기자답변," 『조선중앙통신』, 2016년 4월 12일.

58 "조선민주주의인민공화국 국방위원회 정책국 성명," 『조선중앙통신』, 2013년 4월 18일.

59 함택영, "북핵문제 해결과 한반도 평화체제의 모색: 미중관계와 북한의 안보위협인식," 『현대북한연구』 제17권 2호, 2014, p. 281.

60 "2019년 김정은 국무위원장 신년사," 『로동신문』, 2019년 1월 1일.

61 "조선로동당 중앙위원회 제7기 제3차 전원회의 진행," 『조선중앙통신』, 2018년 4월 21일.

김정은시대 북한의 위협인식과
전략적 선택의 변화*

박 시 영**

I. 김정은시대 북한의 전략적 선택은 왜 변화하였는가?

북한은 김일성-김정일-김정은 3대 정권을 거치면서 총 6회의 핵실험과 117발의 미사일 발사를 감행했는데, 김정은 정권에서만 북한 핵·미사일 도발은 70% 이상을 차지하고 있다. 김정은 정권에서 진행된 핵·미사일 고도화의 중요한 특징은 김일성-김정일 시기와는 다르게 상당히 빠른 속도로 진행되었으며, 상대적으로 국제사회와의 협상에는 소극적이었다. 김일성과 김정일시대만 하더라도 북한은 핵무기 개발이 진행되는 과정에서 자신들이 얻어낼 수 있는 합의를 협상을 통해 최대한 타결해 나가는 패턴으로 나왔다. 그 결과 1994년 '미·북 제네바 기본합의'와 2005년 '9·19

* 이 글은 국방연구 제62권 제1호(2019. 3)에 게재된 "핵무력 완성 선언 전후 북한의 위협인식과 '선호의 역전' : 위험감수에서 위험회피로" 논문을 보완, 작성하였습니다.
** 합동참모본부 근무

공동성명', 그리고 이를 이행하기 위한 2007년 '2·13 합의', '10·3 합의' 등을 얻어냈다. 하지만 김정은 정권은 2012년 '2·29 합의' 이후에, 4월 13일 장거리 미사일(광명성 3호)을 발사하면서 합의를 무산시키고, 이후 간헐적인 협상제의가 있었지만 마치 자신들의 시간표에 맞춰진 것처럼 핵·미사일 고도화에 집중했다. 한반도의 위기를 조성해 왔던 북한은 2018년 평창동계올림픽 참여와 남북정상회담을 통한 판문점선언, 싱가포르에서의 북미정상회담, 평양공동선언으로 이어지는 정상회담을 통해 이전과는 다른 전략을 구사했다.

김일성-김정일시대와 많은 차이를 보이는 김정은시대의 전략적 행보를 지켜보면서, 본 연구자는 위험감수전략을 통해서 조성된 위기의 극단에서 위험회피전략으로 전환하는 북한의 전략적 선택 과정에 주목했다. 중요한 것은 북한이 이러한 전략적 선택을 하게 되는 상황적 맥락을 이해하고, 전망이론을 통해 김정은 정권의 위협인식과 전략적 선택의 상관관계를 보다 체계적으로 설명하는 것이다. 지금까지 많은 학자들에 의해 북한의 군사도발에 대한 다양한 분석과 논의가 진행되어 왔지만, 기존의 담론을 넘어선 새로운 시각으로 접근하고자 했다.[1]

대부분 김정은시대의 도발을 중심으로 한 분석들은 핵능력 보유를 통해 자신의 요구를 강요하고 유리한 환경을 조성하고자 하는 의도로 단순하게 분석되거나,[2] 김정은의 과시적 돌출행동이나 정권의 권력공고화 의도로 해석되었다.[3] 또 다른 시각으로는 북한의 군사적 도발을 대내외적 이권 및 권력주도권을 놓지 않으려는 군부의 무모하고 비합리적인 정책행태로 보기도 하였고,[4] 북한의 대남 긴장조성과 북한 내부 국내정치와의 연계성에 주목하여 분석하기도 했다.[5]

이러한 선행연구의 검토를 통해 북한의 도발을 중심으로 전개되는 정권의 정책행태는 김정은 정권의 위협인식 속에서 전략적 선택으로 연결되는 '상호 역학적 관계'에 대한 면밀한 분석이 요구됨을 인식하도록 하였다. 따라서 본 연구자는 전망이론을 통해 보다 정리된 관점의 분석틀을 제시하고, 김정은 시대 북한의 위협인식과 이를 통한 군사적 도발이라는 위험감수전략의 선택과 또 다른 한편으로는 유화·타협이라는 위험회피전략으로 연결되는 상관관계를 분석해 다른 연구자들과는 차별화된 논의를 진행하고자 했다.

II. 북한의 위협인식과 전략적 선택을 어떻게 바라볼 것인가?

1. 이론적 접근: 전망이론 (prospect theory)

전망이론은 상황적 맥락의 변화, 즉 이익을 선택해야 하는 상황에서는 두 선택에서 안전한 것을 선호하고, 손실을 선택해야 하는 상황에서는 손실 중에서 더 모험적인 선택을 한다는 영역효과(frame effect)로 설명하고 있다.[6] 다시 말하면, 이익영역(gain domain)에서는 보다 안전한 선택을, 손실영역(loss domain)에서는 보다 위험한 선택을 하게 된다는 것이다.[7] 결과적으로 어떠한 영역에 혹은 상황에 처하게 되느냐에 따라 인간의 선택 선호도가 달라진다는 것은, 정책결정자의 인식과 정책결정 과정에 새로운 관점을 제시해 준다고 보았다.

이익과 손실을 판단하는 기준점은 준거점(reference point)이다.[8] 준거점은 이익과 손실의 합이 '0'이 되는 지점이지만, 정책결정자의 준거점은 바로 현재상황(status quo)을 기준으로 이익영역에서는 위험을 회피하는 선택(risk-averse)을, 손실영역에서는 위험을 감수(risk-taking)하는 선택을 선호함을 의미한다. 중요한 것은 전체의 이익과 손실이 아닌, 현재 상황에서의 이익과 손실을 판단하게 된다는 것이다. 다시말해, 현재상황을 기준으로 이익이 발생하면 전체적으로 손실이더라도 이익영역에서 행동경향성을, 현재상황을 기준으로 손실이 발생하면 전체적으로 이익이더라도 손실영역에서 행동경향성을 보이게 된다. 준거점을 기준으로 판단하는 행위자의 행동경향성은 현재상황의 변화가 행위자의 인식구조와 연결되어 행동경향성을 유발함을 말하는데, 행위자 주변의 상황이 변화하고 그것을 현재상황을 기준으로 악화되었거나, 앞으로 악화될 것이라고 판단하게 되면 손실영역 내로 있다고 인식하게 된다. 또한, 그러한 상황이 호전되었거나 호전될 것이라는 판단을 하게 되면 이익영역내로 인식하게 된다.

이렇게 전망이론에서는 이익과 손실에 관한 판단도 현재 상황을 기준으로 행위자의 인식구조에 따라 행동경향성이 달라질 수 있다고 보았다. 특히, 이미 획득한 것을 포기해야 하는 경우에는 획득에 들인 비용보다 훨씬 더 큰 손실을 느끼게 된다고 보는데, 이러한 인식구조에서는 단순한 비용계산이 아니라 다가올 손실판단에 따라 결정하며 점차 큰 손실을 가져올 것이라는 인식을 하게 되면서, 보다 더 수위가 높은 위험감수전략을 추구하게 된다.

이러한 논의를 정리하면 전망이론에서는 현재 상황을 준거점으로 손실영역(loss domain)에 있을 때 위험감수적 행동경향(risk-taking, risk-acceptance), 이익영역(gain domain)에 있을 때 위험회피적 행동경향(risk-aversion)을 추구하게 된다고 본다.[9] 한가지 주목할만한 것은 낮은 발생가능성에 대한 과대평가가 이루어지고 그러한 상황은 인식구조와 연결되어 위험감수적 행동경향에 대한 역전현상을 발생시키게 된다는 점이다. 이 경우에는 일반적인 전망이론에서 예상되는 행동경향이 발생하지 않게 되는데, 이러한 맥락에서 오히려 손실영역에서 위험회피, 이익영역에서 위험

추구라는 '선호의 역전(reference reversal)' 현상이 발생할 수 있다.[10] 즉, 정권붕괴라는 극단적이고 재앙적인 손실(too catastrophic losses)이 예상되는 경우에는 오히려 위험회피적인 경향을 보일 수 있다는 것이다.[11]

2. 분석틀과 가설설정

대외적 상황에 대한 이익영역과 손실영역에 대한 인식과 북한의 대내적 상황의 안정성 여부를 연계시키면 <표 Ⅱ-1>와 같이 북한의 위협인식과 전략적 선택의 상관관계가 정리된다. 북한은 대외적 상황의 변화를 통해 손실영역 내 위치를 인식하게 되면 위험감수전략을 선택할 가능성이 높아진다. 이러한 위협인식은 북한의 대내적 상황의 안정성 여부와 연계되면서, 어느 정도의 위험을 감수할 것인가를 판단하며 강도와 수위를 조절하게 된다. 하지만, 대외적 상황을 극단적 손실영역 내로 인식할 경우, '선호의 역전현상'이 발생하면서 위험회피전략을 선택하게 된다.

다시말해 북한은 체제붕괴와 같은 정권안보를 우려해야 하는 재앙적 손실이 예상되는 극단적 손실영역에서는 타협·유화분위기를 조성하며 위험회피전략을 구사할 가능성이 높다. 하지만, 대내적 상황의 불안정성이 가중되어 체제유지가 제한된다고 판단될 경우, 극단적인 위험감수전략을 선택할 수도 있다. 또한, 대외적 상황인식이 이익영역으로 전환될 경우, 북한은 더 이상 위험감수전략을 구사할 이유와 필요성이 없어지게 된다. 특히 체제유지의 안정화가 강화될 경우에는 보다 타협·유화분위기를 조성하며 위험회피전략을 지속할 개연성이 높아진다.

그렇지만, 이러한 상황전개가 북한을 지속적으로 이익영역내로 위치시키지 못할 경우, 북한은 위험감수전략을 다시 선택할 수도 있다. 이때 이전보다 모험적이고 극단적인 위험감수전략을 구사해야 전략적 효용성을 달성할 수 있게 되지만, 동시에 그로 인한 재앙적 결과를 동시에 염두해야 하는 딜레마적 상황에 봉착하게 된다.

<표 II-1> 북한의 위협인식과 전략적 선택의 상관관계

구 분		대외적 상황		
		이익영역	손실영역	극단적 손실영역
대내적 상황	안정성	위험회피: 타협 / 유화정책	위험감수 : 군사도발	위험회피: 타협 / 유화정책
	불안정성	위험감수 또는 위험회피: 군사도발 또는 타협 / 유화정책	매우 위험감수 : 군사도발	극단적 위험감수: 초고강도 군사도발

출처: 박시영, "북한의 위협인식과 전략적 선택의 메커니즘 연구,"『현대북한연구』, 19권 1호(2016), p. 197; 박시영, "1960~70년대 북한의 군사적 모험주의 연구: 위협인식과 전략적 선택"(북한대학원대학교 박사학위논문, 2015), p. 59을 참고하여 재작성; 황지환, "전망이론을 통해 본 북한의 핵 정책 변화: 제1, 2차 북한 핵위기의 분석,"『국제정치논총』, 제46집 1호(2006), p. 86.

이러한 맥락에서 북한의 위협인식과 전략적 선택의 상관관계를 도식화하면 <그림 II-1>과 같으며, 가설을 설정해 보면 다음과 같다.

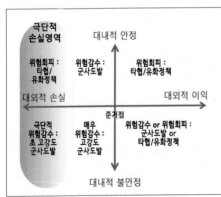

가설 1. 북한은 대외적 상황을 손실영역에 위치하고 있다고 인식하고, 대내적 상황과 안정성 여부와 연계해서, 핵·미사일 고도화를 지속하는 위험감수전략을 선택할 것이다.

가설 2. 북한은 대외적 상황을 극단적 손실영역에 위치하고 있다고 인식하고, 대내적 상황과 안정성 여부와 연계해서, 핵·미사일 고도화를 중지하고 타협·유화적 분위기를 조성하며 위험회피전략을 선택할 것이다.

<그림 II-1> 북한의 위협인식과 전략적 선택의 메커니즘과 가설설정

III. 김정은 시대 북한은 왜 위험감수전략을 선택하는가?

1. 무엇이 북한을 대외적 손실영역으로 인식하게 하는가?

가. 미국과 중국의 전략적 구도변화 : 전략적 경쟁과 협력

김정은의 정권집권 전후로 국제사회는 미국과 중국으로 대별되는 G2의 국제체제 구도가 가시화되면서, 국제질서 주도권을 둘러싼 '경쟁과 협력, 견제'라는 형국으로 전개되었다.

오바마 행정부는 2011년 하반기 부터 중동문제를 일단락 시키고, "아시아는 미국의 전략적 관심의 최상위에 위치할 것"[12]이라며, '아시아로의 회귀(pivot to Asia)' 전략을 제시하며, 『4개년 국방태세 검토(QDR)』(2014년)와 『국가안보전략(NSS)』(2015년)에서도 아시아 재균형 정책을 표명했다. 미국의 재균형 정책의 핵심은 아시아 지역의 전략적 가치를 높게 평가하고, 지역 동맹국들과의 다자주의 연계강화와 경쟁국인 중국과의 협력 증진을 통해 미국의 지역패권 유지를 공고히 하는 것이었다.

2017년 출범한 트럼프 행정부도 '미국 우선주의(America First)'를 표방하고 '인도-태평양 전략'을 강조하며, 2020년까지 미국 해군력의 60%를 아태 지역에 집중적으로 배치하기로 결정하였고, 대중국 재래식 억지력(conventional deterrent) 강화를 위한 제3차 상쇄전략(offset strategy)을 강화해 나가고 있었다. 이처럼 트럼프 행정부는 유럽, 아프리카 등 지역이나 현재 미국에게 덜 중요하다고 판단되는 이슈에 대한 개입을 줄이는 대신, 아태 지역에 대한 개입과 중국에 대한 경계의 강도는 한층 강화했으며, 중국과의 전략적 협력과 경쟁구도를 지속시켰다.[13]

미국의 아시아 전략의 핵심은 기존의 동맹 네트워크와 우방국과의 연계에 의존하기 때문에 미국과 중국은 지역차원에서 전략적 접근 대 반접근의 형세로 경쟁구도가 만들어졌고, 미국의 핵심동맹인 미일동맹과 한미동맹의 지정학적 핵심지역인 한반도를 중심으로 미·중 간의 패권적 대립과 갈등이 점차 심화되었다. 미국은 중국에게 대미무역적자 해소와 함께 대북제재 강화를 강도 높게 요구했고, 남중국해 영유권 분쟁 중인 필리핀, 베트남과 군사협력을 확대하면서, 2015년 10월과 2016년 1월에는 '항행의 자유(Freedom of Navigation)' 작전을 통해 중국을 압박했다.

중국의 입장에서는 시진핑 체제 출범 이후, 부상하는 '힘'에 대한 자신감, '신형강대국'이라는 새로운 자아정체성에 기반하여 적극적이고 전방위적인 '대국외교'를 본격화했다. 중국은 스스로 미국에 견줄만한 강대국의 위상을 역설하며, 고도 경제성장을 바탕으로 주변국과 지역경제에 대한 영향력은 물론, 세계 경제의 대중국 의존도를 점차 증대시켰고, 그로 인한 중국의 위상과 영향력은 급격히 강화되었다.

중국은 경제력을 통한 영향력 확대를 기반으로 군사력과 군사협력망 확대를 적극적으로 추진하였는데, 국방비를 지속적으로 증가하면서, 이미 2009년 미국에 이어 세계 2위의 군사비지출 대국으로 부상하였다. 중국은 2012년 11월 제18차 당대회 보고에서 '국제 지위에 걸맞고 안보이익을 추구하는 강한 군을 건설할 것'을 강조하며, 러시아 및 중앙아시아 국가들과 합동군사훈련 등으로 미국의 대중국 견제정책에 대응하는 역내 군사협력 확대를 추진했다.[14] 남중국해 문제에서도 2013년 12월 남중국해 매립 개시, 2014년 서사군도 석유 탐사선 진입, 2015년 남사군도 레이더 기지와 서사군도 '방어용' 미사일 포대 건설 등 공세의 수위를 높였다.

하지만, 중국은 우선 미국과의 안정적이고 건설적인 관계 확립을 최우선 정책과제로 제시하면서, 미·중 관계를 경쟁과 갈등이 아닌 신뢰를 바탕으로 한 협력적 관계에 중점을 두고자 했다. 이러한 기조 속에서 미국과 북핵문제 등 글로벌 현안에 대한 협력과 공조를 확대하고자 했다.

중국은 북핵 문제에서도 미중간의 경쟁과 협력이 교차하는 모습을 보였다. 미국은 북한이 핵·미사일 도발을 강행할 때마다 강화된 대북제재 결의를 통해 압박하였고, 중국은 제재의 채택과 이행에 이전보다 적극적인 모습을 보였다. 그러나 북한의 핵도발이 지속되면서 이에 대한 미중간의 미묘한 이해관계로 갈등이 점차 고조되는 형국을 보였다. 북한에게는 미국이 지배하는 안보질서와 중국이 주도하는 경제질서 사이에서 어느 일방도 선택하기 힘든 전략적 딜레마가 발생했다. 미·중 간의 전략적 구도의 변화 속에서 북한이 느끼는 위협은 더 커져갔고, 김정은 정권은 중국으로부터의 지원이 제한될 수 있는 정권안보와 함께, 미국의 압박으로부터 국가안보를 동시에 우려해야 하는 대외적 손실영역으로 인식했을 가능성이 높아졌다.

나. 미국의 적대적 대북정책의 지속 : 전략적 인내와 최대압박과 관여

2012년 오바마 2기 행정부는 세계 경제의 침체, 미국의 재정적자, 아프칸 전쟁을 비롯한 중동사태의 불확실성 속에서 전 세계의 이목은 미국의 '전략적 인내(strategic patience)'라는 대북정책의 지속성과 영향력에 관심이 집중되고 있었다. 오바마 2기 행정부의 대북정책의 기조였던 '전략적 인내'의 핵심은 북한을 상대로 한 포용적 인내라기보다는 6자회담에 참여한 동맹국들과의 긴밀한 협력을 통한 대북압박정책에 중점을 두고 있었다.

이러한 미국의 대북정책의 배경은 북한의 도발에 대한 국제사회의 공조를 통해 지속적인 제재를 가하고자 했다. 특히 중국으로 하여금 적극적인 유엔제재 동참을 유도할 수 있다면, 전략적 인내정책이 상황전개에 따라 북한의 굴복이나 자멸을 이끌어 낼 수 있다는 미국식의 희망적 낙관론도 작용하고 있었다. 이러한 맥락에서 미국의 '전략적 인내'라는 대북정책의 기조에는 처음부터 대북관용과 대화부분이 축소되고, 북한의 굴복, 항복, 포기를 위한 제재와 고립의 측면만이 강했다고 볼 수 있다.[15]

북한에게도 어느 정도 기회는 있었다. 2013년 미국과 '2·29 합의'를 도출한 이후에[16] 북한은 미북관계 개선의 발판을 마련했지만, 2주 뒤에 미사일 발사를 발표함으로써[17] 다시금 긴장국면을 조성했다. '2·29 합의' 파기는 북한에게는 더 이상의 대화와 타협이 무의미하다는 미국의 대북 회의론에 힘을 실어주게 되었고, 미국내에서 북한과는 어떤 대화와 협상도 재개하지 않겠다는 강경입장이 다시 부상하는 계기가 되었다. 이후 4월 13일 북한은 장거리 미사일을 발사하였고, 4월 15일 김일성의 100주년 기념행사 열병식에서 대륙간 탄도미사일(ICBM : Inter-Continental Ballistic Missile)급 신형 미사일 시위를 벌이면서 '이제 2·29 조미(북미)합의에 더 이상 구속되지 않을 것'[18]이라며 추가 핵실험까지 협박했다.[19]

4월 16일, 국제사회는 북한의 미사일 발사를 강력히 규탄하는 유엔안보리 의장성명을 내놓았다. 대북제재에 있어서는 단체와 구체적인 품목을 추가 지정하고 북한의 미사일 추가 발사나 핵실험 시 상응조치를 취한다는 내용이 포함되었다.[20] 2013년 4월 존 케리(John Forbes Kerry) 미 국무장관은 하원의회 청문회에서 북한 핵문제 해결에 있어서 과거의 방식을 따르지 않을 것을 밝혔는데, 비핵화의 조건 없이 테이블에 마주 앉아 경제적 지원과 양국관계 개선을 논의하는 방식의 대화는 더 이상 없을 것임을 강조했다.

결국 미국의 초기 대북정책은 '유연한 전략적 인내'의 모습이었지만, 시간이 지나고 상황이 전개되면서 '대화를 통한 문제해결'이 아니라 기다리는 동안 '북한에 대한 제재' 그리고 '중국을 통한 압박과 설득'을 추진하는 일종의 '강경한 전략적 인내'로 전환되었다. 또한, 북한의 적절하고도 유의미한 행동이 일어나지 않으면서 일종의 '전략적 무시(strategic ignorance)'로 전환되어 갔다.

결론적으로, 오바마 행정부의 '전략적 인내' 정책은 북한에게는 위협 인식을 가중시키고, 손실영역 내로 위치를 인식시켰다. 미국이 북한과 대화를 추진하지 않을 것이라는 상황적 인식구조는 자신들 나름의 핵프로그램 시간표에 맞춰 핵을 진전시켜야 할 동기와 목적을 계속해서 발생하고 있었고, 더욱더 전략적 인내는 대북정책에서의 효과를 발휘할 수 없게 되었다.

새롭게 출범한 트럼프 행정부는 '미국 우선 외교정책(America first policy)'을 내세우며, '강한 군대 재건(making our military strong again)'과 '힘을 통한 평화(peace through strength)'를 천명하며 미국의 패권적 지위와 세계질서의 유지를 위한 군사력 증강 정책을 적극적으로 시행하겠다고 밝혔다.[21] 트럼프 행정부는 오바마 행정부의 '전략적 인내' 정책을 폐기하고, 북한의 핵·미사일 고도화를 '임박한 위협'으로 규정하고 '최대압박과 관여(maximum pressure and engagement)' 정책을 통해 핵을 포기하도록 북한을 압박하겠다는 전략을 추진했다. 또한, 중국을 통해 북한에 영향력을 행사해 북한의 변화를 촉진 시키겠다는 전략을 병행시켰다.

트럼프 대통령의 '최대압박과 관여'라는 대북정책의 기조는 조셉 윤 국무부 대북정책 특별대표를 통해 구체적으로 제시되는데, ① 핵보유국으로 인정하지 않고, ② 모든 대북제재 및 압박조치를 이행하며, ③ 북한 정권교체(regime change)를 추진하지 않고, ④ 최종적으로 대화를 통해 문제를 해결한다는 것이었다.

이러한 맥락에서 최대압박은 '북한에게 직접적'으로, 관여는 '중국을 중심으로 한 국제사회를 대북 압박에 동참'시키며 궁극적으로 북한의 비핵화를 견인하겠다는 전략이었다.[22] 하지만 문제는 북한이 어떻게 인식하느냐의 문제였다. 결과적으로, 북한의 입장에서는 이전 오바마 행정부의 전략적 인내보다도 더욱 적대적이고 부정적인 대북정책이었다. 그 결과 김정은 정권으로 하여금 대외적 상황을 다시금 손실영역으로 인식시키도록 견인했다.

다. 중국의 한반도 현상유지정책과 북·중 관계의 경색

2012년 11월 개최된 중국 공산당 제18차 전국대표회의(이하 '전당대회')에서 시진핑과 리커창으로 대표되는 5세대 중국 지도자들이 등장했다. 중국의 새로운 지도자, 시진핑 주석은 계승해야 할 후진타오 시대의 제기된 외교정책의 원칙으로 '신형대국관계(新型大國關係)'를 제시하며,[23] 미국의 대중 견제전략에 대응하고자 했다.

중국은 미국의 견제에 대항하면서 동북아지역에서 미중관계의 경쟁과 갈등보다는 협력과 타협을 통해 한반도의 현상유지정책을 지속하고자 했다. 중국은 전통적으로 북한을 지정학적 완충지대(buffer zone) 및 전략적 자산(strategic assets)으로 간주하여 왔고, 북한체제의 지속적인 안정을 통해 중국의 국가목표인 경제발전과 주변지역의 안정을 도모하고자 했다. 중국의 대한반도 정책의 핵심은 북한의 완충지대 역할에 따른 대미 억지력 확보, 한반도에 대한 지속적인 영향력 유지를 통해 한·미·일 3국 동맹을 통한 대중포위 견제, 북한 급변사태에 따른 한미 연합군의 일방적 군사개입을 억제하는 것이었다.

중국은 이러한 전략적 고려 속에서 부전(不戰, 전쟁방지), 불란(不亂, 혼란방지), 불통(不統, 어느 일방의 주도적 통일반대), 무핵(無核, 한반도 비핵화)을 기조로 하는 삼불일무(3不 1無) 원칙과 쌍중단(雙中斷 : 북한의 도발과 한미 연합훈련 동시중단), 쌍궤병행(雙軌竝行 : 한반도 비핵화프로세스와 평화협정 논의 동시진행)을 통한 북핵문제 해결을 고수해 왔다.

김정은 체제의 출범 이후, 2012년 2월 12일 북한이 3차 핵실험을 강행하면서, 중국은 대북송유관을 차단했다. 이는 2002년 2차 북핵위기와 2006년 1차 핵실험, 2009년 2차 핵실험 당시 최소 2개월 이상 대북 송유관을 차단한 적이 있었지만, 김정은 정권에 들어서는 처음이었다.[24] 이후 중국은 2014년 1분기(1~3월)동안 북한에 원유를 전혀 보내지 않았는데, 북중관계의 경색국면을 단적으로 보여주는 것이었다.[25] 북중관계의 균열은 장기화되는 양상을 보여주었다. 중국은 북핵문제에서 대북제재의 채택과 이행에 협력했지만, 김정은 집권이후 5년이 경과하도록 북·중 정상회담을 하지 않았고, 북한을 방문하지 않고 2014년에 한국을 먼저 방문하였다.

북한 내부에서도 중국에 대해 이전과는 다른 분위기가 형성되었다. 2013년에 들어서, 북한의 간부 및 당원용 교육에 중국에 맹종하는 자들을 '대국주의자'들이라고 강하게 비판하였고, "중국에 환상을 갖지마라", "유사시 중국을 적으로 간주하라"라는 등의 사상교육을 강화하였다. 특히 2013년 12월 장성택을 처형하면서, 친중파 세력의 확대를 경계해 군과 보위부 간부를 대상으로 '반중사상' 교육을 개시했다고 알려져 있었다.[26]

북한은 대북제재에 동참하며 압박에 나선 중국에 강한 불만을 표시하며, 불편한 관계를 지속시켰다. 북한은 2017년 5월 14일 29개국 정상이 참석한 일대일로 정상회의 개막 당일에도 탄도미사일을 발사했었다. 또한, 트럼프 대통령과 시진핑 주석의 첫 정상회담 직전인 4월 6일에도 탄도미사일을 발사했다. 2016년에도 항저우(杭州)에서 열린 주요 20개국(G20) 정상회의 마지막 날인 9월 5일에도 탄도미사일 발사했었고, 나흘 뒤 9일에는 5차 핵실험을 감행했다. 같은 해 4월에는 베이징에서 중국주도 아시아 교류 및 신뢰구축회의(CICA : Conference on Interaction and Confidence Building Measures in Asia) 외교장관회의가 열리기 직전 미사일을 발사했다. 2017년 9월 초 중국 샤먼(廈門)에서 개최된 브릭스(BRICS : Brazil, Russia, India, China, South Africa) 정상회의 개막일에 북한은 6차 핵실험을 감행했다.

실제로 북한은 중국에게 의존하기보다는 지속적으로 핵·미사일 고도화를 통한 위험감수전략을 통해 한반도의 위기를 조성하고 자국의 지정학적 존재감과 가치를 부각시키고자 했다. 중국은 북한이 지원만 받고 북중관계의 특수성을 적당히 이용하면서, 지속적인 핵·미사일 고도화를 통해 한반도의 안보위기를 고조시키고 있다고 보았다. 북한 대외정책의 중심에는 언제나 미·북 관계가 최우선으로 설정되어 있어서, 중국은 경제적·외교적 비용만 지불하고 북한에게 항상 주도권을 빼앗기면서 딜레마적 난관 속에서 갈등이 유발되고 있다고 보았다. 결국 북중관계의 악화는 북한으로 하여금 대외적 손실영역 내 위치로 인식하도록 강요했다.

라. 남북관계 악화와 대남위협인식의 확대

2013년 2월 북한이 3차 핵실험을 감행하고, 남북관계의 악화 속에서 박근혜 정부가 탄생하였다. 박근혜 정부는 이명박 정부의 '비핵개방 3000'이 지나친 대북강경정책으로 남북관계 중단과 평화관리 실패를 초래했다는 비판 아래, 신뢰를 바탕으로 한 점진적인 남북관계 개선을 표방하는 '한반도 신뢰프로세스'를 내세웠다.

하지만, 박근혜 정부의 야심 찬 대북정책은 처음부터 상당한 난관에 부딪혀야 했다. 북한이 핵실험을 강행하고 정전협정의 모든 합의를 폐기한다고 선언하면서, 한반도 신뢰프로세스는 처음부터 많은 장애물을 만났다.[27] 어려운 여건 속에서 박근혜 정부는 집권초기, 북핵실험과 개성공단 폐쇄라는 초유의 긴장국면에서 신뢰프로세스를 강조하며 북한과 대화의 끈을 지속하려 했고, 결국 개성공단 실무회담에서도 6차례의 실패 끝에 끈질기게 7차 회담을 하고 합의를 도출하기도 했다. 그러나 어렵게 합의된 남북 장관급 회담을 앞두고 이른바 '격' 논란으로 남북관계 개선의 돌파구를 찾지 못했고, 조국평화통일위원회(조평통) 서기국장은 안되고 통전부장은 된다는 과도한 원칙을 내세우면서 남북대화가 결렬되고 남북의 신뢰는 불신으로 바뀌고 말았다.[28]

북한은 2014년에 들어 1·1 신년연설, 1·19 국방위 중대선언, 2월 중순 남북고위급 접촉, 2월 말 이산가족상봉을 통해 남북관계 개선 의지와 선제양보를 통해 박근혜 정부의 한반도 신뢰프로세스를 테스트했다. 박근혜 대통령은 3월에 독일 드레스덴(Dresden)을 방문하여 '평화통일 기반 조성을 위한 3대 제안(드레스덴 구상)'을 발표했는데,[29] 이에 대해 북한은 비방·중상 중지 및 한미연합 군사훈련의 중단을 요구했고, 대북전단살포에 대한 직접적인 군사행동으로 위기를 고조시켰다. 그리고, 6·15 / 10·4선언 이행 촉구, 5·24 조치해제 및 금강산관광 재개를 요구하면서, 핵문제 제기 및 인권변화 촉구에 극단적으로 반발하였다.

2015년은 광복·분단의 70주년으로 남북관계 개선의 기대가 있었지만, 비무장지대 목함지뢰 도발을 통해 극도의 위기국면이 조성되었고, '8·25' 합의를 통해 위기를 해소하고 이산가족 상봉 등으로 남북관계 개선의 분위기는 조성되었으나, 차관급 당국회담(12. 11~12)이 성과없이 종료되면서, 남북관계 진전의 모멘텀을 이어가지 못했다. 2016년은 북한의 4차 핵실험과 장거리 미사일 발사 이후, 박근혜 정부가 개성공단 가동중단이라는 초강수로 대응하면서, '제1차 남북당국회담(15년 12월)'을 끝으로 남북대화는 단절되었다.

결과적으로 북한의 핵보유 의지 지속과 우리의 불용원칙이 충돌하면서 남북한의 '강 대 강' 행보가 전개되었고, 남북관계는 경색국면을 넘어

극도의 위기상황이 조성되었다. 이후에도 북한의 지속적인 도발로 인해 국제사회의 제재가 강화되었고, 2014년 10월 황병서, 최룡해, 김양건 등 이른바 실세 3인방의 방남이후에 고위급 접촉 재개에 합의했지만, 안타깝게도 이를 신뢰구축의 계기로 발전시키지는 못했다. 남북관계의 불신과 관계악화, 대남위협 인식의 확대가 북한으로 하여금 대외적 상황을 손실 영역 내로 인식하도록 견인했다.

2. 북한은 어떻게 대내적 상황을 안정시켰는가?

가. 김정은 정권의 정당성 강화와 체제공고화

2013년 6월에는 북한사회에서 헌법 또는 당규약보다 우선적으로 작용하는, 북한 주민의 생활과 사상의 지침서인 '당의 유일사상체계 확립의 10대 원칙'을 39년 만에 '당의 유일적 영도체계 확립의 10대 원칙'으로 개정했다. '유일사상체계'를 '유일적 영도체계'로 변경하면서 '김정은=당', 수령독재와 일당독재의 김정은 정권의 정당성을 당원과 주민들에게 주입했다. 이후 2016년 제7차 당대회시 개정한 당규약 서문 맨 첫머리에 '조선노동당은 김일성-김정일주의당'이라고 규정하면서, 김정은 세습 통치의 정통성을 규정했다.[30]

김정은은 파워엘리트를 교체하면서 공포정치와 충성경쟁을 가속화 했으며, 김일성-김정일 정권기에도 계속된 '타도·숙청'을 단행했다. 김정은의 '공포정치' 결과로, 2016년까지 고위간부와 주민 340명이 공개 총살되거나 숙청되었는데, 처형된 파워엘리트는 2012년 3명 → 2013년 30여명 → 2014년 40여명 → 2015년 60여명으로 증가했다.[31] 김정은은 잦은 인사교체를 통해 이권개입과 부패에 연루된 하부조직에 대한 연쇄적인 파장을 통해, 관료사회를 흔들었다. 엘리트들의 담합 구조를 약화시키고, 신진엘리트를 충원함으로써 자신의 권력기반을 강화하고자 했다.[32] 김정은은 2012년 권력층의 31%(68명)를 교체하고, 2013년에는 13%(29명)를 교체했다. 당의 경우 부부장급 이상 간부 40여 명, 내각에서는 30여 명, 군에서는 군단장급 이상 20여 명을 새로 충원했다.[33]

2012년 7월 김정은은 군부의 핵심세력인 리영호 총참모장을 숙청하고, 군부인사에 대한 잦은 인사이동을 통해 군에 대한 당적지도 기능을 강화했다. 특히, 인민무력부장, 총참모장 등 군부 고위직의 잦은 인사교체 및 계급 강등, 원상복귀 등을 통해 군부통제를 강화했으며, 완전한 측근 인사들로 배치했다.[34] 2013년 12월에는 고모부 장성택을 부패와 반당종파 행위 죄목으로 공개적으로 비판·공개처형하며, '유일영도체계'를 본격화했고,[35] 고위직 엘리트 숙청, 공개·비공개 처형, 계급·지위 조정, 혁명화·재임용 등의 간부인사를 통해 자신의 통치체제를 강화해 나갔다.[36]

북한은 2016년 5월 6~9일까지 36년만에 열린 제7차 노동당 대회를 통해 노동당 중심으로 국정전반을 운영하는 당·국가체제가 복원·정상화되었다.[37] 김정은 체제는 '당-국가체제'를 정상화시켜 당 우위체제를 구축하며, 당적지침에 기반해 국가를 운영하고자 했다. 이를 위해 통괄통치의 핵심수단으로 활용해 왔던 노동당 비서국을 노동당 정무국으로 확대·개편하고, 국정전반을 실질적으로 운용할 '국무위원회'를 신설하였다.

김정은은 국무위원회를 통해 노동당의 정책과 노선을 국가기관 차원에서 협의·심의하고 집행을 감독하는 역할을 수행하도록 하고, 당비서 직제를 당부위원장 직제로 바꾸고 자신이 노동당의 모든 위원회를 총괄하는 '당 위원장' 자리에 오르며 자신을 정점으로 하는 '당-국가체제'를 구축했다. 또한, 노동당을 중심으로 한 국정운용과 내각의 역할 강화, 경제정책의 원활한 추진을 위해 핵심 경제관료들을 당 정치국 위원과 후보위원 등에 포진시켰다. 당적 통제의 강화는 군내에도 영향을 미쳤다.[38]

김정은은 국정운영에 관한 중대사를 당에서 논의·결정하는[39] 당-국가 체제의 정상가동과 당적통제 강화를 의도적으로 표출하고 명확히 하고자 했으며, 초기 정권의 불안정성 우려에도 체제의 정통성 확립과 공고화를 통해 국내정치적 상황을 안정시켜 나갔다.

나. 경제-핵 건설 병진노선 추진과 '핵보유국 지위' 법령제정

2013년 3월 31일, 조선노동당 중앙위 전원회의는 '경제건설과 핵무력 건설을 병진시켜 사회주의 강성국가건설위업의 최후승리를 앞당겨 나갈데 대하여'를 만장일치로 채택하였다. 북한은 이러한 전략노선이 "급변하는 정세에 대처하고 혁명의 최고이익으로부터 항구적으로 틀어쥐고 나가야할 노선이다."라고 밝혔다. 또한 "미국이 항시적인 핵위협을 가해오는 상황에서 핵무력을 질량적으로 다져나가지 않을 수 없다."라고 하면서 "전쟁억제력과 전쟁수행수행전략의 모든 측면에서 핵무력의 중추적 역할을 높이는 방향에서 전법과 작전을 완성해 나가고, 핵무력의 전투준비태세를 완비해 나가야 한다."고 강조했다.[40]

병진노선은 구체적인 구현 모습으로 경제적 자강력을 강조하고, 핵보유의 대외적 과시라는 형태로 나타났다. 북한은 2016년 7차 당대회에서 "자체의 힘과 기술, 자원에 의거하여 주체적 역량을 강화하고 자기의 앞길을 개척하는 혁명정신"이 바로 '자강력 제일주의'라고 규정하였다.[41] 다른 한편으로 김정은 정권은 2013년 전원회의 직후인 4월 1일 최고인민회의 제12기 7차 회의에서 '자위적 핵보유국의 지위를 더욱 공고히 할데 대하여'라는 법령을 채택했다. 북한은 '핵 보유국 지위'에 관련된 법령제정을 통해 핵무기 개발동기, 사용원칙, 사용대상, 최종승인권한, 핵전력 강화 계획 등을 포괄하는 핵전략을 대내외에 표명했다.

김정은 정권은 자신들의 핵무기 타격목표를 명시하고(미 증원전력, 한미 및 미일 동맹), 핵보유 사실을 대내외적으로 과시함으로써 북한이 공격을 받을 경우, 적극적인 핵사용 의지를 현시함으로써 미국의 군사적 위협을 최대한 억지하고자 했다. 또한, 핵전략과 관련해 기존의 모호성 전략에서 탈피하여 적극적으로 자신들의 핵보유 사실을 대내외에 표출함으로써 내부적으로 체제 안정화 강화에 노력했다.

북한은 '경제-핵무력 건설 병진노선' 채택을 통해 경제강국 건설과 인민생활 개선을 핵심과제로 제시하면서도, 동시에 핵보유국을 기정사실화하고 이에 기반해 국가를 운용하겠다는 지침을 제시했다. 또한, 핵무력 강화를 통해 핵보유국 지위에서 대미협상을 통해 평화체제가 마련될 때까지 비핵화에 나설 의사가 없다는 김정은 정권의 의지를 표명한 것으로 볼 수 있었다.

다. 북한 대외경제의 불안정성 지속

김정은 정권 동안 북핵·미사일 고도화에 따른 대북제재 지속, 5·24 조치에 묶인 남북경협의 중단, 개성공단 폐쇄 등의 부정적 요소들이 계속 발생하면서 전반적으로 경제상황은 악화되었다. 먼저 김정은 정권의 가장 주요한 대외경제의 부정적 시그널은 무역적자가 지속되고 있다는 것이었다. 물론 이미 2000년 이후부터 무역적자를 기록하고 있었으며, 김정은 정권 출범이후 다소 규모가 줄어들기는 했지만, GDP 3~4%에 해당하는 연간 약 10억달러 정도의 무역적자를 기록하고 있었다. 특히 북한의 무역적자는 총 172억달러로 북한 GDP의 절반 정도를 차지하고 있었고, 이중 72% 정도가 대중무역 적자였다. 특히 김정은 정권에서 무역의 대중 편중 현상이 극도로 심화되었는데, 전체적인 점유율은 지속적으로 높아져 가면

서, 2014년 이후에는 90%를 초과했다.[42]

2012년부터 북한경제는 농림수산업, 광업, 에너지, 건설사업뿐만 아니라 경공업, 중화학 공업을 포함한 제조업과 서비스 부문 등 산업 전반이 성장과 퇴보를 반복하면서, 북한내부의 시장화 확산을 통한 일부 대외경제가 회복세를 보이기도 했다. 하지만, 단기 성과위주의 투자를 중심으로 하는 김정은 시기의 산업정책이 북한 산업의 성장잠재력을 확충하지 못했고, 전반적인 경제성장도 침체국면에 봉착했으며, 교육·훈련 및 과학기술을 중심으로 한 경제성장의 가능성도 보이지 않았다.

그래서 김정은 정권은 2016년에는 '국가경제발전 5개년 전략'을 제시하고, 김정일 시대보다 더 활발하게 각종 건설사업을 시행했으며, '우리식 경제관리방법'이라는 나름의 개혁 정책까지 추진했지만, 대체로 전통적인 사회주의식 산업정책을 답습하는 것이어서 국영경제를 일시적으로 활성화할 수 있을 뿐, 장기적 성장기반을 다지는 데는 큰 도움이 되지 않았다. 2016년을 중심으로 북한 경제가 성장세를 보이는 것처럼 보이지만, 2017년 다시 크게 감소하는 것은 바로 이러한 분석을 뒷받침해 준다. 김정은 정권출범 이후 북한의 외화벌이 규모가 크게 늘어났지만, 북한의 지속적인 핵·미사일 고도화로 인해 유엔의 대북제재가 강화되어 북한경제는 지속적으로 타격을 받아왔다.

결국, 북한 대외경제의 가장 큰 영향을 미쳤던 요소는 대북제재의 파급력이었다. 2016년 3월, 북한의 4차 핵실험에 대응한 유엔 대북제재 결의안 2270호부터는 종전의 제재와는 차원이 달라지기 시작했다. 특히 2016년 11월, 북한의 5차 핵실험에 대응한 2321호로 북한의 수출을 보다 직접적으로 제한하기 위한 조치가 취해졌다.[43]

2017년부터 북한경제가 전반적인 마이너스 성장과 GNI의 급격한 감소추세를 보이는 것도 대북제재의 영향력이 작동된 것으로 볼 수 있다.

2017년 8월, 북한의 ICBM급 미사일 발사에 대응한 유엔 대북제재 결의 안 2371호, 2017년 9월, 북한의 6차 핵실험에 대응한 유엔 대북제재 결의 안 2375호, ICBM 미사일 발사에 따른 12월, 유엔 대북제재 결의안 2397 호는 이전보다 더 강도 높은 제재항목이 채택되어 북한경제에 타격을 가 하며, 북한을 압박했다. 또한, 북한의 해외노동자 송출에도 제동을 걸면서 북한의 외화수입 통로를 차단하고자 했고,[44] 원유공급 상한선을 400만 배 럴로 명시하고, 정유제품 공급량 상한은 연간 200만 배럴에서 50만 배럴 로 대폭 낮추는 조치가 포함되었다. 이러한 조치는 북한의 대내경제에 상 당한 영향을 미쳤으며,[45] 북한의 체제 내부의 잠재적 불안정성은 지속 되 었지만, 오랜 기간동안의 대북제재로 경제적 내성이 더욱 강해지면서 밀 매무역과 공해상 선박 환적 등의 불법적 무역활동이 증가했다.

3. 북한은 어떻게 위험감수전략으로 한반도의 안보위기를 조성하였는가?

가. 위험감수전략의 전개

북한은 2012년 1월에만 400여회의 대남비방을 하였고, 3월에는 한국 군 부대의 대적관 구호와 한미합동훈련을 비난하였다.[46] 4월에는 총선과 연계하여 한국정부와 여당을 비난하는 등 대남 선전·선동을 강화하였다. 장거리 미사일 발사 실패 후, 4월 18일 최고사령부 명의로, 한국정부에 대한 원색적 비난과 함께 서울시내 정부기관 및 언론사 등을 공격하겠다 고 위협수위를 높였다.

2013년 2월 12일 3차 핵실험을 단행했다. 김정은 집권기간에 단행된 첫 핵실험이었는데, 3차 핵실험 직후, "이전과 달리 폭발력이 크면서도 소 형화, 경량화된 원자탄을 사용하여 높은 수준에서 완벽하게 진행하였다.

북한은 원자탄의 작용 특성들과 폭발위력 등 모든 측정결과들이 설계값과 완전히 일치됨으로써 다종화된 우리 억제력의 우수한 성능이 물리적으로 과시되었다.”라고 주장했다.[47] 이후, 3월 5일 북한군이 한미연합·합동 군사훈련에 대한 중대조치를 발표했고, 3월 8일 유엔 대북제재 결의안 2094호가 채택되자, 조평통 대변인 성명으로 '남북불가침 합의 폐기', '비핵화 공동선언 백지화', '판문점 연락통로 폐쇄'를 발표하는 등 군사적 긴장을 고조시키고, 전투태세 등 관련 조치를 지시했다. 이 시기 즈음에 동해안 인근 군부대에서 중·단거리 미사일을 탑재한 차량을 원산으로 기동시키고, 인민군 총참모부 명의로 한미연합훈련 종료 시점을 주시하라는 명령도 하달했다.[48] 한미합동 연례 군사훈련인 독수리 훈련과 키리졸브 훈련에 대응해서 군·관·민을 연계한 전국 규모의 훈련을 잇달아 실시했다.[49] 북한은 '우발적 사건에 의한 전면전 발발' 가능성 등 전쟁위협을 고조시키면서, 3월 26일 조선인민군 최고사령부 전략로케트 및 포병부대에 '1호 전투근무태세'를 하달했다. 이후 4월 8일, 개성공단 근로자 철수와 사업 잠정중단이 발표되었고, 4월 26일 한국정부는 개성공단 잔류인원을 전원 철수시켰다.

2014년 2월부터 7월말까지 총 102발의 미사일을 발사하면서, 국방위원회는 '특별제안'을 발표하며 남한측에 비방·중상중단, 군사적 적대행위 중단, 화해·협력을 위한 실제적인 조치를 취해 나갈 것을 제의했다. 또한, 공화국 성명을 통해 남한의 북침전쟁연습 전면중지, 6·15, 10·4 선언 등 남북합의 존중·이해 등을 주장하며 대남공세를 지속했다. 10월 7일에는 북한 경비정이 북한한계선(NLL : Northern Limit Line, 이하 NLL이라 칭함)을 침범하면서 총격전이 발생했고,[50] 10월 10일에는 대북 전단살포에 대한 총격을 가하면서 남북관계는 다시 경색되었다.[51]

2015년 1월 19일, 북한은 "미국이 올해에 남조선과 그주변에서 합동군사연습을 림시 중지하는 경우 우리도 미국이 우려하는 핵시험을 림시중지할 용의가 있다는데 대하여 밝히고 미국과 언제든지 마주앉을 준비가 되어있다.”라고 했다.[52] 하지만 5월 잠수함발사탄도미사일(SLBM : Submarine-Launched Ballistic Missile, 이하 SLBM이라 칭함) 시험발사와 8월 목함지뢰 도발로 인해 남북간 군사위기가 급격히 고조되었다. 결국, 8·25 합의를 통해 남북관계 개선, 10월 이산가족 상봉, 12월 11일 차관급 남북 당국회담 개최등을 추진하기로 합의했지만, 북한의 금강산 재개요구를 남한이 거부하면서 다시 경색국면으로 전환되었다.[53]

2016년 1월 6일, 북한의 4차 핵실험은 핵융합기술을 처음으로 활용한 실험이었는데, 기존 핵분열탄의 표준형 폭발력을 확보하지 않은 상태에서 다음 단계의 기술을 미리 실험한 상황이었다. 북한은 4차 핵실험 이후, “새롭게 개발된 시험용 수소탄의 기술적 제원들이 정확하다는 것을 완벽하게 확증하였으며 소형화된 수소탄의 위력을 과학적으로 해명하였다.”라는 내용의 정부성명을 발표했다.[54] 이후, 유엔 대북제재 결의안 2270호가 채택되자, 신형대구경 방사포와 단거리·중거리 미사일을 발사하면서 맞대응 무력시위를 지속했다. 김정은 국방위원회 제1위원장은 12차례의 군사분야 현지지도를 통해 핵무력 강화의지 표출과 함께 박근혜 대통령에 대한 저급하면서도 공격적인 언사도 서슴지 않았으며, 당·정·이 기관과 단체를 내세워 ‘말폭탄’ 시위를 전개하며, 남북관계를 악화시켰다.[55]

2016년 9월 9일, 제5차 핵실험 이후에는 핵실험 종류에 대해서 언급하지 않은 채, “노동당의 전략적 핵무력 건설에 따라 우리 핵무기연구소 과학자들은 북부 핵실험장에서 새로 제작한 핵탄두의 위력 판정을 위한 핵폭발시험을 단행했다.”라고 주장했다.[56] 5차 핵실험은 4차 핵실험 이후 제기된 북한의 핵능력에 대한 기술적 의문중 폭발력에 대한 신뢰성 확보차

원에서 강행된 것으로 예상되었다.[57]

북한은 2017년 9월 3일, 제6차 핵실험을 감행했는데, 핵실험 이후 수소탄 완성을 주장했다.[58] 하지만, 폭발력, 제조환경과 기술력, 고도화 단계 등을 고려시, 통상적인 '수소폭탄'이라기 보다는 4차 핵실험과 같은 '증폭핵분열탄' 실험일 가능성이 높았다.[59] 결과적으로 북한의 핵무기 기술은 핵탄두 제조 기술 고도화 단계 중 마지막 완성 지점에 돌입했다고 볼 수 있다.[60] 결국, 김정은 정권 집권이후 감행된 3~6차 핵실험의 결과를 종합하고, 핵무기 선진국들과의 수준을 비교해 볼 때, 북한이 핵보유국들의 통상적인 수소탄의 메가톤급 폭발력을 보여주지 못했지만, 최소 중상급 이상의 핵기폭장치 제조능력을 갖추었다는 예상이 가능해졌다.

특히 북한은 6차 핵실험을 통해 핵전자기파(EMP : Electric Magnetic Pulse, 이하 EMP라 칭함)로 인명을 살상하지 않으면서 수 Km에서 수백 Km까지의 광범위한 지역의 적 지휘통제체계, 방공망, 전산망 등의 기기를 무력화(파괴)할 수 있는 EMP 공격능력을 과시하려 했다.[61]

특히 김정은 집권기간동안 중거리탄도미사일(IRBM : Intermediate-Range Ballistic Missile, 이하 IRBM이라 칭함), ICBM, SLBM 의 능력을 상당수준 진전시켰다.[62]

김정은 정권은 2016년 한 해 동안 IRBM급 무수단 미사일을 집중적으로 시험발사하면서, 상당한 기술적 성과를 이뤄낸 것으로 보인다. 특히 고각 발사를 통해 최대사거리 조절을 테스트하고, 6차례의 집중시험발사 과정을 통해 유도비행과 탄두 재진입 기술의 향상이 있었으며,[63] 발사실패 후 짧은 기간 안에 기술적 결함을 찾아내어 성공시킨 것을 볼 때 북한 미사일 기술의 고도화가 상당한 진전을 이룬 것으로 추정된다. 또한, 이를 기반으로 2017년도에 ICBM급 화성-14형의 발사 성공에 기술적 토대를 제공했을 것으로 보인다.

ICBM은 추진체의 엔진능력, 500~600 Kg 내외의 핵탄두 소형화 능력, 고온·고압 저항능력을 비롯한 재진입 기술(re-entry), 항법유도기술, 미사일발사대 안정성 등의 다섯가지 능력으로 완성된다.[64] 현재까지 진행된 북핵·미사일 고도화 과정을 종합적으로 판단해 본다면, 북한은 대기권 재진입 기술과 항법유도기술 부문을 제외하고 대부분의 ICBM 기술능력을 보유한 것으로 추정된다.

2017년 북한의 미사일 개발의 특징은 SLBM 개량형인 북극성-2호와[65] IRBM급 화성-12형 시험발사에 성공하면서, 미사일의 다목적 개량능력과 일본 및 괌의 미군기지를 직접 타격할 수 있는 능력을 과시했다는 것이다. 기존의 MRBM급 미사일 노동 미사일 및 스커드 ER 미사일의 기술적 정확도를 높여 한국과 일본을 직접타격할 수 있는 능력을 과시했는데, 2016년 9월 5일 발사한 노동미사일 3발 모두 대략 1,000 Km 정도의 거리를 비행해 일본방공식별구역(Japan's Air Defense Identification Zone : JADIZ) 내 해상에 떨어졌으며, 3발 모두의 낙하지점이 반경 1 Km 범위 이내로 떨어져 이전보다 향상된 정밀타격능력을 보여주었다.[66]

나. 가설의 검증과 위험감수전략 평가

지금껏 논의했던 김정은 집권 초기의 국제정세와 북한 내부의 국내정치적 상황을 통해 가설을 검증해 보고자 한다. 먼저 북한의 대외적 손실영역의 인식요소는 다음과 같다.

첫째, 미중간의 경쟁과 협력이라는 새로운 패권구도와 북중관계의 경색은 김정은 정권으로 하여금 국가안보와 정권안보를 동시에 우려해야하는 중차대한 위협이었으며, 지속적으로 손실영역으로 인식시키도록 강요했다. 특히 북한의 4차 핵실험과 장거리 미사일 발사 이후 중국내부와 국제사회에서 제재수위를 강화하여 북한의 추가적인 핵·미사일 고도화에 압박을 가하도록 요구받으면서 이러한 위협인식은 더욱 두드러졌다.

둘째, 오바마 행정부에서 트럼프 행정부로 이어지는 미국의 적대적 대북정책의 지속은 더 이상 미북간의 대화와 협상을 통한 문제해결에 대한 기대를 낙담시켰고, 이 또한 대외적 상황을 손실영역으로 인식시켰다.

셋째, 김정은은 악화된 남북관계, 그로 인한 대남위협 인식이 확대되면서 남북관계의 전략적 가치를 우선적으로 고려하지 않았고, 지속적으로 대외적 상황을 손실영역으로 인식했다.

대외적 상황의 손실영역내 인식을 북한의 대내적 상황의 안정성 여부와 연계하여 분석하면 다음과 같다.

첫째, 김정은은 정권초기 '유일적 영도체계 확립'과 '파워엘리트교체'를 통해 체제유지의 안정성을 강화하려 했는데, 가장 중요한 것은 세습의 정통성과 김정은 체제의 정당성을 확립하는 것이었다.

둘째, 북한은 '경제-핵무력 건설 병진노선'의 채택과 '핵 보유국 지위에 관련된 법령제정'을 통해 핵보유 사실을 대내외적으로 과시하고 표출함으로써 대외적 위협에 대한 강한 억지력을 현시하고, 대내적 안정성을 강화했다.

셋째, 김정은 정권동안 북핵·미사일 고도화에 따른 대북제재 지속, 5·24 조치에 묶인 남북경협의 중단, 개성공단 폐쇄 등의 부정적 요소들이 계속 발생하면서 전반적으로 경제상황은 악화되었다. 북한의 내부적 국내 정치상황의 초기 불안정은 어느 정도 조기에 안정화로 전환되었고, 이것이 북한의 체제 내부의 변화나 대외정책의 선회를 추동할 만큼 영향력을 미치지는 못했다. 상대적으로 북한체제 내부가 잘 통제되고, 오랜 제재기간동안 체제의 내구성이 강해져 그만큼 체제 생존성이 강해졌다는 분석도 가능했다. 이러한 맥락에서 다음의 가설에 대한 검증이 가능해진다.

가설 1. 북한은 대외적 상황을 손실영역에 위치하고 있다고 인식하고, 대내적 상황의 안정성 여부와 연계해서, 핵·미사일 고도화를 지속하는 위험감수전략을 선택할 것이다.

〈표 Ⅲ-1〉 김정은 정권의 대외적 손실영역 인식과 위험감수전략의 선택

구 분		대외적 상황		
		이익영역	손실영역	극단적 손실영역
대내적 상황	안정성	위험회피: 타협 / 유화정책	위험감수: 군사도발	위험회피: 타협 / 유화정책
	불안정성	위험감수 또는 위험회피: 군사도발 또는 타협 / 유화정책	매우 위험감수: 군사도발	극단적 위험감수: 초고강도 군사도발

그렇다면 김정은 시대 북한의 전략적 선택의 가치와 한계는 무엇이며, 우리에게 어떤 함의를 던지는가?

첫째, 북한의 위험감수전략은 미국과 중국의 한반도 현상유지정책에 대한 유용한 전략적 레버리지로 가치가 있었다. 오바마 행정부의 '전략적 인내', 트럼프 행정부의 '최대압박과 관여'의 대북정책, 미중관계의 전략적 변화라는 당면한 안보상황을 타파하고, 미중간의 한반도 정책에서 항상 북한문제가 가장 우선적으로 다루어지도록 할 수 있는 보다 적극적인 위험감수전략을 시행할 충분한 동기가 발생했다.

둘째, 한반도의 위기조성을 통해 한미갈등을 유발시키는 딜레마적 상황을 조성할 수 있었다. 미국의 동아시아 정책속에서 고려되는 한반도 정책과 한국의 한반도와 남북관계 중심에서 발생하는 갈등은 이미 역사적으로 오래되었다. 하지만, 북한의 위험감수전략이 재래식 도발에서 핵·미사일 고도화 중심으로 진화하면서 한미갈등의 양상도 변화되었다. 특히, 한국은 북핵·미사일 위협에 대응해서는 미국의 확장억제전략에 편승할

수밖에 없기 때문에 북한의 대량살상무기의 치명적 위험이 가져다줄 손실을 우려한 군사적 강경대응에는 적극적으로 동조할 수 없는 구조적 한계가 노정되어 있었다. 한국은 일정 수준의 대북압박정책에는 한미동맹을 결집시킬 수 있지만, 결국, 대량의 피해를 발생시킬 수 있는 군사적 옵션에 동의하는데는 상당한 정치적 부담이 뒤따른다. 여기에 '진보 혹은 보수'라는 한국정부의 정치적 성향이 추가되면, 북한의 위험감수전략은 한미갈등을 넘어 남남갈등과 분열을 촉발시키는 전략적 가치를 지닐 수 있었다.

셋째, 북한 체제 내부를 더욱 결속시키면서 외부의 위협으로부터 안전을 선전하며, 정권안보를 담보할 수 있는 정치적 기재로 가치를 발휘했다. 북한은 단순히 위험감수전략을 구사하는 자체가 아니라 그로 인한 대북제재도 체제공고화에 활용했으며, 유엔의 대북제재 결의에 대응하여 북한 전역에 전투동원 준비태세를 선포하고, 체제 내부의 긴장과 전쟁공포감을 단계적으로 고조시켰다. 다른 한편으로는, 지금까지의 경제적 어려움에 대한 책임을 미국을 중심으로 한 국제사회의 대북제재·압박정책으로 전가시키고, 핵무력 완성선언을 통한 관련 조치들을 내놓으면서 주민들을 독려하고 체제유지를 위한 지지기반을 확보했다.

하지만, 북한의 위험감수전략은 일정한 한계도 내포하고 있었다. 첫째, 북한의 지속적인 위험감수전략은 대외적인 외교적 역량과 이미지에 많은 손상을 주었고, 미국의 대북제재가 더욱 강화되면서 그나마 남아있던 유럽과 남미의 여러 국가가 북한과 외교 및 경제관계를 단절하면서 국제사회의 입지가 더욱 좁아지며 고립을 자초했다.[67]

둘째, 북한의 위험감수전략이 과거 재래식 군사도발에서 핵·미사일 고도화를 중심으로 양상이 변화되면서, 위험감수전략의 수위와 강도를 조절하기 어려운 구조를 만들어 냈다. 위험감수전략을 구사할 때 역내국가가 가지고 있는 전략적 이해관계의 접합점을 정확히 계산해서 그 수위와 강도를 적절히 조절해야 하는데, 이는 북한이 핵·미사일 고도화를 중심으로 한 고강도 위험감수전략을 구사할 경우, 감당해야 하는 재앙적 결과, 즉 정권붕괴라는 엄청난 정치적 부담이 작용하게 된다. 특히, 북한의 전략적 오판을 통해 위험감수전략이 미국과 중국이 설정한 레드라인(red line)을 넘게되면, 북한은 이후의 상황에 대해 정권붕괴의 가능성을 염두해야 하는 상황이 될 수 있는 것이다. 결국, 북한이 위험감수전략을 구사하거나 그 전략적 가치의 효용성을 극대화하기 위해서는 이러한 레드라인의 수위를 넘지 않고, 도발의 대상과 목표에 대한 적절한 강도조절이 필요한데, 실제적으로 이것을 실행하는 군사작전의 실행단계에서는 매우 어려운 문제가 되어 버린다.

IV. 김정은 시대 북한은 왜 위험회피전략으로 전환하였는가?

1. 무엇이 북한을 극단적 손실영역으로 인식시켰는가? :

가. 트럼프 행정부의 강화된 대북제재와 군사적 옵션 압박

김정은 정권에게는 유엔 대북제재 결의안 2094호(13. 3. 7), 2270호(2016. 3. 2), 2321호(2016. 11. 30), 2375호(2017. 9. 3), 2397호(2017. 11. 29) 등이 가동되는 대외적으로 어려운 상황이었지만, 대북제재와 종말단계고고도미사일방어(THAAD : Terminal High Altitude Area Defense, 이하 '사드'라 칭함) 배치가 충돌하면서 북한에 대한 국제공조는 예상보다 모멘텀(momentum) 이 미흡했다.

2017년 4월 1차 미중 정상회담에서 구체적인 논의를 진행했을 때, 트럼프는 중국이 협력하고 있다는 긍정적인 평가를 하면서 추가적인 제재 동참 및 이행을 요구했다. 트럼프 대통령은 2017년 9월 유엔총회 연설에서 김정은을 '로켓맨'이라 부르며 '미국과 동맹을 방어해야 한다면 북한을 완전히 파괴하는 것 외에 다른 선택이 없을 것'이라고 경고했다.[68] 2017년 11월 8일, 트럼프 대통령은 방한 후 국회연설에서 3분의 2정도를 북한 김정은 독재 체제를 규탄했다.[69] 미국은 북핵문제의 획기적인 해결책을 도출하는데 현실적인 어려움을 겪고 있었는데, 대북제재를 강화하면서 북한을 보다 압박하는 방식을 선택했다. 미국의 카드는 북한과 거래한 제3국의 기업을 전면 제재하는 세컨더리 보이콧(secondary boycott)과 2017년 11월 21일, 북한을 테러지원국으로 재지정하는 것이었다. 김정남 암살(2017년 2월)과 오토 웜비어(Otto Frederick Warmbier) 사망이 테러지원국 재지정에 결정적인 요인으로 작용했는데, 이로써 북한은 기존의 제재에 추가하여 금융제재와 해외원조 제한, 방위수출 판매금지 등의 제약을 받게 되었다.

또한, 미 재무부는 농업개발은행 등 북한은행 10곳과 북한은행의 중국, 러시아, 리비아, 홍콩, 아랍에미레이트(UAE) 등에서 국외지점장으로 근무하는 개인 26명을 새로이 제재 대상에 올렸다. 북한 금융거래의 대부분을 차지하는 중국을 사실상 염두에 둔 세컨더리 보이콧(북한과 정상적 거래를 하는 제3국 기관·개인도 제재) 실행을 위한 첫 단계였다. 제재 대상에 오른 북한은행들은 사실상 국제금융거래망에서 퇴출된 셈이었다. 제재 명단에 오른 제일신용은행은 북한이 싱가포르와 50년간 계약을 맺고 운영하고 있는 합작은행으로 북한 내에서도 유로나 달러 등 외화로만 입출금이 이뤄지는 외화 전문은행이었다. 또 고려상업은행은 외국인 투자를 유치하고 대외 결제를 담당하는 북한의 대표적인 대외 외화거래 은행이

었다.[70]

결국, 미국은 북한으로 외화가 유입되거나 해외 결제를 막아 김정은 정권의 통치자금을 차단하고 핵과 미사일 개발로 전용할 수 없도록 강하게 압박하고자 했다. 또한, 미국은 북한과 거래 시 세계 금융거래의 중심인 뉴욕의 달러 거래에서 배제된다는 상징적 의미를 전달하면서, 북한 제재에 동참하지 않는 국가들에게 강력한 메시지를 전달하고자 했다. 2018년 3월 1일, 미 재무부 산하 해외자산통제국(OFAC : Office of Foreign Assets Control)은 북한의 잇따른 핵실험에 대응해 대북제재의 세부규정을 대폭 개정했다는 성명을 발표했다. 여기서 '대통령 행정명령 13687호, 13722호, 13810호'의 이행과 함께 '2016 북한 제재와 정책 강화법', '2017 제재를 통한 미국의 적국에 대한 대응법안'의 적용·이행을 위한 대북제재 규정을 수정해 재발표한다고 밝혔다. 이에 따라 북한과 해외 55개 기업, 선박 등을 제재 명단에 추가하고 북한 관련 '국제운송주의보'를 발령하는 등 역대 대북제재 중 최고수위를 기록했다.[71]

트럼프는 이러한 다양한 제재와 대화, 외교적 압박을 병행하면서 다른 한편으로 군사적 옵션을 강화시켰다. 2017년 9월 19일 6차 핵실험 이후, 미국은 21세기 들어 최초로 B-1B 랜서(Lancer) 전략폭격기를 북한 동해상의 국제공역에 출격시켰다. 제임스 매티스(James Norman Mattis) 미 국방장관이 2017년 9월 18일 서울을 위험에 빠뜨리지 않는 대북 군사옵션 방안이 존재한다는 입장을 밝히면서 대북 군사옵션에 대한 쟁점이 부각되었다. 니키 헤일리(Nimrata Nikki Randhawa Haley) 주유엔 미국대사도 17일 CNN 인터뷰에서 "매티스 장관이 많은 군사적 옵션을 갖고 있다."라고 하면서, 논란을 증폭시켰다. 외신들은 이날 매티스 장관의 '서울을 중대위험에 빠뜨리지 않는 대북 군사옵션'으로 북한의 핵·미사일 시설 등에 대한 선제·예방 정밀타격, 서울을 겨냥하고 있는 휴전선 이북의 북한 장사

정포나 방사포 부대 무력화, 북 지도부 제거 등 중 하나일 수 있다고 분석했다.[72]

이러한 논란의 중심에는 이전부터 논의되었던, 미국의 전략자산 순환배치, 김정은 참수작전, 대량응징보복 등 선별적이고 선제적인 모든 군사적 옵션이 제시되었고, 그 시행 여부를 떠나 북한에게는 심리적으로 상당한 군사적 압박이 될 수 있었다.[73] 사실 북한 핵·미사일 위협의 현실화, 수도 서울의 근접성과 대량피해, 북한의 제 2 격(second strike)으로 초래될 위험을 고려시, '선제타격(preemptive strike)' 개념이 북한 핵공격으로부터의 방어를 위한 최후의 선택으로 공론화되었다.[74] 이러한 논거를 뒷받침해 주듯이 브룩스 전 한미연합사령관도 2017년 가을 미국이 북한에 대한 선제공격을 검토했었음을 언급했다.[75] 2018년 1월초에 정례순환배치였지만 미국 미주리주(State of Missouri) 화이트맨 공군기지(Whiteman Air Force Base)에 있던 B-2기 3대를 괌(Guam) 앤더슨 공군기지(Andersen Air Force Base)에 추가 배치했고, 1월 말에는 B-52 전략폭격기 2대와 B-1B 랜서 2대가 일본 항공자위대와 공동으로 한반도 인근에서 가상폭격 훈련을 실시했다.[76] 실제로 북한이 얼마나 심리적인 압박감을 느꼈는가는 북한 외무상 리용호가 1월 31일 유엔 사무총장 안토니오 구테헤스(António Manuel de Oliveira Guterres)에게 미국의 이러한 조치를 막아 달라고 요청하는 서한을 보낸 것만으로도 알 수 있다.[77]

이러한 맥락 속에서 트럼프 행정부의 '코피작전(bloody nose strike)'이라는 제한적 대북 선제타격론이 논란을 증폭시키며, 북한에게 상당한 심리적 압박카드로 작용했다. 사실 코피작전은 북한의 핵이나 군사관련 시설이 아니라 상징적 시설 한 두 곳을 정밀 타격한다는 계획으로, 타격으로 인한 피해규모보다 심리적인 공포심을 각인시켜 북한에 대한 미국의 군사적 조치 의지를 현시하여 북한으로 하여금 보복의지를 제거하고 협상테이블로 나오도록 압박하겠다는 것이었다. 코피작전은 제한적이면서 선제적인 정밀타격을 의미했지만, 적의 확실한 공격징후 임박시 타격하는 '선제타격(preemptive strike)'과는 다른 작전개념이었다. 오히려 북한의 도발이 임박하지 않았음에도 이뤄질 수 있다는 점에서 '예방타격(preventive strike)'의 개념이 강하다고 할 수 있었다. 미국내에서도 여러 의견이 분분한 것이 사실이었다.[78]

사실 코피작전의 본질은 직접적 타격으로 인한 피해보다는 미국이 의지를 가지고 언제든지 북한에 대한 은밀타격이 가능하고, 김정은 자신도 제거될 수 있다는 공포심을 각인시키면서, 엄청난 심리적 충격을 안겨주며 결과적으로 김정은 정권이 함부로 도발하지 못하도록 하는 최대의 강압과 억제에 그 목적이 있다고 할 수 있었다. 하지만, 이러한 코피작전의 목적을 달성하기 위해서는 김정은이 미국으로부터의 추가보복과 확전에 대한 두려움으로 2차 공격에 나서지 못할 것이라는 가정이 있어야 했다. 미국의 입장에서는 미·중 간의 일정 정도의 전략적 합의와 주변국의 암묵적 동의만 있다면, 실현 가능성이 없는 것은 아니었다.[79] 중요한 것은 미국이 군사적 옵션에 대한 수단과 능력을 현시하며 이전과는 다르게 북한을 압박했다는 것이다.

미국의 대북 군사압박카드에 북한은 상당히 민감하게 반응하며,[80] 선제타격과 참수작전을 중심으로 한 한미연합훈련은 무모한 작전이라 맹렬히 비난하고,[81] 화성 15형 미사일을 대대적으로 선전하면서[82] 자신들의 핵투사능력을 대대적으로 선전하였다. 특히 미국의 코피작전을 직접적으로 언급하며 북한의 대미 핵공격능력을 과시하며,[83] 위협인식을 스스로 표출했다.

2. 북한은 어떻게 대내적 상황을 안정시키고자 했는가?

북한은 2017년 신년사에서 '핵무장력 완성목표'를 달성할 것을 제시하며, 국가 핵무력 완성을 통한 체제 공고화에 주력했다. 북한은 수소탄의 6차 핵실험과 ICBM급 대륙간 탄도미사일 화성 14형, 화성 15형 시험을 통해 핵·미사일 수준이 상당히 향상된 것을 김정은 업적으로 찬양하고, 이를 전국적으로 확산시키며 김정은 체제 공고화에 주력했다.

2017년 9월 3일, 북한은 결국 6차 핵실험을 단행하였는데, 핵무기 연구소 성명을 통해 '대륙간 탄도로켓 장착용 수소탄 시험에서 완전 성공, 국가핵무력 완성의 완결단계 목표를 달성하는데 매우 의의 있는 계기'라고 강조했다. 김정은은 제6차 핵실험에 기여한 핵 과학자, 기술자들을 위한 축하공연과 연회를 베풀었고, 핵실험에 기여한 성원들과 기념사진 촬영 등에 참석해 이들을 독려했다.[84] 또한, 북한은 6차 핵실험의 성과를 자축하는 군민경축대회를 전역에서 진행하고, 김정은 위원장을 중심으로 일심단결해야 한다며 주민들의 충성심을 고취시켰다.[85] 김정은은 2017년 10월 7일 열린 노동당 중앙위 7기 2차 전원회의에서 제기된 '조성된 정세에 대처한 당면한 몇 가지 과업에 대하여'의 의제와 관련, "미제와 그 추종세력들의 극악무도한 제재 압살 책동을 물거품으로 만들고 화를 복으로 전환시키기 위한 기본열쇠가 바로 자력갱생이고 과학기술의 힘이다."라며 "인민경제의 자립성과 주체성을 백방으로 강화해야 한다."고 강조했다.[86]

2017년 11월 29일에는 공화국 정부성명을 통해 '국가 핵무력 완성'을 선언했는데, 김정은 위원장은 이를 통해 "화성-15형 대륙간 탄도로켓 발사이후 국가 핵무력 완성의 역사적 대업, 로켓 강국의 위업이 실현됐다고 긍지높이 선포했다."고 밝혔다.[87] 북한은 핵·미사일 개발 및 고도화를 멈추지 않는 이상, 국제사회의 제재는 해소되기는 어려울 것으로 보았고, 이런 관점에서 내부자원 및 노동력 동원·결집(70일전투, 200일전투)을 통한 경제발전을 추진하며, 동시에 체제 및 경제발전 유지를 위해서는 '자력자강', '자강력 제일주의' 등의 강조를[88] 통해 대외적 불안정성을 극복하고자 했다.

결국, 핵-경제 병진노선을 지속 추진하면서 자력갱생을 통해 미국 등 국제사회의 대북제재 강화국면을 정면돌파하고자 했다. 대북제재와 외교적 고립의 심화상황은 '자립경제강국'이라는 새로운 표현으로 내부 결속을 도모하고 대내적 안정성을 강화하려는 노력을 지속했다.[89]

2017년도 김정은 체제의 또 다른 주요한 특징은 친정체제가 더욱 강화되면서, 주요 엘리트 교체를 통한 인적 개편 및 세대교체 추진이 이루어졌다는 점이다.[90] 주목할 만한 것은 최룡해가 당 중앙위 7기 2차 전원회의(2017. 10. 7)를 통해 당 중앙군사위원과 당 전문부서 부장에 임명된 것이다. 최룡해는 김정은을 제외하고는 당 중앙위 정치국, 당 중앙위, 당 중앙군사위에서 모두 요직을 차지하는 유일한 인물이 되었다. 반면, 2014년 최룡해를 밀어내고 군 총정치국장 자리를 꿰찼던 황병서와 제1부국장 김원홍을 비롯한 총정치국 장교들이 처벌되었다. 북한군의 당 조직과 정치사상 사업을 관장하는 총정치국이 검열 대상이 된 것은 20년 만에 처음이었다.[91] 군 총정치국은 김정일 국방위원장이 선군정치를 추진하는 과정에서 핵심적인 역할을 하면서 권한도 비정상적으로 커지고 조직도 비대해졌는데, 총정치국을 향한 칼날은 이를 바로 잡으며 다시 김정은 중심의 유일영도체제를 확립하는 과정으로 볼 수 있었다.[92] 또한, 최룡해는 당 중앙위 정치국 상무위원 및 당 중앙위 부위원장 자격으로 중국의 제19차 공산당 대회 결과를 설명하기 위해 시진핑 중국 국가 주석의 특사 자격으로 방북한 쏭타오(宋濤) 중국 공산당 대외연락부장과 2017년 11월 18일에 만나, 북한내 그의 정치적 입지를 보여주었다.[93] 주목할만한 사실은 김정은의 여동생 김여정이 당 중앙위 제7기 2차 전원회의에서 당 정치국 후보위원에 선임되면서 '김정은 친정체제의 핵심적 위상'을 확보하며 '백두혈통'을 중심으로 한 친정체제 확립을 보여주었다는 점이다.[94]

3. 북한은 어떻게 위험회피전략으로 전환하는가?

가. 위험회피전략으로의 전환

김정은 정권의 강경한 대남기조는 2017년에도 계속되었다. 남한에 새로운 진보정권이 출범했지만, 북한은 정책적 전환을 고려하지 않았다. 특히, 문재인 정부가 2017년 6월 베를린(Berlin) 선언에서 전향적인 남북관계 개선의지를 피력했지만, 북한은 한국의 군사회담 제안을 무시하며 위험감수전략을 지속했다. 한국정부는 베를린 선언을 통해 그간 김정은 정권이 남북관계 파탄의 주요 사항으로 강조해 왔던 흡수통일과 북한붕괴에 대한 북한측 우려를 고려해 입장을 표명했지만, 북한은 이를 거부하고 위험감수전략을 지속함으로써 남북관계 개선을 차단했다.

문재인 정부가 등장한 이후에도 김정은 정권은 북한의 핵·미사일 고도화가 한층 강화되었다는 사실에 주목해야 하는데, 문재인 정부 취임이후 4개월간 1차례의 핵실험, 총 10차례의 전략적 도발을 감행했다. 결국, 김정은 정권이 평가하고 정해놓은 시간표대로 핵무력을 강화해 나가면서, 핵·미사일 고도화의 진전과 대외적 상황에 따라 남북관계의 전략적 가치를 재평가하면서 전략적 선택을 계산했다고 볼 수 있다.

북한은 2018년 1월 1일 신년사에서 문재인 대통령이 제안했던 평창동계올림픽 참가 및 남북대화 의사를 표명하면서, 일종의 위험회피전략, 즉 유화/타협정책은 전개하였다. 2018년 3월 5일, 정의용 청와대 국가안보실장을 단장으로 하는 우리 측 특사단(서훈 국가정보원장, 천해성 통일부

차관, 김상균 국가정보원 차장, 윤건영 청와대 국정상황실장)이 방북하였고, 문재인 대통령의 친서를 전달했다.

방북 기간에 남북 정상회담 개최, 한반도의 군사적 긴장완화 문제, 남북간 다방면적인 대화와 접촉, 협력과 교류활성화 방안에 대해서도 논의된 것으로 전해졌고, 이후 청와대는 4월 말 제3차 정상회담을 개최하기로 합의했다고 밝혔다.[95] 결국, 2018년 4월 27일, 문재인 대통령과 김정은 위원장의 남·북 정상회담이 성사되었고, '한반도의 평화와 번영, 통일을 위한 판문점 선언(이하 판문점 선언)'이 발표되었다.

남·북 정상회담은 한반도의 비핵화가 첨예한 갈등과 전쟁 직전의 대결로까지 발전했던 끝자락에서 극적으로 이루어진 산물이었으므로 회담의 성사 자체만으로도 의미가 있었다. 남·북 정상회담은 남북관계의 국면 전환을 통해 미·북 정상회담까지 진전시키는 촉매제로서 한반도의 비핵화와 평화체제를 보장하는 선순환 구조를 발휘하는 동력이 될 수 있다는 가능성을 보여줬다. 미국과 중국의 강대국 구도속에 종속된 한반도 문제가 비로소 남북한이 주도하여 추동되는 이상적인 모습으로 구현되었다.[96]

김정은 정권은 위험회피전략으로 전환하면서, 남북관계와 미북관계에서 전략적 레버리지를 높이고, 한반도 문제의 주도권을 확보하기 위해서는 중국과의 관계개선이 필요했다. 이는 향후 남북관계 개선을 통한 미북 채널로 이어지는 전략적 연계에서 반드시 북한이 선점해야 하는 외교적 이니셔티브(initiative) 였다.

김정은은 남·북 정상회담 전에 한반도 문제에 주요한 플레이어로 중국을 추가시킴으로써, 한미동맹과 북중동맹이라는 대결적 구도를 복원시킴으로써 한반도 문제의 주도권을 문재인 정부에게 내어주지 않으려 했다. 또한, 김저은은 미·북 정상회담 전에 북·중 관계를 정상화함으로써 향후 미·북 회담이 잘 진행되지 못했을 경우에 더욱 강하게 진행될 트럼프 행정부의 대북압박에 대한 완충지대가 절실했으며, 무역전쟁을 중심으로 미·중 갈등이 고조되는 틈새를 이용해 대북제재의 돌파구를 마련하면서 비핵화 협상의 주도권을 미국에 빼앗기지 않으려는 전략적 의도가 담겨 있었다.

사실 중국에게도 급변하는 한반도 정세에서 '차이나 패싱'으로 철저히 대북영향력을 차단당하는 듯한 외형적 모습에서 북·중관계를 복원시켜 영향력과 존재감을 회복할 호기였다. 북한과의 정상회담을 통해서 북한을 다시 중국의 영향권 안에 두면서, 북핵문제에 대한 김정은의 의도를 파악할 필요도 있었으며, 시진핑 집권 2기에 들어서 북핵문제에 있어서의 중국역할론을 부각시키고 싶었을 것이다.

김정은의 방중으로 경색된 북·중 관계는 바로 복원되는 모습을 보여주었다. 중국은 김정은이 베이징에 체류하던 1박 2일 동안 최고의 환대로 '특급 의전'을 베풀었다. 김정은이 베이징 기차역에 도착했을 때, 공산당 서열 5위인 왕후닝(王滬寧) 정치국 상무위원을 포함한 최고위급 인사들이 마중을 나갔고, 베이징에 체류하는 24시간 동안 시진핑 주석과도 두차례 식사를 하면서 친분을 과시했다. 정상회담 뒤 열린 만찬에서 시진핑 주석은 '북·중 친선은 피로써 맺어진 친선으로 세상에 유일무이한 것'이라고 했으며, 김정은은 '북·중 친선을 대를 이어 목숨처럼 귀중하게 여기고 전승하는 게 내 숭고한 임무'라고 변화없는 북·중 우호관계를 확인했다.[97]

판문점 선언 이후, 5월 2일 중국의 왕이(王毅) 외교담당 국무위원 겸 외교부장이 평양에 들어갔다. 리용호 북한 외무상의 초청에 따른 방북이었다. 중국 공산당의 외교담당 간부가 아닌 정부의 외교부장이 북한을 방문한 것은 11년 만이었다.[98] 김정은은 5월 7일, 중국 다롄(大連)에서 시진핑 주석과 다시 한 번 정상회담을 가졌다. 3월 정상회담에서 이미 합의한 전통 우호관계 복원과 전략소통 강화에 대한 양측 지도부의 강력한 의지가 재확인되었다. 북·중관계를 '운명공동체'와 '순치관계'로 규정지으며, 북한은 "유관 각국이 적대시 정책과 안보위협을 제거한다면 핵무기를 보유할 필요가 없으며, 한반도 비핵화 실현이 가능하다."라는 입장을 재확인하고, 북·중은 단계적 조치를 통해 한반도 비핵화와 평화구축 실현을 희망한다는 입장을 재차 강조했다.[99] 중국이라는 든든한 후원자의 지원아래, 미국을 향해 조속한 시일내에 미·북 정상회담 의제와 시기를 확정하고, 회담장소를 발표하도록 압박하려는 북한의 의도라고 볼 수 있었다.

이후, 북한은 노동당 중앙위원회 제7기 제3차 전원회의(4. 20)를 열어 4월 21일부로 풍계리 핵실험장을 폐쇄하고, 핵·탄도 미사일 실험을 중단하며, 경제 건설에 총력을 집중할 것이라고 발표했다.[100] 하지만, 미국은 북한의 이러한 위험회피전략을 '최대압박과 관여'라는 지속적인 대북정책의 효과와 영향력으로 평가하며, 현재의 대북압박정책을 지속할 것임을 표명했다.[101]

나. 가설 검증과 위험회피전략 평가

2018년도에 전개된 한반도 국제정세는 예상을 뛰어넘어 놀라움의 연속이었다. 핵실험과 탄도미사일 시험발사를 지속하던 북한의 위험감수전략이 어떻게 위험회피전략으로의 선회했는가는 김정은 정권이 어떠한 위협인식을 통해 어떤 영역으로 인식하도록 했는가가 중요하다.

첫째, 북한은 이러한 전반적인 대외상황을 극단적 손실영역으로 인식했으며, 이로 인해 선호의 역전현상이 발생했다. 6차 핵실험과 탄도미사일 발사 이후 북한의 핵보유국 선언은 국제사회의 핵 비확산 체제에 대한 정면도전이었고, 미국은 대북제재를 강화하면서 군사적 옵션 카드를 흘려보냈다. 제한적 대북 선제타격론으로 심리적인 공포심을 각인시켜 미국의 군사적 조치 의지를 현시하여 북한이 보복을 단념하고 협상테이블로 나오도록 압박했다. 김정은은 지속적인 위험감수전략을 통해 한반도의 위기를 조성함으로써 이후에 발생할 재앙적 손실, 즉 정권붕괴와 체제유지의 위협을 인식해야만 했다. 결과적으로 김정은 정권은 더 이상 위험감수전략을 지속할 수 없었고, 대화와 협상을 통한 위험회피전략으로 전환해야만 했다.

둘째, 김정은 정권이 위험회피전략의 가치를 높일 수 있는 남북관계 개선의 여건이 조성되었다. 한반도 '운전자(driver)' 역할을 통해 북핵문제의 타결을 찾고자 했던 문재인 정부와 북한의 대외적 상황을 극단적 손실영역으로 인식한 김정은 정권의 전략적 연대의 접점에서, 2018년 4월 27일, '한반도의 평화와 번영, 통일을 위한 판문점 선언(이하 판문점 선언)'이 도출되었다. 미국의 강경한 대북압박정책과 군사적 옵션이 제시되면서 김정은 정권은 대외적 상황을 극단적 손실영역 내로 인식했으며, 북한은 위험감수전략에서 위험회피전략으로의 전환했다. 이는 문재인정부 출범 이후에도 북한의 대남강경기조가 지속되었고, 핵·미사일 고도화의 수준이 미 본토를 위협하는 완성단계에 이르지 못한 상태(대기권 재진입기술 및 항법유도기술 미보유로 추정)에서 위험회피전략으로 전환했다는 점에서 더욱 설득력을 가진다. 이러한 논의를 정리하면 다음의 가설에 대한 설명이 가능해 진다.

가설 2. 북한은 대외적 상황을 극단적 손실영역에 위치하고 있다고 인식하고, 대내적 상황의 안정성 여부와 연계해서, 핵·미사일 고도화를 중지하고 타협·유화적 분위기를 조성하며 위험회피전략을 구사할 것이다.

〈표 Ⅳ-1〉 김정은 정권의 극단적 손실영역 인식과 위험회피전략 선택

구 분		대외적 상황		
		이익영역	손실영역	극단적 손실영역
대내적 상황	안정성	위험회피: 타협 / 유화정책	위험감수: 군사도발	위험회피: 타협 / 유화정책
	불안정성	위험감수 또는 위험회피: 군사도발 또는 타협 / 유화정책	매우 위험감수 : 군사도발	극단적 위험감수: 초고강도 군사도발

김정은 시대동안 북한의 위험감수전략에서 위험회피전략으로 선회했던 전략적 가치를 정리하면 다음과 같다.

첫째, 한반도의 평화분위기를 조성하며 비핵화에 대한 출구전략으로서 역할을 해냈다.

북한은 위험회피전략을 통해 남북관계 발전, 전쟁위험 해소, 한반도 평화체제 구축에 대해 세부적 논의를 진행 시키면서, 비핵화, 군축, 종전선언, 평화협정까지 기존의 남북관계를 넘어 한반도 문제해결의 근본적 프레임 변경이 가능할 수 있음을 보여주려는 평화 이니셔티브로서 가치가 있었다.

둘째, 북한의 위험회피전략은 그동안 소원하고 경색되었던 북중관계를 상당부분 복원시켰다. 김정은은 남북관계 개선과 한반도 문제의 주도권을 확보하기 위해서 반드시 중국과의 관계복원이 절실했다. 김정은은 남북관계 개선을 통한 북미채널의 연계라는 전략적 구상속에서 한미동맹의 전략적 견제수단으로 북중동맹을 재가동시켰고, 미국과의 비핵화 협상과정에서 발생될 수 있는 더욱 강경한 대북 압박정책과 국제적 고립에 대비할 수 있었다. 북한은 중국이라는 든든한 후원자의 지원아래, 보다 강화된 입장에서 미국을 상대하고 싶었을 것이며, 불확실한 미래에 대비하여 중국과의 전략적 합의와 공감대 형성이 필요했을 것이다. 북한은 위험회

피전략을 통해 미국과 중국간의 전략적 이해관계의 간극을 파고들어, 미국을 압박하고 중국의 지원을 얻어내겠다는 계산이 있었다. 하지만, 이 또한 한계가 있었다.

첫째, 김정은 정권의 위험회피전략은 비핵화에 대한 북한의 진정성 논란과 이에 접근방법에 대한 인식의 차이를 극복해야만 한다. 북한은 항상 다른 관점에서 북한식의 한반도 평화와 비핵화를 바라본다는 점을 인식해야만 한다. 북한 입장에서의 평화는 북한에 대한 군사적 위협이 완전히 해소되고 북한 체제의 안전이 보장되는 것, 미군 또는 한미연합군의 존재가 사라져야 하고, 그들이 지향하는 최종목표인 북한정권의 안정이 보장되어야 한다. 이런 맥락에서 북한식의 비핵화의 해석은, 북한의 자위권과 생존권을 명분으로 하는 핵이 사라지면, 당연히 미국의 한국에 대한 핵우산 철폐나 미 핵전략자산의 순환배치를 금지하는 등의 다른 대안을 통해 균형을 이루고자 할 것이다. 왜냐하면, 북한은 '조선반도 비핵화'를 위해서는 자신만의 비핵화가 아니라 미국의 대남 핵우산도 함께 폐지되어야 한다고 주장해 왔으며, 핵우산이 폐지되지 않으면 자신들도 핵을 포기할 수 없다는 입장을 유지해 왔기 때문이다.

둘째, 북한은 비핵화 협상과정에 대한 기대수준의 관리이다. 미북간의 비핵화 협상에 대한 교착상태가 지속되면, 위험회피전략을 지속하는 것에 대한 상당한 피로감과 부담감이 누적될 것이다. 북한은 풍계리 핵실험장 갱도폐쇄와 미사일 발사대 해체 등의 비핵화에 대한 실질적인 행동조치를 내놓으며, 미국과 한국에게 실질적인 보상과 대응행동을 하도록 강요하고 있지만, 이를 대하는 미국과 국제사회의 대응은 냉랭하다. 서로가 원하는 기대수준이 다르기 때문이다.

결국, 비핵화에 대한 기대수준을 어떻게 조정하고 관리할 것인가, 이를 진전시키기 위한 구체적인 진행과정에서의 합의를 어떻게 이루어 낼 것인가가 중요한 관건이 될 것이다. 만일 이러한 정밀한 조율이 이루어지지 않으면, 다시 북핵문제는 교착상태에 빠질 가능성이 커지며, 북한은 위험감수전략으로의 회귀를, 미국은 군사적 옵션까지 포함된 강화된 대북압박을 고려하게 되면서 한반도는 이전보다 훨씬 더 안보위기가 격상될 가능성도 있는 것이다.

V. 글을 마무리 하며

김정은 시대 북한의 위험감수전략과 위험회피전략이라는 양극단의 전략적 선택과정에 집중하면서, 김정은 정권의 위협인식과 전략적 선택의 상관관계를 중심으로 다음의 몇 가지 결론을 도출하였다.

첫째, 미·중 간의 경쟁과 협력이라는 새로운 전략적 구도가 형성되고, 미국의 지속적인 대북압박정책으로 대외적 상황인식을 손실영역으로 인식하게 만들면서, 북한의 핵·미사일 고도화를 중심으로 한 지속적인 위험감수전략을 선택하도록 했다. 오바마 행정부의 '전략적 인내'는 '전략적 무시'의 대북 적대정책으로 인식되었고, '최대관여와 압박'이라는 트럼프 행정부의 초기 대북정책도 마찬가지였다.

김정은 정권은 중국의 대북정책을 신뢰할 수 없었고, 경색되고 불편한 북중관계는 북한에게 대외적 상황을 손실영역으로 인식하게 했다. 하지만, 북한은 북중관계의 특수성을 전략적으로 잘 활용해 왔다. 악화된 남북관계는 김정은 정권이 대외적 위협인식을 손실영역으로 인식하도록 하는 하나의 요인이었다. 4차 핵실험 이후 핵무력 완성에 대한 자신감을 보이면서 김정은 정권은 남한정부가 더 이상 미국주도의 대북제재와 대북정책의 틀을 넘어서지는 못할 것이라는 판단에서, 더이상 남북관계의 전략적 가치를 높게 평가하지 않았다.

김정은 정권은 대외적 상황을 손실영역으로 인식하면서도, 상대적으로 대내적 안정성은 강화시켰다. 김정은 정권초기, '유일적 영도체계 확립'과 '파워엘리트 교체'를 통해 정권의 정당성과 정통성을 강화했으며, 엘리트들의 충성경쟁을 통해 체제유지에 활용했다. 특히, 북한은 '경제-핵무력 건설 병진노선'의 채택과 '핵 보유국 지위에 관련된 법령제정'을 통해 핵보유 사실을 대내외적으로 과시하고 표출함으로써 대외적 위협에 대한 강한 억지력을 현시하고, 대내적 안정성을 강화했다. 이를 통해 북한은 체제유지의 안정성은 김정은 정권이 극단적인 위험감수전략을 선택하지 않도록 했다.

둘째, 북한의 지속적인 위험감수전략에서 갑작스런 위험회피전략으로의 전환은 미국의 강력한 대북압박정책을 통한 대외적 상황을 극단적 손실영역으로 인식했기 때문이었다. 미국은 더 강경한 유엔 대북제재를 요청하고, 독자적인 제재를 강화했으며, 제한적 대북 선제타격론을 제시하면서, 미국의 대북 군사조치 의지를 현시함으로써 북한을 압박했다. 북한은 이러한 대외적 상황을 극단적 손실영역으로 인식했으며, 일종의 선호의 역전현상이 발생했다. 김정은은 지속적인 위험감수전략이 가져올 재앙적 손실, 즉 정권붕괴라는 위협을 인식하게 되었다. 하지만 남북관계가 위험회피전략의 결정적 요인은 아니었다. 문재인 정부 출범 이후에도 북한의 위험감수전략은 지속되었다는 점을 주지한다면, 북한의 위험회피전략으로의 전환은 자신들이 정해놓은 핵·미사일 고도화의 시간표를 일정 부분 완성하면서, 이와 맞물려 극단적 손실영역이라는 대외적 위협인식의 맥락에서 아직 핵·미사일 고도화의 마지막 단계까지는 완성하지 못한 상태에서 위험회피전략으로 전환하였다.

김정은 정권은 위험회피전략으로 전환 이후에 남북관계의 전략적 가치를 높게 평가했다. 북한에게는 남북관계가 비핵화협상 과정에서의 대북제재에 대한 완충제, 미북 관계 정상화를 위한 마중물로서의 상당한 전략적 가치를 지니고 있다고 보았다. 북한의 위험회피전략은 한반도 문제를 남북관계의 선순환 구조 속에서 풀어내려는 현 정부와 일정 부분 전략적 이해관계의 접합점이 형성된 결과였지만, 비핵화 과정의 중심축이 미·북 관계라는 점을 인식하게 되면, 우리에게는 한미관계가 다시 중요해 진다. 향후 김정은 정권의 위협인식이 어떠한 영역에 위치하고 있느냐에 따라, 2월 말 하노이 북미정상회담이 결렬로 촉발된, 김정은 정권의 위협인식은 변화하였다. 북한 핵문제의 기나긴 매듭을 풀어 줄 수 있으리라는 기대와는 달리 미국과 북한은 비핵화에 대한 기본적인 접근방식조차 거리를 좁히지 못했다. 오히려 협상에 대한 양측의 기대구도의 차이에 대한 실망은 이후 협상을 더욱 어렵게 만들거란 예측도 나왔다. 대북제재 완화에 집착하던 김정은의 다급함에 미국은 대북제재를 지속유지하며 북한의 태도변화를 기다릴 것이고, 더 이상 미국의 비핵화 협상방식에 대한 변화가 어려울 것이라는 김정은의 계산은 소위 '새로운 길'을 찾게 만들 수 밖에 없을 것이라는 예측도 조심스레 나오고 있다.

결국, 김정은은 4·27 판문점 선언 1주년 기념에 목마른 문재인 정부의 러브콜을 뒤로하고 러시아에서 푸틴을 만날 수 밖에 없었다. 더욱 우려되는 것은 북러 정상회담에서 복귀하고 난 뒤, 서둘러 5월 4일 호도반도에서 사거리 240km에 달하는 전술유도무기를 발사했다는 것이다. 이는 교착된 비핵화 협상 과정에서 미국을 압박하고, 더 이상 남북군사합의에 연연하지 않겠다는 암묵적인 메시지를 전달하는 것이었다. 자력갱생을 외치는 김정은 정권은 이제 유엔결의를 위반하지 않으면서 미국과 한국 정부를 동시에 압박할 수 있는 군사적 도발을 지속할 가능성이 높다. 대북제재가 지속되고 국제사회에 대한 고립이 지속된다면 김정은 정권은 다시금 손실영역으로 위치를 인식하고, 도발을 감행할 수 있는 가능성이 높아지는 것이다.

북한의 이러한 도발은 그동안 남북 군사합의를 통해 신뢰구축과 긴장완화를 통한 평화조성 정책을 지속해 왔던 문재인 정부에게 딜레마적 상황을 강요할 것이다. 김정은 정권은 현 정부의 대북정책의 지속이행 의지를 테스트하고, 미북간의 비핵화 협상과정에서 한국의 역할을 강요할 것이다. 이러한 딜레마적 상황은 남북관계와 비핵화 협상과정에서 주도권을 확보하려는 김정은 정권의 정교한 전략적 계산속에 이루어질 가능성이 높다.

이 장의 주

1 황지환, "전망이론을 통해 본 북한의 핵 정책 변화: 제1, 2차 북한 핵위기의 분석," 『국제정치논총』, 제46집 1호(2006); 박시영, "1960~70년대 북한의 군사적 모험주의 연구: 위협인식과 전략적 선택,"(북한대학원대학교 박사학위논문, 2015); 박시영, "북한의 위협인식과 전략적 선택의 메커니즘 연구," 『현대북한 연구』, 19권 1호(2016); 문인철, "북한의 손실인식과 대남 적대적 군사행동연구: 숙적관계와 전망이론을 중심으로"(성균관대학교 박사학위논문, 2016).

2 박형중, "북한 정권의 긴장고조 정책의 딜레마와 향후 정세 전망,"(통일연구원 Online Series CO 13-12, 2013. 4. 11); http://www.kinu.or.kr/www/jsp/prg/api/dlV.jsp?menuIdx=258&category=7&thisPage=1&biblioId=1458443(검색일: 2018년 4월 8일); 박형중, "김정은 정권의 핵 및 대남 정책 방향 진단," 『전략연구』 제63호(2014), pp. 141~170.

3 이호령, "북한 도발 위협 가능성 평가와 전망," 『동북아안보정세분석』(국방연구원, 2013).

4 이기동, "김정은 체제의 권력구조와 향후 전망," 『KDI 북한경제리뷰』, 2013년 10월호(2013), p. 8.

5 박영자, 『김정은 정권의 대남 긴장조성: 2013년 향후 전망』(서울: 통일연구원, 2013).

6 예를 들어, 선택 A의 기대효용은 70만원(100% 이익 가능성)이고 선택 B의 기대효용은 80만원(80% 이익가능성 있지만, 20% 無이익 가능성)이다. 기대효용이론이라면 대부분의 사람들은 기대효용이 높은 선택 B를 선택할 것으로 예상하겠지만, 경험적으로 밝혀진 실험결과는 다수의 사람들이 보다 낮은 기대효용을 가진 선택 A를 선호하였다. 다른 예를 들자면, 선택 C의 기대효용은 -60만원(100% 60만원을 손실 가능성), 선택 D의 기대효용은 -80만원(80% 손실가능성 있지만, 20% 無손실 가능성)인 경우에도 기대효용이론에 따르면 손실이 작은 선택 C가 선호되어야 할 것이지만, 대부분의 실험에 참가한 사람들은 기대효용이 낮은 선택 D를 선호하였다. 이러한 결정과정은 인간의 선택이 효용극대화를 바탕으로 이루어지는 것이 아니라 위험에 대한 태도와 영역효과에 따라 결정된다는 것을 보여준다. 하영원, 『의사결정의 심리학』(서울: 21세기 북스, 2012), p. 177.

7 Jack Levy, "Prospect Theory and International Relations: Theoretical Applications and Analytical Problems," Political Psychology, Vol. 13, No. 2 (1992), p. 285.

8 Kahneman and Tversky, "Prospect Theory: An Analysis of Decisions under Risk," p. 277, 286; Jihwan Hwang, "Weaker States, Risk-Taking and Foreign Policy: Rethinking North Korea's Nuclear Policy, 1989~2005"(Ph. D. Dissertation, University of Colorado at Boulder, 2005), p. 14.

9 Daniel Kahneman & Amos Tversky, "Prospect Theory: An Analysis of Decision under Risk," pp. 264~292; Jack S. Levy, "Prospect Theory, Rational Choice, and International Relations," p. 89.

10 Amos Tversky and Daniel Kahneman, "Rational Choice and the Framing of Decisions," Journal of Business, Vol. 59, No. 4 (1986), p. 258.

11 Kahneman and Tversky, "Prospect Theory: An Analysis of Decisions under Risk," pp. 285~286; Hwang, "Weaker States, Risk-Taking and Foreign Policy," p. 17; 황지환, "전망이론을 통해 본 북한의 핵 정책 변화: 제1, 2차 북한 핵위기의 분석," pp. 83~85.

12 "President Obama's Asia Policy & Upcoming Trip to Asia," Remarks by National Security Advisor Tom Donilon, Center for Strategic and International Studies, November 15, 2012.

13 김영준, "트럼프 대통령이 구축하는 '미국 우선주의'와 새로운 국제 질서," 『2017년도 정세평가와 2018년도 전망』(서울: 국가안보전략연구원, 2017), pp. 82~83.

14 경남대 극동문제연구소, 『한반도정세: 2017년 평가 및 2018년 전망』(서울: 경남대 극동문제연구소, 2017), pp. 111~113.

15 오바마 행정부는 대북 핵정책으로 '완전하고 검증가능하며 돌이킬 수 없는 폐기 (CVID: Complete, Verifiable, Irreversible Denuclearization, 이하 CVID라고 칭함)'를 지속적으로 고수했는데, 'CVID' 포기는 북한의 핵보유국 지위를 사실상 인정하는 모습으로 비춰질 수 있었고, 미국의 대량살상무기 비확산정책과 '핵없는 세상'을 내건 미국의 핵확산금지조약(NPT : Nuclear Non-Proliferation Treaty) 체제에 손상이 가해질 수 있었다. 무엇보다 미국이 고수하고자 했던 대외정책의 기조와 자존심이 훼손될 수 있었다. 이런 맥락에서 오바마 행정부는 북한의 핵·미사일 고도화를 세계전략 차원에서 미국에 대한 도전으로 인식하고 있었다.

16 통일부, 『2013 통일백서』(서울: 통일부, 2013), p. 239.

17 "조선우주공간기술위원회 대변인담화," 『조선중앙통신』, 2012년 3월 16일.

18 "조선외무성, 공화국의 합법적인 위성발사권리를 짓밟으려는 유엔 안전보장리사회의 처사를 배려," 『조선중앙통신』, 2012년 4월 17일.

19 "북, 2·29 북미합의 파기선언," 『한겨레』, 2012년 4월 18; http://www.hani.co.kr/arti/politics/defense/528825.html(검색일: 2018년 5월 3일)

20 통일부, 『2013 통일백서』, p. 240.

21 대규모 군사력 증강을 위해 트럼프 행정부는 3월 16일 의회에 제출한 2018 회계연도 연방예산안에서 국방안보예산을 540억 달러(10%)나 증액하여 6030억 달러로 책정하는 대신 민생과 대외원조 관련예산을 중심으로 12개 정부 부처 예산을 대폭 삭감하였다. 경남대 극동문제연구소, 『한반도정세: 2017년 평가 및 2018년 전망』, pp. 94~95.

22 정구연, "미국의 대외정책과 한미협력방안,"(통일연구원 Online Series CO 17-17, 2017. 6. 20); http://www.kinu.or.kr/www/jsp/prg/api/dlV.jsp?menuIdx=303&category=28&thisPage=1&searchField=&searchText=&biblioId=1484787](검색일: 2018년 4월 6일).

23 신형대국관계는 제 분야에서 미국과의 교류와 협력을 강조하면서, 국제적인 책임을 분담하고, 솔직한 대화를 통해 신뢰를 증진할 것을 강조한다. 또한, 중국의 핵심이익과 합리적 관심을 미국이 존중해 줄 것을 요구하며, 제18차 전당대회에서도 "장기적으로 안정되고 건강하게 발전하는 신형대국관계건립"을 추진하겠다는 내용을 담고 있다. 차창훈, "중국의 대한반도 정책: 책임대국과 시진핑의 대북정책 딜레마" 『한국과 국제정치』, 제29권 제1호(2013), pp. 64~66.

24 중국은 북한과의 국경인근 단둥시 외곽의 유류 저장소에서 압록강 철교 밑으로 깔린 송유관을 통해 신의주로 매년 50만톤 가량의 원유를 지원하고 있다. 이는 중국의 공식 통계에 잡히지 않는 수치다. 북한이 대금을 치르고 주로 선박을 통해 중국

에서 수입하는 원유도 이와 비슷한 52만톤 규모다. 이기현, "북한의 3차 핵실험과 중국의 대북정책 변화가능성,"(통일연구원 Online Series CO 13-06, 2013. 2. 25); http://www.kinu.or.kr/www/jsp/prg/api/dlV.jsp?menuIdx=284&category=23&thisPage=1&biblioId=1458437(검색일: 2018년 6월 20일).

25 "중, 1~3월 북에 원유공급 중단,"『조선일보』, 2014년 4월 25일; http://srchdb1.chosun.com/pdf/i_service/pdf_ReadBody.jsp?Y=2014&M=04&D=25&ID=2014042500115(검색일: 2018년 5월 3일).

26 "북한, 올여름부터 '유사시 중국은 적' 사상교육,"『연합뉴스』, 2013년 12월 29일; http://www.yonhapnews.co.kr/bulletin/2013/12/29/0200000000AKR20131229035600073.HTML(검색일: 2018년 5월 10일).

27 박근혜 정부는 한반도 신뢰프로세스 및 동북아 평화협력구상을 토대로 북핵문제 등 안보문제를 해결하고자 했는데, 노무현 정부시기 북핵문제를 남북관계 차원에서만 풀어나가려 실패한 것과 이명박 정부시기 남북관계의 고려 없이 비핵정책 추진으로 남북관계가 파탄에 이른 점을 고려한 나름의 절충형의 연계였다. '先비핵화-後남북관계' 구도에서 벗어나 비핵화 이전이라도 '낮은 수준에서의 교류, 협력, 인도지원을 추진함으로써 남북관계를 이어나가려 의지는 있었다. 하지만, 북한의 3차 핵실험, 정전협정파기, 제2조선전쟁, 서울 불바다 등 각종 도발위협을 지속함으로써 시작부터 정책의 폭을 제한하는 어려운 상황이었다.

28 김근식, "박근혜 정부의 대북정책: 신뢰의 빈곤과 원칙의 과잉,"『한반도 포커스』, 제31호(2015), pp. 37~39.

29 경남대 극동문제연구소,『한반도 정세: 2014년 평가 및 2015년 전망』(서울: 경남대 극동문제연구소, 2014), p. 24.

30 박영자,『김정은 시대 조선노동당의 조직과 기능: 정권 안정화 전략을 중심으로』 (서울: 통일연구원, 2017), pp. 211~212.

31 "총살·숙청·해임…北 김정은 공포정치 6년,"『연합뉴스』, 2017년 2월 3일; http://www.yonhapnews.co.kr/bulletin/2017/02/03/0200000000AKR20170203067700014.HTML(검색일: 2018년 8월 12일)

32 한기범, "김정은 체제의 새로운 권력구도의 특징과 평가,"『국가안보전략연구소 학술회의 발표자료집』, (국가안보전략 학술회의, 2012. 10. 4), p. 5.

33 "北 김정은 공포정치, 피의 숙청, 아버지 김정일의 7배,"『조선일보』, 2015년 5월 14일; http://news.chosun.com/site/data/html_dir/2015/05/14/2015051400385.html (검색일: 2018년 8월 27일)

34 김동엽, "북한의 군사지도·지휘체계: 당·국가·군 관계를 중심으로," 『북한연구학회보』, 제17권 2호(2013), pp. 108~109.

35 '유일영도체계 10대 원칙'의 제6조 5항은 "당의 통일단결을 파괴하고 좀 먹는 종파주의, 지방주의, 가족주의를 비롯한 온갖 반당적 요소와 동상이몽, 양봉음위하는 현상을 반대하여 견결히 투쟁해야 한다."고 새롭게 명시하였는데, 이 조항이 장성택을 모든 직무에서 해임하고 당으로부터 출당·제명키로 결정한 2013년 12월 8일, 노동당 정치국 확대회의에서 장성택 비판에 적극적으로 활용되었다. 김정은의 연설을 통해 유추해보면, 장성택 숙청은 유일적 영도체계 확립과 연관되어 장기간에 걸쳐 준비해온 것으로 판단된다. 이무철, "김정은 체제의 북한: 평가 및 전망," 『한반도 리포트 2013~2014』(서울: 경남대 극동문제연구소, 2013), pp. 115~116.

36 박영자, 『김정은 시대 조선노동당의 조직과 기능: 정권 안정화 전략을 중심으로』, p. 225.

37 김정은은 당 최고책임자인 노동당 위원장에 오르고 6월 29일 개최된 최고인민회의 13기 4차 회의에서 김정일의 비상통치체제의 핵심기구였던 국방위원회를 "국가주권의 최고정책적 지도기관"으로 "국방건설을 비롯한 국가의 중요정책을 토의결정"하는 국무위원회로 고치고 그 위원장에 추대됐다.

38 최룡해 주재하에 당 지도부가 불순한 태도를 문제삼아 군 총정치국에 대한 검열을 진행중이며, 이에 따라 총정치국장 황병서와 제1부국장 김원홍을 비롯해 총정치국 소속 장교들이 처벌받았다는 첩보가 입수되었다. "北김정은, 최룡해 내세워 황병서 처벌…무슨 일 있나," 『연합뉴스』, 2017년 11월 20일; http://www.yonhapnews.co.kr/bulletin/2017/11/20/0200000000AKR20171120168000014.HTML?from=search(검색일: 2018년 8월 2일).

39 2017년 9월 3일 김정은 위원장 주재하에 김영남, 황병서, 박봉주, 최룡해 등이 참석하는 '당 중앙위 정치국 상무위원회'를 개최해 제6차 핵실험 단행을 결정했다. 『조선중앙통신』, 2017년 9월 3일.

40 "당 중앙위 2013년 3월 전원회의에 관한 보도," 『조선중앙통신』, 2013년 3월 31일.

41 "조선로동당 7차 대회 사업총화보고," 『조선중앙통신』, 2016년 5월 8일.

42 홍제환, 『김정은 정권 5년의 북한경제: 경제정책을 중심으로』(서울: 통일연구원, 2017), pp. 99~100.

43 김석진, "북한 대외경제 실태와 전망," 『김정은 체제 5년, 북한을 진단한다』(서울: 늘품플러스, 2016), pp. 140~143.

44 2015년 10월 국가정보원은 국회 정보위원회에 해외에서 일하는 북한 근로자가

58,000명이라고 보고한 바 있다. "자본주의 물들 위험에도, 달러벌이 8만 명 내보낸 북한,"『중앙일보』, 2015년 11월 10일; http://www.koreadaily.com/news/read.asp?art_id=3807408(검색일: 2018년 9월 2일).

45 홍제환,『김정은 정권 5년의 북한경제: 경제정책을 중심으로』, pp. 110~111.

46 국방부,『2012 국방백서』(서울: 국방부, 2012), pp. 22~23.

47 "3차 지하핵실험을 성공적으로 진행,"『조선중앙통신』, 2013년 2월 12일.

48 "북 중거리 미사일 한미훈련맞춰 원산 이동,"『데일리 NK』, 2013년 3월 5일; https://www.dailynk.com/%e5%8c%97-%ec%a4%91%ea%b1%b0%eb%a6%ac-%eb%af%b8%ec%82%ac%ec%9d%bc-%e9%9f%93%e7%be%8e%ed%9b%88%eb%a0%a8-%eb%a7%9e%ec%b6%b0-%ec%9b%90/(검색일: 2018년 9월 2일).

49 "북, 군·관·민 연계 전국규모 군사훈련,"『자유아시아방송』, 2013년 3월 4일; https://www.rfa.org/korean/in_focus/nk_nuclear_talks/millitarydrill-03042013091658.html?searchterm:utf8:ustring=+%EB%B6%81%2C+%EA%B5%B0.%EA%B4%80.%EB%AF%BC+%EC%97%B0%EA%B3%84+%EC%A0%84%EA%B5%AD%EA%B7%9C%EB%AA%A8+%EA%B5%B0%EC%82%AC%ED%9B%88%EB%A0%A8(검색일: 2018년 9월 2일).

50 "北 경비정 NLL 침범… 대청해전 이후 첫 포격전,"『한국일보』, 2015년 10월 7일; http://www.hankookilbo.com/News/Read/201410072060137359(검색일: 2018년 7월 5일).

51 "軍, 3배 이상 대응사격… 北 응사에 재차 수십발,"『국민일보』, 2015년 10월 11일; http://news.kmib.co.kr/article/view.asp?arcid=0922811370(검색일: 2018년 7월 6일).

52 "북한, 한미연합훈련 임시중지하면 핵실험 임시중단,"『연합뉴스』, 2015년 1월 10일; http://www.yonhapnews.co.kr/northkorea/2015/01/10/1801000000AKR20150110053951014.HTML(검색일: 2018년 8월 30일).

53 "남북당국회담 '금강산 관광'에 막혀 결렬,"『중앙일보』, 2015년 12월 13일; http://www.hani.co.kr/arti/politics/defense/721648.html(검색일: 2018년 7월 8일).

54 "주체조선의 첫 수소탄시험 완전성공,"『조선중앙통신』, 2016년 1월 6일.

55 양무진, "UN제재 이후 북한의 대응,"『한반도 포커스』, 제35호(2016), pp. 3~7.

56 "조선민주주의 인민공화국 핵무기 연구소 성명,"『조선중앙통신』, 2016년 9월 9일.

57 정성윤,『김정은 정권의 핵전략과 대외·대남전략』(서울: 통일연구원, 2017), pp.

59~60.

58 조선중앙통신은 북한의 핵과학자, 기술자들이 2016년 1월의 첫 '수소탄 시험'에서 얻은 성과에 기초해 핵 전투(탄두부)로서의 수소탄의 기술적 성능을 최첨단 수준에서 보다 갱신했다고 주장했다. 그리고 "핵탄(수소탄) 위력을 타격대상에 따라 수십 kt급으로부터 수백 kt급에 이르기까지 임의로 조정할 수 있다."라고 주장했다. 따라서 북한은 2016년 1월의 제4차 핵실험 이후 급진전된 수소폭탄 개발능력을 이번에 검증하고자 한 것으로 판단된다. 정성장 외 5인, "북한의 제6차 핵실험 이후 한국의 대북전략," 세종연구소, 『세종정책브리핑』, No. 2017-23(2017. 9. 7), p. 5.

59 지진파의 측정범위가 5.7~6.2mb, 풍계리 핵실험장 구조상 250kt 이상의 폭발력을 견디기 힘든점, 핵실험장의 지질환경, 측정오차 등을 모두 고려시 실제 폭발력은 50~200kt일 가능성이 높다. 이는 증폭핵분열탄의 통상 폭발력 범위에 해당한다. 정성윤, "6차 핵실험: 평가와 정세전망," (통일연구원 Online Series CO 17-26, 2017. 9. 11), p. 1; http://www.kinu.or.kr/www/jsp/prg/api/dlV.jsp?menuIdx=351&category=53&thisPage=1&biblioId=1485185(검색일: 2018년 9월 5일).

60 정성윤, 『김정은 정권의 핵전략과 대외·대남전략』, pp. 61~62.

61 정재흥, "유엔 대북제재 통과와 한국의 전략적 안보 딜레마," 세종연구소, 『세종논평』, No. 2017-38(2017. 9. 14), p. 1; "김정은의 '히든카드' 핵 EMP의 위력," 『주간조선 2473호』, 2017년 9월 12일; http://pub.chosun.com/client/news/viw.asp?cate=C01&mcate=M1005&nNewsNumb=20170926100&nidx=26101(검색일: 2018년 7월 10일).

62 특히, 2013년 KN-02 6발, 2014년 스커드B 4발, 스커드C 9발, KN-02 4발. 노동미사일 2발. 2015년에는 KN-02 10발, 스커드C 2발, 북극성-1 1발 등을 발사하였다. "한 눈에 보는 북한 미사일 발사의 역사," 『SBS 뉴스』, 2017년 9월 22일; http://news.sbs.co.kr/news/endPage.do?news_id=N1004408101(검색일: 2018년 8월 7일).

63 정성윤, 『북한 핵 개발 고도화의 파급영향과 대응방향』(서울: 통일연구원, 2016), p. 40.

64 정성윤, "북한 ICBM급 미사일 실험의 분석과 한국의 대응방안," (통일연구원 Online Series CO 17-20, 2017. 7. 20), p.1; http://www.kinu.or.kr/www/jsp/prg/api/dlV.jsp?menuIdx=351&category=53&thisPage=1&biblioId=1484906(검색일: 2018년 9월 4일).

65 북한의 북극성 2호(KN-11)은 구소련의 SLBM R-27(SS-N-6)을 모방해 제조한 것으로 추정되며, 2015년 1월 23일 수직발사관 사출시험을 실시, 11월 28일 신포급

(2천 줄급) 잠수함에서 시험발사 했지만, 실패후 2016년 4월 23일 다시 신포급 잠수함에서 발사하여 약 30Km 비행시켰고, 2016년 7월 9일에 다시 발사했으나 실패, 2016년 8월 24일 6차 시험발사간에 고각발사 방식으로 부분적으로 성공했다. 정성윤, 『북한 핵 개발 고도화의 파급영향과 대응방향』, p. 42.

66 스커드 ER은 700Km, 노동미사일은 1,000~1,300Km의 사정거리를 가지고 있으며, 노동미사일의 원형공산오차(Circular Error Probability: CEP)가 2~4Km인점을 감안하며, 남한내의 주요 도시, 원자력발전소, 공항, 항만과 같은 국가 주요 산업시설에 대한 타격능력이 강화된 것으로 볼 수 있다. 정성윤, 『북한 핵 개발 고도화의 파급영향과 대응방향』, p. 41.

67 "북한 42년지기 포르투갈과 외교단절, 고립무원", 『연합뉴스』, 2017년 10월 12일; http://www.yonhapnewstv.co.kr/MYH20171012010700038/(검색일: 2018년 8월 2일).

68 "트럼프 첫 아시아 순방, 한반도 정세 가른다," 『연합뉴스』, 2017년 11월 2일; http://www.yonhapnews.co.kr/bulletin/2017/11/01/0200000000AKR2017110107 3100014.HTML(검색일: 2018년 8월 30일).

69 "트럼프, 국회 연설 35분중 24분 北 체제 비판… '美·北 타협설' 일축," 『조선일보』, 2017년 11월 8일; http://news.chosun.com/site/data/html_dir/2017/11/08/2017 110802195.html(검색일: 2018년 8월 8일).

70 제재 명단에 오른 북한은행은 농업개발은행, 제일신용은행, 하나은행, 국제산업개발은행, 진명합작은행, 진성합작은행, 고려상업은행, 유경상업은행, 조선중앙은행, 조선무역은행 등 총 10개였다. 이 가운데 제일신용은행과 하나은행 등은 지난달 미하원 의원들이 재무부에 제재를 요구하는 서한에도 포함된 은행들이었다. "미국, 전세계에 '북과 거래 끊어라' … 이란식 고사작전 착수," 『중앙일보』, 2017년 9월 28일; https://news.joins.com/article/21978757(검색일: 2018년 8월 29일).

71 개정된 규정은 "미국의 행정력이 미치는 곳에 있는 북한 정권과 북한 노동당의 재산과 이권을 모두 차단하며 미국 정부의 허가를 받지 않은 미국인들이 대북 거래를 금지한다"는 내용을 포함되었다. 세부적으로 북한과 관련한 행정실무 및 절차, 항공기, 금융, 자산차단, 외교 공관, 외국 금융기관, 대외무역, 수입, 의료 서비스, 비정부기구, 특허, 서비스, 통신, 유엔, 선박 등 16개 분야의 거래가 통제된다. 아울러 새 규정을 통해 북한이 대량 살상무기와 탄도미사일 프로그램의 자금 조달을 방지할 수 있는 추가 수단을 제공한다고 덧붙였다. 우정엽, "북한의 무역제재 회피 실태와 국제사회의 대응," 『월간 북한』, 통권 557호(2018), pp. 92~95.

72 매티스 장관은, "서울을 중대 위험에 빠뜨리지 않고 북한에 취할 수 있는 군사적

옵션이 있느냐"는 기자들의 질문에 "그렇다. 있다."라고 했다. 그러면서, "하지만, 상세한 말은 하지 않겠다."라고 했다. "매티스 美 국방" 서울 중대 위험에 빠뜨리지 않는 대북 군사옵션도 있어," 『중앙일보』, 2017년 9월 20일; https://news.joins. com/article/21948001(검색일: 2018년 9월 7일).

73 미국은 북한 핵·미사일 시설과 같은 주요 군사시설을 제한적으로 공습하는 군사작전에 대해서는 1994년 5월 영변 핵시설에 대한 외과수술적 타격(surgical strike)이 검토되었지만, 최종적으로 외교협상으로 방향을 선회하였는데, 결정적 고려요소는 수도권에 대한 대규모 피해와 당시 김영삼 대통령의 완강한 반대로 무산되었다. 박용수, "제1차 북핵위기 대응과정에서 나타난 김영삼 대통령의 정책관리 유형," 『국제정치논총』, 제55권 4호(2015), pp. 139~168.

74 박휘락, "북한 핵무기에 대한 '예방타격' 분석: 이론, 국제법, 그리고 필요성," 『신아세아』, 21권 4호(2014), pp. 31~56.

75 브룩스 前 주한미군사령관 겸 한미 연합사령관은 미국 PBS 방송에 출연해 미국의 대북선제공격과 주한미군의 가족을 비롯한 민간인 철수령을 검토했다고 했다. 『조선일보』, 2019년 1월 25일.

76 "美, 스텔스 폭격기 B-2 3대, 태평양 괌 전진배치," 『중앙일보』, 2018년 1월 11일; https://news.joins.com/article/22279453(검색일: 2018년 9월 9일).

77 미국의 이러한 전략자산 재치에 대해 한태성 북한 제네바 대표부 대사는 2017년 12월 23일, "남북관계의 긍정적 분위기에 젖은 담요를 던지는 것은 위험한 행위"라고 경고했다. 1월 31일에는 리용호 북한 외무상이 안토니오 구테헤스 유엔 사무총장에게 "한반도에서 남북관계 개선과 긴장완화로 향하는 긍정적인 변화가 도래하는 시기에 이에 역행하는 위험한 군사적 움직임"이란 내용의 편지를 보냈다. "北외무상, 유엔총장에 '美핵전쟁 도발 중지 노력해달라' 촉구," 『연합뉴스』, 2018년 2월 1일; http://www.yonhapnews.co.kr/bulletin/2018/02/01/0200000000AKR 20180201202600014.HTML(검색일: 2018년 9월 5일).

78 "WP, 대북 '코피작전' 위험…빅터 차 조언 경청해야," 『연합뉴스』, 2018년 2월 5일; http://www.yonhapnews.co.kr/bulletin/2018/02/05/0200000000AKR201802 05132000009.HTML(검색일: 2018년 9월 7일); "美, '北에 코피 작전' 갑론을박…헤이글 前 국방 "무모한 도박," 『조선일보』, 2018년 2월 1일; http://news. chosun.com/site/data/html_dir/2018/02/01/2018020101672.html(검색일: 2018년 9월 7일); "때릴 땐 세게! '코피작전'은 미국 방식이 아니다," 『조선일보』, 2018년 2월 11일; http://news.chosun.com/site/data/html_dir/2018/02/09/2018020902 196.html(검색일: 2018년 9월 7일).

79 "코피 작전이 북한의 급소를 찔렀다,"『중앙일보』, 2018년 2월 28일; https://news.joins.com/article/22402492(검색일: 2018년 9월 7일).

80 『로동신문』, 2018년 1월 1일.

81 『로동신문』, 2018년 1월 4일, 6일, 7일, 8일, 9일, 10일.

82 『로동신문』, 2018년 1월 11일.

83 『로동신문』, 2018년 1월 15일.

84 『조선중앙통신』, 2017년 9월 10일.

85 2017년 9월 7일에는 평안남도, 평안북도, 황해남도, 강원도, 함경북도, 함경남도에서 실시했고, 9월 8일에는 황해북도, 자강도, 양강도, 남포시, 나선시 등, 도 단위에서 진행한 뒤 2017년 9월 10일부터 11일까지 시·이 단위에서도 진행했다.『조선중앙통신』, 2017년 9월 7일, 8일, 9일, 10일.

86 『조선중앙통신』, 2017년 10월 7일.

87 『로동신문』, 2016년 5월 13일.

88 이관세, "김정은 정권의 통치전략 노선과 그 함의,"『한반도 포커스』제36호(2016), pp. 3~7.

89 『조선중앙통신』, 2017년 10월 7일.

90 최룡해는 당 중앙위 7기 2차 전원회의(2017. 10. 7)를 통해 다시 당 중앙군사위 위원에 임명되어 김정은을 제외하고는 당 중앙위 정치국, 당 중앙위, 당 중앙군사위에서 모두 요직을 차지하는 유일한 인물이 되었다. 조선중앙통신은 당 중앙위 제7기 2차 전원회의 다음날인 2017년 10월 8일 열린 김정일 당 총비서 추대 20주년 중앙경축대회 주석단 호명에서 기존의 '김영남, 황병서, 박봉주, 최룡해' 순이 아닌 '김영남, 최룡해, 박봉주, 황병서' 순으로 거명했다.『조선중앙통신』, 2017년 10월 8일.

91 "北, 軍총정치국 20년만에 검열…황병서 등 처벌첩보,"『연합뉴스』, 2017년 11월 20일; http://www.yonhapnews.co.kr/bulletin/2017/11/20/0200000000AKR20171120127552001.HTML(검색일: 2018년 7월 20일).

92 "北김정은, 최룡해 내세워 황병서 처벌…무슨 일 있나,"『연합뉴스』, 2017년 11월 20일; http://www.yonhapnews.co.kr/bulletin/2017/11/20/0200000000AKR20171120168000014.HTML(검색일: 2018년 9월 9일).

93 『조선중앙통신』, 2017년 11월 18일.

94 김여정은 2014년 3월 최고인민회의 대의원 선출, 동년 11월 당 중앙위 부부장 임명

사실이 확인된 이후, 2016년 5월 제7차 노동당 대회 직후 열린 당 중앙위 7기 1차 전원회의에서 당 중앙위 위원으로 선출된 지 17개월만에 당 정치국 후보위원을 선임되었다. 정성장, "북한 노동당 중앙위원회 제7기 제2차 전원회의 평가: 개최 배경과 파워 엘리트 변동," 세종연구소, 『세종논평』, 2017-42(2017. 10. 10); http://sejong. org/boad/bd_news/1/egoread.php?bd=1&seq=4003(검색일: 2018년 8월 5일).

95 "北 비핵화의 대가는 무엇인가"…북미대화 3가지 쟁점, 『조선일보』, 2018년 3월 7일; http://news.chosun.com/site/data/html_dir/2018/03/07/2018030701585.html (검색일: 2018년 8월 10일).

96 판문점 선언을 들여다보면, 남북한간의 관계발전을 담은 제1항에서 당국간의 제도적 채널구축, 다방면의 교류, 협력과 방향, 인도주의 문제의 해결, 그리고 남북의 경제협력 내용으로 채워져 있다. 개성 연락사무소의 설치를 통해 이미 합의한 정상간의 핫라인과 기존의 판문점 연락채널과 군사채널 등에 추가하여 대화의 제도화를 명시했다는 것에 큰 의미가 있었다. 경제협력의 방향성도 확고히 담았는데, 북한이 관심을 보이는 철도 연결사업을 우선적으로 추진하기로 한 것과 동시에 유엔 제재를 우회할 수 있는 협력사업을 명시한 것으로 의미가 있었다. 물론 대북 압박을 통해 비핵화를 유도하려는 국제사회의 입장을 고려할 때 비핵화의 진전없이 철도 연결사업을 추진하는 것은 시기상조라는 회의론도 있지만, 하지만 비핵화 진전의 초기에 철도 연결사업과 같이 제재와 무관한 사업을 먼저 개시함으로써 북한을 대화의 장에 계속 머무르게 하는 방안을 전향적으로 제시했다는 것은 의미가 있었다. 정영철, "남북의 평화시대를 준비하며: <판문점 선언> 제1조가 의미하는 바는?," IFES 현안진단 No. 76(2018. 05); http://ifes.kyungnam.ac.kr/kor/PUB/PUB_0501V.aspx?code=FRM180504_0001(검색일: 2018년 7월 2일).

97 박병광, "김정은 방중과 비핵화 그리고 북중관계: 중국은 한반도 평화정착에 우군될까," 『월간 북한』, 통권 557호(2018), pp. 43~48.

98 『로동신문』, 2018년 5월 4일.

99 신상진, "김정은의 2차례 중국방문과 중국의 대북정책: 핵 담판 앞두고 북한의 '패' 시진핑 통해 더 강하게 포장," 『월간 북한』, 통권 558호(2018), pp. 75~76.

100 『조선중앙통신』, 2018년 4월 21일.

101 샌더스 백악관 대변인은 4월 23일, 정례 브리핑에서 '목표는 분명히 한반도의 비핵화'라며 "완전하고 전면적인 비핵화를 향한 구체적 조치가 취해지는 걸 볼 때까지 최대압박 작전을 계속해 나갈 것이다. 그러한 구체적 조치를 볼 때까지 제재는 분명히 해제되지 않을 것이다."라고 강조했다. "美백악관, 북한 말 곧이곧대로 받

아들이지 않아⋯최대 압박 캠페인 지속할 것,"『연합뉴스』, 2018년 4월 24일;
http://www.pennmike.com/news/articleView.html?idxno=4916(검색일: 2018년
9월 3일).

북한 '주체의 군사사상'과 '핵무력'의 상관관계*

유 판 덕**

Ⅰ. 북한 '핵 무력'은 주체군사사상이 탄생시켰다.

이 글에서는 북한 '핵 무력'이 이른바 혁명의 지도 사상인 주체사상과 그것을 국방분야에서 구현했다는 자위사상을 기초로 한 '주체의 군사사상'(이하 주체군사사상)에 의해 탄생 되었다는 것을 논증한다. 또 역으로 '핵 무력'이 주체군사사상의 일부인 북한군 용병사상에 어떤 영향을 미칠 것인가를 추론한다. 즉, 북한의 핵 개발과정과 핵무기 보유목적, 군사문제에 미칠 영향을 그들 주장처럼 "군사와 관련된 모든 문제에 정확한 과학적 해답을 주는 주체군사사상"의 '틀'에서 논증한 것이다.

* 이 글은 필자의 2018년 박사학위 논문 "북한 '주체의 군사사상'에 관한 연구"; 한국접경지역통일학회지『접경지역통일연구』, 제2권 제1호(2018년 여름, 통권 제3호)에 수록된 "북한의 '혁명전쟁이론'으로 본 '핵 무력'"를 보완·발전시킨 것임.
** 한국융합안보연구원(KCIS) 북한연구센터 수석연구위원, 한국DMZ학회 이사
panduck24@hanmail.net

일반적 의미의 군사사상은 전쟁관, 건군 및 양병사상, 용병사상으로 구성되어 있다. 북한 주체군사사상 역시 전쟁관에 해당하는 '혁명전쟁이론,' 건군/양병사상에 해당하는 '자위적방위력건설이론,' 용병사상에 해당하는 '주체 군사전법과 군사예술' 세 가지로 구성되어 있다.

먼저 시제(時制) 상 과거에 해당하는 "완성된 핵 무력"과 관련하여 주체군사사상의 한 구성요소인 혁명전쟁이론에 의해 그 '필요성이 잉태(소요제기)'된 것임과 자위적방위력건설이론에 의해 '개발·완성'되었음을 밝힌다. 다음으로 현재 또는 미래에 발휘될 "핵 무력의 억제력"과 관련해서는 핵 무력이 북한군의 용병분야(군사전법과 군사예술)에 어떤 영향을 미칠 것인지를 설명한다. 또 '핵 무력' 보유의 궁극적 목적 중 하나가 '주한미군을 철수시키는 것임'을 논증한다. 주한미군 철수는 노동당(국가)과 수령의 혁명과업인 '북한 사회주의 체제수호, 남한 혁명'과 직결된 문제로 이를 무력으로 담보하는 혁명무력의 핵심인 '핵 무력'의 가장 큰 역할(억제력)이 되기 때문이다. 이 역시 반제(미) 사상이 근간을 이루며 핵 무력 탄생의 사상·이론·실천적 기초가 된 주체군사사상의 구성요소별 기능을 적용하여 논한다. 이는 '핵 무력'과 주체군사사상과의 관계를 더 명확히 해줄 것이다.

연구 내용의 범위는 핵 개발과정이나 기술적인 내용이 아닌 '핵무기의 군사적 가치(군사적 사용, 전쟁억제 기능)'에 국한한다. 또한 현재 진행되고 있는 미-북 간 '북한 비핵화 협상'이 지연되고 있는 점 등을 고려하여 "과거 핵(개발되어 무기화된 핵)"을 북한이 어느 시점까지 보유하게 될 것을 상정한 것이다.

II. 군사사상은 전쟁에 관한 종합적인 사고체계

1. 군사사상은 '군사'와 '사상'의 합성어

가. 군사사상의 개념과 의미

군사사상의 기원은 알려진 바 없지만[1] 그 어원은 군사(軍事, military affairs)와 사상(思想, thought)의 합성어로써 '군사를 사상하는 것, 군사를 사고한 결과'란 의미다.[2] 군사사상 개념과 관련하여 국내외 연구자들이 정의한 바에 따르면 군사사상은 네 가지 요소로 구성되어 있다.

첫째는 '전쟁이란 무엇인가?'라는 전쟁 본질에 관한 기본인식으로써 전쟁억지뿐 아니라 '어떤 의지와 신념을 가지고 전쟁을 수행할 것이냐?'라는 '전쟁지도 및 수행 신념'에 관한 것이다. 둘째는 전쟁승리를 위해 '어떻게 준비할 것이냐?'라는 전쟁 수행수단인 군사력을 준비·관리·개발하기 위한 '군사력건설' 분야다. 셋째는 전쟁승리를 위해 군사력을 '어떻게 운용할 것인가?'라는 전쟁지도 및 수행방법으로써의 '군사력 운용' 분야다. 넷째는 앞의 세 가지 요소가 궁극적으로 '어떤 방향으로 지향되어야 할 것이냐?' 하는 의지와 능력의 기착점인 '목적'에 관한 요소다.[3]

이 글에서는 상술(上述)한 내용을 포함하여 군사사상의 개념을 '전쟁억지를 포함한 전쟁이라는 특수한 정치 현상에서 국가목표인 전쟁승리를 위한 개인과 집단(국가, 민족 등)의 올바른 전쟁인식과 이를 바탕으로 한 전쟁 의지와 신념, 전쟁 준비와 수행에 관한 규범성 있는 통일된 논리적 사고체계'라고 정의한다. 즉, 전쟁관, 건군/양병사상, 용병사상이라는 인과성(因果性) 있는 개별 요소들이 논리상 위계적으로 결합된 사고체계라 할 수 있다. 이 개념 정립에서 목적에 관한 요소는 군사사상의 각 구성요소 및 사고체계 전 과정에 적용된다.

나. 군사사상의 체계와 기능

군사사상은 군사문제의 핵심이라 할 수 있는 전쟁에 관한 사고체계이다. 이는 전쟁에 관한 인식을 통해 장차전 양상과 전장 환경변화의 예측을 시작으로 '얼마만큼의 군사력을 질·양적으로 준비해야 하는가(군사력 소요 판단 및 양성)', '어떻게 군사력을 운용할 것인가(군사전략·작전술·전술 개발)'하는 문제를 연이어 제기하고 이를 해결할 수 있는 방안을 종합적으로 구상하게 한다. 따라서 군사사상의 작동원리는 논리적으로 전쟁관, 양병사상, 용병사상이라는 구성요소가 전쟁관을 정점(頂點)으로 하는 순환적(循環的) 작동체계라 할 수 있다.

전쟁관(戰爭觀)은 과거 전례와 현재의 전쟁 양상에 관한 연구·분석을 통해 미래의 전쟁 양상을 예측하여 전쟁에 대비하는 일련의 사고과정으로써 군사사상의 시발점이다. 여기에는 전쟁의 본질과 성격, 전쟁의 원인, 전쟁승리 요인, 전쟁 행위 주체인 인간적 요소-의지·사기·용기 등 정신력과 행위-의 중요성 등이 핵심을 이룬다. 이 전쟁관은 국가정책 목적 범위 내에서 전쟁목적(표)을 설정하고, 이에 따라 전쟁억제 또는 공격과 방어, 제한전과 전면전 등 전쟁의 형식·방법·규모·성격을 규정하게 한다. 그리고 군사력의 성격 및 건설 방향과 질·양적 목표를 설정하게 하는 역할을 한다. 또 전쟁 억지와 승리를 위해 군사력을 어떻게 운용할 것인가에 대한 다양한 방책도 강구하게 한다.[4] 즉, 전쟁관은 국가 안보정책 방향설정에 영향을 미치며 양병과 용병 사상의 성격(공세 또는 수세)을 제어하는 기능을 한다.[5]

양병사상(養兵思想)은 '군사력을 어떻게 볼 것인가'와 이 '군사력을 어떻게 건설 및 육성할 것인가'에 대한 인식체계로써 건군과 양병의 개념이 복합되어 있다. 군사력의 구성요소는 군 구조 및 편제, 현존 군사력 규모,

무기체계의 양과 질, 부대 및 장비의 전개, 군수체제, 교리와 전략의 질과 적합성, 지휘관들의 자질, 정치·군사 지도역량의 질, 예비대와 동원능력, 피해복구를 위한 능력, 국민과 군의 사기, 동맹국 군대의 능력 및 방위공약 가치 등 매우 광범위하다.[6] 따라서 양병사상은 군대(군사력)의 사명, 목적, 임무, 성격, 육성 방향 및 규모 설정 등에 기준을 제공하는 기능을 한다. 이를테면 양병사상은 군이 하나의 국가기관으로서 국민의 군대인지, 사회주의국가 군대처럼 계급성과 정치성이 부여된 당 또는 인민(노동계급)의 군대인지를 규정한다. 이에 따라 군대를 구성하는 병력충원 방법과 병역제도, 군 구조와 지휘체계, 부대편제, 교육훈련, 무기체계 개발, 예비전력 육성 등에도 방향과 지침을 제공한다.

용병사상(用兵思想)은 전·평시 군정·군령 계통을 통해 이뤄지는 군의 교육훈련을 비롯한 응용 분야와 군사행동의 구체적인 실천에 관한 전반적인 인식체계를 말한다.[7] 이 중 실천 분야는 용병사상이 구체화 되어 행동으로 나타난 것으로 '술(術)적 영역'[8]인 용병술이다. 용병에 관한 사상은 전쟁 인식에서 출발하여 전승을 위해 군사력을 어떻게 건설할 것인가의 단계를 거쳐, 양성된 군사력을 '어떻게 운용할 것인가'를 다루는 군사사상 논리체계의 최종단계이다. 따라서 이 용병사상의 성격이 공세 또는 수세냐에 따라 군비 및 전쟁 가능성 증감(增減) 등 국가안보에 큰 영향을 미치게 된다. 이 같은 군사력 운용의 골간인 용병술의 체계는 국가전략(대전략)에 따라 '군사전략, 작전술, 전술'이라는 세 가지 수준으로 되어 있다.[9]

이상과 같은 구성요소별 기능을 지닌 군사사상은 국가의 계속적인 존속을 목적으로 하기 때문에 국가 안보정책이나 군사전략 구상에 결정적 기초를 제공한다. 또 정치(목적)와 군사(수단)와의 연결고리로써 한 국가의 안보목표 달성을 위한 최선의 방책을 수립하는 과정에서 사상적 토대가 된다.[10] 요컨대 군사사상은 전·평시를 막론하고 군사교리 이전의 차원에서 국가의 인적·물적 자원과 군사적 노력을 국가목표 달성에 집중시키거나 조화를 이루게 하여 전쟁 방지 및 승리라는 국가목표를 달성하게 하는 기능을 한다.[11] 이러한 군사사상은 지식적 차원의 군사이론과 국가기관에서 공인한 군사교리에 사상적으로 직·간접적인 영향을 미친다. 이 같은 군사사상의 개념 정립과 도식화(<그림 Ⅱ-1>)는 다음 항인 북한 주체군사사상의 구성내용과 체계를 분석하는 기준이 된다.

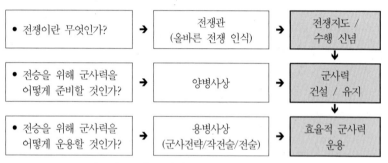

〈그림 Ⅱ-1〉 군사사상의 구성 요소 및 체계

* 출처: 정보사령부, 『북한군 군사사상』(대전: 육군인쇄창, 2007), pp. 5~6; 姜宇哲, "中國과 北韓의 軍事思想과 黨·軍 關係 比較 硏究," 명지대학교 박사학위 논문(2012), p. 12. 재구성하였음.

2. '주체군사사상'은 주체사상을 사상·이론적 근거로 탄생

가. 주체군사사상의 개념과 의미

북한은 "수령이 창시한 주체군사사상은 자위사상과 주체 군사리론 및 군사전법 등을 주요구성 내용으로 한 노동계급의 완성된 군사사상으로 (중략), 주체사상을 사상 리론적 및 방법론적 기초로 하며 주체사상을 군사분야에 구현한 자위사상으로부터 출발한다."[12]고 한다. 더 세부적으로

"주체군사이론은 혁명전쟁에 관한 리론과 자위적 방위력건설에 관한 리론을 기본으로 한다."[13]고 주장한다. 즉, 주체군사이론은 전쟁관(혁명전쟁에 관한 이론)과 양병사상(자위적방위력건설에 관한 이론)으로 구성되어 있음을 밝힌 것이다. 또 주체군사전법과 관련하여 "자위 원칙으로 일관된 주체의 군사전법과 전략을 창시하시였다."[14]고 했는데 여기서 군사전법은 '작전(전투)수행방법'을 의미하고, 군사전략은 용병체계의 군사전략, 작전술, 전술을 통칭한 개념이다. 요컨대 북한의 용병술 구조는 세 가지 용병체계-군사전략, 작전술, 전술-별 작전 수행 시에 그 수행방법인 군사전법을 적용하는 복합구조로 되어 있다. 예컨대 북한군이 작전수행방법 중 가장 으뜸으로 자랑하는 '배합(配合)'을 세 가지 용병체계에 적용해 보면 '전략적, 작전적, 전술적 배합'이 되는 것이다.

이상의 북한 주장을 종합·분석하면 주체군사사상은 <그림 II-2>와 같이 주체사상의 제 원리(칙)가 사상·이론적 기초가 되어 전쟁관에 해당하는 '혁명전쟁이론,' 양병사상에 해당하는 '자위적방위력건설이론,' 용병사상에 해당하는 '주체 군사전법과 군사예술[15]'(이하 주체군사예술)로 구성되어 있음을 알 수 있다.

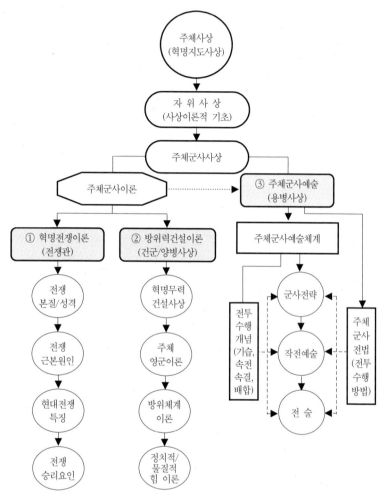

〈그림 Ⅱ-2〉 주체군사사상 구성체계

* 출처: 방문권·허종호, 『자주시대의 위대한 수령 김일성 동지: 혁명무력의 위대한 령도자』,
  제4권(평양: 사회과학출판사, 1988), pp. 7~44; 조선인민군출판사, 『군사상식』(평양:
  조선인민군출판사, 1982), pp. 266~269; 『조선말대사전(증보판)』(평양: 사회과학출
  판사, 2006), p. 493 내용을 도식.

〈범례〉 ──── : 단순연결, ───▶ : 직접연결, ┄┄┄▶ : 위계적 영향, ┄┄▶ : 단순작용. ①②③은
군사사상 3대 구성요소를 나타냄.

나. 주체군사사상의 기능과 작동원리

『조선말대사전』에는 "군사사상이란 전쟁과 군사력건설, 군사활동 등 군사문제 전반에 대한 총적 견해와 관점"[16]이라고 명시했다. 『자주시대의 위대한 수령 김일성 동지』에서는 주체군사사상의 사상·이론적 기초가 된 자위사상은 "당과 국가로 하여금 복잡한 군사문제 해결 과정에서 자주적·창조적 입장을 관철하게 하며, 가장 정확히 풀어나가는 길을 밝혀준다."[17]고 주장했다. 『우리 당의 총대철학』에서는 "군사사상은 수령의 혁명사상에서 중요한 내용을 이루며 그것은 군사와 관련하여 제기되는 모든 리론 실천적 문제들에 가장 올바른 과학적 해답을 준다."[18]고 했다. 즉, 주체군사사상은 당·정·군이 제반(諸般) 군사문제-전쟁 인식, 군사력 건설 및 운용 등-를 해결하는 과정에서 '자주적·창조적·과학적' 입장을 관철할 수 있도록 '지침'을 제공하는 기능을 한다고 볼 수 있다.

이러한 기능은 <그림 Ⅱ-2>와 같이 마치 '유기체 신경세포'처럼 위계적으로 연계되어 작동되고 있음을 알 수 있다. 예컨대 '혁명전쟁이론'(전쟁관)에서 '핵무기를 보유한 미제(美帝)를 전쟁의 근원이자 주적(主敵)'으로 삼았다. 이는 '자위적방위력건설이론'(양병사상)에 영향을 미쳐 미제(주한미군) 제거를 목표로 반미사상 교육을 통한 적개심 고취와 함께 '핵무력'을 보유하게 된 사상·이론적 근거가 되었다. 또한 '주체 군사예술'(용병사상)에도 영향을 미쳐 '우리 실정('인민군' 체형, 무기체계, 한반도 지형)에 맞는 각종 전투 수행방법 및 용병체계 상의 작전수행개념'을 발전시키게 했다. 이러한 작동원리는 다음 제Ⅲ장(주체군사사상이 '핵 무력 완성'에 미친 영향)과 제4장('핵 무력'이 향후 '주체군사예술'에 미칠 영향)에서 구체적으로 논증 및 추론할 것이다.

Ⅲ. 주체군사사상이 '핵 무력 완성'에 미친 영향

본 장에서는 다음 <표 Ⅲ-1>과 같이 주체군사사상의 구성요소들이 '북한 핵 무력 완성'과 어떤 논리적 연계성이 있는지를 주체군사사상 이론에 입각하여 논증한다. 더 구체적으로 '핵 무력 완성'을 기준하여 시제 (時制) 상으로 과거에 해당하는 '핵무기 필요성(소요) 제기'와 '개발·제작·보유'에 북한의 전쟁관(혁명전쟁이론)과 양병사상(자위적방위력건설이론) 이 어떻게 작용했는지를 논한다.

<표 Ⅲ-1> 주체군사사상 구성요소별 '핵 무력'과의 관계

군사사상 구성요소	① 혁명전쟁이론	② 자위적방위력건설이론	③ 주체 군사예술
시제(時制)에 따른 상호작용	과거 및 현재 (①, ②와 '핵 무력 완성'과의 관계)		현재 또는 미래 (핵 무력이 ③에 미칠 영향)
핵 무력 보유/이용	핵무기 필요성 인식	핵무기 완성 / 개량	핵무기의 군사적 이용

* 출처: 필자가 작성하였음.

1. '혁명전쟁이론'에 의해 잉태(孕胎)된 '핵 무력'[19]

가. 혁명전쟁이론(전쟁관)의 의미

북한은 전통적인 맑스-레닌주의 전쟁관인 '정의·부정의 전쟁,' '혁명의 일부로써의 전쟁,' 클라우제비츠의 '정치수단으로써의 전쟁' 관점을 수용하고 있다. 여기에 "인민대중의 자주성과 나라의 자주권을 옹호하는 관점"을 더하여 "주체의 전쟁관점 또는 혁명적인 전쟁관점"이라고 주장한다.[20] 즉, 인민대중(노동계급)이 혁명을 통해서 얻을 수 있는 이익(인민의 자주성과 국가의 자주권)을 옹호하는 전쟁이면 '정의의 전쟁'이고 이에 대항하는 전쟁이면 '부정의의 전쟁'이 되는 것이다. 이런 관점에서 보면 '6.25 전쟁'이 남쪽의 동족에 대한 침략 전쟁이었지만 왜 '정의의 조국해방전쟁'이라고 부르는지 그 내막을 알 수 있다.

이 혁명전쟁이론에 관한 이해를 더하기 위해서는 북한의 혁명논리에 대한 이해가 필요하다. 김일성은 "조선사람에게 있어서 주체는 조선 혁명을 잘하는 것이다. 공화국 북반부에서 사회주의를 건설하며 남조선혁명을 수행하는 것이 바로 우리 혁명에서 주체다."[21]라고 강조한 바 있다. 또 노동당 규약에 조선노동당의 당면한 목적을 "공화국 북반부에서 사회주의 강성대국을 건설하며 전국적 범위에서 민족해방민주주의 혁명의 과업을 수행하는 것"이라고 명시해 놓고 있다. 따라서 북한 혁명논리의 핵심은 '북한 사회주의 체제 고수와 남조선혁명'이다. 이는 '수령과 그 참모부인 조선노동당이 수행해야 할 혁명과업'이기도 하다.

북한의 혁명논리 작동체계는 혁명의 최고사령관인 수령이 그가 "창시"한 혁명의 지도사상인 주체사상으로 혁명의 참모부인 조선노동당을 영도하여 혁명과업을 수행하는 과정이라 할 수 있다. 이 혁명과업을 완수하기 위해 수행하는 전쟁이 혁명전쟁(정의의 전쟁, 해방전쟁)이며, 혁명전쟁을 수행하는 주력군이자 주된 수단이 이른바 "인민군을 중심으로 한 혁명무력"이다.[22] 이 혁명무력은 "조선인민군"뿐만 아니라 '전인민의 무장화' 노선으로 양성된 762만여 명에 달하는 예비전력[23]이다. 더구나 핵 무력이 완성된 현시점에서는 핵무기가 그 핵심이라 할 수 있다.

이 같은 혁명전쟁에 관한 종합적인 내용을 군사 사상적 차원에서 이론적으로 체계화한 것이 '혁명전쟁이론'이며, 이는 '전쟁의 본질과 성격(이하 전쟁의 본성), 전쟁의 근원, 현대전쟁의 특성, 전쟁승리의 결정적 요인(이하 전승 요인)'으로 구성되어 있다. 다음은 이 구성요소들과 '핵 무력'이 어떤 관계가 있는지를 논증한다.

나. 전쟁의 본성 면: 정치의 수단인 전쟁 도구로써 '핵 무력'

북한은 혁명전쟁의 본성을 ① 노동계급의 자주적인 정치적 수단으로써 전쟁, ② 인민대중이 전쟁의 주체가 되며, 그들의 정치 사상적 힘에 의해 수행되는 전쟁, ③ 나라의 혁명이익에 일치하는 전쟁이라고 밝혔다.[24] 이 중 ①과 ③은 '핵 무력'의 필요성과 완성에 깊은 논리적 연계성을 가진다.

①의 경우는 "전쟁은 그 본질에 있어서 특별한 폭력수단에 의한 어떤 계급의 정책의 연장"[25]이라는 김일성의 주장처럼 노동계급을 중심한 "인민대중의 혁명이익(자주성 옹호)"에 부합 하는지에 따라 '정의·부정의 전쟁' 기준이 된다.[26] 이 기준에 따르면 혁명전쟁은 주체사상의 철학적 원리의 '자주성 옹호'를 위한 전쟁을 의미하는 것으로 과거 6.25전쟁 때나 현재도 수령과 당의 혁명과업(남조선혁명) 수행을 방해하는 '기본장애물'인 '미제(주한미군) 제거를 위한 전쟁'이라 할 수 있다.[27]

그리고 김일성이 말한 "특별한 폭력적 수단"은 전쟁에서 적국 군대에 대응할 무장조직을 말한다.[28] 즉, 북한에서 사회주의혁명을 완수하고 그것을 "제국주의와 반혁명세력의 침략"으로부터 지키는 혁명의 핵심세력인 '노동계급의 혁명무력'을 의미한다. 그 중 '핵 무력'은 북한이 주장하는 '무장력의 2대 요소인 사람과 무기' 중에서 무기에 해당한다.[29] 이 '핵 무력'은 '미제를 비롯한 침략세력'으로부터 "혁명의 전취물인 사회주의 체제"와 "수령"과 그 세습 정권을 지키는 "정의의 보검"으로써 혁명무력의 핵심(중추)인 것이다.[30]

③역시 혁명전쟁을 분단구조를 해결하고 '계급해방과 민족해방'이라는 혁명의 궁극목표를 이루기 위해 가장 큰 걸림돌인 주한미군을 철수시킬 수단으로써의 전쟁을 의미한다. 이는 "우리에게는 조국을 통일해야 할

민족적 과업이 나서고 있기 때문에 미제가 스스로 우리 조국에서 물러가지 않는 한 언제든지 한번은 놈들과 싸울 각오를 가지고 있어야 한다."[31]는 김일성의 주장이 이를 뒷받침한다. 이런 전쟁인식은 "조국해방전쟁"과 이후 북한의 각종 무력도발뿐만 아니라 '다'항에서 논할 '전쟁의 근원'이 왜 '미제'인지를 규명하는 이론적 근거가 된다. 또 "사회주의 체제를 위협하고 남조선혁명을 방해"하는 '핵무기를 보유한 미제'를 제거하기 위해 '핵 무력'이 필요했음을 추론할 수 있는 근거가 되기도 한다.[32] 이는 현재 미국과의 '북한 비핵화 협상'에서 북한 체제보장 요구와 함께 '우리 민족끼리' 등 외곽단체들을 동원하여 일관되게 주한미군 철수를 주장하고 있는 것에서 찾을 수 있다.[33]

다. 전쟁의 근원 면: '혁명의 기본장애물 미제' 제거 수단으로써 '핵 무력'

북한의 전쟁 근원에 관한 인식 역시 맑스-레닌주의자들의 '제국주의 전쟁론'을 따르면서도 특이한 점은 오늘날 제국주의 정점(頂點)에 미국이 있고, 침략과 전쟁의 주된 세력이 미 제국주의라고 주장하는 것이다.[34] 이는 미국을 주적(主敵)으로 삼아 '대미항전' 구도를 설정한 것이다. 여기에는 여러 가지 이유가 있을 수 있겠지만 대내적으로는 역설적이지만 사회주의 체제와 3대로 이어진 세습 독재 권력 유지를 위해 가장 위험하지만 확실한 담보물로 미국(군)을 끌어들인 것이다. 대외적으로는 혁명전쟁의 본성에서처럼 이른바 '남조선혁명의 가장 큰 걸림돌'인 미국(군) 문제를 해결하기 위해 '핵 무력'이 필요하다는 이론적 근거로 삼기 위함인 것이다.

북한 세습 정권과 노동당은 사회주의 체제 유지 및 남조선해방이라는 두 가지 "혁명과업"을 가지고 있다. 혁명과업의 궁극적인 지향점은 "북한에 적대시 정책을 추진하면서 남조선해방혁명을 방해"하는 "혁명의 기본 장애물"인 주한미군 제거에 두고 있다.[35] 즉, '핵 무장한 혁명장애물'을 제거(최소한 혁명 방해행위 견제 및 억제)하는 "만능·정의의 보검"이 '핵 무력'이며,[36] 이 '핵 무력'이 세계가 지켜보는 가운데 미국과의 '핵 담판'을 가져오게 한 것이라 할 수 있다.

라. 현대전쟁의 특성 면: 핵전쟁 수행을 위한 '핵 무력'

김일성을 비롯한 북한군 지도부는 현대전의 특성을 '①입체전, ②과학전/기계화전, ③핵전쟁, ④전자전, ⑤총력전 의미의 장기전' 등 다섯 가지로 인식했다. 현대전에 대한 특성평가는 <표 Ⅲ-2>와 같이 『김일성 저작집』, 『군사상식』 등 북한 문헌에 수록된 내용과 최근 북한의 도발 양상을 종합·분석한 결과이다.

<표 Ⅲ-2> 북한의 현대전 특성 평가

구 분	현대전쟁의 특성
김 일 성	입체전, 기계화전, 과학전, 장기전, 핵 / 화학전, 전자전
김 철 만	전면전, 입체전, 기계화전, 과학전, 장기전
『군사상식』	입체전, 기계화전, 과학전, 장기전
최근 도발양상	'핵 무력 완성', D-Dos공격·GPS교란 등 사이버 및 전자전 도발
분석 평가	- 공통사항: 입체전, 기계화전, 과학전, 장기전. - 최근 도발양상, 과학전과 기계화전의 상호관련성을 고려하여, 북한이 인식한 현대전의 특성을 ①입체전, ②과학전/기계화전, ③핵전쟁, ④전자전, ⑤장기전 등 다섯 가지로 분석하였음.

* 출처: 『김일성 저작집』 중 관련 내용; 김철만, "현대전의 특성과 그 승리의 요인," 『근로자』, 8월호(평양: 근로자출판사, 1976), pp. 84~86; 조선인민군 출판사, 『군사상식』, pp. 24~26. 참조.

이들 중 세 번째인 '핵전쟁'을 현대전의 특성으로 인식하게 한데에는 크게 두 가지 요인으로 정리할 수 있다. 먼저는 과거 남한에 배치되었던 미군 전술 핵무기를 비롯한 미국 핵무기에 대한 두려움과 남북한 국력 격차에서 오는 재래식 무기의 질적 불균형에 대비한 것이라 볼 수 있다.[37] 하지만 김일성의 핵무기 관련 언급 내용을 보면 미국 핵무기에 대한 '공포'보다는 오히려 미국이 어떠한 경우라도 북한에 핵무기를 사용할 수 없을 것이라는 '믿음'을 가지고 핵무기를 개발한 것으로 보인다. 김일성은 6.25 전쟁, 미 해군 푸에블로호 나포 사건, 월남전에서 미군의 고전(苦戰) 등을 예로 들면서 미국이 "원자탄 공격 공갈"만 했고 사용하지 못했듯이 자신들에게 핵무기를 절대 사용하지 못할 것이라고 장담했었다.[38] 다음은 앞의 '전쟁 본성과 근원 면'에서 언급했듯이 북한 혁명론의 관성(慣性)에서 기인한 것으로 북한 사회주의 체제 및 권력 유지와 남한 혁명지원과 무력통일("조국통일대전")을 위한 결정적 수단으로써의 핵전쟁을 인식한 데 따른 것이라 할 수 있다.[39]

이 같은 최고지도자의 혁명관 및 핵전쟁에 대한 인식과 지도하에 '당·정·군 차원'에서 '핵전쟁' 수행을 위해 핵무기 보유 정책을 선택한 것으로 추론할 수 있다.[40]

마. 전쟁승리 요인 면: 주체적·내부적 역량으로서 '핵 무력'

김일성은 전쟁승리의 결정적 요인을 외부지원과 물리적 힘보다 내부의 주체적 역량-정치, 경제, 군사적 역량-과 그중에서도 정치적 역량(사람의 사상의식)에 있다고 보았다.[41] 북한군 수뇌들 역시 내부의 주체역량 중 사람과 사람의 정치·사상적 의식을 전승의 결정적 요인으로 인식했다.[42] 여기서 정치역량은 주체사상으로 무장한 인민들이 전쟁 주체로서 전쟁 준비와 수행에 자발적으로 참여하며, 경제력과 군사력을 강화하는데 결정적 역할을 하는 것을 의미한다. 이처럼 전승의 결정적 요인을 '사람의 정치·사상적 힘'이라고 하는 인식은 주체사상의 지도원칙 중 '정치사업 선행' 원칙에서 기인한 것으로써 인민들을 "수령과 당의 혁명위업 구현"을 위한 도구화하는데 사상·이론적 토대가 되는 것이다.[43] <표 Ⅲ-3>은 북한이 주장하는 전승 요인들의 상호관계를 정리한 것이다.

〈표 Ⅲ-3〉 전쟁승리 요인들의 체계와 상호관계

결정적 요인		보조적 역할
내부적 요인 (주체적 역량)	① 정치적 힘: 내부적 요인에서의 결정적 요소	외부적 요인 (국제적 지원)
	② 경제적 힘: ①,③을 강화하는 물질적 담보	
	③ 군사적 힘: ①,②을 강화하는 군사적 담보	
인간(인민대중)의 사상의식이 기본 동력		

* 출처: 김철만, "현대전쟁의 특성과 그 승리의 요인," 『근로자』, 8월호(평양: 근로자사, 1987), p. 37; 統一革命黨中央委員會 宣傳部, 『金日成主義原理』(평양: 삼학사, 1972), p. 311; "우리 당의 군사 노선의 정당성," 『조선신보』, 1968년 1월 17일 참조.

혁명전쟁이론의 관점에서 보면 전승의 결정적 요인은 내부적 요인으로써 이른바 '주체적 역량'이다. 주체적 역량에서 '주체'는 "혁명과 건설"에서 나타나는 모든 문제를 '북한의 실정과 북한 자체의 힘' 위주로 해결한다는 의미다.[44] 이는 궁극적으로 한반도에서의 공산주의 혁명을 수행하는 과정에서 발생할 수 있는 '혁명전쟁'을 북한 실정과 자체의 힘(내부적, 주체적 역량)으로 수행하겠다는 것이다.

한미연합방위체제를 강조하는 남한과 달리 김일성을 비롯한 북한지도부가 '북한의 실정과 자체의 힘'을 강조한 배경은 무엇일까? 여러 가지가 있겠지만 크게 두 가지로 압축할 수 있을 것이다. 첫째는 주지의 사실이지만 과거 '중-소 분쟁' 상황에서 선택한 독자 생존 및 남조선혁명을 위한 전략이다. 둘째는 북한 자신들이 가진 '강점'에 주목한 것이라 할 수 있다.

두 번째 배경은 다시 두 가지로 나눠 볼 수 있는데 먼저는 핵 강국이자 전략적 후원국인 중·소와의 지정학적 관계를 이용한 핵 개발 관련 기술 접근의 용이성에 착목한 것이라 할 수 있다. 두 나라로부터 직접적인 핵무기 기술지원은 받지 못했으나, 소련으로부터는 핵무기 개발에 필요한 인프라(인적, 기술적, 물질적) 구축에 많은 지원을 받았다.[45] 이러한 도움은 '북한 내부의 힘'이 아니라고 할 수 있겠지만 같은 사회주의 체제와 '반제국주의(반미주의)' 전략의 연대성을 이용했다는 차원에서 보면 '북한 자체역량'에 의한 것이라고 볼 수 있을 것이다.

다음은 '핵무력'의 핵심재료인 세계매장량보다 많은 것으로 추정되는 '북한의 우라늄'이다.[46] 따라서 혁명전쟁이론의 '전쟁승리 요인'은 이런 배경들과 북한 최고지도자(수령)의 의지, 국가적 역량을 결합시켜 '자체 힘'으로 혁명과업을 완수할 수 있는 "주체탄, 주체무기"[47]보유 필요성 도출에 사상·이론적 바탕이 된 것이다.

이같이 전승요인 중 내부역량에서 제기된 '핵 무력의 필요성'을 이어지는 2항('자위적방위력건설이론과 핵 무력')에서는 '어떤 사상·이론적 근거로 실체화(핵무력)' 되었는지 양병사상의 관점에서 논한다.

2. '자위적방위력건설이론'과 '핵무력'

가. 자위적방위력건설이론의 의미

양병사상 격인 자위적방위력건설이론(이하 방위력건설이론)에서 북한은 자위적방위력(이하 자위력)을 "제국주의 침략과 전쟁책동으로부터 국가의 자주권 수호와 혁명 승리를 보장하기 위한 자체의 힘이 필요하다."[48]는 것에서 찾았다. 이는 전쟁원인을 제국주의의 존재와 그 침략행위라고 본 혁명전쟁이론과 같은 맥락이다. 이 같은 논리는 "혁명과 건설, 국방사업의 주인이 인민대중"[49]임을 강조한 주체사상의 사회역사원리와 지도원칙에서의 '자위 원칙'이 사상·이론적 토대임을 밝힌 것이다.

북한은 자위력의 개념을 "자체의 힘으로 나라와 민족의 자주권을 옹호·보위할 수 있는 정치사상적 힘과 군사·경제적 힘 등 나라의 군사적 위력의 총체"[50]라고 정의했다. 또 자위력의 특징을 "자력갱생의 혁명적 원칙에 입각하여 인민들의 힘과 내부자원으로 건설 및 무장되고 무장을 비롯한 물질적 수단도 주로 자기 나라의 내부원천에 의거하여 마련된 것"[51]이라고 주장했다. 이는 혁명전쟁이론에서 전승의 결정적 요인이 내부적 힘(주체적 역량)-정치적 힘, 경제적 힘, 군사적 힘-이라는 것과 같은 의미로써 자위력을 혁명전쟁 승리의 결정적 요인으로 본 것이다.

이와 같은 자위력의 의미와 북한에서 정의한 '군사이론'[52] 개념을 결합해 보면, 방위력건설이론은 '자력갱생 원칙에 의거 북한 자체 힘으로 국가와 인민의 자주권을 옹호·보위할 수 있는 정치·사상적, 군사·경제적 힘이 통합된 강력한 군사력을 갖게 하는 이론'이라고 정리할 수 있다. 따라서 북한의 방위력건설이론은 군사력건설, 전법개발 등 평시 군사 활동뿐만 아니라 전시에도 경제적 잠재력과 전체 인민들을 동원할 수 있게 하는 국방력 건설의 이론적 지침이 되는 셈이다.

방위력건설이론에 군사사상의 기능적 측면을 적용해 보면 혁명전쟁이론이 제시한 혁명전쟁 수행 의지에 따라 설정된 건군과 양병에 관한 방향성을 기초로 '어떤 성격과 사명을 지닌 군대를 건설하고, 어떤 방향으로 육성·운용되도록 준비시킬 것인가'에 관한 것으로써 양병 차원의 이론임이 더욱 분명해진다. 따라서 여기에는 혁명무력의 성격과 사명을 담은 '혁명무력건설에 관한 사상,' 북한군 지휘통제에 관한 '주체의 영군이론,' 4대 군사노선을 비롯한 혁명무력 강화방안을 다룬 '전인민적·전국가적방위체계이론,' 전쟁 수행 및 지속능력 강화 내용을 담은 '정치적·물질적 힘을 튼튼히 세울데 대한 이론'으로 구성되어 있다.[53] 이 글에서는 방위력건설이론이 '핵무력 완성'에 어떤 사상·이론적 역할을 하였는지를 추론하는데 국한한다.

나. 자위적방위력건설이론에 의해 완성된 '핵무력'

'핵무력'이란 핵무기를 의미하는 것으로 핵탄두와 그것을 운반할 수 있는 수단을 통칭한 것이다. 그래서 김정은도 2017년 11월 29일 "신형 대륙간탄도로케트인 화성-15형 시험 발사 성공"과 함께 "핵 무력 완성"을 선언한 것으로 보인다.[54]

이 핵무력은 혁명의 최고사령관이자 수령인 김일성이 현대전의 특성으로 선정한 핵전쟁을 수행하기 위해 반드시 필요한 무기다. 핵 무력 완성과정을 군사사상 구성요소별 기능을 적용해 보면 혁명전쟁이론에 의해 소요가 제기된 '핵무기 필요성'은 방위력건설이론이 사상이론적 기반이 되어 '실체로 완성'된다. 더 구체적으로는 방위력건설이론 내용 중에서도 '혁명무력 건설원칙'-전군에 당의 유일적 영도실현, 자위의 실현, 정치사업을 앞세우면서 군사기술사업을 옳게 배합, 혁명무력 건설에서 계승성 보장-중 하나인 '자위의 실현'에 의해 완성되었다고 볼 수 있다.

김일성은 '국방에서 자위 원칙'을 "자체의 힘으로 나라를 보위한다는 말이며 군사분야에서 우리 당의 주체사상이 구현되는 것"[55]이라고 했다. 김정일도 국방에서 자위 원칙이 구현되는 것을 "자기의 힘으로 자기 나라를 보위한다는 것"[56]이라고 했다. 이 원칙은 '혁명과업'(사회주의 체제수호, 남조선혁명) 수행을 위한 혁명무력을 건설·강화하는 과정에서 발생하는 "모든 리론실천적 문제"를 북한 실정에 맞게 해결한다는 것을 의미한다.[57] 김정일은 "원료와 연료를 남에게 의존하는 것은 경제의 명줄을 남에게 거는 것과 같다."[58]고 했다. 이는 경제 분야에 관한 언급이지만 "전쟁의 승패는 전선과 후방의 인적 및 물적 수요를 장기적으로 원만히 보장하는가 못하는가에 달렸다."[59]는 김일성 주장, 또 "민족 국방공업은 자위적 무장력의 물질적 담보"[60]라는 김정일 자신의 주장과 연계시켜보면 혁명과업 수행에서 나타나는 군사문제 역시 '북한 내의 인적·기술적·물질적 자원'으로 해결하겠다는 의미로 볼 수 있다.

따라서 핵무기 보유과정 역시 국제사회가 핵확산을 금지하는 상황에서 핵무기로 무장한 세계최강의 미군을 상대하기 위해서는 우선 자체역량에 눈을 돌릴 수밖에 없었을 것으로 추론해 볼 수 있다. 이러한 '일련의 인식들'은 '수령 세습'과 함께 '유훈(遺訓)'으로 대를 이어가며-김일성(국방경제 병진정책) → 김정일(선군정치) → 김정은(핵·경제 병진정책)-'실체화'되었음을 알 수 있다.[61]

먼저 6.25 전쟁과 중·소 갈등 속에서 자위력의 필요성을 절감한 김일성은 전승 요인에서 약술했듯이 외부 지원 없이도 혁명과업을 수행할 수 있는 방책으로 북한 "내부역량"이라고 할 수 있는 중·소와의 정치체제 동질성과 지전략적(地戰略的) 이점, 그리고 북한에 매장된 우라늄에 주목한 것으로 보인다. 6.25전쟁 직후 '조-소 원자력 평화적 이용에 관한 협정' 체결 및 소련 드브나(Dubna) 핵 연구소에 북한 과학자와 전문가 파견(1956년), '조-소 원자력 연구단지 건립 협정' 체결(1959년 9월), 소형 연구용 원자로(IRT-2000, 2MWt)를 도입(1962년)하는 등 핵무기 제작에 필요한 기반을 구축했다.[62] 또 자체기술에 의해 5MWe 흑연감속 원자로 완성(1986), 핵 재처리 시설인 방사화학실험실 설치(1987년), 플루토늄 추출(의혹) 및 70여 회의 고폭실험 등 조잡한 형태의 핵폭탄을 제조했던 것으로 추정되고 있다.[63]

한편 핵탄두 운반수단인 미사일개발과 관련하여 1960년대 초부터

1970년대까지 소련과 중국으로부터 지대지, 지대공, 함대함, 휴대용 대공미사일의 지원뿐 아니라 조립생산 기술을 지원받아 독자개발능력을 갖추었다.[64] 그리고 1980년대부터 1994년 김일성 사망 시까지 사거리 1,000km가 넘는 노동1호 탄도미사일 개발에 성공했다.[65]

김일성의 핵 보유에 관한 집착은 김정일에게 강하게 전달되었다. 김정일은 집권 17년 동안 두 번의 핵폭발 실험(1차 2006.10.9, 2차 2009. 5. 25)을 통해 핵무기 보유 의지를 노골화했다. 또 핵폭발 실험과 함께 ICBM급 장거리 미사일인 대포동2호(2006.7.5), 광명성2호(2009.4.5)를 발사함으로써 대미 대결 구도를 본격화했다.

김정은은 아버지 김정일로부터 '핵무기 보유'를 유언으로 받아 비교적 짧은 집권 기간 국제사회의 강력한 반대와 압박에도 불구하고 4차례 핵실험을 감행한 데 이어, 2017년 11월 "대륙간탄도로케트 화성-15호" 발사와 함께 "핵 무력 완성"을 선포했다. 선대 수령의 '핵 보유 유훈'이 관철되어 완성된 것이다.

이렇게 탄생된 핵 무력은 "세계최강 철천의 원쑤 미제"를 회담 테이블로 불러냈고, 또 수령의 첫 번째 혁명과업인 '사회주의 체제와 김씨 권력' 수호, 두 번째 혁명과업(남조선혁명)의 필수조건이라고 할 수 있는 "혁명의 기본장애물"인 주한미군을 철수시키기 위한 "만능 보검" 역할을 하고 있는 것이다.

IV. '핵 무력'이 향후 '주체 군사예술'에 미칠 영향

주체군사예술-군사전법과 군사예술-은 주체군사사상 개념과 의미에서 논한 바와 같이 혁명전쟁이론과 방위력건설이론에 의해 양성된 혁명무력을 전승을 위해 어떻게 운용할 것인가를 사고한 것으로써 주체군사사상 구성체계의 최종단계이다. 따라서 이번 장에서는 혁명전쟁이론과 방위력건설이론을 사상·이론·실천적 근거로 하여 완성된 '핵 무력'이 향후 남북한 군사적 충돌이 발생할 경우, '혁명무력'을 운용할 사상적 기준이 되는 주체군사예술에 어떤 영향을 미칠 것인지를 추론한다.

1. '주체 군사전법과 군사예술'의 개념과 의미

주체군사전법은 김일성이 항일빨치산 활동 당시 체득한 소규모 전투행동을 6.25전쟁을 통해 발전시킨 일종의 전투수행방법이다. 주체군사전법에는 성동격서, 습격전, 매복전, 유인전술, 비행기사냥군조·땅크사냥군조·저격수조 운용 등과 대·소 부대배합전, 연속타격전, 대포위전 등이 있다. 이 같은 '전법 유형'에서도 유격전에서의 소규모 전투수행방법을 현대전의 개념으로 발전시킨 것임을 발견할 수 있다.

주체군사예술은 전시에 전승이라는 국가목표 달성을 위해 그 하위개념인 군사 목표와 임무를 설정하고 이를 실현하기 위한 군사예술 수준별-군사전략, 작전예술(작전술), 전술-로 시행되는 작전에서 각종 자산을 운용하는 술(術, 용병술)이다. 북한은 이 주체군사예술 시행 간에 '주체성의 원칙'을 반드시 지킬 것을 강조하고 있다. 이 원칙은 주체사상의 지도원칙 중 "사상에서 주체"와 "실정에 맞게 하는 방법"을 기초로 한 것으로써 주체성을 가지고 전장의 특성과 전투역량, 경제발전상태와 무장 수준, 핵무기 보유 여부에 맞게 군사전략전술을 창안하여 수립해야 한다는 원칙이다.[66] 특히 '핵무기 보유에 따른 군사전략전술을 수립'하라는 내용은 북한이 '핵 무력 완성'을 선언한 현시점에서 향후 주체군사예술의 변화추이에 대한 예측과 분석의 중요함을 더해 준다.

위 내용을 종합해 보면 북한은 전투수행개념인 주체전법을 군사예술 체계 수준별 작전에 적용시켜 작전효율성과 전투력 상승효과를 기도했던 것으로 이해 할 수 있다. 그들은 이 복합구조를 "전쟁에서 군사예술을 떠난 전법은 방향타를 잃은 배와 같고, 전법이 없는 군사예술은 공중누각과 같다."[67]며 매우 중히 여기고 있다.

2. '핵 무력'에 의한 '주체군사예술'의 변화 전망

남북한 군사력에서의 확실한 비대칭 전력은 핵무기와 생화학무기이다. 그중 북한의 핵무기는 기존의 재래식 무기체계를 바탕으로 한 남북한의 군사 사상, 이론, 교리에 많은 변화를 가져오게 할 것이다. 여기서는 북한의 핵 무력이 '①용병(用兵)의 기반이라고 할 수 있는 대병주의(大兵主義) 사상, ②전통적 사회주의국가 군대의 특징이었던 혁명무력의 공세성(攻勢性), ③군사예술(용병)체계 및 성격'을 변화시키는데 어떤 영향을 미칠 것인가에 국한하여 논한다.

첫째, 대병주의 사상은 크게 수정될 것이다. 북한은 경제력과 국력에 맞지 않는 120만 명의 대병력과 수많은 재래식 무기를 보유하고 있다. 이런 대병주의는 양병(養兵)에도 관련된 사항으로 6.25 전쟁 초기의 패전에서 그 유래를 찾을 수 있다. 김일성은 1950년 12월 노동당 중앙위원회 제3차 전원회의에서 "우리는 미제국주의와 같은 강대한 적과 싸우는 조건에서 자기의 예비부대를 충분히 준비하지 못했다."며 예비대 부족을 전쟁 초기(6개월) 패배의 첫 번째 원인으로 꼽았다.[68] 실제 북한은 남침 초기 7개 공격 축선에 사실상의 예비대 미편성, 부산 교두보 공격 시 급조된 병력 투입 등 전략·전술적 차원의 예비대 부족과 운용 미숙을 비롯한 용병술의 부재를 드러냈었다.[69] 이를 바탕으로 1962년 '국방에서 자위'를 내세우며 '인민군의 확충'과 함께 전시 예비대 확보를 위해 4대 군사노선의 하나로 '전민무장화'를 추진했다. 이런 대병주의 사상은 충분한 예비대 확보를 전제로 한 오늘날 '인민군의 제파식 공격' 교리를 가능하게 하는 사상적 토대가 되었다고 볼 수 있다.

대병주의 변화 가능성에 대한 시사는 김정은의 2018년 신년사에서 찾을 수 있다. 그는 "핵 무력을 도약대로 삼아 사회주의 강국 건설(특히 경제건설)에 총공세를 벌여 나갈 것"을 강조했다. 이는 보유한 핵무기 억제력을 담보로 피폐한 북한경제 회생에 국가역량을 우선 집중할 것임을 선언한 것이라 할 수 있다. 따라서 북한 국가역량의 으뜸이라 할 수 있는 조직화 된 양질의 노동력인 '인민군대'를 남북, 북-미 관계에 따라 점진적으로 감축하여 경제건설에 투입할 것으로 전망할 수 있다. 이와 궤를 같이하여 대병력 위주의 군사력 운용 사상에도 핵무기의 전략적 가치를 융합해 수적 규모는 줄이지만 현대화/기계화된 장비 위주의 기동전개념을 더욱 확대·강화하는 방향으로 전환할 것으로 보인다.[70]

둘째, 군사력 운용에서의 '공세성'은 더 강화될 것이다. 사회주의 군대의 특징은 기존 질서와 제도 전복을 목적으로 한 혁명의 수단인 혁명무력으로써 공세적일 수밖에 없었다. '인민군' 역시 "공격전을 들이대는 것은 내가 일생 동안 견지하고 있는 전략적 방침"[71]이라는 김일성의 말처럼 사회주의 군대 특징을 이어받았다. 6.25남침을 비롯해 휴전 이후 3,000여 회가 넘는 각종 도발이 이를 증명한다. 북한이 재래식 무기체계와는 비교할 수 없는 핵무기를 보유한 현시점에서의 '공세성'은 더 강화될 것이다. 또 북한 그들의 주장처럼 핵무기의 파괴력과 그로 인한 억제력은 핵무기 보유국과 비보유국 간의 관계에서는 비교할 수 없을 만큼 치명적인 영향을 줄 수 있다.[72] 물론 남한의 경우 동맹국인 미군의 핵우산 지원을 받는다는 가정이 있지만 핵무기를 보유한 북한과는 분명한 차이가 있으며, 이런 남 북한의 핵 비대칭성은 북한 군사예술(용병술)의 '공세성' 강화를 더 부추 길 수 있을 것이다.

셋째, 군사예술(용병) 체계상-군사전략, 작전술, 전술-으로 볼 때 군사 전략 수준에서 비교적 큰 변화를 가져올 것이다. 김정은은 2018년 신년사 에서 "우리식의 전략무기들과 무장 장비들을 지속 개발 생산할 것"과 "위 력과 신뢰성이 담보된 핵탄두들과 탄도로케트들을 대량생산하여 실전배 치에 박차를 가할 것"을 강조했다. 또 '인민군대'에는 전투훈련을 실전 환 경에 접근하는 강도 높은 전투훈련을 할 것과 "핵 반격 작전태세를 항시 유지할 것"도 강조했다[73]. 이 내용은 '인민군 최고사령관'으로서 한 일반 적인 지시로도 볼 수 있으나, <표 Ⅳ-1>의 '인민군' 군사교리 내용과 연계 시켜보면 북한군 지도부의 전쟁인식이 재래식 무기체계 위주의 전쟁인식 에서 핵전쟁을 염두에 둔 사상적 전환으로도 해석할 수 있을 것이다.

〈표 Ⅳ-1〉 핵무기 사용과 관련한 '인민군' 군사교리

- 핵무기는 적의 핵무기와 로케트 무기, 군단 및 야전군 지휘소를 격파하여 적의 유생역 량과 무기, 전투기술기재를 소멸할 수 있고, 공격하는 부대가 핵 타격의 성과를 효과 적으로 이용할 수 있도록 적용한다.
- 핵무기는 포병 준비 사격을 하기 전이나 공격 간 적용한다.
- 핵 타격은 핵폭발로 아군부대가 행동에 지장을 주지 않도록 한다.
- 적 제1제대 대대 진지는 통상 소형 핵탄으로 타격하며, 적의 방어 종심에 있는 대상물 은 소형 이상의 핵탄으로 타격한다.
- 적 제1제대 대대 진지에 있는 대상물, 항공육전대를 투하시킬 구역에 있는 대상물은 통상 높은 공중 핵폭발을 적용한다.
- 적 방어 종심의 대상물이나 견고한 방어 축성물이 설비된 거점에 대해서는 낮은 공중 핵폭발을 적용한다.
- 적 제2방어지대 이후 종심에는 부대의 전투행동을 고려하여 땅 위 핵폭발을 적용한다.

* 출처: 정보사령부, 『북한 집단군(군단)·사(여)단』(정보사령부, 2009), pp. 94~95. 내용을 표 로 정리하였음.

위 군사교리 내용을 분석해 보면 '핵무기 사용 시기, 타격 대상의 성격에 따른 핵탄두 크기와 핵폭발 고도'를 구체적으로 규정하고 있다. 이는 '인민군대' 내에서는 이미 김일성이 규정한 현대전의 특징 중 '핵전쟁'을 전제로 한 군사교리가 구체화 되어, 이에 의거 하여 훈련되고 있음을 추론할 수 있게 해준다.

이 같은 전쟁에 관한 사상적 전환과 핵전쟁 관련한 군사교리는 군사예술(용병술) 체계에서 가장 상위에 있는 군사전략에 우선적으로 변화를 줄 것이다. 군사전략은 국가전략 목표를 달성하기 위한 하위 개념으로서 기능을 한다. 노동당 규약에 따르면 당(국가)의 목표는 북한 사회주의 체제 유지 및 남한에서의 민족해방민주주의 혁명 완수(당면목적)와 한반도 전체를 북한식 사회주의화(김일성-김정일주의화: 최종목적)하는 것이다. 이 같은 당(국가)의 목표를 무력으로 뒷받침하는 것이 혁명무력의 사명이므로 군사전략 차원의 작전수행 개념인 '기습, 속전속결, 배합'은 핵 무력의 억제력이 더해져 더욱 과감하면서도 정교하게 다듬어질 것이다. 이러한 군사전략 수준의 변화는 군사예술체계 상의 하위 수준인 작전예술(작전술)과 전술에까지 동일한 성격 변화를 가져오게 함으로써 군사예술(용병체계) 전반에 영향을 미칠 것이다.

V. '핵 무력 억제력'은 주체군사사상을 더욱 공세적으로 만들 것이다.

주체군사사상은 김일성이 항일빨치산 활동 시 소부대전투에서 습득한 전투수행개념에 기초하여 6.25 전쟁 경험과 소련군의 현대전 사상이 결합되어 정립되었다. 여기에 주체사상의 사상·이론적 영향이 더해져 '주체군사사상'으로 체계화되었다.

주체사상은 북한의 혁명을 지도하는 사상이며 주체군사사상은 이 혁명사상의 중요한 일부이다. 김일성의 주장이나 노동당 규약에 명시된 북한 혁명이론의 핵심은 '북한 사회주의 체제수호와 남조선해방을 위한 혁명'이다. 이 과제는 혁명의 수령과 그 참모부인 '조선로동당'이 수행해야 할 혁명과업이다. 이 혁명과업 수행을 무력으로 구현하는 수단이 바로 '조선인민군'을 비롯한 혁명무력인 것이다. 이 혁명무력을 혁명전쟁에서 승리하기 위해 어떻게 양성하고 운용할 것인가에 대한 일련의 사고체계-'혁명전쟁이론 → 방위력건설이론 → 주체군사예술'-가 주체군사사상이다.

북한이 규정한 혁명의 핵심 대상은 "핵 공격 연습으로 공화국을 위협"하고 "혁명을 방해"하는 '핵무기로 무장한 미군(미제)'이다. 그래서 북한은 '북한 비핵화'라고 하지 않고 남한에는 없는 핵무기임에도 미군에 의한 '핵우산'까지를 상정하고 '한반도 비핵화'라고 주장하고 있다. 북한은 선차적 혁명과업인 '사회주의 체제를 위협하고 남조선혁명을 방해'하는 주한미군과 '핵우산' 제거를 위해 '핵 무력'이 필요했던 것으로 보인다. 이런 핵에 대한 갈망은 최고지도자(수령)의 세습과정을 거치면서 유훈으로 이어져 '핵 무력'으로 실체화되었다.[74] 이 실체화는 '혁명전쟁이론'에서 '핵 무력의 필요성'을 제기하고, '방위력건설이론'을 사상이론적 토대로 하여 핵무기를 완성한 주체군사사상의 기능적 측면이 유기적으로 작동된 과정이었다.

북한은 언제까지 일지 모를지만 비핵화 협상 진행 과정을 통해 사실상의 핵보유국 지위획득과 그 효과를 누리려 할 것이다. 이것이 북한이 핵무기를 개발 및 보유한 궁극적인 목적일 수 있다. '핵 무력'은 북한의 기존 재래식 전쟁관 패러다임(paradigm)을 핵 억제력이 융합된 전쟁 개념으로 변화시키고 있으며, 더 나아가 대병력 위주의 양병개념도 군대의 규모는 축소하되 과학화·기계화된 기동군으로의 변화를 가속시킬 것으로 보인다. 특히 용병개념은 핵 억제력을 담보로 더 공세적이고, 더 과감한 군사력 운용개념인 "우리 식의 공격방식"으로 변화될 것으로 전망할 수 있다.[75] 예컨대 괌, 하와이, 알래스카와 미 본토를 핵 공격으로 위협하는 '응징억제(Deterrence by Punishment)' 전략과 함께 부산항, 포항, 평택항 등 전시 미 증원전력 전개로(展開路)에 대한 핵 공격을 협박하는 '거부억제(Deterrence by Denial)' 전략으로 한·미 연합전력의 대응력을 무력화하거나 제한시킨 가운데 정치·군사적 목적 달성을 위해 신속 과감한 공세적 군사행동을 감행할 수도 있다.

결론적으로 북한의 '핵 무력'은 주체군사사상을 사상·이론·실천적 근거로 하여 탄생했지만, 역(逆)으로 현존하는 '핵 무력(핵무기)'은 앞으로 주체군사사상의 '공세성과 과감성'을 더욱 강화시킬 것이다.

이 장의 주

1 Martin Van Creveld, *The Art Of War: War and Military Thought*(Lond: Cassell, 2000), p. 14.

2 陸軍本部, 『韓國軍事思想』(釜山: 陸軍印刷工廠, 1992), p. 15.

3 위의 책, pp. 23~24.

4 金熙相, 『生動하는 軍을 위하여』(서울: 典廣, 1996.), pp. 212~213.

5 裵卿煥, "러시아 군사사상의 형성과 전망," 대전대학교 석사학위논문(2005), p. 8.

6 Julian Lider, *Military Theory*(England: Swedish Institute of International Affaire Gover Pub. Co. Lt., 1983), p. 49.

7 А. П. Горкни 외, *Военный энциклопдический словарь*(Москва: Рипол кл ассик, 2001), p. 624.

8 裵卿煥, "러시아 군사사상의 형성과 전망," p. 8.

9 합동참모본부, 『합동·연합작전 군사용어사전』(서울: 합동참모본부, 2010), p. 293.

10 裵卿煥, "러시아 군사사상의 형성과 전망," pp. 6~7.

11 金熙相, 『生動하는 軍을 위하여』, p. 217.

12 방문권·허종호, 『자주시대의 위대한 수령 김일성동지: 혁명무력의 위대한 령도자』, 제4권(평양: 사회과학출판사, 1988), p. 11.

13 위의 책, p. 18.

14 위의 책, p. 35.

15 군사예술(military art): 우리의 군사력 운용에 해당하는 '용병술'을 소련군 군사사상의 영향을 받은 북한의 군사용어이다. 군사예술은 군사전략, 작전술, 전술로 체계화되어 있다.

16 『조선말대사전(증보판)』(평양: 사회과학원 철학연구소, 2006), p. 492.

17 방문권·허종호, 『자주시대의 위대한 수령 김일성동지』, pp. 14~17.

18 김기봉, 『우리 당의 총대철학』(평양: 사회과학원 철학연구소, 2003), p. 35.

19 본 항의 세항(나, 다, 라, 마)은 유판덕의 논문 "북한의 '혁명전쟁이론'으로 본 북한 '핵 무력'"(『접경지역통일연구』, 제2권 제1호·2018년 여름호, 통권 제3호)의 pp. 159~163을 보완 발전시킨 것임.

20 『군사상식』(평양: 조선인민군출판사, 1982), p. 11.

21 김일성, "당 제3차 대회 결정 관철을 위한 황경남도 당 단체들의 과업," 『김일성 저작집』, 제10권(평양: 조선로동당출판사, 1980), p. 126.

22 김기봉, 『우리 당의 총대철학』, p. 55.

23 국방부, 『2016 국방백서』(서울: 국방부, 2016), p. 27.

24 『군사상식』, pp. 11~13.

25 김일성, "인민군대를 강화하자," 『김일성 저작집』, 제7권(평양: 조선로동당출판사, 1980), p. 447.

26 김기봉, 『우리 당의 총대철학』, p. 9. "혁명은 결국에 있어서 자주성을 지향하는 인민대중과 그것을 짓밟으려는 반동세력과의 치열한 대결이다."라고 주장하고 있음.

27 김일성, "프랑스 공산당 중앙위원회 기관리론 잡지《라 누벨 크리띠크》사 대표단과 대담," 『김일성 저작집』, 제30권(평양: 조선로동당출판사, 1985), p. 474.

28 김일성, "레바논《알 안와르》신문기자 알리발루트가 제기한 질문에 대한 대답," 『김일성 저작집』, 제24권(평양: 조선로동당출판사, 1983), p. 330.

29 김창원,『주체사상의 지도적 원칙』(평양: 사회과학출판사, 1985), p. 172. "무기는 적을 소멸하는 기본수단으로서 사람과 함께 무장력의 2대 요소의 하나를 이룬다."

30 『로동신문』, 2017년 3월 6일.

31 김일성, "7개년계획의 중요 고지들을 점령하기 위하여 천리마의 기세로 총돌격하자,"『김일성 저작집』, 제22권(평양: 조선로동당출판사, 1983), p. 253.

32 『로동신문』, 2016년 5월 9일. '조선노동당 중앙위원회 사업총화' 결정서.

33 「우리민족끼리」, 2017년 7월 6일. '민심의 요구는 이전이 아닌 철폐이다.' 제하 기사.

34 김일성, "조선민주주의인민공화국 정부의 당면과업에 대하여,"『김일성 저작집』, 제16권(평양: 조선로동당출판사, 1982), p. 488.

35 『김일성 저작집』에 수록된 연설내용에서 김일성은 미국(미제)을 "조국통일의 기본 장애물"(제5권, p. 111), "우리나라 평화통일의 기본장애물"(제16권, p. 475), "조선의 통일을 가로막는 기본장애물"(제19권, p. 150)이라고 주장했다.

36 『로동신문』, 2016년 5월 9일. '조선노동당 중앙위원회 사업총화 결정서'에서 "미국에 의하여 강요되고 있는 핵전쟁 위험을 강위력한 핵 억제력에 의거 하여 근원적으로 종식시키겠다."고 주장.

37 김일성, "쁠럭 불가담운동의 강화발전을 위하여 ,"『김일성 저작직』, 제40권(평양: 조선로동당출판사, 1995), p. 132.

38 김일성, "청년들은 우리 혁명의 종국적 승리를 위하여 경제건설과 국방건설의 모든 전선에서 선봉대가 되자,"『김일성 저작집』, 제22권, p. 136~138.

39 김일성, "세계전쟁, 열 핵전쟁을 방지,"『김일성 저작집』, 제39권(평양: 조선로동당출판사, 1993), p. 282; 『로동신문』, 2016년 5월 9일. '조선노동당 중앙위원회 사업총화 결정서'에서 "핵무기의 소형화, 다종화를 높은 수준에서 실현하고…조국통일대전의 진군길을 열어제낄 정밀화, 경량화, 무인화, 지능화된 우리식의 현대적이고 위력한 주체무기들을 더 많이 연구 개발할 것이다."고 주장.

40 2012년 4월 13일 최고인민회의 제12기 제5차 회의에서 개정한 「조선민주주의인민공화국 사회주의헌법」서문에는 "(전략) 김정일 동지께서는 (중략) 김일성 동지의 고귀한 유산인 사회주의 전취물을 영예롭게 수호하시고 조국을 불패의 정치사상 강국, 핵보유국, 무적의 군사강국으로 전변시키시였으며 (후략)"라고 명시되어 있음.

41 김일성, "조국통일위업을 실현하기 위하여 혁명력량을 백방으로 강화하자,"『김일성 저작집』, 제18권(평양: 조선로동당출판사, 1982), p. 151.

42 『로동신문』, 1969년 1월 13일. 당시 노농적위대 사령관인 오백룡(인민군 차수, 인

민무력부장)의 기고문.

43 김창원, 『주체사상의 지도적 원칙』, p. 279.

44 김일성, "조선민주주의인민공화국에서의 사회주의 건설과 남조선혁명에 대하여," 『김일성 저작집』, 제19권, pp. 302~304.

45 이종주, "북한 핵 정책의 변동성 연구(1991~2016): '제한적 편승'에서 '전면적 내부균형'으로"(북한대학원대학교 박사학위 논문, 2018), pp. 58~61.

46 김대식, 『북핵 퍼즐과 한반도 아마겟돈』(성남: 유니더스정보개발원, 2014), p. 127; 『뉴데일리』, 2011년 6월 8일.

47 『로동신문』, 2017년 5월 15일, 21일.

48 방문권·허종호, 『자주시대의 위대한 수령 김일성동지』, p. 22.

49 김정일, 『주체사상에 대하여』(평양: 조선로동당출판사, 2004), pp. 16, 20, 55; 방문권·허종호, 『자주시대의 위대한 수령 김일성동지』, p. 23.

50 방문권·허종호, 『자주시대의 위대한 수령 김일성 동지』, p. 23; 『군사상식』, p 28. "자위력은 로동계급의 당과 국가가 자력갱생의 혁명적 원칙을 관철하여 자체의 힘으로 제국주의 침략을 짓 부시고 혁명의 전취물과 나라의 자주권을 지키며 로동계급의 혁명위업을 끝까지 수행하기 위하여 마련한 군사적 힘이다."

51 방문권·허종호, 『자주시대의 위대한 수령 김일성동지』, p. 23.

52 『조선말사전』(평양: 사회과학출판사, 2010), p. 159. "군사리론은 전투행동과 군사훈련 및 그 밖의 군사적인 실천적 경험이나 군사행동을 론리적으로 정연하게 일반화한 체계"

53 방문권·허종호, 『자주시대의 위대한 수령 김일성동지』, pp. 22~35.

54 『조선중앙통신』, 2017년 11월 19일.

55 김창원, 『주체사상의 지도적 원칙』, p. 141.

56 김정일, 『주체사상에 대하여』, p. 55.

57 김창원, 『주체사상의 지도적 원칙』, p. 141.

58 김정일, 『주체사상에 대하여』, p. 52.

59 김일성, "조선로동당 제5차대회에서 한 중앙위원회사업총화보고," 『김일성 저작집』, 제25권(평양: 조선로동당출판사, 1983) p. 295.

60 김정일, 『주체사상에 대하여』, p. 57.

61 『로동신문』, 2016년 5월 9일. '조선노동당 중앙위원회 사업총화 결정서'에서 "김정

은 동지께서는 위대한 수령님들의 구상과 념원대로....위대한 수령님들께서 견지해 오신 자주적인 혁명로선과 혁명방식을 변함없이 고수"라고 주장; 이윤걸,『김정일의 유서와 김정은의 미래』(서울: 비전원, 2012), p. 김정일은 유서에서 "핵, 장거리 미사일, 생화학무기를 끊임없이 발전시키고 충분히 보유하는 것이 조선반도의 평화를 유지하는 길임을 명심하고 조금도 방심하지 말 것"를 강조했다.

62 佐藤勝巳, 『北朝鮮 「恨」の核戰略: 世界一貧しい強國の論理』(東京: 光文社, 1993), 18.

63 장준익, "북한 핵무기와 미사일 전략에 관한 연구," 경기대학교 박사학위 논문, 2003, pp. 11~13.

64 Joseph s. Bermudez Jr, *The Armed Forces Of North Korea*(London and New York: I.B. Tauris Publishers), pp. 237~247.

65 장준익, "북한 핵무기와 미사일 전략에 관한 연구," p. 85.

66 統一革命黨中央委員會宣傳部, 『金日成主義 原理』(平壤: 三學士, 1972), p. 310.

67 방문권·허종호, 『자주시대의 위대한 수령 김일성 동지』, p. 43.

68 김일성, "현 정세와 당면과업," 『김일성 저작집』, 제6권(평양: 조선로동당출판사, 1980), p. 186.

69 葛原和三, 김홍수 역, "北朝鮮軍は朝鮮戰爭から何を學んだか"(대전: 육군교육사령부, 1999), pp. 14~16.

70 『로동신문』, 2016년 5월 9일. '조선노동당 중앙위원회 사업총화 결정서'에서 "인민군대는…당의 전략적 의도에 맞게…훈련의 실전화, 과학화, 현대화를 기본 종자로 틀어 쥐고…일당백의 싸움꾼으로 준비시킬 것이다."고 강조했다.

71 김일성, "정무원 사업을 개선 강화할 데 대하여," 『김일성 저작집』, 제31권(평양: 조선로동당출판사, 1981), p. 115.

72 김혜련·유승일·김성호, 『절세위인과 핵강국』(평양: 평양출판사, 2016), p. 196.

73 『로동신문』, 2018년 1월 1일.

74 김혜련·유승일·김성호, 『절세위인과 핵강국』, p. 212.

75 리명수(인민군 총참모장)는 조선노동당 제7차 당 대회 "당중앙위 사업총화 보고 토론"(로동신문, 2016.5.9)에서 "최고사령관 동지의 령도 밑에 우리 인민군대는 수소탄과 대륙간탄도로케트까지 보유하고 **우리식의 공격방식**으로 이 세상 그 어디에 있는 강적도 단매에 격멸할 수 있는 세계 최강군으로 위용 떨치고 있습니다."고 주장(강조 부분 필자).

2018, 북한 핵 정치와 적대감의 변화: "평화를 만드는 비핵화"의 조건

한 상 철*

Ⅰ. 북한은 비핵화를 할 것인가?

"북한 비핵화"라는 화두는 "북한은 핵무기를 포기할 것인가?", "북한의 비핵화 협상은 진정성이 있는가?", "비핵화는 평화를 가져오는가?"라는 서로 다른 층위의 질문을 포함하고 있다. 이 글은 북한이 핵 무력 완성을 선언한 2017년 11월말부터 2차 북미회담이 교착되는 2018년 12월까지 북한 핵 정치와 적대감의 연관성을 분석해 봄으로써 세 가지 질문에 답해 보고자 한다.

"북한은 핵무기를 포기할 것인가?" 2018년 북한은 비핵화를 조건으로 대북제재를 완화하고 사회주의 강국건설을 위한 경제발전을 추진하고자 했다. 북한이 핵무기를 포기할 것인지 가늠하려면 "핵보유국"의 정체성을 가지고 있는지 판단할 필요가 있다. 북한이 대내외정세 속에서 핵무기에

---

* 심연북한연구소 객원연구위원

대한 입장을 어떻게 변화시켜 왔는지 분석해 보겠다.

"북한의 비핵화 협상은 진정성이 있는가?" 북한의 진정성을 파악하려면 협상 대상인 한국, 미국과 적대관계를 청산하고 새로운 관계를 수립할 의지가 있는지 검토할 필요가 있다. 북한이 비핵화 협상을 추진하면서 남한과 미국에 대한 적대감을 우호적인 연대감으로 전환시켜 나가고 있는지 살펴보겠다.

"비핵화는 평화를 가져오는가?" 비핵화가 되면 한반도에 장밋빛 미래가 찾아 올 것이라는 낙관적인 전망이 있다. 그러나 비핵화는 단순히 핵무기를 제외한 군사력의 균형을 의미할 수도 있다. 한반도 분단질서의 밑바탕에는 이념이 다른 타자에 대한 적대감이 깊이 자리 잡고 있음을 간과해서는 안 된다.

이 글은 북한의 "핵정치"를 "평화를 만드는 비핵화"로 견인하려면 어떠한 노력이 필요한 지 모색하려는 것이다. 이를 위해 한반도 분단질서라는 구조 속에서 북한의 핵정치가 어떻게 작동하고 있는지 동태적으로 살펴보고자 한다. 분석 자료는 조선로동당 기관지인 노동신문이며 범위는 2017년 11월 말부터 2018년 12월까지이다.

1. 한반도 분단질서

북한 핵 정치의 본질에 접근하려면 국제관계와 남북관계를 구조적으로 파악할 필요가 있다. 이를 위해 한반도 분단질서라는 분석틀을 사용해 보고자 한다. 독자적인 분단질서의 존재는 세계 냉전질서 붕괴 이후에도 한반도에서 냉전이 지속된다는 점에서 증명된다. 한반도 분단질서는 1945년 일본 패망 뒤 미군과 소련군이 38선을 경계로 진주하면서 잉태되었고, 1948년 두 개의 국가가 수립되면서 형성되었다. 한반도 분단질서의 특징은 물질적 능력, 이념, 제도의 변수 가운데 이념의 힘이 강하게 작동한다는 것이다.

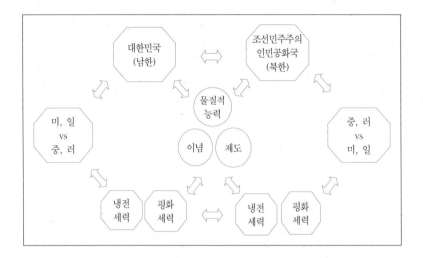

분단국가 수립은 38선을 경계로 물질적, 이념적, 제도적으로 대결하는 것을 의미했다. 남북한은 이념이 다른 세력을 '적'으로 호명하고 폭력으로 제거했다. 폭력은 한국전쟁으로 비화되었고, 적대적인 분단질서가 고착화되었다. 적대적인 분단질서 아래서 남북한의 자원배분은 군사력에 집중되었고, 적대감을 재생산하는 이데올로기적 국가장치와 제도가 만들어졌다. 남북한의 물질적 능력, 이념, 제도가 변화함에 따라 분단질서에도 헤게모니의 변화가 있었다. 1970년대 초반까지 북한이 남북관계를 주도했지만, 1980년대부터는 물질적 능력에서 앞서는 남한이 주도권을 잡았다. 1990년대 초 세계적인 냉전체제가 해체되었지만 한반도는 냉전에 기초한 분단질서가 작동하고 있다. 이러한 현상은 한반도 역사적 구조의 지체 현상으로 볼 수 있다.[1]

2017년 11월말 북한이 핵무력 완성을 선언하며 물질적 능력을 강화하자 적대적인 분단질서의 균열이 생기고 재편이 시작되었다. 북한은 핵보유국의 지위를 내세우며 국제정치의 중요한 행위자로 부상했다. 북한은 핵 정치를 통해 경제발전에 걸림돌이 되는 적대적인 남북관계와 국제관계를 개선하고 사회주의 강국건설을 추진하고 있다.

한반도 분단질서에서 북한 정권의 대내외 정치를 크게 구분하면 5개의 영역으로 분류할 수 있다. ① 갈등과 화해가 공존하는 남한정부와의 관계, ② 적대적인 미국과의 관계, ③ 사회주의 국가인 중국과의 관계, ④ 통제 가능한 북한 사회세력과의 관계, ⑤ 평화세력에게는 우호적이고 냉전세력에게는 적대적인 남한 사회세력과 관계이다.

한편, 이 글의 분석 범위인 2017년 11월부터 2018년 12월까지 북한의 핵무기에 대한 입장 변화는 다섯 시기로 구분할 수 있다.

1기는 "핵무력완성기"(2017년 11월 29일~2017년 12월 31일)이다. 2017년 11월 29일 북한은 대륙간탄도미사일 화성 15호 시험발사에 성공하고 핵무력 완성을 선언하면서 국제정치의 중요한 행위자로 등장했다.

2기는 "비핵화모색기"(2018년 1월 1일~2018년 3월말)로 김정은 위원장이 신년사에서 평창올림픽 참가를 제안하면서 남북관계 개선을 통한 비핵화 협상을 모색한다. 2월 10일 북한 고위급 대표단이 평창올림픽 참가를 위해 남한을 방문했고, 3월 6일에는 남한 특사단이 답방했다. 3월 28일 김정은은 중국을 비공식 방문했다.

3기는 "판문점선언기"(2018년 4월초~2018년 4월말)이다. 4월 10일 조선로동당 정치국회의가 열려 병진노선의 변화를 예고했다. 4월 21일 조선로동당 중앙위원회 제7기 제3차 전원회의에서 핵무력건설과 경제건설 병진노선의 승리를 선언했다. 북한은 이후 조선반도와 세계의 비핵화를 내세우며 핵정책의 전략적인 변화를 추진한다. 4월 27일 남북 정상이 만나 판문점 선언을 채택했다.

4기는 "싱가폴선언기"(2018년 8월말~2018년 9월 18일)이다. 북한은 중국의 신뢰와 지지를 바탕으로 미국과의 관계 개선을 추진했다. 5월 7일 김정은 위원장이 중국을 두 번째 방문했고, 5월 9일 미국의 폼페이오 국무장관이 북한을 방문했다. 5월 27일 남북정상이 한 달 만에 판문점 북측에서 다시 만났다. 6월 12일 북미 정상이 싱가폴선언을 채택했고, 6월 19일 김정은 위원장은 중국을 3차 방문했다.

5기는 "평양선언기"(2018년 8월말~2018년 12월말)이다. 북한은 미국과 종전선언을 하려 했지만, 8월말 폼페이오 국무장관의 방북이 취소되면서 교착상태에 빠졌다. 9월 19일 문재인 대통령이 평양을 방문했고 평양선언에 합의했다. 북한은 평양선언 이후 제재완화를 요구하며 2차 북미회담을 준비하고 있다.

이 글은 북한이 핵 정치를 전개하면서 ① 남한정부, ② 미국, ③ 남한 사회세력에게 표명했던 적대감을 변화시키는지 살펴보고자 한다. 무엇보다 북한이 대외적으로 표방했던 적대감을 우호적인 연대감으로 바꾸어 나가고 있는지 주목해 보겠다.

2. 북한 적대감의 기원

북한의 핵 정치가 한반도 분단질서의 주요 변수인 이념이 만든 적대감에 영향을 주는지 살펴보기 위해 북한 적대감의 기원을 살펴보자. 모든 이념이 사회역사적 상황을 반영하듯이 '적(敵) 관념' 역시 시대를 반영한다. '적(敵) 관념'은 이질적인 타자와의 관계를 어떻게 느끼고 규정하느냐에 따라 두 가지로 구분된다.

첫째, 대립적이지만 공존이 가능한 '경쟁관계'에서 나타나는 '정적(政

敵'이다. 정적의 '적(敵)은 '경쟁자(競爭者)'를 뜻한다. '정적'은 특정한 개인이나 집단의 반대자인 '사적(私敵)'을 의미하며 자력구제 금지에 따라 법으로 시비(是非)를 가려야 한다. '정적'은 '경쟁자'이기 때문에 폭력을 사용하거나 법을 어기지 않는 한 정치활동과 사상의 자유가 인정된다.

둘째, 갈등이 심화되어 공존이 불가능한 '적대관계'에서 호명되는 '공적(公敵)'이다. '공적'의 '적(敵)은 '적대자(敵對者)'를 뜻한다. '공적'은 국가 또는 인민의 '적'이기 때문에 대화나 타협이 불가능한 대상이며 '범죄자'이다. 권력자들이 '정적'을 '공적'으로 호명하면 전쟁과 같은 물리적인 충돌이 발생한다. 현실의 많은 권력자들이 이데올로기적 국가장치를 통해 '경쟁자'인 '정적(政敵)'을 '적대자'인 '공적(公敵)'으로 호명하고 '악마'로 형상화하여 제거했다.[2]

북한은 사회주의 이념에 입각해 사회주의 혁명에 동의하는 세력은 '동지'로 이에 반대하는 세력은 '적'으로 호명하며 적대감을 고조시켰다. 사회주의의 '적' 관념은 맑스(Karl Heinrich Marx)의 "정치경제학 비판을 위하여" 서문에서 찾을 수 있다.

크게 개괄해 보면 아시아적, 고대적, 봉건적, 그리고 현대 부르주아적 생산 양식들을 경제적 사회구성체의 순차적인 시기들이라고 할 수 있다. 부르주아적 생산관계들은 사회적 생산 과정의 마지막 **적대적 형태**인데, 여기서 **적대적**이라고 말하는 것은 **개인적 적대**라는 의미에서가 아니라 **개인들의 사회적 생활조건들로부터 싹터 온 적대**라는 의미에서이다.[3]

맑스는 자본주의 모순이 극에 달한 19세기 중반의 노동현실을 변혁하려는 의지를 가지고 있었다. 그는 자본가들이 비인간적으로 노동자를 착취하는 생산관계의 모순을 경고하려고 '적대'라는 선동적인 표현을 사용했다. 그러면서도 자본가를 '적'으로 삼는 '개인적 적대'가 아닌 '생산관계의 적대'라는 것을 강조했다. 변증법적인 관점에서 볼 때 그가 사용한 '적대'라는 개념은 '대립'으로 이해하는 것이 적절할 것이다.[4]

19세기 자본주의 모순이 첨예한 시대를 살았던 맑스와 엥겔스에게 전쟁은 계급해방에 이르는 수단이었다. 이들에게 내전, 방어전쟁, 반식민주의 민족해방전쟁, 게릴라 전쟁은 정당한 전쟁이었다. 맑스와 엥겔스는 자본가들의 폭력을 명백한 '불의(不義)의 전쟁'으로 규정했지만, 노예와 노예소유주 간의 투쟁이나 혁명의 수단으로 채택한 폭력은 '정의(正義)의 전쟁'으로 인정했다.[5] 사회주의는 식민지 국가나 반식민지 국가의 종속 문제를 다루어 전 세계 민족해방전쟁과 내전에 영향을 주었다. 실제로 다수의 국가들이 전쟁을 통해서 사회주의로 이행했다.

사회주의가 평화적인 이행을 도입한 것은 그람시가 헤게모니 개념을 제시하면서부터였다. 사회주의는 산업화 과정에서 나타나는 억압, 불평등, 소외를 지적하면서 자본가 계급에 대한 노동자 계급의 적대를 강조했다. 그러나 자본가 계급 전체를 '적'으로 호명하고, '정의의 전쟁'을 명분으로 폭력을 합리화하면서 호전적이고 인권을 탄압한다는 비판을 받고 있다.[6]

북한은 맑스와 엥겔스가 개념화한 '적대'와 '정의의 전쟁'을 역사적으로 경험했다. 일제강점기 자본가들의 수탈과 민족해방전쟁을 경험했으며 국가 수립 후에는 한국전쟁과 냉전을 겪었다. 제국주의와 충돌한 두 번의 전쟁은 극심한 트라우마를 남겼다. 1990년대 냉전이 끝나자 고립된 북한은 심각한 체제위기를 겪으며 적대감이 고조되었다. 북한의 제국주의와 자본주의에 대한 적대감은 사회주의 체제 유지를 위한 중요한 수단으로 작동하고 있다.

II. 본 론

1. 핵무력완성기(2017년 11월 29일~2017년 12월 31일)

2017년 11월 29일 북한은 대륙간 탄도 미사일 "화성-15호" 발사 실험에 성공하면서 국가 핵무력 완성을 선언했다. 2018년 11월 30일 노동신문은 사설에서 "대륙간탄도로케트 <<화성-15>>형 시험발사가 성공적으로 단행된 것은 주체의 핵강국건설사에 가장 빛나는 장을 아로새긴 특기할 대승리"라며 자축했다. 2013년부터 추진한 병진노선이 "화성-15호" 발사 성공으로 "국가 핵무력 완성의 역사적 대업"의 결실을 맺었다고 선전했다. 북한은 경제건설과 핵무력건설 병진노선을 "지구상에서 제국주의를 멸망시키고 최후승리의 령마루의 붉은 기를 휘날리는 그날까지 생명선처럼 붙잡고 추진하겠다."고 했다.

같은 날 정론에서 김정은은 "제국주의의 핵위협과 전횡이 계속되는 한 경제건설과 핵무력건설을 병진시킬데 대한 전략적로선을 항구적으로 틀어쥐고 자위적인 핵무력을 질량적으로 더욱 강화해나갈 것"이라며 핵과 미사일 실험을 추가로 계속하겠다는 엄포를 놓았다. 북한이 미국의 핵 위협에 물리적으로 맞서는 핵무력을 완성하면서 대미관계와 대남관계는 건잡을 수 없이 악화되었다. 북한은 미국에 대한 적대감을 노골적으로 드러냈다.[7]

> **미제**와 그 추종세력들은 우리의 자주권과 생존권, 발전권을 완전히 말살하기 위해 조선반도주변에 방대한 핵전략자산들을 들이밀면서 최후발악하고 있다. 지금 미제는 어떻게 하나 우리의 의지를 꺾어보려고 전쟁나발을 계속 불어대는 한편 **극악무도한 재제봉쇄**의 포위환을 악착스럽게 조이고 있다. **원쑤**들의 발악적인 책동은 우리의 힘이 그만

큼 강하며 우리가 가는 사회주의길이 천만번 옳다는데 대한 명백한 립증으로 된다.

북한은 핵무력 완성이 자주권과 생존권을 지키려는 정당하고 자위적 인 군사적 조치라고 주장했다. "극악무도한 재제봉쇄"는 2017년 11월 20 일, 미국이 8년 만에 북한을 테러지원국으로 재지정한 것을 비난한 것이 다. 북한은 미국을 적대자인 "미제"와 "원쑤"로 호명하고, 핵 위협과 제재 를 최후발악이라고 했다. "외세에 운명을 내맡기는 매국반역정책"[8]에서는 남한 정부에 대한 적대감을 거칠게 드러냈다.

> **남조선괴뢰**들의 <<균형외교>> 놀음은 민족의 존엄과 리익을 해치 는 용납 못할 **매국반역행위**이다. **괴뢰**들이 <<균형외교>>에 매달리는 중요한 목적의 하나가 외세의 비위를 맞추며 국제적인 반공화국압살 공조를 강화하는 것이다. <<핵문제해결을 위한 긴밀한 노력과 국제사 회와의 협력강화>>에 대해 떠든 것도 그것을 말해주고 있다. 괴뢰들 이 <<균형외교>> 놀음에 극성을 부릴수록 북남사이의 불신과 대결은 더욱 격화되게 될 것이다. (중략) 남조선 당국이 진정으로 외교다운 외교를 펴고 싶다면 외세의 손턱에서 대담하게 벗어나 민족공조실현 에 기여할 수 있는 자주외교의 길에 들어서야 한다.

북한은 문재인 정권을 "괴뢰"로 호명하고 "균형외교"는 남북사이의 불 신을 조장하는 "매국반역행위"라고 비판했다. 문재인 정권은 박근혜 정권 이 추진한 "균형외교"를 탈피하고, 민족공조를 실현할 수 있는 "자주외 교"를 펼쳐야 한다고 주장했다. 자유한국당과 당대표에 대해서도 "가련한 친미주구의 단말마적발악"[9]에서 거침없이 비난했다.

이자는 지난 10월말 미국에 전술핵무기재배치를 청원하겠다고 하면서 대양건너의 상전을 찾아갔다. (중략) 홍준표**역도**를 끌어들인 미국은 저들의 국회와 국무성관계자들과의 면담, 중앙정보국비공개방문, 주요언론들과의 기자회견을 조직해주며 격에 어울리지 않는 환대를 해주었다. (중략) 남조선의 각계층 인민들은 미국의 철저한 **하수인**이 되어 정치판을 어지럽히며 초불민심에 역행해나서는 홍준표**역도**를 비롯한 **친미보수잔당**들을 박멸해버리기 위한 투쟁을 더욱 줄기차게 과감히 벌려나가야 할 것이다.

북한은 미국까지 직접 건너가 남한에 전술핵무기재배치를 청탁하는 자유한국당과 당대표를 "역도", "미국의 하수인", "친미보수잔당"이라며 노골적인 적대감을 드러냈다.

〈표 Ⅱ-1〉 핵무력완성기 북한의 적대감

핵무기에 대한 입장	적대감		
	남한 정부	미국	남한 보수세력
핵무력 완성 선언 핵무력 강화 예고	남조선 괴뢰, 균형외교는 매국반역행위	미제, 원쑤	역도, 하수인 친미보수잔당

"핵무력완성기"에 북한은 핵보유국의 지위를 주장하고 추가적인 핵과 미사일 실험을 통해 핵무력을 질량적으로 강화하겠다는 엄포를 놓았다. 북한은 경제건설과 핵무력건설 병진노선을 제국주의를 멸망시키고 사회주의의 붉은 기를 휘날릴 때까지 추진하겠다고 했다. 이 시기까지 북한이 "핵보유국"의 정체성을 가지고 있었는지 여부는 보다 면밀한 검토가 필요할 것이다.

북한은 2013년 경제건설과 핵무력건설 병진노선을 채택한 뒤 극단적인 적대감을 조장하는 표현을 서슴지 않고 사용했다. "핵무력완성기"에 북한은 병진노선 시기에 표방한 적대감을 총체적으로 드러냈다. 북한은 국제사회의 제재와 압박에 동참하는 문재인 정부를 "남조선 괴뢰"로, 테러지원국 재지정을 주도한 미국을 "미제"와 "원쑤"로, 전술핵무기의 남한 재배치를 주장하는 자유한국당을 "역도"와 "미국의 하수인"으로 호명하고 적대감을 고조시켰다.

2. 비핵화모색기(2018년 1월 1일~2018년 3월말)

북한 핵 정치의 적대노선에 변화가 감지되는 것은 2018년 김정은의 신년사부터이다. 북한은 핵보유국의 지위를 강조하면서도 평창 동계올림픽을 계기로 남북관계를 변화시키고 대결로 치닫는 북미관계를 개선하려는 의지를 밝혔다. 김정은은 신년사에서 "미국은 결코 나와 우리 국가를 상대로 전쟁을 걸어오지 못합니다. 미국본토 전역이 우리의 핵타격 사정권 안에 있으며 핵단추가 내 사무실책상 우에 항상 놓여있다는 것 이는 결코 위협이 아닌 현실"이라며 미국의 핵 위협에 맞설 수 있는 핵보유국임을 주장했다.

또한 "책임 있는 핵강국으로서 침략적인 적대세력이 우리 국가의 자주권과 리익을 침해하지 않는 한 핵무기를 사용하거나 위협하지 않을 것"이라고 했다. 나아가 핵무력 완성의 자신감을 바탕으로 2018년에는 "사회주의 강국건설"을 추진하겠다고 밝혔다.[10]

> 《혁명적인 총공세로 **사회주의강국건설**의 모든 전선에서 새로운 승리를 쟁취하자!》이것이 우리가 들고나가야 할 혁명적구호입니다. 모든 일군들과 당원들과 근로자들은 전후 천리마대고조로 난국을 뚫고 사회주의건설에서 일대 앙양을 일으킨 것처럼 전인민적인 총공세를 벌려 **최후발악하는 적대세력**들의 도전을 짓부시고 공화국의 전반적 국력을 새로운 발전단계에 올려세워야 합니다.[11]

김정은은 2018년의 핵심 구호를 "사회주의 강국건설"로 선포하고 "최후발악하는 적대세력"과 단호한 투쟁을 선언했다. "적대세력"은 제재를 강화하는 미국과 이를 지지하는 남한의 보수세력을 가리키는 것으로 볼 수 있다. 그러나 미국을 직접적으로 비난하는 "원쑤", "미제" 등의 표현이나 남한을 직접적으로 비난하는 "괴뢰", "반역" 등의 단어는 사용하지 않으며 관계 개선의 가능성을 열어 두었다. 신년사 후반부에는 2017년 남북관계의 평가와 함께 2018년 남북관계 개선을 위한 북한의 의지가 드러나 있다.

> 남조선에서 분노한 각계각층 인민들의 대중적항쟁에 의하여 **파쑈통치와 동족대결에 매달리던 보수《정권》**이 무너지고 집권세력이 바뀌였으나 북남관계에서 달라진것이란 아무것도 없습니다. 오히려 **남조선당국**은 온 거레의 통일지향에 역행하여 **미국의 대조선적대시정책에 추종**함으로써 정세를 험악한 지경에 몰아넣고 북남사이의 불신과 대결을 더욱 격화시켰으며 북남관계는 풀기 어려운 경색국면에 처하게 되었습니다. 이러한 비정상적인 상태를 끝장내지 않고서는 나라의 통일은 고사하고 **외세가 강요하는 핵전쟁의 참화**를 면할수 없습니다.
> (중략)

북한은 남한의 보수정권을 "파쑈"라고 혹평하고 새롭게 등장한 문재인 정권은 "대조선적대시정책"에서 벗어날 것을 요구했다. 만약 문재인 정권이 미국의 적대시 정책을 추종하면 핵전쟁이 벌어질 수밖에 없다고 경고했다. 북한은 미국의 제재와 압박으로 경제적 고립이 심화되고 무력충돌의 위험성이 고조되자 남북관계 개선을 통해 돌파구를 찾았다. 김정은은 공화국 창건 70주년과 평창동계올림픽을 계기로 북남관계 개선을 제안했다.[12]

새해는 우리 인민이 **공화국창건 일혼돐**을 대경사로 기념하게 되고 남조선에서는 **겨울철올림픽경기대회**가 열리는것으로 하여 북과 남에 다같이 의의있는 해입니다. 우리는 민족적대사들을 성대히 치르고 민족의 존엄과 기상을 내외에 떨치기 위해서도 동결상태에 있는 **북남관계를 개선**하여 뜻깊은 올해를 민족사에 특기할 사변적인 해로 빛내여야 합니다. (중략) 우리는 **대표단파견**을 포함하여 필요한 조치를 취할 용의가 있으며 이를 위해 **북남당국이 시급히 만날수도 있을것**입니다. **한피줄을 나눈 겨레로서 동족의 경사를 같이 기뻐하고 서로 도와주는것은 웅당한** 일입니다.

북한은 평창 올림픽에 대표단을 파견할 수 있고 빠른 시일 내에 만날수 있다고 제안했다. 김정은이 이례적으로 "한 피줄을 나눈 겨레로서 동족의 경사를 같이 기뻐하고 서로 도와주는 것은 당연하다."며 높은 수준의 연대감을 표명한 것은 남북관계 개선을 통해 불리한 정세를 돌파하겠다는 의지를 표현한 것이다. 신년사 후반부에 북한이 기존에 적대감을 표현했던 "내외반통일세력"에 대한 인식의 변화를 가늠할 수 있는 문장이 있다.

우리는 앞으로도 민족자주의 기치를 높이 들고 모든 문제를 우리 민족끼리 해결해 나갈 것이며 민족의 단합된 힘으로 **내외반통일세력의 책동**을 짓부시고 조국통일의 새 력사를 써나갈것입니다. 나는 이 기회에 **해내외의 전체 조선동포들**에게 **다시한번 따뜻한 새해인사**를 보내면서 의의깊은 올해에 북과 남에서 모든 일이 잘되기를 진심으로 바랍니다.[13]

북한은 "내외반통일세력의 책동"에 대해서는 반대를 분명히 했다. 그러면서도 "해내외의 전체 조선동포들"에게 "따뜻한 새해인사"로 연대감을 전했다. 신년사 전반부에서 "통일운동 세력"에게만 표명했던 연대감을 "해내외의 전체 조선동포들"로 확장시킨 것이다. 북한이 기존에 배제했던 "반통일세력"을 포함한 "전체 조선동포"에게 "진심으로 따뜻한 새해 인사"라는 높은 수준의 연대감을 표명한 것은 "반통일세력"을 포용할 필요가 있다고 보았기 때문이다. 북한은 "반통일세력의 행위"는 반대하지만, 조선민족의 동질성을 인정하고 남북관계를 변화시키겠다는 의지를 밝혔다. 김정은은 신년사에서 핵보유국의 지위를 강조하면서도 미국과 남한에 대한 적대적인 표현을 자제하며 비핵화를 통한 평화노선의 가능성을 열어 두었다.

북한은 평창올림픽을 계기로 남북관계를 개선하고 핵개발로 강화된 국제사회의 제재를 돌파하려 했다. 북한은 평창올림픽 참가를 두고 남북 간의 접촉이 진행되자 "남조선 당국은 착각하지 말아야 한다."[14]며 제재와 압박 때문이 아니라 민족의 이익을 위해 대화에 나섰다는 입장을 표명했다. "외세와의 핵전쟁 연습을 그만두어야 한다."[15]에서는 키리졸브, 독수리, 을지 프리덤 가디언 훈련의 중단을 요구했다. "대세에 역행하는 반통일광신자들의 발악",[16] "반통일세력의 도전을 짓부셔버려야 한다."[17]에서는 대화를 반대하는 남한 보수세력을 강도 높게 비난했다.

2018년 2월 10일 김영남과 김여정을 포함한 대표단이 문재인 대통령과 남한의 고위급 인사들과 2박 3일 동안 회담하며 남북관계 개선을 위한 초석을 놓았다. 노동신문은 남한을 방문했던 고위급 대표단의 소식을 대대적으로 보도했다.[18]

> 경애하는 최고령도자동지께서는 이번 올림픽경기대회를 계기로 북과 남의 강렬한 열망과 공통된 의지가 안아온 **화해와 대화의 좋은 분위기**를 더욱 승화시켜 훌륭한 결과들을 계속 쌓아나가는것이 중요하

다고 하시면서 금후 **북남관계개선발전방향을 구체적으로 제시**하시고 해당 부문에서 이를 위한 실무적대책들을 세울데 대한 강령적인 지시를 주시였다.

김정은이 "북남관계개선발전방향"을 구체적으로 제시하고 실무적인 지시를 내리자 북한은 통일공세를 펼쳤다. "조국통일을 위한 길에 쌓아올리신 불멸의 업적"[19]에서는 민족대단결 5대 방침을 만든 김정일을 찬양했다. "반통일세력의 도전은 용납될 수 없다."[20]에서는 이명박, 박근혜 정권 기간 동안에 대결정책을 비판했다. 2018년 3월 6일 김정은 국무위원장은 문재인 대통령이 보낸 특사단과 회담했다. 북한은 노동신문 1면과 2면에 사진을 실으며 대서특필했다.

경애하는 최고령도자동지께서는 남측특사대표단일행과 북남관계를 적극적으로 개선시키고 **조선반도의 평화와 안정을 보장**하는데서 나서는 문제들에 대하여 **허심탄회한 담화**를 나누시였다. 경애하는 최고령도자동지께서는 **우리 민족끼리 힘을 합쳐** 세계가 보란듯이 **북남관계를 활력있게 전진**시키고 **조국통일의 새 력사**를 써나가자는것이 우리의 일관하고 원칙적인 립장이며 자신의 확고한 의지라고 거듭 천명하시였다.

김정은이 남한의 특사단과 한반도 평화에 대해 대화를 나누고 남북관계 개선 의지를 밝히면서 남북정상회담의 실현 가능성이 높아졌다. 남북관계는 순풍이 불었지만 북미관계는 갈등이 지속되었다. "미국의 대조선 적대시정책은 조선반도 긴장격화의 원인"[21]에서는 미국의 적대시정책을 비난하고 미국 중심의 질서가 작동하는 국제사회를 비판했다. "주체조선의 확고부동한 대외정책적 립장"[22]에서는 과거에 적대시했더라도 앞으로 우호적으로 대한다면 미국이나 일본과도 새로운 관계를 수립할 수 있다고 했다. 동시에 미국을 "전쟁책동에 미쳐 날뛰는 미국",[23] "미국의 대조선압박정책은 파산을 면치 못한다.",[24] "2017년 미국의 인권유린백서"[25] 등을 통해 강하게 비난했다. 북한은 평창올림픽에 참가하고 남한과 특사단을 교환하면서도 미국에 대한 거친 비난을 이어갔다. "행성을 위협하는 최악의 핵범죄국가"[26]에서는 미국이 지구상에 핵전쟁의 위험을 만든 주범이며, "미제는 조선인민의 피맺힌 철천지원쑤이다."[27]에서는 미국의 조선침략사를 되새겼다. "부질없는 제재압박놀음을 걷어치워야 한다."[28]에서는 공화국 창립 때부터 적성국무역법, 수출관리법, 대외원조법, 수출입은행법을 비롯한 수십 가지의 제재 법률이 이어졌으나 압박정책은 통하지 않는다는 주장을 폈다.

2018년 3월 28일 김정은이 중국을 비공식 방문했고 연회에서 다음과 같은 연설을 했다.[29]

나는 방금 습근평총서기동지와 조중친선관계발전과 **절박한 조선반도정세관리문제들**을 비롯하여 **중요한 사안**들에 대한 **깊이있는 의견**을 나누었으며 조중 두 나라 사회주의제도를 굳건히 다지고 두 나라 인민들에게 행복과 미래를 안겨주기 위한 공동의 의지를 확언하였습니다.

김정은이 "조선반도정세문제"에 대해 "절박한"이라는 표현을 쓴 것은 미국과의 갈등을 심각하게 받아들인다는 것을 반증하고 있다. 시진핑과 대화를 나눈 "중요한 사안"은 미국과 국제사회의 제재를 돌파할 수 있는 비핵화 문제로 추론할 수 있다. 김정은은 중국의 지지를 바탕으로 미국과의 관계 개선을 추진하려는 동력을 확보하고자 했다.

김정은의 중국방문 이후에도 북한은 "모순과 대립의 격화는 자본주의의 필연적 산물",[30] "부르죠아민주주의의 반동성은 가리울 수 없다."[31] 등을 통해 자본주의 사회를 비판하고 사회주의의 우월함을 강조했다. 또한 "대조선 인권 소동은 적대시정책의 집중적 표현",[32] "용납할 수 없는 반공화국 인권모략소동"[33] 등을 통해 유엔 37차 회의에서 결의한 "인권결의안"을 중상모략에 지나지 않는다며 폄하했다.

〈표 II-2〉 비핵화 모색기 북한의 적대감

핵무기에 대한 입장	적대감		
	남한 정부	미국	남한 보수세력
핵단추 보유한 핵보유국 책임 있는 핵강국 : 방어용 핵무기	남조선 당국 적대시정책 전환요구	핵범죄국가 철천지원수	반통일광신자 반통일세력

"비핵화모색기"에 북한은 핵무력을 질량적으로 강화하겠다고 주장한 "핵무력완성기"의 강경한 입장에서 한 걸음 물러나 유연한 태도를 보여주었다. 김정은은 신년사에서 핵단추를 보유한 핵보유국이라고 주장했지만 핵무기는 북한을 침략하는 적대세력 방어를 위해서만 사용할 것이라고 했다. 동시에 핵무력을 완성한 자신감을 바탕으로 "사회주의 강국건설" 추진을 선언했다. 김정은이 신년사에서 "사회주의 강국건설"을 강조하면서 북한이 "사회주의 국가"의 정체성을 중요하게 여기고 있으며, 핵무기를 "사회주의 강국건설"을 위한 도구로 활용할 수 있다는 가능성을 보여주었다.

북한은 평창올림픽을 계기로 남북관계를 개선하고 국제 사회의 제재를 완화하려 했기 때문에 남한 정부에 대한 적대적인 호명은 사라졌다. 북한은 문재인 정권을 이명박, 박근혜의 "보수정권"과 분리하여 "남조선 당국"으로 호명하고 자주외교를 제안했다. 평창올림픽을 계기로 고위급 대표단이 왕래하면서 남북한 정부 사이에는 우호적인 연대감이 형성되었다. 북한은 평창올림픽에 참여하며 한반도 평화를 위해 노력했지만, "인권결의안"을 통해 제재를 강화하는 미국을 비난했다. 북한은 미국을 "핵범죄국가", "철천지원쑤" 등의 호전적인 표현을 사용하며 적대감을 표출했다. 남북관계 개선을 통해 출구를 모색하는 북한의 절박함은 남한 보수 세력에 대한 비난으로 이어졌다. 북한은 남북대화와 교류를 반대하는 남한 보수 세력을 "반통일광신자"로 부르며 적대감을 드러냈다.

3. 판문점선언기(2018년 4월 초~2018년 4월 말)

2018년 4월 10일 조선로동당 중앙위원회 정치국회의가 개최되었다. 김정은은 "당면한 북남관계발전방향과 조미대화전망을 심도 있게 분석평가하고 금후 국제관계방침과 대응방향을 비롯한 우리 당이 견지해나갈 전략 전술적 문제들을 제시"[34] 하며 병진노선의 변화를 예고했다. 2018년 4월 21일 조선로동당 중앙위원회 제7기 제3차 전원회의가 열려 병진노선의 승리를 선언하고, 사회주의 경제건설 노선을 채택했다.[35]

결정서 《경제건설과 핵무력건설병진로선의 위대한 승리를
선포함에 대하여》

첫째, 당의 병진로선을 관철하기 위한 투쟁과정에 림계전핵시험과 지하핵시험, 핵무기의 소형화, 경량화, 초대형핵무기와 운반수단개발을 위한 사업을 순차적으로 진행하여 **핵무기병기화**를 믿음직하게 실현하였다는것을 엄숙히 천명한다.

둘째, 주체107(2018)년 4월 21일부터 **핵시험과 대륙간탄도로케트시험발사를 중지**할 것이다. 핵시험중지를 투명성있게 담보하기 위하여 공화국 북부핵시험장을 폐기할 것이다.

셋째, **핵시험중지**는 세계적인 **핵군축**을 위한 중요한 과정이며 우리

공화국은 핵시험의 전면중지를 위한 국제적인 지향과 노력에 합세할 것이다.

넷째, 우리 국가에 대한 핵위협이나 핵도발이 없는 한 **핵무기를 절대로 사용하지 않을것이며 그 어떤 경우에도 핵무기와 핵기술을 이전하지 않을 것이다. (**하략**)**

전원회의 결정서는 북한이 "핵무기병기화에 성공한 핵보유국"이라는 선언이었다. 북한은 핵무기 개발에 필요한 모든 공정을 완료하고 운반수단을 개발해서 믿음직한 "핵무기병기화"에 성공했다고 주장했다. 충분한 핵무력을 갖추었기 때문에 더 이상 핵과 로케트 실험은 필요 없으며 풍계리 핵시험장도 폐기하겠다고 했다. 한 발 더 나아가서 "핵보유국"의 지위에 부합하는 의무를 다하기 위해 핵군축에 동참할 것이며 추가 핵실험은 없다고 했다. 핵무기는 방어를 위한 것이며 핵무기와 핵기술을 이전하지 않겠다고 했다. 북한은 기존의 핵을 보유하되 추가 핵무기를 동결하고 핵기술 전파를 막는 책임 있는 핵보유국이 되겠다고 했다.

"핵무기병기화"로 병진노선을 끝내고 "사회주의 경제건설" 노선을 천명한 북한은 백두 혈통의 우상화를 통해 대내적인 지도력을 강화하려 했다. "반제자주위업에 불멸의 공헌을 하신 천재적사상리론가"[36]에서는 김일성을 위대한 수령으로 칭송하고 "력사에 길이 빛날 백두령장들의 불멸의 업적"[37]에서는 김일성, 김정일, 김정은이 인민군대에 기여한 업적을 강조했다.

2018년 4월 27일 역사적인 판문점 남북정상회담이 성사되었다. 판문점 선언은 1. 남북관계 개선을 통한 공동번영, 2. 군사적 긴장상태 완화, 3. 한반도 평화체제 구축으로 정리할 수 있다.[38] 비핵화 문제를 다루고 있는 3번의 ④조항을 중심으로 살펴보자.

3. 북과 남은 조선반도의 항구적이며 공고한 평화체제구축을 위하여 적극 협력해 나갈 것이다. (중략)

④ 북과 남은 **완전한 비핵화**를 통해 핵 없는 조선반도를 실현한다는 공동의 목표를 확인하였다.

북과 남은 북측이 취하고 있는 주동적인 조치들이 **조선반도비핵화**를 위해 대단히 의의 있고 중 대한 조치라는데 인식을 같이하고 앞으로 각기 자기의 책임과 역할을 다 하기로 하였다.

북과 남은 **조선반도비핵화**를 위한 국제사회의 지지와 협력을 위해 적극 노력해나가기로 하였다.

"완전한 비핵화"는 미국이 제시한 CVID(Complete Verifiable Irreversible Dismantlement : 이하 CVID)와는 거리가 있는데 "검증할 수 있고 불가역적인(Verifiable Irreversible)" 비핵화는 남북정상회담의 주요한 의제가 아니었다. 북미정상회담을 앞둔 김정은 위원장은 남북정상회담에서 "완전한 비핵화"를 주도적으로 제기했다고 한다.[39] "한반도비핵화" 또는 "조선반도비핵화"(이하 : 한반도비핵화)에 대한 북한의 기본 입장은 2016년 7월 16일 "정부 대변인 성명"을 통해 추론할 수 있다.

북한은 "한반도비핵화"는 "북한 비핵화"가 아니며 한반도에 영구적인 비핵화를 위한 전략적 선택이라고 주장했다. 북한이 제시한 "한반도비핵화"의 조건은 한국에 있는 모든 미국의 핵무기 공개, 한국에 있는 모든 핵무기와 기지들을 철폐하고 검증, 조선반도와 주변의 핵 타격수단 재진입 반대, 북한에 대한 핵위협이나 핵사용 금지, 주한미군 철수의 다섯 가지였다.[40] 그러나 "한반도비핵화"의 구체적인 내용은 국내외 정세에 따라 유동적이다. 북한은 이후에 여러 경로를 통해 "한반도비핵화"가 "주한미군철수"를 의미하지 않는다는 입장을 밝히며 한미동맹의 균열을 격렬히 반대하는 미국과 남한 보수 세력의 반발을 무마하려 했다.

북한은 김정은 위원장과 문재인 대통령의 만남을 "민족의 화해단합과 평화번영의 새시대를 열어놓은 력사적인 만남"[41]으로 평가하며, 함께 손을 잡고 금단의 선을 허무는 모습에 세계가 감탄했다고 전했다. 김정은 위원장과 문재인 대통령이 합의하고 서명한 "판문점 선언"은 남북관계의 전면적이고 획기적인 발전을 이루고 공동번영과 자주통일의 이정표가 될 것이라고 했다. 판문점선언을 "위장평화극"이며 "대북압박은 계속되어야 한다."는 남한 보수 세력에게는 "대결광신자들의 반통일적광란",[42] "오물통에 처박아야 할 대결미치광이들"[43]이라며 비난의 화살을 쏟아 부었다. 남북화해를 무시하고 최대의 압박과 제재를 유지하겠다는 미국에 대한 비판도 이어졌다. "미국식민주주의의 허황성을 똑바로 보아야 한다.",[44] "세계 여론의 목소리에 귀를 기울여야 한다.",[45] "대결을 조장하는 ≪인권≫ 모략소동"[46]의 기사를 통해 미국 민주주의의 반동성과 인권외교의 문제점을 폭로했다.

대내적으로는 김정은 위원장을 구심으로 제재와 압박을 돌파하려는 기사들이 이어졌다. "민족사에 특기할 대사변을 안아오신 절세의 위인",[47] "자주통일의 새 력사를 펼치신 탁월한 공적",[48] "천출위인에 대한 세계의 격찬, 칭송의 목소리"[49]를 통해 북남관계를 획기적으로 전환하고 조선반도와 세계평화를 수호한다며 칭송했다.

〈표 II-3〉 판문점 선언기 북한의 적대감

핵무기에 대한 입장	적대감		
	남한 정부	미국	남한 보수세력
핵무기 병기화 실현 풍계리 핵시험장 폐기 완전한 비핵화, 조선반도비핵화 합의	우호적임	미국식 민주주의와 인권외교 비판	대결광신자 대결미치광이

"판문점선언기"에 북한은 제3차 전원회의를 통해 "핵무기병기화에 성공한 핵보유국"이라고 선언했다. 북한은 핵무기를 필요한 만큼 보유했기 때문에 앞으로 핵과 미사일 실험을 하지 않을 것이며 풍계리 핵시험장 폐기를 밝혔다. 핵 정책의 가장 큰 변화는 판문점 선언에서 드러났다. 북한은 판문점 선언에서 "완전한 비핵화"와 "한반도비핵화"에 합의하면서 비핵화를 통해 제제를 완화하고 경제건설에 매진하겠다는 의지를 보여 주었다. 이는 북한의 정체성이 "핵보유국"이 아닌 "사회주의 국가"이며 비핵화협상을 통해 핵무기를 포기할 수 있다는 것을 공식적으로 밝힌 것으로 해석할 수 있다. "한반도비핵화"의 구체적인 방법에 대해서는 북미정상회담의 과제로 남겨 놓았다.

판문점 선언으로 남북관계가 진전되면서 남한 정부와의 관계는 우호적으로 바뀌었고 적대적인 표현은 사라졌다. 북미정상회담을 앞두고 있었기 때문에 미국에 대한 "비난"도 "비판"으로 바뀌었다. 북한은 미국을 적대시하는 비난 대신 미국식 민주주의와 인권외교의 문제점을 비판하는 외교적 수사를 사용하기 시작했다. 한편, 판문점선언의 내용을 무시하고 북미정상회담을 반대하는 남한의 보수 세력에 대해서는 적대적인 비난을 이어갔다.

4. 싱가폴선언기(2018년 5월초~2018년 8월말)

2018년 5월 7일 김정은 위원장은 1박 2일간 중국을 공식 방문했다. 2018년 5월 9일 노동신문은 김정은 위원장과 시진핑 주석의 회담 내용을 다음과 같이 보도했다.

경애하는 최고령도자동지께서는 심각한 변화가 일어나고 있는 조

선반도주변정세추이에 대하여 분석평가하시고 **전략적기회를 틀어쥐고 조중사이의 전술적협동**을 보다 적극적으로 치밀하게 강화해나가기 위한 방도적인 문제들에 대하여 말씀하시었다.

김정은 위원장이 "조선반도주변정세추이에 대하여 분석평가"한 것은 남북정상회담으로 변화한 남북관계와 북미회담을 앞둔 조선반도의 정세를 중국과 공유하고 대책을 함께 수립했다는 것이다. 김정은 위원장이 "자기나라의 정치경제형편들이 호상 통보되고 조중친선협조관계를 추동"[50]한 것은 대국주의를 비판한 북한의 경험에 비추어 보면 사대적인 면이 있지만 대미협상력 증대를 노린 것으로 해석할 수 있다. "전략에 기초한 전술적 협동"은 북한과 중국이 한반도비핵화 문제에 대해서 전략적 이해관계가 일치한다는 것을 의미했다. 김정은 위원장은 시진핑 주석에게 보내는 감사편지[51]의 내용을 노동신문에 공개하며 조중친선관계가 돈독함을 대내외에 알렸다.

2018년 5월 9일 미국 국무장관 폼페이오가 김정은 위원장을 만났다. 폼페이오 국무장관은 "트럼프 대통령의 구두메쎄지"[52]를 김정은 위원장에게 전했다. 폼페이오 국무장관이 "조미수뇌회담"에 대한 "트럼프 대통령의 구두메쎄지"를 들고 평양을 방문하면서 북미정상회담 실현 가능성은 높아졌지만 미국 내 보수 세력의 반대로 여전히 불투명했다. 북한은 폼페이오 국무장관의 방문 이후에도 지속되는 미국 보수 세력의 압박에 반발했다. "현실을 망각한자들의 어리석은 흉계"[53]에서는 미국 상원이 대조선 정보활동 강화와 반동적인 사상문화 전파를 위한 예산을 증액했다고 비판했다. "대화상대에 대한 용납 못할 도발"[54]에서는 미국무성이 발표한 성명이 북한에 억압, 폭력, 인권침해가 있다는 소동을 부렸다고 비판했다. 북미정상회담 성사가 위기에 처하자 노동신문은 연일 "내정간섭책동은 규탄배경을 면치 못한다.",[55] "제국주의의 심리모략전에 단호히 대처해나가야 한다.",[56] "제국주의자들의 전횡에 견결히 맞서싸워야 한다."[57]는 등의 반미기사를 쏟아 냈다.

남한 보수 세력에 대한 비판도 이어졌다. "민심의 배격을 받는 대결광무리"[58]에서는 해내외와 각계각층의 조선인들이 판문점선언을 지지하는데 위장평화쇼, 실망스러운 발표문 등으로 매도하는 자유한국당을 비판했다. "죽어도 버리지 못할 대결악습"[59]에서는 북한의 북부핵시험장 폐기를 진정성이 의심되며 기만이라는 자유한국당 홍준표 대표를 비난했다. "대결광신자들의 역겨운 발버둥질"[60]에서는 비핵화원칙견지, 미군감축·철수금지, 인권문제제기 등 "7가지 요구사항"이 담긴 서한을 미국의 백악관, 중앙정보국, 국무성, 국회에 전달하겠다는 자유한국당을 "더러운버러지"라며 비난했다.

2018년 5월 26일 한 달 만에 남북정상이 판문점 북측에서 다시 만나회담하면서 북미정상회담의 돌파구가 마련되었다. 회담에서는 판문점선언 이행문제, 한반도비핵화, 조미수뇌회담의 성공적 개최를 위한 의견교환이 이루어졌다. 김정은 위원장은 "6월 12일로 예정되어 있는 조미수뇌회담을 위하여 많은 노력을 기울여온 문재인 대통령의 로고에 사의를 표하시면서 력사적인 조미수뇌회담에 대한 확고한 의지"[61]를 보였다. 북한은 핵무기 없는 평화로운 세계를 위해서 노력하고 있다는 것을 강조했다. "우리가 정한 시간표대로 계속 나갈 것이다."[62]에서는 북부 핵시험장 폐기를 중국, 러시아, 미국, 영국, 남조선 기자들이 직접 확인했고, 3차 전원회의 결정대로 조선반도비핵화가 흔들림 없이 추진될 것이라고 주장했다.

3차 남북정상회담으로 교착상태였던 북미정상회담 논의가 재개되었지만 북한은 제국주의와 자본주의에 대한 비판을 통해 미국을 우회적으로견제했다. "제국주의사상문화는 침략과 지배의 수단",[63] "부익부, 빈익빈은 자본주의사회의 필연적산물",[64] "인간을 도덕적으로 부패시키는 자본주의사회" 등을 통해 제국주의의 침략성과 자본주의의 도덕성 타락을 비판했다. 조미회담 전날에는 "자주성에 기초한 공정한 국제관계를 수립하여야 한다."에서 미국중심의 세계질서를 비판하고 자주외교를 강조했다. 북한은 미국이 주장하는 북한만의 비핵화(CVID)가 아닌 "조선반도비핵화" 입장을 견지하며 협상에 나설 것을 예고했다.

북한은 판문점선언 이행을 요구하면서 남한 보수세력을 비난했다. "판문점선언에 역행하는 행위"[65]에서는 남한 군부가 미국이 주도하는 "림팩" 합동군사연습에 참여하는 것은 군사적 긴장을 고조시키는 행위라고 지적했다. "대결에 명줄을 건 반역무리의 발광"[66]에서는 판문점선언지지결의안의 국회통과를 반대하는 자유한국당을 비롯한 보수정당을 비난했다. "적폐의 총본산 《자유한국당》은 멸족되어야 한다."[67]에서는 민족화해협의회 명의의 고발장을 지면의 2/3를 사용해 강도 높게 비난했다.

2018년 6월 12일 김정은 위원장과 트럼프 대통령이 싱가포르 쎈토사섬에서 만나 회담하고 공동성명을 채택했다.[68]

1. 조선민주주의인민공화국과 미합중국은 평화와 번영을 바라는 두 나라 인민들의 념원에 맞게 **새로운 조미관계**를 수립해나가기로 하였다.
2. 조선민주주의인민공화국과 미합중국은 조선반도에서 항구적이며 공고한 **평화체제**를 구축하기 위하여 공동으로 노력할 것이다.
3. 조선민주주의인민공화국은 2018년 4월 27일에 채택된 판문점선언을 재확인하면서 **조선반도의 완전한 비핵화**를 향하여 노력할 것을 확약하였다.
4. 조선민주주의인민공화국과 미합중국은 전쟁포로 및 행방불명자들의 유골발굴을 진행하며 이미 발굴확인된 유골들을 즉시 송환할것을 확약하였다.

"새로운 조미관계" 수립은 북미사이의 적대관계를 청산하자는 것으로 북미관계의 전환을 약속한 것이다. 조선반도에서의 항구적이며 공고한 "평화체제" 구축은 냉전체제를 대체할 새로운 질서를 요구하는 것으로 북한과 미국의 전면적인 정책 전환을 요구하는 것이었다. 쟁점이 되었던 "조선반도의 완전한 비핵화"는 북한과 미국이 첨예하게 대립하는 영역이었다. 애초 미국 보수 세력은 CVID를 요구했지만 북한은 판문점선언에서 표현한 "조선반도의 완전한 비핵화"를 합의문에 명시했다. 합의문만 보면 미국의 입장은 일견 후퇴한 것으로 보인다. 미국은 북미정상회담이후 비핵화를 위한 실무회담에서 난항을 겪었고 CVID 대신 "최종적이고 완전히 검증된 비핵화"(FFVD: final, fully verified denuclearization: 이하 FFVD)라는 표현을 사용하며, 이것이 선행될 때 대북제재가 해제될 것임을 강조했다.[69] 북한은 김일성 때부터 주장한 "조선반도의 완전한 비핵화"를 합의문에 명시했다. 그러나 미국과 국제사회는 북한이 보유한 핵무기의 완전한 폐기를 요구하고 있기 때문에 북한이 이를 만족시키지 못한다면 대북제재 완화의 범위와 수준은 제한될 것이다.

노동신문은 김정은 위원장이 시진핑 주석과 3차 정상회담을 하는 6월 19일까지 북미회담을 평가하는 기사를 싣지 않았다. 6월 16일에는 "자본주의에는 미래가 없다"에서 자본주의를 비난하며 미국에 대한 경계심을 우회적으로 드러냈다. 6월 17일에는 "자주, 평등, 호상존중은 건전한 국제관계발전의 근본원칙"이라며 북한 외교의 기본원칙을, 6월 18일에는 "인류의 념원은 사회주의사회에서만 실현될 수 있다."에서 사회주의를 강조했다.

2018년 6월 19일 김정은 위원장이 중국을 방문하고 시진핑 주석과 세 번째 회담을 진행했다. 북한은 3차 북중회담이 끝나자 북미회담을 "세기적이고 력사적인 사변: 열렬히 환영한다."[70]고 논평했다. 싱가폴선언은 김정은 위원장의 결단이었으며 북한과 미국이 조선반도 평화보장의 중요한 계기를 마련했다고 평가했다. "2018년 6월 12일은 세계력사에 기록될 것이다.",[71] "력사적인 조미수뇌상봉"[72]에서는 북한과 미국이 수십 년 간의 적대관계를 청산하고 새 시대를 열어갈 것이라는 주장을 폈다. 7월 중순까지 긍정적인 평가가 이어졌고 미국이나 자본주의에 대한 비판기사는 거의 사라졌다.

북한은 판문점선언의 속도를 조절하는 남조선 당국을 견제했다. "주제 넘는 허욕과 편견에 사로잡히면 일을 그르치기마련이다."[73]에서는 판문점선언 이행을 미루고 한미동맹에 의존해 북핵문제를 해결하려는 남한 정부의 한반도 운전자론을 비판했다. "무엇이 북남관계의 새로운 려정을 가로막고있는가"에서는 남한정부가 독자적으로 실시한 "5.24 조치" 등을 해제해야 한다고 주장했다. 남한 보수세력에 대한 비난도 이어졌다. 북한은 북미회담과 싱가폴선언을 반대하는 자유한국당을 "동족대결죄악으로 얼룩진 반역당",[74] "절대로 변할수 없는 반역당의 체질" 등을 통해 비난했다.

〈표 II-4〉 싱가폴선언기 북한의 적대감

핵무기에 대한 입장	적대감		
	남한 정부	미국	남한 보수세력
조선반도의 완전한 비핵화 미국과 합의	우호적임 판문점선언 이행요구	북미회담 전 : 미국 보수, 자본주의 비판 북미회담 후 : 거의 없음	대결광무리 더러운 버러지 반역당

"싱가폴선언기"에 북한은 북미정상회담을 통해 "조선반도의 완전한 비핵화"를 주장했고 합의문에 명시했다. 합의문만 보면 "조선반도의 완전한 비핵화"는 북한의 입장이 반영된 구절로 해석할 수도 있다. 그러나 미국과 국제사회는 북한이 보유한 핵무기의 완전한 폐기를 요구하기 때문

에 이를 충족하지 못하면 제재를 완화하기 어려울 것이다. 미국은 북미정상회담 이후 비핵화를 위한 실무회담에서 난항을 겪었고 "CVID" 대신 "최종적이고 완전히 검증된 비핵화"(FFVD)가 선행되어야 대북제재가 해제될 것임을 강조하고 있다. 북한은 싱가폴선언에서 약속한 미군의 유해를 송환하고 3차 전원회의에서 결의한 북부 핵시험장 폐기를 실행했다.

북한은 북미정상회담이 난관에 부딪혔을 때 남북정상회담을 통해 북미정상회담을 견인한 문재인 대통령에게 사의를 표하면서 연대감을 드러냈다. 그러면서도 남한 정부는 판문점선언에 따라 5.24 조치 등을 해제해야 한다며 견제했다. 북미정상회담이 미국 내부의 반대로 어려움에 처하자 미국의 보수세력을 "제국주의자"로 호명하고 세계제패 야망과 내정간섭을 강하게 비난했다. 북한의 태도는 미국 정부와 보수 세력을 분리하고 트럼프 정부와의 협상을 통해 대북제재를 완화하려는 의지를 보여준다. 북한은 북미정상회담 직전에는 자본주의를 비판하고 사회주의를 선전하는 외교적인 수사를 동원해 미국을 견제했다. 북미정상회담 이후에는 "력사적인 조미수뇌상봉"이라는 평가를 하며 북한과 미국이 수십 년 간의 적대관계를 청산하고 새 시대를 열어갈 것이라고 주장했다. 싱가폴선언을 채택한 뒤 미국과 자본주의에 대한 비판기사는 거의 사라졌다. 북미정상회담을 전후한 시기에도 남한 보수세력에 대한 비난은 계속되었다. 북한은 CVID를 주장하며 북한을 불신하는 자유한국당을 "대결광무리", "더러운버러지", "반역당" 등의 거친 언사로 공격했다.

5. 평양선언기(2018년 8월 말~2018년 12월)

북한의 미국에 대한 비판은 8월 말로 예정된 폼페이오 국무장관의 4차 방북이 취소되면서 재개되었다. "<<압박외교>>로 얻을것은 아무것도 없다."[75]에서는 북한이 싱가폴선언 이후 북부핵시험장 폐기와 미군유해송환을 진행했지만 미국은 신뢰구축을 위한 행동을 하지 않는다고 비판했다. "종전선언발표가 선차적공정이다."[76]와 "종전선언과 평화협정체결을 요구"[77]에서는 한국전쟁으로 형성된 적대적인 조미관계 개선을 위해서는 종전선언을 거쳐 평화협정을 체결해야 한다고 주장했다. "조미관계는 미국내 정치싸움의 희생물이 될수 없다."[78]에서는 조미고위급회담의 실패가 북조선비밀핵시설 의혹이라는 가짜뉴스 때문이었다며 조미관계 정상화를 주장했다. "부르죠아사상문화는 사회를 좀먹는 독소이다.",[79] "부르죠아사상문화를 허용하면 나라가 망한다."[80]에서는 부르주아 사상과 문화를 반동적인 제국주의자들의 침략논리로 규정하고 미국을 우회적으로 비판했다. "대화와 압박은 량립될 수 없다."에서는 미국이 시대착오적인 대결관념에서 벗어나 싱가폴선언 이행을 위해 노력할 것을 촉구했다. 9월 7일에는 반제민족전선이 서울에서 발표한 성토문[81]을 인용 보도하는 우회적인 방법으로 주한미군 철수를 주장했다. "대화가 진척되지 못하고있는것은 누구때문인가?"에서는 미국이 "검증가능하며 되돌려세울수 없는 완전한 핵포기"를 주장하며 고집을 부리는 것이 문제라고 지적했다. 북미대화가 교착상태에 빠진 상황에서 문재인 대통령의 평양방문이 이루어졌다.

2018년 9월 문재인 대통령이 평양을 방문했고 평양 공동선언문에 합의했다. 남북한 두 정상은 군사적 적대관계 종식, 교류와 협력을 통한 민족경제 발전, 이산가족 문제 해결, 다양한 분야의 교류와 협력 추진, 한반도비핵화를 위한 노력, 김정은 위원장 연내 답방 등 6개 조항에 합의했다. 평양선언의 가장 큰 성과는 평양 군사분야 이행합의서를 채택하면서 남북한이 실질적인 종전선언을 했다는 것이다. 이는 북한이 핵무기를 포기하더라도 남한이 북한을 군사적으로 위협하지 않겠다는 신뢰구축에 의미를 갖고 있다. 북한 핵문제와 관련된 공동선언문에 5항의 내용을 살펴보자.

5. 북과 남은 조선반도를 핵무기와 핵위협이 없는 평화의 터전으로 만들어나가야 하며 이를 위해 필요한 실질적인 진전을 조속히 이루어나가야 한다는데 인식을 같이하였다.

① 북측은 **동창리발동기시험장**과 **로케트발사대**를 유관국 전문가들의 참관하에 우선 **영구적으로 폐기**하기로 하였다.

② 북측은 미국이 6.12조미공동성명의 정신에 따라 상응조치를 취하면 **녕변핵시설의 영구적폐기**와 같은 추가적인 조치를 계속 취해나갈 용의가 있음을 표명하였다.

③ 북과 남은 **조선반도의 완전한 비핵화**를 추진해나가는 과정에서 함께 긴밀히 협력해나가기로 하였다

　평양선언은 핵문제에 대해 판문점선언이나 싱가폴선언보다 진전된 합의를 이끌어 냈다. 판문점선언에서 남북한은 "완전한 비핵화"를 통해 핵 없는 한반도를 실현한다는 공동의 목표를 확인했지만 구체적인 실행조치는 없었다. 평양선언에서 북한은 동창리 엔진시험장과 미사일 발사대를 전문가들의 참관 아래 폐기하고, 미국이 상응조치를 취하면 영변 핵시설을 영구적으로 폐기할 수 있다고 했다. 북한은 "미래 핵"의 폐기에 대해서 우선적으로 협상할 것을 밝혔지만 "현재 핵"에 해당하는 핵보유 물질이나 대륙간탄도미사일과 관련된 폐기는 과제로 남겨 두었다.

　2018년 9월 24일 문재인 대통령은 유엔총회 참석차 방문한 미국에서 트럼프 대통령과 정상회담을 진행했다. 문재인 대통령은 김정은 위원장의 비핵화 이행방안과 종전선언이 주한미군과 한미동맹에 영향을 주지 않을 것이며 정전협정은 평화협정이 체결되면 소멸된다는 김정은 위원장의 의견과 일치한다고 밝혔다. 문재인 대통령은 폭스뉴스와의 인터뷰에서 미국의 상응조치로 제재완화나 종전선언이 어렵다면 부담이 적은 예술교류나 인도적 지원이 필요하다고 주장했다.[82] 북한의 리용호 외무상은 제73회

UN총회 연설에서 "조선반도비핵화도 신뢰조성을 앞세우는데 기본을 두고 평화체제구축과 동시행동의 원칙에서 할수 있는것부터 하나씩 단계적으로 실현해나가야 한다는 것이 우리의 입장이다. 그러나 이에 대한 미국의 상응한 화답을 우리는 보지 못하고 있다."[83]고 주장했다. 북한은 미국의 상응조치 없는 일방적인 비핵화는 없다는 입장을 명확히 했다. 리용호 외무상이 김정은 위원장의 친서를 트럼프 대통령에게 전달하자 폼페이오 국무장관이 10월 중 평양을 방문하기로 하면서 북미정상회담 재개 가능성이 열렸다.

북한은 문재인 대통령과 정상회담이 진행되던 9월 19일 "국제적인 규탄을 받는 미국의 제재책동"[84]에서 적성국무역법, 해외원조법, 토리셀리법 등의 악법을 통해 쿠바 경제를 봉쇄하는 미국이 국제사회의 지탄을 받고 있다며 간접적으로 비판했다.

북한은 "민족사에 특기할 사변을 안아온 탁월한 령도",[85] "세계만방에 빛을 뿌리는 강국의 존엄",[86] "한없이 숭고한 조국애, 민족애를 지니시고"[87] 등을 통해 김정은 위원장을 찬양했다. 평양선언에 대해서는 "민족적 화해와 평화번영의 길을 열어놓은 리정표"[88]이며 적대와 대결로 치닫던 남북관계를 획기적으로 전환시켰다고 평가했다. 평양선언을 반대하는 자유한국당은 "리성이 마비된자들의 대결광기"[89]에서 통일을 가로막는 반역무리, 매국역적무리라고 강하게 비난했다. "스스로 제 앞길에 장애를 조성하는 자가당착에서 벗어나야 한다."[90]에서는 비핵화까지 제재를 유지한다는 미국의 입장은 잘못된 것이며 신뢰조성을 위해 노력해야 한다고 주장했다. 또한 북한의 비핵화 추진은 제재 때문이 아닌 북한의 의지라고 강조했다.

2018년 10월 7일 폼페이오 국무장관이 북한을 방문했다. 북한은 김정은 위원장이 폼페이오 국무장관과 비핵화해결을 위한 방안을 논의했으며,

2차 북미정상회담을 위한 실무협상이 빠른 시일 내에 재개될 것이라고 보도했다.[91] 한편, 트럼프 정부가 미국 내 총선준비로 일정이 겹치면서 2차 북미정상회담 개최는 미루어졌다. 북한은 미국이 대규모 한미합동훈련 유예를 제외한 별다른 조치를 취하지 않자 2018년 7월 이후 추가적인 비핵화 조치를 중단하고 있다.

2차 북미회담은 지연되었지만 북한의 미국에 대한 직접적인 비난은 사라졌다. 대신 "사회주의는 자본주의에 비할바없이 우월하다.",[92] "자본주의의 반인민성은 절대로 감출수 없다",[93] "인민중시사상이 구현된 우리식 사회주의",[94] "자본주의의 착취적본성은 절대로 변하지 않는다"[95] 등을 통해 자본주의에 대한 비판과 북한 사회주의 체제의 우월성을 선전하고 있다.

북한은 평양선언 이후에도 변하지 않는 자유한국당에 대해서는 "민족에게 등을 돌려댄 매국배족무리",[96] "북남관계개선과 통일의 암적존재",[97] "통일과 담을 쌓은 역적배들의 추태",[98] "역적패당이 떠드는 <<보수정치의 새로운 가치론>>을 평함"[99] 등에서 노골적인 적대감을 드러냈다.

〈표 II-5〉 평양선언기 북한의 적대감

핵무기에 대한 입장	적대감		
	남한 정부	미국	남한 보수세력
조선반도 완전한 비핵화 확인 동창리 미사일 발사장 폐기 상응조치에 따라 영변핵시설 폐기	우호적	폼페이오 방북취소 후 : 미국 보수세력 비판 평양선언 후 : 제재 비판	매국배족무리 암적존재 역적배

"평양선언기"에 북한은 판문점선언에서 합의한 "완전한 비핵화"를 보다 구체적으로 실행할 수 있는 조치를 추가시켰다. "평양선언"은 동창리 엔진시험장과 미사일 발사대를 폐기하고 미국의 상응조치에 따라 영변

핵시설을 영구적으로 폐기할 수 있다고 했다. 북한은 "미래 핵"의 폐기에 대해서 우선적으로 협상할 것을 밝혔지만, "현재 핵"에 해당하는 핵보유 물질이나 대륙간탄도미사일의 폐기는 2차 북미정상회담의 과제로 남겨 놓았다. 북한은 미국이 한미합동훈련 유예를 제외한 상응 조치를 취하지 않자 추가적인 비핵화 조치를 중단하고 있다.

2018년 9월 문재인 대통령이 평양과 백두산을 방문하고 평양선언에 합의했다. 남북한이 실질적인 종전선언으로 평가되는 평양 군사분야 이행 합의서를 채택하면서 북한의 남한 정부에 대한 우호적인 표현은 증가하고 있다. 미국에 대한 비판은 8월 말로 예정된 폼페이오 장관의 4차 방북이 취소되면서 재개되었다. 북한은 종전선언을 반대하고 북조선비밀핵시설 의혹을 제기한 미국 보수 세력을 비판했다.

그러나 조미관계 정상화를 위해 미국을 직접적으로 자극하지 않고 남한 반미세력의 주장을 인용해 우회적으로 비판했다. 평양선언 뒤 폼페이오 국무장관이 10월 초에 방북했지만 미국 대선으로 회담이 교착상태에 빠지자 자본주의를 비판하고 사회주의를 찬양하며 체제 선전을 강화하고 있다. 평양선언을 반대하는 자유한국당에 대해서는 "매국배족무리", "암적존재", "역적배" 등으로 비난하면서 노골적인 적대감을 드러내고 있다.

III. 변화하는 북한의 적대감

2017년 11월부터 2018년 12월까지 북한의 핵 정치와 적대감의 변화과정을 분석해 봄으로써 서론에서 제기한 세 가지 질문에 답해 보고자 한다.

〈표 III-1〉 북한 핵 정치와 적대감의 변화(2017.11~2018.12)

	핵무기에 대한 입장	적대감의 변화		
		남한 정부	미국	남한 보수세력
핵무력 완성기 (2017.11~12)	핵무력 완성 선언 핵무력 강화 예고	남조선 괴뢰, 균형외교는 매국반역행위	**미제, 원쑤**	역도, 하수인 친미보수잔당
비핵화 모색기 (2018.1~3)	핵단추 보유한 핵보유국 책임 있는 핵강국 : 방어용 핵무기	남조선 당국	**핵범죄국가 철천지원쑤**	반통일광신자 반통일세력
판문점 선언기 (2018.4)	핵무기 병기화 실현 풍계리 핵시험장 폐기 완전한비핵화, 조선반도비핵화 합의	우호적	미국식민주주의와 인권외교 비판	**대결광신자 대결미치광이**
싱가폴 선언기 (2018.4~8))	조선반도의 완전한 비핵화 미국과 합의	우호적 판문점선언 이행요구	북미회담 전 : 미국 보수, 자본주의 비판 북미회담 후 : 거의 없음	**대결광무리 더러운 버러지 반역당**
평양 선언기 (2018.8~12)	조선반도 완전한 비핵화 확인 동창리 미사일 발사장 폐기 상응조치에 따라 영변핵시설 폐기	우호적	폼페이오 방북취소 후 : 미국 보수 비판 평양선언 후 : 제재 비판	**매국배족무리 암적존재 역적배**

* 두꺼운 글씨는 북한의 적대감이 드러난 표현임

첫째, "북한은 핵무기를 포기할 것인가?" 이 질문은 북한이 "핵보유국"의 정체성을 가지고 있는지와 관련되어 있으며, 핵무기에 대한 입장 변화과정을 통해서 추론할 수 있다. "핵무력완성기"에 북한은 핵무력 완성을 선언하고 추가적인 핵과 미사일 실험을 하겠다는 엄포를 놓았다. 이 시기까지 북한이 "핵보유국"의 정체성을 가지고 있었는지 여부는 보다 면밀한 검토가 필요할 것이다.

2018년 1월 김정은은 신년사에서 북한은 핵단추를 보유한 책임 있는 핵보유국이며 방어용이라고 주장했다. 동시에 핵무력을 완성한 자신감을 바탕으로 "사회주의강국건설"을 선언했다. 김정은의 신년사는 북한이 "사회주의 국가"의 정체성을 중요하게 여기고 있으며 핵무기를 "사회주의 국가" 건설을 위한 도구로 활용할 수 있다는 가능성을 보여주었다. 2018년 4월 북한은 조선로동당 제3차 전원회의를 통해 "핵보유국"이 아닌 "사회주의 국가"의 정체성을 가지고 있음을 드러냈다. 3차 전원회의는 북한이 "핵무기병기화에 성공한 핵보유국"이 되었기 때문에 핵무기와 경제건설을 추진하는 병진노선을 끝내고 "사회주의 강국건설"을 위해 매진하겠다고 했다. 북한은 "핵무기병기화"를 통해 "사회주의강국건설"에 매진할 조건을 갖추었다고 판단했다. 북한이 "사회주의강국건설"을 추진하려면 대북제재를 완화해야 하는데 비핵화협상은 필수적인 선결 요건이었다.

2018년 4월 북한은 판문점 선언을 통해 "완전한 비핵화"와 "한반도비핵화"에 합의하면서 비핵화를 통해 제재를 완화하고 사회주의 경제건설에 집중하겠다는 의지를 보였다. 이는 북한의 정체성이 "핵보유국"이 아닌 "사회주의 국가"이며 핵무기는 비핵화협상을 통해 포기할 수도 있다는 것을 공식적으로 밝힌 것으로 해석할 수 있다. 2018년 6월 북한은 북미정상회담에서 "조선반도의 완전한 비핵화"를 명시한 싱가폴선언에 합의했다. 선언문만 보면 "조선반도의 완전한 비핵화"는 북한의 입장이 반영된 것으로 볼 수 있다. 그러나 미국과 국제사회는 북한이 보유한 핵무기의 완전한 폐기를 요구하기 때문에 이를 충족하지 못하면 제재완화의 범위와 수준은 제한될 것이다.

2018년 9월 평양선언은 판문점선언에서 합의한 "완전한 비핵화"보다 진전된 조항을 담았다. 동창리 엔진시험장과 미사일 발사대를 폐기하고 미국의 상응조치에 따라 영변 핵시설을 영구적으로 폐기하겠다고 했다.

북한은 "미래 핵"의 폐기에 대해서 우선적으로 협상할 것을 밝혔지만, "현재 핵"에 해당하는 핵보유 물질이나 대륙간탄도미사일의 폐기는 2차 북미정상회담의 과제로 남겨 놓았다. 북한은 "핵보유국"이 아닌 "사회주의국가"의 정체성을 가지고 있기 때문에 국제사회가 북한의 정체성을 존중하며 협상한다면 "완전한 비핵화"의 가능성은 열려 있다.

둘째, "북한의 비핵화 협상은 진정성이 있는가?" 이 질문에 답하려면 북한이 비핵화 협상 대상인 남한과 미국에게 표방했던 적대감을 우호적인 연대감으로 변화시키며 관계 개선을 추진하고 있는지 살펴볼 필요가 있다.

북한은 2013년 경제건설과 핵무력건설 병진노선을 채택한 뒤 대외적으로 극단적인 적대감을 고조시키는 호전적인 표현을 서슴지 않고 사용했다. "핵무력완성기"에 북한은 국제사회의 제재와 압박에 동참하며 균형외교를 펼치는 문재인 정권을 "님조선 괴뢰"로 호명했다. 북한의 남한정부에 대한 적대감은 "비핵화모색기"에 현저히 줄어들었다. 북한은 평창올림픽을 계기로 대화를 시작하면서 문재인 정권을 보수정권과 구분하여 "남조선 당국"으로 부르기 시작했다.

북한이 3차 전원회의에서 병진노선을 마감하고 판문점선언을 채택하자 남북관계는 우호적으로 변했다. 북한은 남한 정부가 미국과의 협상을 중재하며 싱가폴선언을 견인하자 공개적으로 사의를 표명했다. 2018년 9월 남북한이 평양선언을 통해 사실상의 종전선언에 합의하면서 남북한 정권 사이에 신뢰와 연대감이 두터워지고 있다.

북한의 미국에 대한 적대감은 "비핵화모색기"까지 이어졌다. 북한은 미국을 "미제", "원쑤", "핵범죄국가", "철천지원쑤"로 호명했다. 적대감은 "판문점선언기"에 북미대화가 시작되면서 줄어들었다. 북한은 남한과 합의한 "완전한 비핵화"를 바탕으로 미국과 협상을 준비했고 적대적인 비난은 외교적인 수사를 갖춘 비판으로 전환되었다. 미국과 협상하는 과정에서 일부 과격한 표현을 사용했지만 예외적인 것이었다. 북한은 비핵화 협상을 추진하는 미국 정부를 우호적으로 대하고 반대하는 미국 보수 세력을 비판했다. 싱가폴선언 뒤 북한은 전쟁 위협을 제거하려고 미국에게 종전선언 채택을 요구했지만 결렬되었다. 북한은 남북 간의 실질적인 종전선언으로 평가받는 평양선언을 채택하면서 군사적인 충돌의 가능성을 감소시켰다. 평양선언 뒤 북한은 미국에게 제재 완화를 요구하면서 2차 북미정상회담을 준비했다. 북한의 적대감은 남한과 미국과 대화를 진행하면서 점차 우호적인 연대감으로 바뀌고 있다. 북한이 군사적인 적대관계를 청산하고 우호적인 관계를 맺으려 노력하는 것은 진정성을 갖고 협상에 나서는 근거로 볼 수 있다.

셋째, "비핵화는 평화를 만들 수 있을까?" 북한의 남한정부와 미국에 대한 적대감은 대화를 통해 사라지고 있지만, 남한 보수 세력에 대한 적대감은 변함이 없다. "핵무력완성기"에는 전술핵무기의 남한 재배치를 주장하는 자유한국당을 "역도"와 "미국의 하수인"으로 부르며 비난했다. "비핵화 모색기"에는 남북관계 개선에 반대하는 남한 보수 세력에게 "반통일광신자"로 부르며 적대감을 고조시켰다. "판문점선언기"에는 판문점선언과 북미정상회담 개최를 반대하는 남한 보수 세력을 "대결광신자", "대결미치광이"라며 거칠게 비난했다. "싱가폴선언기"에는 CVID를 주장하며 북한을 불신하는 자유한국당을 "대결광무리", "더러운버러지", "반역당"이라며 공격했다. "평양선언기"에는 평양선언을 반대하는 자유한국당을 "매국배족무리", "암적존재", "역적배"로 부르며 노골적인 적대감을 드러냈다. 북한의 남한 보수세력에 대한 뿌리 깊은 적대감은 분단과 전쟁과 냉전의 경험이 트라우마로 남아 있기 때문이다.

해방 뒤 국가수립 과정에서 한반도의 사회세력은 좌우로 나뉘어 대립했다. 좌우는 이념이 다른 타자를 '반동분자'와 '빨갱이'로 부르며 악마적으로 형상화하고 적대시했다. 모스크바 3상회의 결정 뒤 좌우의 적대감은 폭력적인 충돌로 비화하면서 분단과 전쟁과 냉전으로 이어졌다. 지금도 남한은 자유민주주의 통일을 북한은 사회주의 강국건설을 외치고 있다. 남북한의 정치세력이 적대감을 조장한다면 한반도 이념전쟁은 끝나지 않을 것이다.

"평화를 만드는 비핵화의 조건"은 북한정권과 남한의 보수 세력이 서로를 인정하고 사상의 자유를 존중할 때 가능하다. 북한은 정치적 "경쟁자"인 "정적(政敵)"과 "적대자"인 "공적(公敵)"을 구별해야 한다.[100] 북한이 남한의 보수 세력을 악마적으로 형상화하고 "적대자"로 선동한다면 평화는 멀어질 것이다. 북한이 남한 보수 세력에게 퍼붓는 적대적인 비난은 이성적인 비판으로 바뀌어야 한다. 북한을 자극하는 발언을 일삼는 남한의 보수 세력도 마찬가지다. 북한이 표출하는 적대감은 반북감정을 고조시키고 남남갈등을 심화시켜 비핵화와 평화에 도움이 되지 않는다. 북한은 남한의 보수 세력이 남북경협의 주체인 자본가를 대표한다는 것을 인식하고 공존의 지혜를 찾아야 한다. 북한 정권과 남한의 보수 세력은 분단과 전쟁과 냉전의 아픈 역사가 무엇 때문이었는지 기억해야 할 것이다.

이 장의 주

1 한상철, 『한반도 이념전쟁 연구(1919~1950)』(서울: 선인, 2017), pp. 32~33.

2 한상철, 『한반도 이념전쟁 연구(1919~1950)』, p. 35.

3 Karl Marx and Friedrich Engels, "정치 경제학의 비판을 위하여," Karl Marx and Friedrich Engels, 최인호 외 옮김, 『칼 맑스, 프리드리히 엥겔스: 저작선집 2』, 박종철출판사, 1992, p. 478.

4 한상철, 『한반도 이념전쟁 연구(1919~1950)』, pp. 43~44.

5 Friedrich Engels, "Principles of Communism," in D. Ryazanoff, ed., *The Comm- unist Manifesto of K. Marx and F. Engels*(Russell and Russell, 1963), p. 332; 김 성주, "마르크스주의의 전쟁과 평화의 정치경제학," 『이론』 11호(1995), p. 40에 서 재인용.

6 한상철, 『한반도 이념전쟁 연구(1919~1950)』, pp. 45~46.

7 『노동신문』, 2018년 11월 30일.

8 『노동신문』, 2018년 11월 30일.

9 『노동신문』, 2018년 11월 30일.

10 『노동신문』, 2018년 1월 1일.

11 『노동신문』, 2018년 1월 1일.

12 『노동신문』, 2018년 1월 1일.

13 『노동신문』, 2018년 1월 1일.

14 『노동신문』, 2018년 1월 15일.

15 『노동신문』, 2018년 1월 17일.

16 『노동신문』, 2018년 1월 21일.

17 『노동신문』, 2018년 1월 26일.

18 『노동신문』, 2018년 2월 13일.

19 『노동신문』, 2018년 2월 17일.

20 『노동신문』, 2018년 2월 18일.

21 『노동신문』, 2018년 1월 4일.

22 『노동신문』, 2018년 1월 8일.

23 『노동신문』, 2018년 1월 21일.

24 『노동신문』, 2018년 1월 26일.

25 『노동신문』, 2018년 1월 31일.

26 『노동신문』, 2018년 2월 21일.

27 『노동신문』, 2018년 2월 26일.

28 『노동신문』, 2018년 3월 23일.

29 『노동신문』, 2018년 3월 28일.

30 『노동신문』, 2018년 4월 1일.

31 『노동신문』, 2018년 4월 4일.

32 『노동신문』, 2018년 3월 31일.

33 『노동신문』, 2018년 4월 4일.

34 『노동신문』, 2018년 4월 10일.

35 『노동신문』, 2018년 4월 21일.

36 『노동신문』, 2018년 4월 23일.

37 『노동신문』, 2018년 4월 25일.

38 『노동신문』, 2018년 4월 28일.

39 구갑우, "평창 임시 평화체제에서 판문점 선언으로", 『동향과 전망』, 103호, 2018. pp. 53~54.

40 구갑우, "북한 핵 담론의 국제정치", 『동향과 전망』, 99호, 2017. pp. 53~54.

41 『노동신문』, 2018년 4월 28일.

42 『노동신문』, 2018년 5월 1일.

43 『노동신문』, 2018년 5월 7일.

44 『노동신문』, 2018년 4월 29일.

45 『노동신문』, 2018년 4월 30일.

46 『노동신문』, 2018년 5월 3일.

47 『노동신문』, 2018년 5월 5일.

48 『노동신문』, 2018년 5월 6일.

49 『노동신문』, 2018년 5월 8일.

50 『노동신문』, 2018년 5월 9일.

51 『노동신문』, 2018년 5월 9일.

52 『노동신문』, 2018년 5월 10일.

53 『노동신문』, 2018년 5월 11일.

54 『노동신문』, 2018년 5월 15일.

55 『노동신문』, 2018년 5월 16일.

56 『노동신문』, 2018년 5월 18일.

57 『노동신문』, 2018년 5월 26일.

58 『노동신문』, 2018년 5월 12일.

59 『노동신문』, 2018년 5월 22일.

60 『노동신문』, 2018년 5월 26일.

61 『노동신문』, 2018년 5월 27일.

62 『노동신문』, 2018년 5월 28일.

63 『노동신문』, 2018년 5월 27일.

64 『노동신문』, 2018년 5월 29일.

65 『노동신문』, 2018년 6월 3일.

66 『노동신문』, 2018년 6월 5일.

67 『노동신문』, 2018년 6월 9일.

68 『노동신문』, 2018년 6월 13일.

69 김학성, "남북 및 북미정상회담이후 한반도 평화정착의 추진방향과 실천과제", 『정치정보연구』 제21권 3호(2018), p. 46.

70 『노동신문』, 2018년 6월 21일.

71 『노동신문』, 2018년 6월 24일.

72 『노동신문』, 2018년 6월 25일.

73 『노동신문』, 2018년 7월 20일.

74 『노동신문』, 2018년 7월 27일.

75 『노동신문』, 2018년 8월 6일.

76 『노동신문』, 2018년 8월 9일.

77 『노동신문』, 2018년 8월 10일.

78 『노동신문』, 2018년 8월 18일.

79 『노동신문』, 2018년 8월 22일.

80 『노동신문』, 2018년 8월 27일.

81 『노동신문』, 2018년 9월 8일.

82 홍현익, "남북 한미정상회담과 북한 비핵화 협상 전망", 『정세와 정책』 2018년 제9호(2018.10.1.) p. 3.

83 『노동신문』, 2018년 10월 1일.

84 『노동신문』, 2018년 9월 19일.

85 『노동신문』, 2018년 9월 25일.

86 『노동신문』, 2018년 9월 26일.

87 『노동신문』, 2018년 9월 27일.

88 『노동신문』, 2018년 9월 29일.

89 『노동신문』, 2018년 10월 2일.

90 『노동신문』, 2018년 10월 4일.

91 『노동신문』, 2018년 10월 8일.

92 『노동신문』, 2018년 10월 15일.

93 『노동신문』, 2018년 10월 18일.

94 『노동신문』, 2018년 10월 20일.

95 『노동신문』, 2018년 10월 28일.

96 『노동신문』, 2018년 10월 8일.

97 『노동신문』, 2018년 10월 18일.

98 『노동신문』, 2018년 10월 19일.

99 『노동신문』, 2018년 10월 31일.

100 한상철, 『한반도 이념전쟁 연구(1919~1950)』, pp.35~36.

북중관계의 변화와 전망

이 규 태*

Ⅰ. 북중 관계는 변화하고 있는가?

김일성, 김정일에서 김정은으로 이어지는 북한정권의 대내외정책 패러다임 유지와 전환, 정권체제 안정문제에서 중국은 늘 우선적으로 고려해야 하는 외적 요인이라는 사실은 과거는 물론이고 현재도 변함이 없다. 김정은이 정권을 계승한 후 6년 동안 핵문제로 북중관계가 상당히 악화되었지만, 2018년 1년 만에 상호관계를 회복하였고, 상호관계에서 '전통우의'는 물론이고 '신뢰하는 동지관계', '불패의 친선관계'라는 용어를 여전히 사용하고 있다.

북한은 압록강에서부터 백두산지역을 거쳐 두만강을 연결하는 육지국경 총 1,437km 중에 중국과 약 1,420km 즉 약 98%를 공유하고 있다.[1] 북한은 현재 중국이 사회주의이념을 공유하면서 조약에 근거하여 정치군사동맹조약을 유지하고 있는 유일한 국가이다. 중국은 2014년 이후 북한이 대외교역 90% 이상을 의존하는 최대교역국으로 2017년 의존도가

* 가톨릭관동대학교 명예교수 kdsino@hanmail.net

94.8%나 되었다.[2] 김정은이 2018년 3월부터 2019년 1월 사이 4차례나 중국을 방문하였던 것과 중국공산당 정부의 특별한 환영과 환송의식 자체는 양국의 특별한 전략적 우호친선관계를 잘 보여주는 것이었다.

1992년 한중수교 이후 북중관계가 '사회주의혈맹관계'에서 '전통우호관계'로 조정되었지만, 북한과 중국은 1961년 체결한 《우호, 협조 및 호상원조에 관한 조약》에 근거한 군대파견이 없는 정치군사동맹을 유지하고 있다. 이처럼 내외환경 변화 속에서 분명하게 갈등과 변화도 있었지만, 변화하지 않는 것처럼 유지되는 특수한 북중관계에서 변화의 의미는 무엇이며, 혹은 근본적 변화를 할 수 없는 특별한 요인은 있는가, 그리고 김정은시기 북중관계는 과연 변화가 가능할까 하는 논제들을 분석하는 것이 본 장의 주요 내용이다. 북중관계에서 이러한 변화와 전망을 논하기 위해, 우선 한국과 중국에서 북중관계에 대한 선행연구특징을 살펴보고, 북중관계를 양국 대외정책 패러다임 변화를 기준으로 7단계로 나누고, 양국관계 구조적 특징과 전략선택 및 그와 관련된 인식과 콤플렉스(complex)문제들을 함께 토론하고자 한다.[3]

II. 북중관계에 대한 연구현황과 연구방법 문제

1. 북중관계에 대한 국내외 연구현황

북중관계에 대한 연구는 국내외에서 다양한 접근법과 주제로 이루어지고 있다. 그 중에서 북중관계를 가장 많이 연구하는 것은 당연히 한국이며, 중국에서도 과거와 달리 '中朝關係'를 보다 객관적 접근법으로 연구하려고 노력하고 있다. 북중관계에 대한 한국과 중국에서 연구현황이 북중관계 연구에 대한 일반적 추세를 보여주는 것과 동시에 북중관계의 특징까지 반영한다고 볼 수 있다. 한국에서 북중관계 연구현황과 특징은 아래와 같다.

〈표 II-1〉 한국에서 북중관계 연구현황

한국의 '북중관계' 연구의 중심주제	편수	점유율(%)
북한정치	78	12.9
북한외교	39	7.4
북핵	43	8.2
중국외교전략	59	11.2
중국정치	31	5.9
일반관계	58	11.1
관계역사	8	1.5
북한경제	54	10.3
한국	46	8.8
남북한	40	7.6
미국	26	5.0
군사	10	1.9
국경	9	1.7
러시아(소련)	7	1.3
중국사회	3	0.6
민족(연변)	4	0.8
동북아	3	0.6
중국지방	3	0.6
이론	4	0.8
일본	2	0.4
지정학	2	0.4
사회관계	2	0.4
북한화교	1	0.2

한국의 '북중관계' 연구의 중심주제	편수	점유율(%)
중국문화	1	0.2
시대환경	1	0.2
연구성과평가	1	0.2
계	535	

* 자료출처: 국회도서관전자도서관 통합검색에서 검색어 '북중관계(한글자료)'로 2012~2018년 5월까지 목록검색(2018.7.24.검색) 자료를 재정리

『국회도서관』(http://dl.nanet.go.kr)의 '통합검색'에서 '북중관계'로 2012~2018년 5월 사이 한글로 작성된 논문을 검색한 결과 논문들이 모두 530여 건으로 그것을 주제에 따라 재분류하여 정리한 것이 <표 Ⅱ-1>이다. 북중관계를 북한정치(78건, 12.9%), 북한외교(39건, 7.4%), 북핵과 군사(53건, 10.1%) 등 북한의 정치, 외교와 군사문제를 주제로 연구한 것이 모두 150건(약 28%)으로 가장 많았다.

다음으로 중국외교전략과 중국정치를 주제로 북중관계를 분석한 것이 90건(11.2%), 북중경제관계를 논한 것이 54건(10.3%), 한국과 남북한관계의 관점에서 북중관계를 분석한 것이 모두 86건(16.4%)이 있었다. 북중관계를 개괄적 혹은 역사적 관점에서 논한 것이 모두 66건이었다. 남북한이나 한국요인을 제외하고, 외부요인으로는 미국요인(26건, 5.0%)을 가지고 북중관계를 논한 것이 가장 많았고, 기타국가 관점에서 북중관계를 연구한 것은 러시아(7건), 일본(2건) 혹은 동북아지역문제(3건) 등으로, 미국을 제외하고 북중관계에서 기타 국가요인은 큰 주목을 받지 못하고 있다는 점을 확인할 수 있었다.

그 외에도 민족(연변)(4건). 중국사회(3건), 북한화교(1건), 중국문화(1건)를 중심으로 북중관계를 분석한 것이 있었지만, 이들 요인도 한국 내에서는 북중관계를 분석하는 요인 혹은 접근법으로 큰 주목을 받지 못하

고 있는 것을 알 수가 있다. 북중관계를 이론적 관점에서 다룬 것 중에는 패러다임 변화 관점, 비대칭관계에서 약소국 자율성과 편승의 관점, 그리고 일극체제의 관점에서 분석한 것이 있었다.

중국에서 중국관계 즉 '中朝關係'와 관련된 연구자료는《中國知網》(China Academic Journals: http://www.cnki.net)이나 혹은《萬方數據庫》(Wanfang Data, http://www.wanfangdata.com.cn)와 같은 연구자료데이터베이스를 통해서 충분하게 파악할 수가 있다. 과거 중국에서 북한의 정치와 외교분야에 대한 연구는 정치적으로 민감한 의제로 취급되어 공개적 언급 자체가 소극적이었지만, 최근 외교문제 관점에서 '중조관계'는 비교적 활발하게 논해지고 있다.

북한주재중국대사관 (中華人民共和國駐朝鮮民主主義人民共和國大使館, http://kp.china-embassy.org)에서 공개하고 있는 '조선어', 중국어와 영어 자료들은 북중관계를 연구하는데 있어서 중요한 참고자료들이다. 중국외교부홈페이지를 통해서도 중국정부의 한반도정책과 대북정책, 그리고 중국지도자들의 대북 혹은 한반도문제와 관련된 발언이나 발표들을 공개하고 있기에 이들 자료도 북중관계를 분석하는 데 있어 중요한 자료로 활용할 수가 있다.

〈표 II-2〉 중국에서 '中朝關係' 연구현황

중국의 '中朝關係' 연구의 중심주제	편수	점유율(%)
상호관계(관계역사)	45	24.6
중국외교전략	35	19.1
한국 및 한반도	20	10.9
경제	14	7.7
미국	11	6.0
북핵	11	6.0

중국의 '中朝關係' 연구의 중심주제	편수	점유율(%)
북한외교	9	4.9
동북아(일본한국)	8	4.4
사회문화학생	8	4.4
북한정치	6	3.3
러시아(소련)	5	2.7
주변관계	4	2.2
외교요인	3	1.6
연구현황	2	1.1
이론	1	0.5
지정학	1	0.5
사회주의국가	1	0.5
계	183	

* 中國知網에서 검색어 '中朝關係'로 2012~2018년 연구자료 검색(2018.7.26.검색) 목록을 주제별로 재분류한 결과; '中朝關係'로 검색된 전체 602편 논문 중 419편은 근대 이전 중국과 조선의 '中朝關係' 역사와 관련된 논문임

중국학술정보망 《中國知網》(http://www.cnki.net)에서 '中朝關係'로 검색한 결과, 2012~2018년까지 총 602건이 검색되었는데, 그 중에 419건은 근대 이전 '중국과 조선'의 역사적 관계를 논한 것이었고, 나머지 183건 만 현재 '朝鮮' 즉 북한과 중국의 관계에 관한 것이었다. 183건을 재분류한 <표 Ⅱ-2>를 보면 일반적 상호관계 혹은 상호관계의 역사를 논하는 것이 55건(24.6%)이나 되었고, 중요한 연구주제는 중국외교전략(35건, 19.1%), 한국과 한반도문제(20건, 10.9%), 경제관계(14건, 7.7%)였고, 북한의 정치외교 관점에서 분석한 것으로 북한외교(9건), 북한정치(6건), 북핵(11건) 등 모두 26편(14.2%)이 으로 낮은 비중을 차지하고 있었다.

중국의 중북관계 연구에서 외적요인으로 미국요인(11건, 6.0%)을 당연히 중시하고 있었으며, 그 다음이 러시아(구소련 포함)(5건, 2.7%), 일본을 포함하는 동북아(8건, 4.4%) 혹은 주변국가관계(4건)의 순이었으며, 그 외

에도 동유럽 사회주의국가(1건)의 관계를 가지고 '中朝關係'를 논하는 논문도 있었다. 중국에서는 '朝鮮政治' 즉 북한정치나 외교는 정치적 민감성으로 인하여 의도적으로 회피하는 연구주제였기에 북한정치요인을 가지고 '中朝關係'를 논하는 논문은 상대적으로 적었다고 볼 수 있다.[4]

2. 연구방법의 문제

북한연구에서 가장 문제가 되는 것은 북한의 원시자료 부족문제이며, 북중관계 혹은 북한외교의 연구에서도 마찬가지이다. 북한 언론에서 '남조선'이나 미국 혹은 일본을 비난하는 문장은 대단히 많지만, 중국과 관련된 뉴스나 중국을 소개하는 내용을 제외하고, '조중관계'를 논제로 분석하는 문장들은 매우 드물다.

북중관계가 매우 긴장된 시기 예를 들면 문화대혁명시기, 혹은 최근 북핵문제로 양국관계에 갈등이 발생한 경우, 예외적으로 북한 언론을 통해서 중국을 비난하는 문장을 실은 것을 제외하고, 북한에서 '조중관계'를 분석한 자료가 공개된 것은 거의 찾아 볼 수는 없다. 반면에 중국에서는 북중관계를 분석하는 논문들이나 자료들은 언론을 통해서 점차 활발하게 공개되고 있다.

때문에 북중관계의 연구는 북한의 제한적 자료, 중국이나 한국 혹은 기타 지역에서 공개된 혹은 연구된 관련 자료들을 사용해서 추론하는 분석방식을 택할 수밖에 없다. 예를 들면 최고지도자나 외교정책담당자들의 상호방문과정에서 논의한 것을 보도한 내용, 경제교역이나 상호인적 교류 현황과 같은 통계자료, 혹은 전반적 외교정책 변화를 논하는 자료 등이 그러한 자료들이다.[5] 기존의 '조중관계'나 '中朝關係' 연구들 대부분이 그러한 제한적 자료들을 사용하였고, 그러한 자료를 바탕으로 세계체제이론이나 비대칭이론, 혹은 사회주의 외교이론 등과 같은 '이론적 방법', 혹은 내부정치변화, 국제관계변화 등의 요인들을 가지고 북중관계 특징과 변화를 분석하고자 노력하였다.

이러한 분석들이 북중관계에 대한 이해를 제고하고, 상호관계의 특징이나 기본문제를 판단하는 데는 의미가 있었지만, 북중관계에 대한 종합적 이해 그리고 그것을 통해서 북한외교를 정확하게 이해하는 데는 일정한 한계가 있었다. 본 장에서는 이러한 북한자료 부족문제를 고려하여 다음과 같이 몇 가지 접근방법으로 북중관계의 변화문제를 분석하고자 한다.

첫째, 중국과 북한의 대외관계 패러다임의 지속과 변화의 관점에서 북중관계 변화에 대하여 분석하고자 한다. 대외관계 패러다임 전환의 관점에서 양국관계를 분석하는 것은 거시적 차원에서 북중관계 변화를 이해하는데 유용할 뿐만 아니라, 전반적 북한외교의 변화와 특징을 토론하는 데도 유용하다. 토마스 쿤(Thomas S. Kuhn)이 『과학혁명의 구조』(The Structure of Scientific Revolutions)에서 제시한 패러다임(Paradigm)의 개념을 국제관계 혹은 특정 국가의 대외관계의 차원에서 보면, 그것은 국제관계 혹은 국가관계 혹은 대외정책의 전략, 원칙, 정책, 혹은 이론까지 의미하는 종합적 개념이라고 할 수 있다. 패러다임 이론에 따르면, 기존 패러다임이 문제를 해결하지 못할 때, 패러다임 전환(paradigm shift)은 피할 수가 없으며, 패러다임 전환 과정에서 기존 시스템이나 내적 저항은 불가피하고, 전환과정이 순조롭지 못하면, 신구패러다임 사이에서 갈등이 유발된다고 보고 있다. 국제관계연구에서 다양하게 논의되어 온 현실주의, 이상주의 혹은 구성주의 등 각종 국제관계이론이나 연구방법론은 바로 그러한 국제관계 패러다임의 전환문제를 연구하는 것으로, 새로운 이론들은 기존이론의 한계를 극복하기 위한 패러다임 전환을 도모한 것이라고 볼 수 있다.[6]

패러다임을 기준으로 북중관계를 논하면, 북중양국이 처한 내외환경과 전략정책의 변화에 따라, 패러다임 전환과정이 반복될 수밖에 없었고, 패러다임 전환과정에서 양국이 처한 문제와 주변환경 차이로 갈등이 나타날 수밖에 없었고, 그 결과 북중관계는 안정과 불안정, 정체와 변화가 반복되어 왔다는 사실을 분명하게 알 수가 있다. 1980년대 이후 북중관계 변화와 그 과정에서 반복되는 상호관계 안정과 불안정은 개혁개방과 대외관계의 변화에 적극적이었던 중국과 그것에 소극적이었던 북한 사이에 나타난 패러다임 전환 갈등이 양국관계에 반영된 것이라고도 할 수 있다.

둘째, 북중관계를 북중한(혹은 朝中韓)전략삼각관계의 일부분이라는 구조적 관점에서 북중관계를 분석하고자 한다. 한국의 관점에서 보면 1992년 한중수교 이후 북중관계는 북중한(혹은 朝中韓)전략삼각관계에서 한 변으로서 다른 한 변인 한중관계, 또 다른 한 변인 남북한관계의 안정과 발전에 상호 영향을 미치는 구조적 특징을 보여주고 있다.

중북관계와 중한관계가 전략적으로 상호작용하고 영향을 미치는 관계가 되었고, 남북한관계도 그것의 영향을 받을 수밖에 없게 되었다. 중국이 한국과 수교한 후, 중국과 북한의 관계가 '사회주의혈맹'에서 '전통우호합작관계'로 조정된 것도 바로 그러한 북중한전략삼각관계의 구조적 속성이 변화하는 것에서 비롯된 것이라고 할 수 있다.

셋째, 북중관계는 양국 대외정책의 패러다임과 북중한전략삼각관계뿐만 아니라, 양국 사이에 존재하는 상호인식 차이와 콤플렉스와 같은 잠재적 요인의 영향을 크게 받아 왔다. 북중상호관계의 패러다임 전환과 북중한전략삼각관계의 변화에 따라 북한과 중국은 각자 필요한 전략선택을 할 수밖에 없었기에, 그 과정에서 상호관계와 관련된 인식문제나 내적으로 잠재하고 있는 각종 형태의 콤플렉스의 영향도 논할 필요가 있다.[7]

북한의 주체사상과 '우리식 사회주의'와 중국의 '중국특색 사회주의'

의 정치이념체제에서도 상호 공유 가능한 것과 공유할 수 없는 것에 대한 분명한 인식 차이가 존재하며, 혹은 '순망치한'의 지정학적 전략관계에 대해서도 중국과 북한 사이에 서로 다른 인식이 있을 수밖에 없다. 때문에 잠재적으로 혹은 현실적으로 존재하는 양국관계에 대한 상호인식의 차이, 상호관계에 대한 콤플렉스 문제나 영향도 북중관계 변화와 문제를 논하는 분석에서 중요한 접근법의 하나라고 할 수 있다.

III. 북중관계 패러다임 변화의 역사적 고찰

1. 변화 속에서도 유지하는 북중관계의 특수성

1990년대 말 소련과 동부유럽 사회주의 국가체제 해체, 1990년 한소수교, 1992년 한중수교는 그 동안 갈등은 존재했지만 안정적으로 유지된 중국과 북한의 관계를 구조적 전략적으로 크게 변화시키는 중요한 사건들이었다. 한국과 수교 후 1961년 체결한 군사동맹조약인 《우호, 협조 및 호상원조에 관한 조약》을 폐기한 소련과는 달리, 중국은 한국과 수교 후에도 북한과 체결한 《우호, 협조 및 호상원조에 관한 조약》에 근거한 정치군사동맹체계는 유지하고 있지만, 양국관계는 변화하지 않을 수가 없었다.

중국과 북한의 관계에서 '사회주의혈맹'이라는 용어가 더 이상 쓰이지 않고, '전통우호관계'라는 용어가 사용되기 시작하였다. 외교적으로 경제적으로 '고난시기'에 처한 북한은 최고지도자 김일성까지 사망하면서 더욱 심각한 정치적 위기에 봉착하였다. 정권을 계승한 김정일은 '선군정치'를 통해 정치군사적 내적 통제를 강화하면서, 핵무기와 미사일개발을 통해 '안전딜레마'를 극복하고 대외억지력을 확보하려는 새로운 대외전략

패러다임을 선택하였다. 냉전체제가 붕괴한 상황에서 북한의 핵미사일 개발전략은 북남관계, 북미관계의 갈등을 유발하였다. 개혁개방과 평화발전을 기조로 대외관계에서 새로운 패러다임을 선택한 중국이 북한의 핵개발을 공개적으로 반대하면서 그것은 북중관계의 중요한 갈등 원인도 되었다.

중국이 2003년부터 '6자회담'을 주도하면서 시도한 북핵문제 해결 노력은 북한의 지속적 핵개발과 실험, 남북한과 북미 사이 갈등 속에서 2008년 실패하고 말았다. '6자회담'을 진행하면서 한중수교 이후 냉각된 북중관계가 회복되기도 하였다. 하지만, 2011년 12월 김정일이 사망하면서 북한은 새로운 정치적 위기에 봉착하게 되었고, 김정은이 '3대 세습'으로 권력을 계승하였지만, 핵과 미사일 개발시험을 지속하면서, 같은 시기 중국에서 새로 등장한 '제5세대 習近平(시진핑)정권과 오히려 더 깊은 갈등에 빠졌다.[8]

양국의 최고지도자로 취임한 후 김정은과 習近平은 2018년 3월까지 6년 동안 서로 한 번도 만나지 못할 만큼, 북한의 '핵경제병진' 전략과 중국의 유엔대북제제 참여, 그리고 한중관계의 급속한 발전 등으로 북중관계는 심각하게 냉각되었다. 그와 같은 북중관계의 갈등은 북한이 언론을 통해서 중국을 직간접으로 강력하게 비평함으로서 양국의 수교 이후 최악의 상황이라는 평가도 받게 되었다.

2012년 5월 6일 북한은 중국을 포함한 안보리상임이사국들이 미국의 북한에 대한 적대적 정책을 따르고 있다고 비평하였고, 2013년 1월 23~24일 북한당국이 직접 나서서 중국을 격렬하게 비평하였으며, 5월 3일에는 『로동신문』을 통해서 "영원한 동맹도 없으며, 영원한 이익만 있다"라고 중국을 비난하였다. 2014년 7월 24일에도 북한은 국방위원회 명의로 "중국이 제재결의를 반대하지 않는 것은 조선을 지지하지 않는 것이다."라고

비판하기도 하였다.[9]

2015년 9월 12일 『로동신문』은 "불신과 대결을 조장하는 <통일외교> 놀음"이라는 문장을 통해서 중국 정부가 한국의 박근혜대통령이 주장하는 '통일대박'이라는 정책에 협조하는 것에 대해 공개적으로 간접 비난과 견제를 하였다.[10] 2017년 1월 27일에는 북한외무성이 "너절한 처사, 유치한 셈법"이라는 담화를 통해서 유엔 대북제제결의에 찬성하는 중국을 "명색이 대국이라고 자처하는 나라가 주대도 없이 미국의 장단에 춤을 추면서도 마치도 저들의 너절한 처사가 우리의 인민생활에 영향을 주려는 것은 아니며 핵계획을 막기 위한 것이라고 변명하고 있다."라고 비판하기도 하였다.[11]

2017년 5월 4일 "조중관계의 기둥을 찍어 버리는 무모한 언행을 더 이상 하지 말아야 한다"라는 주제로 『로동신문』은 중국의 정부언론들의 대북언론과 중국정부의 대북제재동참을 과거 역사적 주중관계까지 언급하면서 "조중관계의 <붉은 선>을 우리가 넘어선 것이 아니라 중국이 란폭하게 짓밟으면서 서슴없이 넘어서고 있다."라고 비판하였다.[12] 2017년 9월 22일 『로동신문』은 "창피를 모르는 언론의 방자한 처사"라는 제목으로 중국언론이 북핵을 비난하는 것에 대하여 다음과 같이 강력하게 비판하고 협박하였다.

> 조선이 갈 길은 조선이 안다. 중국이 그 누구에게로 갈 때 납작 엎드리고 갔다고 해서 조선도 그래야 한다는 법은 없으며 그걸 배우라고 강요할 필요는 더욱 없다. …… 주제넘게 지시봉을 들고 남에게 삿대질을 할 것이 아니라 제 코나 씻는 것이 낫다. 조선은 이름 그대로 해솟는 아침의 나라이며 조선에서 서산락일을 구경하려면 중국 쪽으로 머리를 돌려야만 한다.[13]

2018년 2월 8일 남북한관계가 평창동계올림픽을 계기로 개선될 즈음에도 북한은 중국언론의 남북한관계에 대한 평론이나 북한비핵화에 대한 논조에 대하여서 다음과 같이 비판하였다.

중국의 언론들에서 울려나오는 이러한 횡설수설을 우리는 남의 민족내부문제에 코를 들이밀고 간섭하려는 주제넘은 행위로, 조선반도 핵문제의 본질도 모르는 우매한 론리, 궤변으로 타매하지 않을 수 없다. …… 조선의 북과 남이 긴장완화와 평화에로 지향하고 있는데 속이 뒤틀린 자들의 불만의 표출로서 북남화해분위기에 집중된 국제적 시선을 분산시켜놓으려는 심술궂은 행태이다. 마치 잔치집의 담을 넘겨다보는 그 무엇처럼 비루하기 그지없다. …… 중국언론이 제 할 소리는 못하고 뚱딴지같이 그 누구의 <비핵화>를 떠드는 것이야 말로 어불성설이다. …… 북남관계문제를 핵문제의 볼모로 삼아 저들의 간섭공간을 조성하려 하고 있다. 결국 <주동적이고 적극적인 주변외교>란 다른 나라와 민족에 대한 공공연한 내정간섭으로서 국제사회에 불쾌한 인식만을 심어주고 있다. …… 시대에 대한 판단에서 청맹과니 노릇을 계속 한다면 닭 쫓던 개 신세를 면치 못한다는 것을 알아야 한다. 주책없는 참견질은 <대국>의 체모에 어울리지 않는다.[14]

북한이 언론을 통해서 중국을 이와 같이 직간접으로 비난한 것은 중국의 문화대혁명기간을 제외하고 70년 양국관계 역사 속에서 그리 흔한 경우는 아니었다. 양국관계가 정상화한 이후 상호관계가 늘 안정적인 것은 아니었고, 내외환경의 변화 속에서 기복은 심하였다. 하지만, 과거 70년 동안 양국은 특수한 정치군사동맹이라는 상호관계 기본적 패러다임을 벗어나지는 않는 관계를 유지하여 왔기 때문이다.

첫째, 북한과 중국 사이에 쌍방관계를 표현하는 대표적 용어가 1992년 이전에는 '社會主義血盟關係'(사회주의혈맹관계)였다면, 그 이후에는 주로

'傳統友好合作關係'(전통우호합작관계)였다. 1980년대 중반부터 중국은 개혁개방정책을 확대하면서 '獨立自主和平外交'(독립자주화평외교)로 전통적 이념외교와 동맹외교를 포기하였고, 1990년대 이후에는 특정한 국가들과 '동반자관계'를 의미하는 '夥伴關係'(과반관계)를 한국을 포함한 각국과 외교관계에서 가장 중요한 용어로 사용하여 왔다. 하지만, 중국은 북한과 관계에서는 그러한 '夥伴關係'라는 용어를 사용하지 않았고, 현재도 '傳統友好合作關係' 혹은 '傳統友誼(전통우의)', 혹은 북한에서는 '전통친선'이라는 용어를 사용하고 있다. 물론 '과반관계' 즉 동반자관계라는 용어를 미국 혹은 일본과의 관계에서는 쓰지 않고 있지만, 한국과의 관계에서는 '戰略合作夥伴關係'(전략합작과반관계)라는 하는 것처럼 대부분의 국가와의 관계에서 이를 사용하고 있다.

중국정부가 북한과 관계에서 타국과 관계에서 주로 사용하는 '夥伴關係'가 아닌 '傳統友好'나 '傳統友誼'를 사용하는 그 자체가 중국외교에서 대북한관계를 특수하게 취급하고 있다는 것을 분명하게 보여주는 것이다.

둘째, 양국관계에서 중국공산당과 조선로동당의 정당외교가 국가외교보다 앞선다는 것은 양의 정치이념체제가 양국관계에서 중요한 기제라는 것을 보여주는 것이다.[15] 중국공산당은 북한과의 관계를 사회주의이념을 공유하는 관계라는 것을 분명하게 강조하기 위해 중국공산당과 조선로동당의 관계, 즉 정당외교를 양국관계의 기본 틀로 유지하고 있다.

예를 들면, 2018년 3월 이후 9개월 동안 김정은이 4번이나 중국을 방문했는데, 기차로 방문할 때는 중국의 丹東驛(단동역)에서 그를 영접한 중국측 인사는 외교부장이 아니라 "시진핑총서기와 중국공산당중앙위원회의 위임을 받은 중국공산당중앙위원회대외연락부장 송도(宋濤)"였고, 북경역과 북경수도비행장에서 김정은을 영접하고 환송한 것은 "중국공산당중앙위원회 정치국상무위원회위원이며 당중앙위원회서기처서기 왕호녕

(王滬寧)"이었다. 이처럼 정당관계를 양국관계 기제로 하고 있는 것도 북중관계가 중국공산당과 조선로동당의 특수한 전통적 관계라는 것을 의도적으로 대외에 강조하고 있는 것이다.

셋째, 북중관계의 가장 큰 특징은 북한과 중국은 현재도 여전히 조약에 근거한 정치군사동맹체제를 유지하고 있다는 점이다. 북중 양국은 여전히 1961년 체결한 《우호, 협조 및 호상원조에 관한 조약》에 근거한 정치군사동맹을 기반으로 양국의 내외정책과 주변환경 변화 속에서 발생한 갈등도 쉽게 잘 극복하여 왔다.

2012년 이후 북한의 핵미사일개발과 실험문제로 6년 동안 심각하게 갈등에 처해 있던 양국의 관계였음에도 불구하고, 김정은이 다른 어떤 국가의 최고지도자도 중국에서 받지 못했던 환영을 중국공산당의 명의로 받으면서, 중국의 習近平총서기와 정상회담을 2018년~2019년에 개최하고 상호관계를 급속하게 회복될 수 있었던 것도 양국이 정치군사동맹이라는 특별한 조약체계를 상호관계의 기제로 여전하게 유지하고 있기 때문에 가능한 것이었다고 볼 수 있다.

2. 북중외교정책 패러다임 변화와 북중관계

중국이나 북한의 대외정책 패러다임도 지속적으로 변해 왔다. 중국의 경우, 건국 후 1950년대는 사회주의진영외교와 '親蘇一邊倒'(친소일변도) 정책; 1960년대에는 중소관계 갈등을 반영하는 '中間地代論'(중간지대론)과 비동맹외교; 1960년대 중반부터 1970년대 초까지 문화대혁명시기 극좌외교노선으로 '三反外交'(反帝國主義 反修正主義 反反動主義); 1970년대 중반 이후에는 소련을 견제하기 위해서 미국과 관계 개선을 추진하고 대외관계에서 전통적 사회주의 이념보다 현실주의를 반영하는 '反覇權主義'(반패권주의), '三個世界論'(3개세계론)을 대외정책 패러다임으로 삼았다.

1980년대 경제개혁개방정책을 본격적으로 시작하면서 대외정책에서 탈이념과 탈동맹을 기조로 국제관계 전략개념으로 '평화와 발전'을 강조하면서, '反覇權主義'와 '獨立自主和平外交政策'(독립자주화평외교정책)를 패러다임으로 정하고, 각국과 관계에서 동반자관계 즉, '夥伴關係'(과반관계)를 추진하였고, 2000년대 이후에는 종합국력 성장에 맞추어 '大國外交(대국외교)'와 '周邊外交'(주변외교), '新型大國關係'(신형대국관계)와 '新型國際關係'(신형국제관계) 등과 같은 새로운 대외정책과 국제관계 패러다임을 주장하고 있다.

1980년대 이후 사회주의현대화를 전략목표로 경제분야에서 개혁개방정책을 적극적으로 추진하면서도, 정치적으로는 중국공산당이 유일한 집권당이며, '중국공산당 영도'와 '사회주의 도로', '마르크스레닌주의와 毛澤東思想'(모택동사상), '人民民主專政'(인민민주전정)이라는 정치이념체계를 견지한다는 '四項基本原則'(사항기본원칙)을 포기하지 않고 있다.[16]

하지만, 대외정책에서는 전통적 사회주의이념이나 패러다임을 반영하는 개념과 용어조차 이미 포기하였고, 서방의 국제관계이론까지도 수용하면서 실용주의적 보편적 국제관계 패러다임을 대외관계에 적용하려고 노력하고 있다. 중국에서는 1970년대 이전 늘 사용했던 '反帝國主義'(반제국주의), 혹은 '國際主義'(국제주의)나 국제사회에서 '無産階級革命'(무산계급혁명)과 같은 전통적 사회주의 이념에 근거를 둔 외교정책이나 국제관계와 관련된 용어는 더 이상 사용하지 않고 있다. 즉, 중국외교는 1970년대 중반 이후 전통적 사회주의 이념외교 패러다임을 포기하기 시작하였고, 1980년대 이후 현실주의 실리주의를 기본 패러다임으로 수용하였다.

단지, 대외관계에서 반제국주의나 국제주의와 무산계급혁명과 같은 이념적 용어는 더 이상 사용하고 있지 않지만, 중국공산당 일당독재 정치이념체제 특수성을 바탕으로 하는 전통적 패러다임 혹은 냉전적 사고방식, 혹은 공산당의 독특한 '통일전선전술'이 대외관계에 여전히 전략적 전술적으로 활용되고 있다는 점은 부정할 수 없는 사실이다.

경제적으로 최대 교역국이면서 정치적으로 심각하게 대립하는 중미관계에서도 그러한 냉전적 패러다임이 나타나고 있으며, 북중관계에서는 전통적 공산당 중심의 정치체제 패러다임을 여전히 보여주고 있다. 김정은이 2018년 3월부터 2019년 1월까지 4차례 중국을 방문하는 기간에 양국 언론에 발표한 김정은을 영접한 중국측 지도자들의 직함에 중국공산당의 중앙위원회총서기, 중앙위원회위원 등의 당 직책을 앞에 언급하는 것은 물론, 중국외교부가 아닌 중국공산당 중앙위원회 대외연락부가 중심이 된 의전방식은 중국과 북한의 관계는 중국공산당과 조선로동당이 영도하는 사회주의 정치체제를 기반으로 하는 전통우호 혹은 친선관계라는 것을 분명히 보여주었다.[17]

북한의 외교정책 패러다임도 주변환경 변화 속에 분명하게 변해 왔지만, 중국과 달리 현재까지도 사회주의 이념체제를 대외관계에서 포기한 것은 아니다. 건국초기 1950년대는 중국과 마찬가지로 사회주의진영외교로 시작하였으며, 1950년대 중반 중소관계에서 갈등이 발생하자 중소관계에서 등거리를 유지하려고 노력하면서 편승외교전략으로 1961년 중국과 소련과 각각 《우호, 협조 및 호상원조에 관한 조약》을 체결하였다. 그 이후 북한은 자주노선 혹은 주체외교를 주장하면서 중소 사이 등거리외교, 자주적 비동맹외교와 반제국주의투쟁을 적극적으로 주장하여 왔다. 1970년대는 중소관계의 악화, 중미관계의 개선, 한국의 경제발전과 대외관계 확장으로 변화하는 대외환경을 고려하여 북한은 대외관계에서 자주노선과 실리외교를 더욱 강조하였고 자본주의국가들과 관계도 개선하였다.

1980년대 말 중국을 포함한 사회주의국가들의 개혁개방정책이 가속되면서 북한도 개혁개방조치와 더불어 실리외교를 더욱 강조하였다. 1990년대 초 탈냉전과 더불어 소련과 동부유럽 사회주의국가체제가 붕괴하면서 북한은 외교적으로 고립위기에 처하였으며, 이를 탈피하고자 대미, 대일관계 개선을 추진하는 새로운 외교정책을 시도하였지만 성공하지 못하였다.[18] 김일성 사망 이후에는 외교적 고립, 경제적 '고난행군' 속에서 국제사회의 지원을 획득하기 위해서 1998년부터 전 세계 국가들에 대한 '전방위 외교'를 추진하였고, 2000년대에는 핵무기의 개발과 실험을 중요한 대외전략으로 활용하기 시작하였다. 이와 같이 북한은 1960년대부터 사회주의진영외교 외에도 주체외교와 실리외교를 대외정책 패러다임으로 정착시키려고 노력하였고 상당한 성과도 거두었다.[19]

김정은은 2019년 신년사에서 "자주, 평화, 친선의 이념에 따라 사회주의나라들과의 단결과 협조를 계속 강화하며 우호적으로 대하는 모든 나라들과의 관계를 발전"시킨다는 대외관계 패러다임을 강조하고 있다. 북한은 김일성 김정일 김정은으로 이어지는 조선로동당 일당독재 3대세습 정치체제와 주체사상의 정치적 패러다임을 유지하면서도, 자주외교, 실리외교나 전방위외교를 추진해 왔다. 하지만, 2019년 현재까지도 '반제국주의'와 '반자본주의' 혹은 각종 형태의 '혁명'을 강조하는 등, 대외관계 패러다임에서 정치체제와 이념굴레라는 한계와 모순을 벗어나지 못하고 있다.

최근에도 자본주의를 비평하면서 "제국주의자들과 그 어용나팔수들이 멸망의 나락에 빠져들고 있는 자본주의를 건져보려고 사회주의를 악랄하게 헐뜯고 있다"라고 하고, 또 최근 자력갱생을 강조하면서 "죽을지언정 절대로 제국주의의 노예가 되지 않겠다는 혁명적 신념"을 강조하기도 하였다.[20] 북한의 '핵경제병진전략'은 1990년대 이후 변화하는 주변환경 속에서 선군사상과 주체사상을 기조로 하는 '3대세습' 정치체제로 인하여 개혁개방을 기조로 하는 패러다임 전환이 실패한 후 야기된 '안전딜레마'

를 극복하고자 선택한 전략이며, 무력 중시 현실주의노선이면서도 이념적 틀에서는 반제국주의 반자본주의 이념 패러다임을 벗어나지 못하고 있다.

중국에서는 개혁개방정책과 그에 따른 대외정책 패러다임 전환이 성공적으로 진행된 반면, 북한에서는 개혁개방정책 실패와 외교적 고립이 심화되면서 패러다임 전환에 실패하였다. 특히 김정일에서 김정은으로 이어지는 세습과정에서 국가와 체제의 '안전딜레마'를 극복하지 못하고, '선군사상'에 기조를 둔 '핵경제병진전략'을 택하였고, 그로 인하여 개혁개방을 기조로 하는 패러다임 전환에 성공한 중국 대외정책과 상호적응하지 못하면서 양국관계는 불안정한 국면이 반복되는 상황에 처하게 되었다. 특수한 정치군사동맹이라는 기제는 유지하면서도 국내외 환경변화와 대내외정책 패러다임 전환으로 인한 갈등 속에서 북중관계는 갈등-회복-갈등-회복이 반복되는 불안정한 상황을 벗어나지 못하였다.

북중관계의 변화에 대한 시기분류는 학자들의 주요 관심에 따라 차이가 있다. 예를 들면 『북한-중국관계 1945~2000』(이종석)에서는 중국내전 시기 북중관계, 한국전쟁과 북중관계, 전후 북중관계, 중국의 대내외정책 변동과 북중관계, 탈냉전기의 북중관계로 나누고 있다. 『북한·중국관계 60년 -'순치관계'의 구조와 반응』(히라와 슌지저)에서는 '脣齒關係'(순치관계) 구조와 변용을 기준으로 중북관계 변화를 논하면서, 중국인민지원군 파견, 상호우호협력조약 체결, 중소논쟁과 대미인식, 중국 개혁개방정책, 한중국교정상화, 김일성 사망, 북핵문제 등 요인들을 중심으로 양국 '순치관계' 변화를 논하고 있다. 『朝鮮對外戰略史硏究』(金祥波)에서는 북중관계를 북한의 전반적 대외전략과 정책변화, 즉 패러다임 변화 맥락에서 논하고 있으며, 건국초기 사회주의 진영외교시기(냉전시기), 후냉전시기, 김정일시기, 북한핵전략시기 등으로 나누어서 설명하고 있다.

학자들의 관점에 따라 서로 다른 용어와 시기로 분류하고 있지만, 북중관계 변화는 현대 국제관계 패러다임 전환을 기준으로 보면 냉전시기와 후냉전시기로 나눌 수도 있으며; 북한을 기준으로 김일성과 김정일 및 김정은 3대를 기준으로 나누어서 논할 수도 있으며; 중국을 기준으로 보면 毛澤東시기, 鄧小平시기와 後鄧小平시기로 나눌 수도 있다. 양국 내외환경과 정책변화에 따른 패러다임 변화를 기준으로 아래와 같이 북중관계 변화를 시기별로 7단계로 나눌 수가 있다.

  1단계: 냉전시기 사회주의진영외교와 '선혈로 맺은 사회주의혈맹'의
       시작

  김일성은 원래 중국의 동북지역 즉 만주지역에서 중국공산당에 가입하고 東北抗日聯軍(동북항일연군) 소속으로 항일활동하다가 소련으로 갔고, 그 후 소련군과 함께 귀국 정권수립을 준비하였다. 김일성은 1946~1949년 사이 중국공산당이 중국 국민당정부와 동북만주지역에서 벌인 내전 즉 '해방전쟁' 기간 동안 중국공산당을 지원하였다. 1949년 10월 정권을 수립한 중국공산당 정권은 1년 전 1948년 9월 정권을 수립한 김일성의 조선로동당 정권과 최초로 국교를 수립하였고 그 후 양국관계는 특수한 관계로 발전하였다. 중국정부도 북한과 마찬가지로 건국과 동시에 사회주의진영외교를 중심으로 하는 대외정책 패러다임을 택하였고, 중국과 북한도 그러한 사회주의진영외교 패러다임으로 상호관계를 구축하였다. 중국정부는 김일성의 북한정권이 6.25전쟁을 준비하자 휘하 '조선족부대'(조선의용군)를 북한으로 귀국시켜 병력을 지원하였고, 전쟁 발발 후 유엔군 개입으로 김일성정권이 패할 위기에 처하자, '中國人民志願軍'(중국인민지원군)을 '抗美援朝 保家衛國'(항미원조 보가위국: 미국에 대항하여 조선을 원조하고, 집을 지키며 국가를 보위한다)이라는 참전구호로 대규모 파견하여 북한을 패전에서 구원하고 정전협정을 주도하면서 현재와 같은 남

북한의 분단을 고착화시켰다. 이러한 과정을 거쳐서 건국 초기 북한과 중국은 사회주의진영외교 틀 속에서 '선혈로 맺은 사회주의혈맹관계'를 구축할 수가 있었다.

제2단계: 냉전시기 중소대립과 북한의 자주외교 속에서 '선혈로 맺은 사회주의혈맹'의 갈등

1950년대 중반부터 중소대립으로 사회주의진영 내부 갈등이 심화되자, 북한은 대중소관계에서 등거리를 유지하려고 하면서, 편승전략으로 자기이익을 극대화하는 자주외교 혹은 주체외교라는 대외정책의 새로운 패러다임을 선택하였다. 김일성은 북한정권 내부 친중국 연안파와 친소련파를 1960년대 초까지 모두 숙청하여 독자적 권력을 확보한 후, 새로운 대중관계, 대소관계를 모색하였다. 1961년 북한은 중국 및 소련과 각각 정치군사동맹을 내용으로 하는 《우호, 협조 및 호상원조에 관한 조약》을 체결하였다. 중국과 북한은 1962년 《국경조약》(중국에서는 邊界條約이라고 함)을 체결하여 양국의 국경선을 북한에 유리하도록 획정하였다.[21]

중국과 소련의 갈등이 심화되면서 양국은 대북한 정책에서도 경쟁하는 국면을 피할 수가 없었고, 북한은 자주외교로서 양국과 등거리를 유지하려고 노력하였다. 중국은 북한과 관계를 공고히 하고자 심지어는 양국관계를 '外交'가 아닌 '內交'의 '同志關係'(동지관계)로 표현하기도 하였다. 1958년 4월 30일 당시 中共中央總書記 鄧小平(중앙중앙총서기 등소평)은 북한주중대사 韓益洙(한익수)를 접견하면서 양국관계에 대하여 "우리는 형제국가 사이로 본래 外交를 해서는 안 되며 마땅히 內交로 하여야 한다. ……우리는 同志關係(동지관계)이며, 內交를 하고, 外交를 하지 않아야 완전한 동지관계이다."라고 말하였다.[22]

제3단계: 냉전시기 중소갈등과 중국문화대혁명 속에 '사회주의혈맹'의
약화

1960년대 중반에서 1970년대 초까지 중국에서는 毛澤東이 주도하는 文
化大革命(문화대혁명)이라는 노선과 권력투쟁이 전국적으로 발생하였다.
毛澤東은 자신의 극좌노선과 권력을 지키기 위해서 대내적으로는 紅衛兵
(홍위병)을 동원한 '無産階級繼續革命'(무산계급계속혁명)이라는 투쟁을 전
개하였다. 대외적으로는 극좌고립외교로 미국을 반대하는 '反帝國主義'(반
제국주의), 소련을 반대하는 '反修正主義'(반수정주의) 및 중국에게 반하는
일체에 대항하는 '反反動主義'(반반동주의)라는 '三反外交'(삼반외교)를 대
외정책 패러다임으로 선택하였다. '三反外交' 패러다임으로 중국은 소련을
수정주의로 매도하였고, 중국과 소련 사이에 등거리를 유지하려는 김일성
을 소련을 추종하는 '小修正主義者'로 비난하였고, 양국 사이 국경충돌이
발생하고 싱호교류도 중단되었다. 중국과 갈등이 심화되면서 북한의 자주
외교도 북경보다는 소련에 편향된 '중립'이 될 수밖에 없었고, 북중관계
는 조약에 근거한 정치군사동맹을 형식적으로 유지하고 있었지만, '사회
주의혈맹'이라는 약화되었다.

제4단계: 동서화해(데탕트) 과정에서 대국관계의 변화와 '사회주의혈
맹'의 회복

1970년대 자유주의국가들과 사회주의국가들 사이 냉전적 이념대결보
다는 상호공존을 탐색하면서, 동서화해를 모색하는 데탕트라는 새로운 국
제관계 패러다임이 등장하였다. 중국도 문화대혁명 기간 극좌외교노선이
었던 '三反外交' 고립주의 이념외교 패러다임을 탈피하면서, 미국을 포함
하여 일본이나 유럽 서방국가들과 새로운 관계를 모색하기 시작하였다.
그 과정에서 중국은 미국과 소련의 패권에 반대하는 反覇權主義(반패권주

의)와 '三個世界論'(삼개세계론)을 새로운 대외정책 패러다임으로 제시하였다.

삼개세계론은 이념체제보다는 경제군사력으로 전 세계 국가를 제1세계(미국과 소련), 제2세계(일본과 유럽국가)와 제3세계(중국과 아시아·아프리카·라틴아메리카 국가들)로 나누고, 중국을 포함하는 제3세계 국가들이 제2세계 국가들과 단결하여 제1세계 미국과 소련의 패권주의에 대항해야 한다는 패러다임으로, 실지로 당시 중소갈등이 중미갈등보다 심각하였기에 그것은 일종의 聯美抗蘇(연미항소)의 전략적 의도가 강한 것이었다. 毛澤東이 1976년 사망한 이후, 1978년부터 권력을 장악한 鄧小平은 개혁개방정책을 성공하기 위한 '평화'와 '발전'을 기조로 하는 새로운 국제관계 패러다임을 주장하면서 '獨立自主和平外交政策'(독립자주화평외교정책)을 추진하였다. 북한도 사회주의 국가들의 개혁을 모방하여《합영법》을 실시하는 개혁개방정책을 시도하였고, 대외정책에서도 실리외교를 강조하면서 북중관계도 회복되기 시작하였다. 1982년 9월부터 1992년 6월까지 북한은 71차례 정부대표단을 중국에 파견하였고, 중국도 14차례 대표단을 북한에 파견하는 등 양국 최고지도자 상호방문을 포함하여 총 85차례 대표단을 교환하였다.[23]

제5단계: 한중수교와 북중관계의 구조적 조정: '사회주의혈맹관계'에서 '전통우호관계'로 전환

국제적 냉전체제 패러다임 아래서 1970년대까지 한중관계는 사실상 완전하게 단절된 상황이었기 때문에 한중관계가 북중관계에 미치는 영향은 거의 없었다. 하지만, 1980년대 한국정부가 북방정책으로 동부유럽 사회주의 국가들은 물론이고 소련과 중국과 관계개선을 적극적으로 시도하면서, 한중관계가 북중관계에 영향을 미치는 중요한 요인이 되기 시작하

였다. 1992년 8월 한국과 중국의 외교관계 수립은 중국의 대북관계 혹은 한반도정책 패러다임을 근본적으로 변화시키는 계기가 되었다. 한중수교 초기 중국은 남북한에 대한 등거리관계 유지를 기본 전략으로 북한과는 기존 정치군사동맹관계를 유지하고, 한국과는 비정치관계를 중심으로 상호관계 발전을 추진하였다. 하지만, 한중관계가 급속하게 발전하면서, 북중관계는 상대적으로 약화될 수밖에 없었고, 양국관계는 '사회주의혈맹'에서 '전통우호관계'로 전환되었다.

그 결과 중국이 사회주의진영외교 패러다임으로 북한에 무상으로 혹은 '우정가격'으로 거래하던 경제교류체계도 일반 국가 사이 무역거래 방식으로 변화하였다. 한중관계가 지속적으로 크게 발전하면서, 북중관계는 상대적으로 더욱 소원해졌고, 소련과 동부유럽 사회주의체제 붕괴로 인하여 북한은 외교적으로 고립이 심화되었고, 개혁개방정책도 실패하면서 심각한 경제위기에 봉착하게 되었다. 1994년 최고지도자 김일성이 사망하는 정치적 위기가 겹쳐지면서, 북한 스스로 이 시기를 '고난행군'으로 규정한 비상상황에 처하게 되었고, 한중수교로 악화된 북중관계도 더욱 심각하게 냉각되었다.

제6단계: 탈냉전시기 북핵위기 속에서 '전통우호관계' 회복과 실패 반전

북한이 '고난행군'이라는 위기에 처한 상황에서 정권을 계승한 김정일은 내적으로는 '선군정치'로 정치경제를 안정시키고자 노력하면서, 대외적으로 전방위외교전략으로 비사회주의 국가와 대서방국가 외교를 강화하였다. 대남정책에서도 한국의 김대중정부와 이어진 노무현정부와 협력을 모색하고, 한편으로 핵미사일을 개발하는 '핵경제병진정책'으로 국가와 정권체제의 '안전딜레마'를 극복하고자 시도하였다. 이와 더불어 중국과 북한은 한중수교 후 악화된 양국관계를 회복시키는 적극적 노력을 시

작하였다.

1999년 6월 북한 김영남 최고인민회의 상임위원장의 중국방문을 시작으로 양국 교류가 다시 확대되고, 2000년 3월에는 김정일이 중국대사관을 방문하면서 관계회복을 위한 협력소통을 본격화하였다. 중국은 북핵문제와 한반도문제를 동시에 해결하고자 '6자회담'을 주도하면서 한반도문제에 적극개입하는 정책을 시도하였지만, 북한의 지속적 핵개발, 남북한관계 불안정과 갈등반복, 북미갈등 심화로 중국이 주도한 '6자회담'은 성공하지 못하였다.

하지만, 김정일이 2000년부터 2011년까지 모두 7차례나 중국을 방문하면서 북중 양국은 '전통우호관계'라는 패러다임을 정착시키는 전략소통과 상호협력을 크게 강화하였다. 2011년 12월 김정일의 급작스러운 사망 이후 정권을 계승한 김정은이 체제안전의 딜레마를 극복하기 위해서 핵과 미사일 개발시험을 계속하자, 남북한관계와 북미관계가 크게 악화되었으며, 중국도 북한 핵과 미사일 개발을 반대하고 유엔의 대북제재를 지지하면서 북중관계는 다시 악화되었다. 중국이 북한의 핵미사일시험에 대한 유엔제재에 동참하면서, 북한과 중국의 관계는 2018년 3월까지 6년간 정상외교도 사실상 단절되는 심각한 갈등 국면에 처하게 되었다.

제7단계: 남북한관계, 북미관계 조정 속에 '전통우호관계' 회복

2018년 3월 평창동계올림픽을 계기로 실현된 남북정상회담과 북미정상회담으로 남북한과 북미가 한반도평화와 북한비핵화를 의제로 새로운 상호관계 패러다임을 탐색하는 과정을 시작하였다. 이 과정에서 북중 사이 새로운 협력이 필요하였고, 이에 김정은이 2018년 3월, 5월과 6월에 3차례 중국을 방문하였고, 이를 통해서 6년간 냉각되었던 북중관계를 회복시키는데 성공하였다. 북한과 중국은 사회주의이념을 공유하면서《우

호, 협조 및 호상원조에 관한 조약》에 근거한 정치군사동맹체제를 양국관계가 갈등을 겪는 시기에도 그대로 유지하여 왔기에, 그것을 바탕으로 남북한관계와 북미관계 개선 및 '조선반도비핵화'라는 과정에 적극적으로 적응할 수 있는 '전략소통'을 강화하는 것에 합의하였다.

2019년 2월로 예정된 제2차 북미정상회담을 앞두고 1월 7~10일 사이 김정은이 다시 북경을 방문하면서 9개월 사이 4차례 중국을 방문하는 정상외교를 통해서, 양국은 "조선반도 정세관리와 비핵화 협상과정을 공동으로 연구 조종해 나가는 문제와 관련하여 심도 있고 솔직한 의사소통을 진행"하였다고 발표하였다.[24] 중국은 북핵문제와 한반도문제의 해결을 위해서 적극적으로 '건설적 역할'을 발휘하겠다고 약속을 하고, 양국은 전략소통과 교류협력을 통해서 미래 '중조우의'를 더욱 공고히 하겠다는 합의도 함으로서 갈등을 극복하고 협력하여 상호관계를 새로운 패러다임으로 발전시키도록 노력하고 있다. 북한비핵화와 북미관계 개선, 남북한 평화기제의 정착과 같은 난제들이 해결되어야 한다는 전제조건이 있지만, 양국이 2019년 지난 6년 간 갈등을 극복하고 새로운 관계 패러다임을 발전할 수 있는 상태를 회복하였다는 점에서는 이의가 있을 수가 없다. 이것은 2019년 6월 시진핑 주석의 평양 방문으로 확인되었다.

IV. 북중한전략삼각관계와 북중관계의 구조적 변화

1. 더욱 분명해진 북중한전략삼각관계의 구조적 특징[25]

1992년 한국과 중국이 수교하면서 중국을 중심으로 중북과 중한 그리고 남북한 사이 전략적 삼각관계가 구조적으로 성립되었다. 수교 이후 한중관계는 순조롭게 발전한 반면, 북중관계는 전통적 '사회주의혈맹'에서 '전통우호관계'로 패러다임이 전환되었고 실질적으로 상호관계가 축소 조정되었으며, 그에 따라 북중관계에서 새로운 갈등이 지속적으로 발생하였고, 상호관계는 긴장과 회복 패턴을 다시 반복하였다.

경제무역, 인적교류, 유학생교류 등 비정치적 교류분야에서 중국과 한국의 상호관계는 양국의 대외관계에서 '최고', '최다'라는 수준으로 순조롭게 발전하였다. 2014년 晳近平 국가주석의 한국 방문, 2015년 9월 박근혜대통령이 미국의 반대에도 불구하고 중국 '항일전쟁 승리 70주년' 열병식까지 참석하면서 양국 사이 최고지도자와 국방부의 핫라인까지 개설을 합의하였고, 한중양국의 전략협력동반자관계는 더욱 격상되었다.

하지만, 지속되는 북한의 핵미사일 개발과 실험으로 인하여 남북한관계뿐만 아니라, 북미관계에서 심각한 갈등이 발생하였다. 한반도비핵화를 주장해 온 중국은 북한의 비핵화와 핵미사일 시험발사 중지를 요구하는 국제사회의 대북제재에 동참하였고, 그로 인하여 북중관계에서 새로운 갈등을 피할 수가 없었다. 북한과 정치군사적 동맹관계를 여전히 유지하고 있던 중국이기에 북한을 한편으로 압박하면서도, 북한의 안전을 보호할 수밖에 없는 딜레마에 처하였고, 북중관계는 물론이고 한중관계도 긴장하게 되었다.

북한의 핵미사일 개발시험 갈등이 고조되면서, 한국정부는 2016년 미국이 제공하는 사드방어시스템(THAAD)을 국내에 배치하기로 결정하였고, 이에 한중관계는 수교 이후 가장 심각한 갈등에 처하게 되었다. 2016~2017년 사이 한국, 중국과 북한의 3국 전략삼각관계에서 한중관계, 북중관계, 남북한관계가 '북핵안전딜레마'로 인하여 모두 심각한 갈등에 처하고, 중국의 대한반도정책 자체가 최악의 상황이 되었다. 박근혜정부의 사드배치와 '통일대박론'에 따른 한반도 긴장을 사유로 중국정부는 한국정부와 외교적 실무대화까지 거부하고, 한국에 대한 '限韓令'(한한령)으로 경제분야, 문화분야와 관광분야까지 교류를 제한하는 보복조치를 취함으로서 한중관계도 수교 이후 가장 악화되었다.

중국이 북한의 핵과 미사일 개발을 공개적으로 반대하면서 유엔의 북한에 대한 제재조치에 찬성하고, 북한은 핵과 미사일의 개발과 실험을 계속하면서, 북중관계도 전례없이 악화되었다. 비핵화를 전제로 하는 한국정부의 대북정책과 북한의 거부, 그리고 이어진 한국정부의 '통일대박론' 속에 남북한관계도 전례없는 갈등상황이 되었다.

박근혜대통령이 탄핵으로 물러난 후 2017년 5월 집권한 문재인정부가 10월 중국과 사드문제와 관련한 '三不原則'(삼불원칙)을 합의하면서 한중관계는 회복되기 시작하였고, 2018년 평창동계올림픽을 계기로 남북한관계도 3번의 정상회담을 거쳐서 급속하게 완화되었다. 남북한관계의 변화와 제1차 북미정상회담이 개최되면서 북한비핵화와 한반도평화체제에 대한 새로운 패러다임이 논의되고, 이러한 변화 속에서 북중관계도 김정은의 4차례 중국방문으로 급속하게 회복되었다.

한중, 북중, 북미, 남북한관계가 2018년을 계기로 대전환하기 시작함으로서 북중한전략삼각관계도 2016~2017년의 전례 없이 3자관계 모두가 갈등에 처한 국면을 극복할 수 있는 전기를 마련하였다. 이러한 갈등과정을 거치면서 북중한전략삼각관계가 구조적 전략적으로 상호연계성이 아주 강하다는 것이 다시 한 번 증명되었고, 북중한전략삼각관계의 전략적 구조적 갈등은 남북한 통일이 완성되는 그날까지 지속될 수밖에 없다는 것이 더욱 분명해졌다.

미중소전략삼국관계를 분석하면서 전략삼각관계이론을 체계화한 로우웰 디트머(Lowell Dittmer)는 전략삼각관계를 '삼자동거관계'(the menage a trois), '로맨틱삼각관계'(romantic triangle), '안정결혼관계'(stable marriage)의 세 가지 유형으로 분류하였다. '삼자동거관계'는 삼국관계가 모두 정상적이고 문제가 없는 상황을 말하는 것이며, '로맨틱삼각관계'는 <그림 Ⅳ-1>에서 나타난 것과 같이 한중북 3국 전략관계에서 예를 들면 중한과 중북 두 측변관계는 정상이지만, 남북한 한 측변 관계는 비정상적 관계를 말하며; '안정결혼관계'는 중한, 중북, 남북한 삼각관계에서 어느 한 측변 관계는 정상이지만, 나머지 두 측변 관계는 비정상적으로 불안정하고 나쁜 상황을 말한다.[25]

전략삼각관계가 북중한 3자 사이에 성립하기 위해서는 중국, 한국, 북한(조선)이 모두 합법적 당사자로서 전략과 정책이 양자관계와 삼각관계에 중요한 영향을 미치는 요인이 되어야 함을 전제로 한다. 1992년 한중 수교 이후 중국은 남북한과 모두 정상관계를 구성하였고, 남북한도 내적으로는 하나의 국가로 통일을 추구하는 국가분단 상태의 '특수한 관계'이지만 유엔에 각자 가입하고 있는 국제법상 엄연한 주권국가이다. 따라서 북한과 중국 및 한국이 합법적 당사자로서 양자관계와 삼각관계에서 서로 상호작용과 영향을 미치고 있기 때문에 <그림 Ⅳ-1>과 같이 북중한전략삼각관계는 분명하게 성립한다고 볼 수 있다.

1980년대 탈냉전 이전 4단계까지 중북관계는 '사회주의혈맹관계'였고 중한관계는 완전히 단절된 상황이었으며, 남북한관계도 일시적으로 회복과 단절을 반복하는 사실상 단절된 상황이었기에, 북중한전략삼각관계가 사실상 부재한 상황이었지만, 전략삼각관계의 유형으로 그 구조를 설명하면, 중북관계만 정상인 '안정결혼관계'라는 유형으로 볼 수가 있을 것이다. 수교 이전 중국에서 '남조선'은 상호관계가 완전히 단절된 적대국가였고, 북한 즉 '조선'은 유일한 '조선반도'의 합법정부로 인정하는 상황이었으므로 실질적으로 북중한전략삼각관계는 구조적 전략적으로 성립할 수가 없었다.

1992년 한중수교가 성사되면서 중국이 한국을 인정하면서 북중한전략삼각관계가 성립될 수 있었고, 북중관계는 위에서 언급한 시기구분으로 보면 제5단계에 진입하였고, 북중관계와 한중관계, 남북한관계가 상호 영향을 미치면서 북중한전략삼각관계가 실제로 구축되고 작동하기 시작하였다.

한중수교 이후 중국정부는 '조선반도'의 평화와 안정을 '대조선반도정책', 즉 대북정책과 대한정책의 기본기조로 주장하고, 중국의 입장에서 중한관계와 중조관계 사이에 균형 맞추고자 노력하였다. 중국에서 종래에 사용하던 '남조선'이라는 용어는 '한국'으로, 북한은 '조선'으로 용어를 명확하게 하였다. 한중관계가 발전하면서 상대적으로 북중관계가 소원해지고 혹은 북중 사이 갈등도 발생하였지만, 중국과 북한은 사실상 시효가 없는 《우호, 협조 및 호상원조에 관한 조약》(友好合作互助條約)에 근거한 징치군사동맹체제라는 특수한 관계를 양국 사이의 갈등여부와 상관없이 지속적으로 유지하여 왔다. 반면에 전략삼각관계의 또 다른 한 축인 남북한관계는 새로운 관계를 탐색하여 왔지만, 북핵문제가 심화되면서 2016

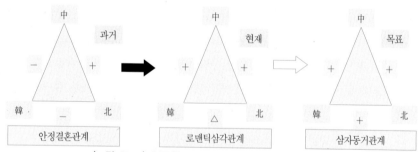

〈그림 Ⅳ-1〉 북중한전략삼각관계의 변화와 미래 목표

주: 상호관계를 표시에서 '+'는 정상적 관계, '-'는 심각한 갈등 혹은 단절된 관계,
   '△'는 새로운 관계 탐색을 의미함

년부터는 상호관계가 완전하게 단절되는 국면이 되었다. 1992부터 북중한삼각관계를 전략삼각관계의 구조로 보면, 한중관계와 북중관계는 비록 부분적 갈등은 존재하지만 정상을 유지한 반면, 남북한관계는 심각한 갈등에 처한 일종의 '로맨틱삼각관계' 유형으로 전환되었다고 볼 수가 있다.

2018년 문재인정부가 대북관계에서 적극적 비핵평화공세를 시작하면서 남북한관계도 '평화'와 '협력'이라는 새로운 패러다임의 상호관계를 모색하는 방향으로 전환되기 시작하였다. 즉, 북중한전략삼각관계에서 비정상적이던 한 축인 남북한관계가 정상적 관계의 패러다임을 모색하면서, 전략삼각관계는 1992년부터 형성되었던 '로멘틱삼각관계'의 유형으로부터 '삼자동거관계'라는 새로운 구조로 패러다임 전환을 시도하고 있다.

북중한전략삼각관계의 가장 이상적 유형은 3자가 평화적 공존관계와 정상적 관계를 유지하는 '삼자동거관계'이지만, 그 동안 남북한이 단절된 관계였기 때문에 남북한 사이 안정적 평화체제가 수립되기 이전에는 그러한 '삼자동거관계' 유형의 전략삼각관계를 기대하는 것은 한계가 있었다. 남북한관계가 한반도 혹은 북한 '비핵화'를 통해서 '영구평화체제'를 성공적으로 구축하고, 남북한 사이 정상적 교류협력 패러다임을 정착시킬 수 있다면, 70년 동안 불가능 했던 한중, 북중, 남북한 3자관계가 전략삼각관계에서 가장 이상적 구조유형인 '삼자동거관계'로 발전할 수 있을 것이다.

2. 북중한전략삼각관계 속에 북중관계 구조적 특징

전략삼각관계에서 상호관계 구조유형과 안정성은 삼국 사이 쌍변관계와 삼자관계를 구성하고 있는 전략관계 특징, 전략선택 방향, 상호관계에 대한 인식과 콤플렉스(중국어로는 '情結'라고 함), 혹은 삼국의 종합국력

변화, 대외정책과 상호관계 패러다임 변화 등 다양하고 복합적 요인의 영향을 받아 결정될 수밖에 없다.

현재 북중한전략삼각관계에서 가장 크게 영향을 미치는 요인은 '한반도비핵화' 혹은 '북한비핵화'를 통한 '한반도영구평화체제'의 구축문제라고 볼 수 있다. 남북한관계 갈등요인, 북한 정치체제안전이라는 불안정 요인, 중국과 미국 사이 한반도와 동북아지역에서 전략경쟁이라는 미국요인을 포함한 국제적 요인, 그리고 한반도에서 배타적 이익추구전략을 추구하는 중국요인 등으로 인하여 '한반도영구평화체제'의 구축은 이상적 희망일 뿐이기에, 북중한전략삼각관계가 '삼자동거관계' 구조유형으로 안정적으로 정착되는 것은 매우 어려운 과제일 수밖에 없다. 북중한전략삼각관계의 구조적 관점에서 보면, 북중관계는 구조적으로 다음과 같은 문제를 해결해야 안정될 수가 있을 것이다.

첫째, 북중한전략삼각관계에서 가장 갈등요인이 많은 한 축인 남북한관계를 현재의 불안정하고 상호 단절된 상황에서 평화적 공존이 가능한 구조로 전환시켜야 한다. 남북한관계가 북중한전략삼각관계에서 매우 중요한 한 축이자 심각한 영향을 미치는 요인이라는 사실은 2018년 문재인 대통령과 김정은국무위원장이 《판문점선언》을 통해서 남북한관계 개선과 '영구평화체제' 및 '비핵화'의 의제를 합의한 것을 전후로 북중관계가 급속하게 개선되었다는 것에서도 잘 알 수가 있다.

1992년 한중수교를 계기로 전략삼각관계의 유형이 그 이전 중국과 북한의 '안정결혼관계'에서 중국이 한국과 북한과 관계를 함께 정상적으로 유지하는 '로맨틱삼각관계'로 전환되었다. 2018년 이후 진행되는 북한비핵화 혹은 '한반도비핵화'라는 기제를 통해서 '한반도영구평화체제'를 구축하고, 이를 바탕으로 남북한관계가 안정되고 평화적 공존구조로 교류협력관계가 진전된다면, 북중한전략삼각관계가 현재의 '로멘틱삼각관계'에서

'삼자동거관계' 구조로 유형이 전환되는 것을 기대할 수가 있을 것이다.

2017년까지 남북한 사이에 정상적 교류협력를 위한 노력으로 《남북관계기본합의서》를 포함하여 160개 이상 협의서를 체결하였지만, 상호관계 정상화에는 실패하였고, 2016년 3월 이후에는 모든 관계가 단절되는 비정상적 상태에 처해 있었다.

2018년 평창동계올림픽과 3차례 남북정상회담과 그리고 비핵화를 위한 제1차 북미정상회담을 계기로 한반도의 평화정착을 위한 노력이 지속되면서, 남북공동연락사무소를 개설하고, 군사협정을 포함한 남북한협력 사업을 진행하면서 새로운 남북한관계를 구조적으로 구축하려고 노력하고 있다. 하지만, 정부차원의 교류협력이나 남북한 정부가 합의한 범위 내에서 남북공동사업이나 체육교류나 문화교류와 기념활동 등을 하고 있지만, 남북한 사이에 실질적 민간인교류나 서신통신 자체는 여전히 단절된 상황이며, 남북한교류협력기제를 개방하는데 필요한 북한의 정치체제의 폐쇄성은 여전히 개선될 기미가 보이지 않고 있다.

2019년 남북한관계는 정부차원에서는 화해구조로 새로운 패러다임으로 발전을 모색하고 있지만, 그러한 상호관계의 구조적 변화와 새로운 패러다임이 민간차원 관계기제로 발전하는 것을 기대하는 것은 한계가 있는 상황이다. 하물며, 대만해협양안 중국과 대만의 관계에서 보듯이, 협상 소통 및 교류협력과 평화공존 기제가 실질적으로 정착되었지만, 여전히 정치체제 차이에서 기인하는 '一國兩制'(일국양제)의 논란과 '臺灣獨立'(대만독립)의 정치적 논쟁이 해결되지 못하고 있는 것처럼, 분단체제에서 '영구평화체제'는 '통일과정'과 양립하기가 힘들어 정치적 갈등을 유발할 수밖에 없다.

현재 한국정부가 주도하는 남북한관계의 새로운 구조와 패러다임 구축 노력이 민간을 포함한 전면적 교류협력기제로 정상적으로 구축되는 것, 그리고 '영구평화체제'로 평화적 공존구조를 구축하는 것은 상당한 시간이 필요하고 혹은 통일이라는 요인으로 그것이 근본적으로 불가능할 수 있다는 정치적 한계는 분명하게 존재하고 있다. 이처럼 남북한관계는 일반국가관계와는 전혀 다른 서로 심각한 정치적 사회적 경제적 복합갈등요인이 늘 상존하는 구조적 특징이 있고, 70년 동안 사실상 단절된 관계였기 때문에 그것이 북중관계 변화나 안정에 긍정적 측면보다는 부정적으로 영향을 미칠 가능성이 훨씬 크다고 할 수가 있다.

둘째, 남북한과 중국의 종합국력의 차이, 그리고 남북한이 분단관계라는 구조적 특징으로 인하여 전략삼각관계에서 중국의 비대칭적 우월지위는 북중관계나 한중관계에서 변화하기 어려운 상호관계를 결정하는 요인이다. 북중한전략삼각관계에서도 구조적으로 변화하지 않는 요인이 바로 중국이 대국으로서 '左右逢源'(좌우봉원: 좌우에서 받들어지는 것)의 우월적 軸心(축심)지위에 있다는 사실이다. 중국은 '大國'이고 한국과 북한은 주변의 약소 '周邊國(주변국)이라는 것 자체, 남북한이 분단관계라는 구도가 그러한 비대칭적 관계를 더욱 강화하는 요인이 되고 있다.[26]

중국은 개혁개방을 통해서 '和平崛起'(화평굴기)에 성공하여 종합국력이 급속하게 상승하였고, 미국과 함께 'G2'라고 불리고 있으며, 중국 스스로 '大國'으로 자처하고 있으며, 주변국가들을 포함한 세계 각국이 중국의 그러한 '大國' 논리를 인정함으로서, 중국의 '大國' 지위는 명확해졌다.[27] 2017년 10월 개최된 中國共産黨第19次全國代表大會를 거치면서 '大國外交'는 중국공산당이 추구하는 대외정책의 기본구조로 분명하게 개념화되어 추진되고 있다. 2018년 5월 개최된 '中央外事工作委員會第一次會議'(중앙외사공작위원회제1차회의)에서 習近平중국공산당총서기는 '中國特色大國外交'(중국특색대국외교)가 중국외교가 추구하는 대외정책의 기본패러다임이라는 것을 분명하게 선언하였다.[28] 중국은 '大國外交'를 기조로 '周邊外交'

를 추진하고 있으며, 주변외교는 모든 주변국가를 대상으로 하지만, 일본과 러시아는 大國關係로 분류하고, 한국이나 북한은 '周邊外交'의 대상으로 분류하며, 한국은 경우에 따라 '周邊中等國家'(주변중등국가)로 분류하기도 한다.[29]

중국의 그와 같은 '大國'과 '周邊' 분류에 대해 한국이나 북한을 포함한 대부분 주변국가들은 상당한 거부감을 가지고 있지만, 현실적으로 종합국력에서 중국과 대칭적관계가 되는 것은 불가능하다는 점은 사실상 인정하고 있다. 이러한 大國 중국과 周邊國의 위치에 있는 한국과 북한의 중국과의 관계는 구조적으로 비대칭적이며, 비대칭적 상황이 상호관계 인식이나 정책에서도 나타나고 있다. 예를 들면, 미국정부가 미군들이 직접 관리하고 모든 비용을 부담하는 사드를 한국정부와 협의하여 한국영토에 배치한 상황에 대하여, 중국정부가 한국에 대해서는 비평하고 각종 형태의 보복조치를 취하면서도 미국에 대해서는 어떤 직접적 비평도 않았던 행태는 한국이 비대칭적 권력 상황이었기에 그러했다고 해석할 수밖에 없는 것이다.

이러한 중국과 비대칭적 구조에서 북중관계가 어떻게 균형점을 찾을 수 있는냐 혹은 북한이 어떻게 중미 혹은 중러 사이에 전략적 편승하는냐 하는 것은 양국관계 변화를 결정하는 중요한 요인으로 관심있게 관찰해야 할 것이다.[30]

셋째, 동북아지역에서 한반도를 둘러싼 미·중·일·러를 중심으로 형성된 국제적 경쟁구도, 그 중에서도 한국과 군사동맹인 미국, 북한과 정치군사동맹인 중국 사이의 중미대립구조, 그것과 연계된 남북한 관계의 구조적 요인의 안정화가 필요하다. 대만과 중국의 양안관계도 분단체제에서 통일을 추구하고 있지만, '하나의 중국정책'을 중국이 절대적으로 유지하면서, 한국이나 북한은 그러한 중국의 '하나의 중국정책'을 이미 수용하여, 대만과의 정치적 관계를 단절하였기 때문에, 양안관계가 중북관계 혹은 중한관계에 미치는 영향은 그다지 크지는 않다.

반면에 남북한 분단체제와 대립구조는 중미관계를 중심으로 하는 주변국가들의 한반도 전략에 매우 민감하게 반영되고 있으며, 당연히 중한관계나 중북관계라는 전략삼각관계의 특징과 변화에 큰 영향을 미치고 있고, 한반도를 동북아지역 국제 세력경쟁 중심 고리로 만들고 있다.

이러한 상황은 근세 이후 시작되었고, 특히 제2차 세계대전 이후 한국과 북한에서 정권을 각각 수립하는 분단과정도 미소대립구조로 인한 것이었으며, '6.25전쟁'에 중국이 군사개입함으로서 현재의 한반도 분단체제가 고착되었고, 지금도 남북한을 둘러싼 열강들의 대립구조는 그대로 전개되고 있다. 1980년대 이전 북중관계는 중미대립구조와 더불어 중러대립구조의 영향을 크게 받았으며, ㄱ 이후 소련을 계승한 러시아의 국력이 축소된 반면에 중국의 종합국력이 확대되고, 북한핵문제가 북미관계의 중심의제로 등장하면서 중국과 미국의 대결구도에 더욱 큰 영향을 미치고 있다.

중국도 한반도를 배타적 '核心利益區域'(핵심이익구역)으로 규정하고 있고, 한국과 군사동맹조약을 체결하고 군대를 주둔시키고 있는 미국은 물론이고, 혹은 러시아나 일본과 같은 한반도 주변국가와 다차원의 세력경쟁은 불가피한 상황이라는 사실을 잘 알고 있기에, 1961년 북한과 체결한 《우호, 협조 및 호상원조에 관한 조약》을 기조로 군대는 파견하지 않지만 정치군사동맹관계를 그대로 유지하고 있다.[31]

미국도 한국과 1954년에 체결한 《대한민국과 미합중국간의 상호방위조약》에 근거 한국에 군대를 파병하여 군사동맹관계를 지속적으로 유지하고 있다.[32] 미국과 달리 중국은 군대를 북한에 주둔시키고 있지 않아 정치군사동맹 성격에 대해서는 논란이 있지만, 한미와 북중의 군사동맹관계체계의 대립구도는 한반도에서 주요 국제세력들의 경쟁구도를 명확하게 반영하는 것이다. 중국정부가 《우호, 협조 및 호상원조에 관한 조약》의 적용원칙이나 실질적 의미에 대한 명백한 설명 없이 북중관계 변화나 양국의 갈등상황에서도 그것을 유효하게 유지하는 것은 바로 미국이 한국에 군대를 주둔시키는 것에 대한 전략적 견제를 위한 것이라는 사실 자체를 부정할 수가 없다.[33]

중국은 1990년대부터 대외정책에서 '同盟'이라는 용어조차 사용하지 않고 대외관계에서 동맹을 맺지 않는다고 선언하였지만, 중북 사이 《우호, 협조 및 호상원조에 관한 조약》에 기반을 둔 정치군사동맹은 그대로 유지하고 있고, 북한이나 중국이나 조약 효력 자체를 공식적으로 부정한 적은 없다. 북핵미사일 개발실험문제로 중국이 북한에 대한 유엔의 제재를 지지하면서 중북관계가 심각하게 냉각되었던 2016년에도 《우호, 협조 및 호상원조에 관한 조약》체결 55주년을 기념하면서, 중국공산당 총서기 習近平과 조선로동당위원장인 김정은은 서로 축전을 주고받았고 김정은은 다음과 같이 말하였다.

《우호, 협조 및 호상원조에 관한 조약》은 능히 오랫동안 반제자주와 사회주의의 피나는 투쟁 중에 형성된 우호합작관계를 공고히 하고 발전시키는 굳건한 법률기초이다. 유구한 역사에 뿌리를 둔 조중우의를 공고하게 발전시키는 것은 조선 당과 정부의 견고한 움직일 수 없는 입장이다(《朝中友好合作互助條約》是能夠持久鞏固和發展在反帝自主、社會主義的浴血鬪爭中形成的友好合作關系的牢固法律基礎。鞏固和發展具有悠久歷史根基的朝中友誼, 是朝鮮黨和政府堅定不移的立場。)[34]

習近平 중공총서기도 같은 맥락에서 축전에서 다음과 같이 언급하였다.

중조우의는 쌍방공동의 보배로운 귀중한 재부이다. 양국의 전통우
호협력관계를 부단히 공고하게 발전시키는 것은 중국당과 정부의 견
고한 움직일 수 없는 방침이다. 중국은 조선과 함께 전략소통을 강화
하고 교류협력을 촉진하면서 중조관계의 지속적 발전을 추진하여 양
국과 양국국민들에게 축복을 주어야 한다(中朝友誼是雙方共同的寶
貴財富。不斷鞏固和發展兩國傳統友好合作關系是中國黨和政府堅
定不移的方針。中方願同朝方一道，加强戰略溝通，促進交流合
作，推動中朝關系繼續向前發展，造福兩國和兩國人民。).[35]

習近平총서기가 김정은에게 전략소통과 교류협력촉진을 강조한 것은
북한에게 핵과 미사일 등 문제에 대한 소통해결을 강조하는 것이었지만,
《우호, 협조 및 호상원조에 관한 조약》에 근거한 양국의 '傳統友好關係'는
중국공산당과 정부의 '堅定不移方針'(견정불이방침) 즉, 절대로 지키고 변
함이 없는 방침이라 점을 한국과 미국 혹은 일본 등 국제사회에 강조한
것으로 볼 수 있다.

넷째, 만일 북미관계가 비핵화의제를 중심으로 새로운 정상적 관계구
조로 전환되면, 중국을 축심으로 하는 북중한전략삼각관계는 앞으로 미국
을 중심으로 재편되는 한미북전략삼각관계와 대립구조가 되면서, 북중관
계도 지금까지와는 전혀 다른 중미대립과 경쟁구조의 더욱 중요한 요인
으로 전환될 수밖에 없다. 또한 북중한과 한미북의 전략삼각관계구조에서
외연을 확대하면 조중러전략삼각관계, 한미일전략삼각관계까지 구조적으
로 상호작용과 영향을 미치고 있어 한반도를 중심으로 형성된 다층적 전
략삼각관계구조는 앞으로 더욱 복잡한 경쟁과 대결의 구도로 유지될 수
밖에 없을 것이다.

북중관계는 물론이고 한중관계도 그러한 다양한 다층적 전략삼각관계
로 인한 전략경쟁이나 갈등요인의 영향을 받을 수밖에 없다. 북핵문제와

한국에 사드배치문제로 인한 한중관계갈등이 바로 그러한 다층적 전략삼각관계 범주 내의 한중관계의 갈등을 잘 보여주는 사례의 하나이다.

2018년 6월 12일 미국 트럼프대통령과 북한 김정은 국무위원장 사이 이루어진 역사적 제1차 북미정상회담을 시작으로 북핵문제가 해결되고 북미관계가 개선 혹은 정상화 되었다면, 남북한관계의 진전에 따라 한미북전략삼각관계도 현재까지의 한미 중심의 '안정결혼관계'에서 한미와 북미관계를 아우른 '로맨틱삼각관계'를 거치지 않고, 북미관계와 한미관계 및 남북한관계가 서로 선순환하면서 화해공존하는 '삼자동거관계'로 그대로 전환될 수도 있을 것이다.

2019년 2월 하노이 제2차 북미정상회담이 결렬되고 북한비핵화나 북미관계개선에 상당한 시간이 필요하다는 것은 더욱 분명해졌다. 2018년부터 심화되고 있는 유일패권 미국이 도전하는 중국에 대한 전략적 견제로 중미대립경쟁관계는 피할 수 없는 상황임을 고려할 때, 앞으로 형성될 수 있는 새로운 한미북전략삼각관계는 북중한전략삼각관계에 가장 큰 영향을 주는 구조로 기능하는 대립경쟁구도가 될 수밖에 없을 것이다.

북한비핵화를 전제로 북미관계가 정상화되면 미국이 한미북전략삼각관계에서 '左右逢源'(좌우봉원)의 '軸心'(축심)지위를 명확하게 확보하기 때문에, 북중한전략삼각관계에서 '左右逢源'의 지위에 있는 중국과 미국이 한반도의 남북한을 사이에 두고 전략삼각관계의 축심국가로서 벌이는 경쟁은 앞으로 더욱 심화될 수밖에 없다. 미국과 중국 사이에 패권과 새로운 패권 사이 '예정된 전쟁'으로 가는 '투키디데스의 함정'(Thucydides Trap)에 빠진 것 같은 대립을 시작하였기 때문이다.[36]

무역문제, 남중국해항해문제, 대만문제 등 다양한 분야에서 갈등이 발생하고 있는 '中美新型大國關係'(중미신형대국관계)의 구조가 안정화되지 못하면 남북한관계도 안정화될 수가 없을 것이며, 북중한전략삼각관계도

'삼자동거관계'로 안정화되는 것도 한계가 있고, 북한의 비핵화도 사실상 기대하기가 힘들며, 그로 인하여 북중관계에서 갈등도 상존할 수밖에 없는 상황이다. 북한은 중소갈등 속에 성공적 중소 사이에 편승전략을 운용했던 역사적 경험을 앞으로 중국과 미국 사이에서 자신의 이익을 극대화하는 또 다른 형태의 편승전략으로 운용하려고 할 수밖에 없기 때문이다.

중국도 그러한 북한의 자신과 미국 사이 편승전략을 염두에 두고,《우호, 협조 및 호상원조에 관한 조약》조약에 근거한 정치군사동맹이라는 특수한 북중관계를 최대한 활용하면서 자신의 지위와 영향력과 이익을 공고히 하고자 할 것이다. 2018년 남북한관계와 북미관계 개선이 시작되자, 중국공산당정부가 김정은을 중국으로 초청해 4차례나 정상회담을 개최한 것 자체가 북한을 확실하게 자신에게 편승하게 함으로서 중북관계를 우선 안정화시키고, 북중관계 안정화를 통해서 미국과 한미일전략삼각관계를 견제하고, 북중한전략삼각관계의 우월적 지위를 활용해서 한반도에 대한 영향력을 유지하면서, 자신의 '핵심이익'을 극대화하고자 하는 전략적 조치였다고 볼 수가 있다.

2019년 2월 27~28일 북미 제2차 하노이정상회담을 위해서 북한의 김정은이 중국대륙을 가로지르는 특급열차여행을 하였고, 미국측의 '완전비핵화'의 선행조치에 대한 요구를 거부할 수 있었던 것은 북한과 중국이 4차례 정상회담으로 상호관계를 정상화함으로서 북한이 중국과 정치군사동맹으로 충분히 미국을 견제하고 자신의 안전을 담보할 수 있다는 점을 고려했다고 볼 수 있다. 결국 제2차 북미정상회담은 성과 없이 끝났고, 미국이 남북한과의 전략삼각관계로 중국의 남북한과의 전략삼각관계를 견제하려는 전략적 고려가 실현될 수 있을지는 여전히 미지수이지만, 그러한 시도는 지속될 수밖에 없을 것이다.

2019년 5월 중국이 미국의 무역분쟁과 관련한 협상조건에 대한 타협을 거부하면서 상호관세를 부과하는 강력한 대결구도를 펼치면서, 中國中央電視(중국중앙전시, 중국중앙TV)에서 전 세계를 대상으로 방송하는 CCTV4 체널을 통해서, 1950~1953년 한국전쟁에 '中國人民志願軍'(인민지원군)을 파견했던 기록영화《偉大的抗美援朝》(위대한 항미원조, 이 기록영화는 2014년 제작된 것임)를 재방송하였다. 동시에 5월 16일부터 27일까지 12일 사이에《英雄兒女》(영웅아녀)와《上甘嶺》(상감령) 등 중국의 '抗美援朝 保家衛國'(항미원조 보가위국)를 구호로 참전했던 전쟁영화 9편을 CCTV6 체널을 통해서 연속으로 방영하였다.[37]

이러한 영화들은 일반적으로 중국이 스스로 주장하는 '항미원조전쟁 승리'를 기념하는 6월이나 7월에 방영하는 것이 관례였는데, 5월에 갑자가 방송하였다는 것은, 중국당국이 중미관계 대립과 한반도문제를 연계시킨다는 전략을 중국인들과 전 세계에 의도적으로 보여주려는 것이었다고 볼 수밖에 없다.

이것은 중국이 미국과의 전략경쟁에서 한반도문제를 이용하는 전략선택과 중국의 한반도에 대한 지정학적 전략인식을 매우 명확하게 보여주는 것이고, 중조관계나 중한관계도 그러한 전략인식 범주 내에서 이루어지고 있음을 명백하게 증명하는 것이라고 볼 수 있다. 중국이 군대를 파견한 것이 북한을 지원하기 위한 것이었다는 측면에서 보면, 한재 북미사이 북핵문제로 갈등이 지속되는 국면에서 미국을 견제하는 북중정치군사동맹을 전략적으로 강조하는 것이라고도 볼 수 있다.

V. 북중관계와 전략적 선택, 상호인식 및 콤플렉스의 문제

1. 북한과 중국의 상호관계 전략선택

남북한 분단대치 상황에서 한반도에서 중미전략경쟁구도가 확대되어 냉전시기부터 형성된 북중러(당시는 소련)전략삼각과 한미일전략삼각이 대립하는 북방삼각과 남방삼각의 대결구도는 지금도 그대로 지속되고 있다. 북한핵미사일 문제로 유엔제재를 결의하는 과정에서 중국과 러시아는 제재를 찬성하면서도 언제나 북한을 보호하려는 공동보조를 취하였고, 일본과 미국은 군사동맹으로서 한국과 공동입장을 견지하는 한미일협력체제를 유지하였다. 미국의 트럼프정부가 '미국우선' 전략으로 자신에게 도전하는 세력으로 성장한 중국을 무역문제나 북핵문제 혹은 대만문제로 강력하게 압박하면서, 미중관계가 2018년 이후 악화된 상황, 중국과 러시아의 협력강화와 그에 대항하는 미국과 일본 및 서방국가들의 협력강화가 구조적으로 재현되면서 '신냉전'체제가 형성되고 있다는 평가도 있다.[38]

북핵문제를 해결하고 한반도의 평화정착을 논하는 과정에서 한반도 '종전선언'이나 '평화체제'에 남북미 3자 혹은 남북미중 4자가 참가해야 한다는 '중국참여' 논란도 그러한 미국과 중국의 한반도의 남북한을 사이에 두고 형성된 경쟁구도 연장선상에서 이해할 수가 있을 것이다. 미국정부가 창설 71년 된 태평양사령부를 '인도태평양사령부'로 개편하여, 인도태평양에서 '다이아몬드'전략벨트를 구성하여 중국이 추진 중인 '一帶一路'(일대일로)의 '진주목걸이전략벨트'를 대응하겠다는 강력한 전략적 견제구조를 구축하고 있다는 것은 한반도에서 남북한을 사이에 두고, 북중한전략삼각관계와 한미북전략삼각관계의 전략경쟁이 더욱 심화될 수밖에

없다는 것을 잘 보여주는 것이다.[39]

이러한 관점에서 보면, 북중한전략삼각관계 구조적 특징과 대외관계 패러다임을 바탕으로 중한관계 혹은 중북관계 혹은 남북한관계 혹은 삼변관계에서 중국, 북한, 한국은 다음과 같이 자신의 이익을 극대화하고자 하는 전략선택을 고민할 수밖에 없다.

첫째, 중국이 북중한전략삼각관계에서 軸心(축심)으로 한반도에 대한 '건설적 역할'이라는 적극적 개입을 통해 자신의 '核心利益'(핵심이익)을 확보하고자 하는 것은 지정학적 순망치한의 전략관계로 볼 때 앞으로도 변할 수 없는 전략선택이다. 東北三省에서 渤海灣(발해만)과 北京에서 上海에 이르는 지역은 중국의 정치와 경제중심으로, 동북삼성지역은 북한과 육지접경이며 북경과 상해는 발해만을 사이에 두고 한반도의 북한과 한국과 가장 가까운 곳에 위치하고 있는 지역이기에, 한반도에 발생할 수 있는 군사안보 위기상황이 직접 영향을 미칠 수 있는 지역이다.

이러한 지정학적 안전을 고려하여, 중국이 한반도에 대한 배타적 영향력을 행사하고자 하는 전략, 혹은 한반도에 제3국 군대가 진입하면 중국이 언제나 개입하였던 전략은 지정학적 순망치한 인식을 바탕으로 한 미국의 아메리카 대륙에 대한 배타적 영향력 추구전략과 같은 유형의 "한국에 대한 중국판 먼로주의"(Chinese version of the Monroe Doctrine over Korea)라고 평가되기도 한다.[40]

지정학적 순망치한의 배타적 전략을 바탕으로 중국은 냉전시기에는 북한과 '사회주의 혈맹관계'를 유지했고, 한반도에서 6.25전쟁이 발생하고 유엔군과 한국군이 북진을 개시하자 '抗美援朝 保家衛國(항미원조 보가위국)'을 명분으로 '중국인민지원군'을 파견하는 전략을 선택하여 북한을 패전에서 구조하였고, 휴전회담에 참가하여 사회주의혈맹으로 북한이라는 완충지대를 공고히 함으로서 한반도의 남북한 분단구조를 고착시키면서 중국의 안전도 확보하였다. 국제적 냉전체제 속에서 '미제국주의'와 대결하면서 동시에 심화된 중소대립 구도 속에서도 소련과 마찬가지로 중국은 북한과 정치군사동맹을 유지하고자《우호, 협조 및 호상원조에 관한 조약》을 체결하였다. 냉전이 해체되고 1992년 한중관계를 정상화한 이후에도, 중국은 북한과 '전통우호관계'를 바탕으로 하는 조약에 근거한 정치군사동맹관계를 유지하면서, 남북한에 대한 등거리외교라는 전략선택으로 중국의 이익을 극대화하고 영향력을 유지해 왔다.

2016~2017년 사이 중국은 한국과는 사드배치문제로, 북한과는 북핵미사일개발과 실험문제로 관계가 심각하게 악화되었다. 2017년 10월 한국에서 새롭게 집권한 문재인정부와 사드문제와 관련된 협의를 완성하고 12월에는 문재인 대통령을 초청하여 쌍방의 사드문제로 발생한 갈등을 봉합하였다. 2018년 4월 27일 남북한정상회담이 개최되기 전 김정은을 3월 25~28일 북경으로 초청 6년 간 소원했던 관계를 회복하고자 '제1차북중정상회담'을 개최하였다. 6월 북미정상회담이 개최되기 전 5월 7~8일 '제2차북중정상회담'을 중국 大連(대련)에서 개최하여, 이를 통해 북핵문제로 6년 이상 지속된 중북관계 갈등을 잠정적으로 해결하고, 한반도문제와 북핵문제에서 중국역할을 분명히하였다.

2018년 6월 12일 싱가포르 북미정상회담이 끝난 후에는 또 다시 김정은을 북경으로 초청하여 '제3차북중정상회담'을 개최함으로서 북중관계 안정적 회복을 대내외 과시하면서, 한반도문제에서 북한과 협력을 통해서 미국과 대등한 역할을 할 수 있음을 또 다시 분명히 하였다.

2019년 제2차 북미회담개최가 확정되자 1월 7~10일 김정은을 북경으로 4번째로 초청하여 '제4차북중정상회담'을 개최하고 '반도문제'와 비핵화문제를 '공동으로 연구 조정'하기로 합의하였다는 점을 공개함으로써 북한의 정치군사동맹이자 후견자로서 중국의 존재와 영향력을 보여주고,

북한의 비핵화 문제를 '공동으로 연구조정'하는 '전략소통'으로 관리통제하겠다는 의지를 다시 확인하였다.

이것은 한반도의 전략환경, 혹은 한반도 주변국가들 사이 상호관계 패러다임이 변화하는 과정에서 특히 북미관계의 변화 가능성을 염두에 두고, 중국이 한반도에서 자신의 핵심이익을 선제적으로 확보하려는 전략방침을 유지하고 있다는 것을 잘 보여주는 것이다.

중국은 문재인정부와 중한관계를 회복하고, 김정은정부와 중북관계를 동시에 회복함으로서, 중국이 북중한전략삼각관계를 주도적으로 안정시키면서, 동시에 남북한관계와 북미관계발전에 맞추어 자국의 '핵심이익'을 최대화할 수 있도록 한반도를 둘러싼 국제관계의 구조와 패러다임 전환에 선제적으로 대응한 것이다. 북핵문제로 인해 남북한 사이 긴장이 심화되면서, 중국은 자신의 한반도에 대한 이익과 영향력을 극대화하기 위해서, 한반도에서 갈등이 발생하지 못하게 적극적 억제력을 행사하면서 동시에 남북한 쌍방관계에서 균형을 유지하는 전략을 선택하였다.

이와 같은 중국의 북중한전략삼각관계에서 한반도에 대한 전략은 중국이 과거 20년 동안 변화하지 않고 유지해 온 한반도문제 세 가지 원칙, 즉 "維持朝鮮半島的和平與穩定, 朝鮮半島無核化, 通過對話解決核危機"(조선반도의 평화와 안정을 유지, 조선반도비핵화, 대화를 통한 핵위기 해결); 북핵문제로 북한이 위기에 처하면서 주장한 "不能武力解決, 不生亂, 不生戰"(무력해결 불가능, 동란이 발생해서도 안 되며, 전쟁이 발생해서도 안 된다)이라는 한반도에서 무력사용과 전쟁의 불가론; 북핵문제를 평화적으로 해결하는 방법으로 제시한 '雙暫停'(쌍잠정)과 '雙軌並行'(쌍궤병진); 중국이 문재인정부에게 사드문제해결 조건으로 요구한 '三不原則', 즉 "韓國不參與美國的導彈防禦體系、不追加部署'薩德'系統、不加入韓美日軍事聯盟"(한국은 미국의 미사일방어체계에 참여하지 않고, 사드시스템을 추가로 배치하지 않으며, 한미일군사연맹에 참여하지 않는다) 등에 분명하게 나타나고 있다.

2012년 중국에서 習近平체제가 등장하는 것과 같은 시기에 정권을 계승한 김정은은 집권 후 6년 동안 핵실험과 미사일 실험을 통해서 그것을 반대하는 중국의 입장체면을 의도적으로 무시하였다. 중국정부가 그 동안 애써 그러한 북한의 태도를 무시하거나 혹은 제재에 참여 혹은 정상회담의 거부 등으로 압박을 가하면서도, 다른 한편으로 인내심을 유지하면서 북한체제 안정과 한반도 안정을 동시에 강조하는 것을 기본 전략으로 택한 것에서 중국의 한반도에 대한 전략선택과 정책 패러다임을 잘 읽을 수 있다.

예를 들면, 북한이 2017년 習近平중국공산당 총서기 겸 국가주석이 중국의 廈門(하문)에서 열린 브릭스(BRICs)회의에 러시아대통령 푸틴과 함께 참석한 9월 4일 개막 전 날인 9월 3일, 북한이 사전에 경고도 없이 제6차 핵실험을 감행하여 習進平 총서기와 중국정부의 입장을 매우 난처하게 만들었다. 이에 중국은 9월 17일 유엔에서 대북 제2375호 제재결의안 통과를 지지한 후, 당시 유엔주재중국대사는 한반도비핵화를 요구하는 것과 동시에 한국의 사드배치를 비난하면서 다음과 같이 발언하였다.

중국은 조선반도의 이웃으로, 우리는 시종 朝鮮半島 비핵화 실현을 견지하였으며, 半島에서 전쟁이나 동란이 발생하는 것을 반대하였다. 朝鮮半島에 군대를 배치하는 것은 半島비핵화목표와 지역평화안정에 배치되는 것이다. 사드시스템의 배치는 지역의 전략평형을 심각하게 파괴하는 것으로 중국을 포함한 이 지역 국가의 안전전략이익에 해를 입히는 것이다. 중국은 강력하게 유관 당국이 관련 설비의 배치를 중지하고 제거할 것을 촉구한다.[41]

2018년 '4.27남북정상회담'이 확정되자, 그에 앞서, 6년 동안 의도적으로 무시하면서 압박을 가했던 김정은을 3월 25일 북경으로 초청하여 기타 어느 국가의 정상보다 성대하게 환영하면서 정상회담을 개최하고, 習近平중국공산당 총서기 겸 국가주석이 김정은 조선로동당 위원장 겸 국무위원장에게 다음과 같이 중북관계에 대한 언급한 것도 바로 위에서 언급한 중국의 대북정책과 한반도에 대한 전략선택의 특징을 잘 보여준다.

중조전통우의를 계승하고 발양하는 것은 쌍방의 공동이익에 부합하는 것으로 쌍방의 공동의 전략선택이다. 물론 지역의 국제지역형세가 어떻게 변화하더라도 우리 쌍방은 확실하게 세계 발전의 대국면과 중조관계발전의 대국면을 유지해야 한다.[42](중국 『外交部』)

2019년 1월 북미 제2차 정상회담 개최가 확정되자, 김정은은 4번째로 중국을 방문하였고, 북중정상회담에서 "조선반도 정세관리와 비핵화협상 과정을 공동으로 연구 조정"하겠다는 것을 공론화하였다고 보도하였다. 이것은 중국이 북한과 공동으로 전략소통하면서 한반도와 북핵문제를 관리하고, 동시에 미중갈등을 이용하려고 하는 북한의 편승전략을 통제하겠다는 의미도 포함되어 있다.

조중 두 나라 사이의 친선과 단결, 교류와 협조를 시대적 요구에 맞게 가일층 강화발전시킬데 대하여서와 공동의 관심사로 되는 국제 및 지역문제 특히 조선반도 정세관리와 비핵화협상과정을 공동으로 연구 조종해 나가는 문제와 관련하여 심도 있고 솔직한 의사소통을 진행하였으며, 대외관계분야에서 두 나라 당과 정부가 견지하고 있는 자주적 립장들에 대하여 호상리해와 지지, 연대성을 표명하시였다.[43] (북한 『로동신문』)

중국측 언론보도는 북한과의 비핵화조치의 방향을 지지하면서도 북한

뿐만 아니라, 미국이나 관련 당사국들과 함께 노력하겠다는 표현을 하였다. 북한이 '조선반도'라고 쓴 데 반하여 중국은 '반도(중국이 '반도'라고 하는 것은 자신과 북한이 사용하는 '조선반도'와 한국이 사용하는 '한반도'라는 용어가 서로 다르다는 문제를 의식하여, 의도적으로 사용하고 있는 것으로 볼 수 있음)'라고 쓰면서 '지역의 안전'의 실현에 '적극적 건설적 작용'을 하겠다는 전략을 분명히 하였다.

중국은 조선이 半島비핵화를 견지하는 방향을 지지하며, 北南이 지속적으로 관계를 개선하는 것을 지지하며, 朝美가 정상회담을 거행하고 성과를 얻는 것을 지지하며, 유관 당사자들이 대화를 통해서 각자 합리적으로 관심을 해결하는 것을 지지한다. 朝美가 서로 맞추어 나가기를 바라며, 중국은 조선 및 유관 당사국들과 함께 노력하여 반도의 안정을 지키고, 半島비핵화와 지역의 장기적 안전을 실현하는데 적극적이고 건설적 작용을 발휘하고자 한다.[44](중국 『新華網』)

북중관계에 대해서 중국언론과 북한언론은 맥락은 비슷하지만, 習近平은 미래발전과 전략소통을 강조하고, 김정은은 긴밀한 협조 전통과 친선관계를 강조하였다. 문맥의 맥락은 유사하지만, 소통과 친선 어느 쪽에 방점을 두느냐에 따라 의미가 약간은 다르다.[45]

쌍방은 실제 행동으로 中朝友誼의 강력한 생명력을 보여주었고, 中朝共同으로 半島문제 정치해결의 진전에 확고한 의지를 잘 보여주었다. 금년은 中朝수교 70주년으로 中朝關係 발전에 있어 과거를 계승하고 새롭게 출발하는 것이며, 과거를 계승하고 미래를 여는 중요한 의미가 있다. 나는 위원장동지와 함께 공동으로 中朝關係 미래발전을 이끌고자 한다. 쌍방은 고위급교류를 유지하고, 전략소통을 강화하며, 우호교류협력을 심화시켜 中朝關係의 장기간 건강하고 안정적

발전을 추진해야 한다.(중국 『新華網』)

　　이번 방문이 매우 중요한 역할을 하게 될 것이며 이 계기를 통해 온 세계에 조중친선의 불변성, 불패성을 다시 한 번 뚜렷이 과시하게 될 것이라고 말씀하시였다. 경애하는 최고령도자동지께서는 조중친선은 두 나라 로세대령도자들께서 친히 맺어주시고 키워주시였으며 특수한 정세 하에서 더욱 빛나게 발전하고 있다고 하시면서 조선로동당과 정부는 지난날과 마찬가지로 앞으로도 중국측과 일치단결해 나갈 것이며 두 당, 두 나라의 긴밀한 협조의 전통을 계승하여 조중친선관계를 계속 공고 발전시키기 위하여 새로운 노력을 기울일 것이라고 말씀하시였다(북한 『로동신문』).

　　둘째, 북한은 북중관계의 중요성과 상호관계의 비대칭관계도 인정하고, 북중관계를 기반으로 남북한관계 혹은 북미관계에서 대국 중국과 미국 사이 자신의 안전과 이익을 극대화하려는 편승전략의 선택을 분명하게 하고 있다. 북한 당국이 핵미사일시험으로 한반도 안전을 불안하게 만들고 한편으로 고의로 중국정부 입장을 곤란하게 만들어 중국의 주의를 집중시키면서, 중국이 국제재재에 동참하는 것에 대해서는 불만을 표시하면서도 중국을 직접 비평하는 것은 최대한 자제하려고 노력하였다. 북한의 대외무역을 절대적으로 중국에 의지하고 있는 경제적 요인도 북중관계와 중국의 비대칭적 우위를 확인시켜주는 요인이며 북한이 중국을 지나치게 비평하거나 저항할 수 없는 이유의 하나이다. 중국에서는 공식적으로 최고지도자로 취임 6년 만에 최초 외국공식방문지로 북경을 선택한 김정은 국무위원장이 2018년 3월 26일 習近平 국가주석과 회담에서 다음과 같이 말하였다고 보도했다.[46]

　　근래 중국은 큰일과 즐거운 일이 부단히 있었으니, 작년의 중국공

산당 제19차대회를 성공적으로 개최하였고, 그리고 얼마 앞서 성공적
으로 전국 양회를 개최하였으며, 시진핑동지께서 전당전국인민들의
받들음에 따라 영도핵심이 되셨으며, 또 다시 국가주석과 국가중앙군
사위원회 주석으로 당선되셨습니다. 중국과 조선의 우호전통에 따르
면, 제가 마땅히 중국에 와서 귀하에게 직접 축하를 드려야 했었습니
다. 현재 조선반도의 형세는 급속하게 전진하면서 많은 중요한 변화
가 발생하고 있으니, 정으로나 혹은 도의적으로나 제가 마땅히 시간
에 맞추어 시진핑총서기동지에게 직접 상황을 보고해야 할 것입니다.
(중국『外交部』)

　　북한 매체의 보도에서 김정은의 중국 방문 시 발언을 소개하면서 "마
땅히 중국에 와서", "제가 마땅히 시간에 맞추어", "직접 상황을 보고해
야"와 같은 표현이나 문장은 발견되지 않고 있다.[47] 김정은이 상호교류가
아닌 일방적으로 중국을 4차례나 방문한 것과 김정은이 習近平 총서기와
회담에서 사용한 여러 가지 극도의 겸양표현은 바로 대국 중국과 주변 북
한의 비대칭관계를 보여주는 좋은 사례라고 할 수 있다.
　　2019년 1월 8일 김정은은 習近平 총서기와 회담에서 "在總書記同志的悉
心關懷下，去年朝中關系提升到新高度，譜寫了新篇章"(총서기동지의 세심한 배
려 아래, 작년에 조중관계를 새로운 높이로 올렸고, 새로운 장을 열었습니
다)라고 했다고 중국언론에서는 보도하고 있다. 그러한 말들을 김정은이
중국최고지도자 앞에서 했다는 것을 북한 내 보도에서는 전하지 않고 있
는 것은, 북한과 중국관계의 비대칭적 특성을 그대로 반영하는 북한과 중
국 사이 편승과 인정관계를 의미하는 것이다. 중국에서 김정은이 정상회
담에서 그렇게 말했다는 것이나, 혹은 제4차 정상회담 자리에서 김정은이
習近平의 발언을 열심히 받아 적은 모습을 중국 언론이 반복적으로 보도
했다는 것도 중국 우위의 양국관계를 중국이 의도적으로 공개한 것이라

고 볼 수 있다. 북중관계의 역사적 전통과 특수한 관계에 대하여 김정은
은 다음과 같이 習近平의 발언을 인용하여 표현하였다고 북한언론이 보도
하였다.

　시진핑총서기께서 조중우의와 조중양당양국관계의 발전에 대하여
중요한 의견을 발표하셨습니다. 저에게 매우 큰 격려와 느낌을 주었
습니다. 쌍방의 노선배 지도자들이 친히 만들고 공동으로 키워온 조
중우의는 흔들릴 수가 없는 것입니다. 조중우의는 새로운 형세아래서
계승하고 발전되어야 하는 것이 조선의 전략선택이며, 어떠한 상황에
서도 바뀌지 않을 것입니다. 제가 이번에 방문을 통해서 중국동지들
을 만나고 전략소통을 강화하고 전통우의를 심화시키기를 희망합니
다. 이후 기회가 있으면 총서기동지를 자주 뵙고, 상호 특사를 교환하
고, 친필서신을 교환하는 등 방법으로 밀접한 소통을 하면서 고위층
의 만남이 양당양국관계를 새로운 수준으로 발전시킬 수 있게 되길
희망합니다.[48](북한, 『로동신문』)

　북한의 『로동신문』도 조중관계를 언급하면서, "력사의 온갖 돌풍 속
에서도 자기의 본태를 지켜온 조중친선관계"를 특히 강조하였고,[49] 2019
년 1월 방문 후에 발표한 북한언론 보도에서는 다음과 같이 조중친선의
불패성과 단결을 강조하기도 하였다.

　불과 9개월 남짓한 사이에 네 번째로 이루어진 두 나라 최고령도
자들의 상봉은 이 세상 가장 지심 깊고 억세인 뿌리에 떠받들려 진정
으로 신뢰하는 동지관계, 그 어떤 풍파에도 끄떡없는 불패의 친선관
계로 승화 발전된 조중 두 나라 사이의 훌륭하고 위대한 단결을 다시
금 만천하에 과시하였다.[50](북한 『로동신문』)

셋째, 북중관계의 발전과 변화에서 한국의 전략선택도 매우 중요한 고려요인이 될 수밖에 없을 것이며, 한국도 중국과 관계에서 분명해진 비대칭관계를 인정하고, 북중관계를 견제하면서 한중 상호우호 협력관계를 유지하고자 노력하는 적극적 전략을 선택하였다.

예를 들면 박근혜대통령이 미국이나 일본의 반대에도 불구하고 2015년 9월 중국정부가 거창하게 개최한 '항일전쟁 승리 및 세계 반파시즘 전쟁 승리 70주년'의 열병식에 참석한 것이나, 혹은 문재인정부가 중국정부의 요구를 수용하여 발표한 사드문제와 관련된 '三不原則'은 중국의 입장과 관심을 전적으로 존중한다는 전략적 선택을 명확하게 표시하는 것이었다. 문재인대통령의 발언을 전하는 중국 언론보도에 그러한 한중관계에 대한 한국의 전략선택 패러다임이 잘 나타나 있다.

> 문재인께서는 중공 제19차 대회의 성공개최를 축하하며, 시진핑께서 다시 중공중앙총서기에 당선된 것을 축하하며, 습주석께서 제1차 대회에서 제시한 인류운명공동체 입장을 지지한다고 했다. …… 문재인께서는 한중쌍방의 공동노력으로 양국 고위층의 교류와 각 영역의 교류협력이 하루 빨리 회복되기를 희망한다고 표시하였다. 한국은 '일대일로' 건설을 지지하고 적극적으로 참여하기를 희망한다고 하였다. 한국은 중국의 '사드문제'에 대한 관심을 중시하며, 중국의 전략안전이익을 해칠 의사는 없다고 하였다. 문재인께서는 한국이 중국측에서 조선반도핵문제에서 적극적 역할을 발휘하는 것을 찬성하며, 중국과 밀접한 소통과 협조를 바라며, 평화방식으로 북핵문제를 해결하고 반도의 평화를 유지한다는 것을 견지한다고 하였다.[51](중국『외교부』)

북중한전략삼각관계가 현재와 같은 '로맨틱삼각관계'인 구조에서는 중국의 비대칭적 우위 左右逢源(좌우봉원)의 軸心地位(축심지위)는 명확하며, 중국이 주장하는 大國外交와 周邊外交에서 남북한이 중국의 입장과 관심을 존중하는 전략적 편승을 선택하는 것도 명확해지고 있다. 단지, 앞으로 북미관계, 남북한관계가 확실하게 개선되면서 미국요인 강화로 인한 미국과 중국 사이에 어느 쪽으로 남북한이 각각 편승할 것인가 하는 전략적 갈등요인이 발생할 가능성은 배제할 수는 없다. 미중 간 전략적 경쟁 대립이 격화되는 상황에서 남북한 분단 상황, 그리고 북한 개혁개방과 체제안정 문제가 여전히 매우 불안정하고 유동적이기에 한중북전략관계가 안정적 '삼자동거관계' 패러다임으로 정착되는 것은 한계가 있다.

분명한 것은 남북한관계 개선으로 북중한전략삼각관계가 '삼자동거관계'로 발전해도 중한관계, 중북관계에서 중국의 비대칭적 左右逢源의 전략적 우월지위와 '朝鮮半島' 혹은 '半島'라고 표현하는 '한반도'에 대한 배타적 영향력 추구 전략과 패러다임은 변하지 않을 것은 확실하다. 남북한 분단상황이 지속되는 한 안정적 '북중한삼자동거관계'의 발전에는 한계가 있다는 점, 그리고 중국의 비대칭적 중심 역할 또한 지속될 수밖에 없다는 점도 명확하다. 대륙중국과 분단된 남북한의 관계에서 정치적 외교적 군사적 분야의 비대칭적 관계가 존재할 뿐만 아니라, 경제분야에서도 남북한이 중국에 절대로 의존하는 사실 또한 중국중심의 비대칭적 관계를 분명하게 확인시켜주는 요인이다.

2. 북한과 중국의 상호관계에 대한 인식과 콤플렉스의 문제

북한의 핵과 미사일실험이 북한의 군사동맹인 중국과 전혀 상의 없이 혹은 중국의 공개적인 반대에도 지속되면서, 북중 사이 긴장과 갈등이 심화되자, 2014년에는 일본의 중국전문가 한 사람인 곤도 다이스케(近藤大介)는 중북관계의 심각한 갈등을 논하는 『시진핑은 왜 김정은을 죽이려

하는가』하는 책까지 출판하였다.[52] 2017년 5월 북한은 중국의 유엔 대북
재재 참여를 "조중관계의 기둥을 찍어버리는 무모한 언행"이라고 비난하
였고, 9월에는 북핵문제를 비판하는 중국언론을 "창피를 모르는 언론의
방자한 처사"라고 비평였으며, 2018년 2월 8일에도 북한비핵화를 주장하
는 중국언론을 지적하면서 중국의 주변외교를 "다른 나라와 민족에 대한
공공연한 내정간섭"이라고 비난하였다.[53]

하지만, 남북한 사이 2018년 판문점정상회담과 제1차 북미정상회담으
로 '북핵위기'가 '평화의제'로 전환을 시작하자, 2018년 3월부터 2019년
1월 사이에 북한과 중국은 4번 정상회담을 개최하였고, 그 동안 '전통우
호관계'나 '친선관계'에 전혀 문제가 없었던 것처럼 상호관계를 회복하는
선언을 반복하였다.

북한이 '조중관계'를 '새로운 발전단계' 혹은 "전통적인 관계를 초월
하여 동서고금에 류례가 없는 특별한 관계"[54]로 표현할 만큼 상호관계는
회복되었고, 2019년 1월에 4번째 정상회담에서 북한은 '조중친선'과 '동
지관계'의 '불변성'과 '불패성'을 매우 강한 표현으로 언급하기도 했다.

북한언론은 김정은의 중국방문으로 제4차 북중정상회담을 개최한 것
을 "이 세상 가장 지심 깊고 억세인 뿌리에 떠받들려 진정으로 신뢰하는
동지관계, 그 어떤 풍파에도 끄떡없는 불패의 친선관계로 승화 발전된 조
중 두 나라 사이의 훌륭하고 위대한 단결을 다시금 만천하에 과시"하기
위한 것이었고, "조중 두 당, 두 나라 사이의 친선과 단결, 교류와 협조를
시대적 요구에 맞게 가일층 강화 발전시킬 데 대하여서와 공동의 관심사
로 되는 국제 및 지역문제 특히 조선반도정세관리와 비핵화협상과정을
공동으로 연구조종해 나가는 문제와 관련하여 심도있고 솔직한 의사소통
을 진행"하였다고 설명하고 있다.[55]

중국이 북한과 함께 "조선반도 정세관리와 비핵화협상과정을 공동으

로 연구 조정"하겠다고 한 것은 북한과 조약체계에 의한 정치군사동맹으로서 보호자 역할을 하겠다는 것이지만, 다른 한편으로는 북한이 핵전략 게임으로 벌이고 있는 중미 사이 편승전략도 '건설적 역할'을 발휘해서 소통하면서 억제겠다는 의미도 있다.

제4차 김정은의 중국방문에 이어 바로 1월 26일부터 3일간 진행된 북한예술단의 북경 공연은 일반인들에게는 일정조차 공개하지 않고 중국공산당 대외연락부 주관으로 習近平 총서기 부부를 포함한 '당정군' 인사들과 중국에 거주하는 북한주민들에게만 개방하여 매우 비밀스럽게 진행하였다고 한다.[56] 중국정부가 북한예술공연 조차 비밀리 관리해야 하는 관계가 북중정치군사동맹 혹은 '조중친선', 혹은 '중조우의'의 특별한 모습이자 한계라고 할 수 있지만, 그 자체가 북중관계의 특별한 현실이라고 할 수 있다. 이러한 현상은 중국대륙과 한반도라는 지정학적 특수성과 그것에 기인한 역사적 상호관계의 특성, 그리고 근세 이후 현재까지 첨예하게 한반도를 중심으로 전개되고 있는 강대국들의 갈등, 정치이념체제 등에서 비롯된 상호관계의 인식편차와 콤플렉스 문제에서 기인하는 것이다.

이와 같이 특수관계인 중국과 북한 사이 존재하는 인식문제와 콤플렉스는 다음과 같이 몇 가지 관점에서 논할 수가 있다.

첫째, 북중관계에서도 한중관계와 마찬가지로 상호관계에 대한 부정적 인식 혹은 '콤플렉스'는 분명히 존재하고 있다는 사실을 분명하게 인식할 필요가 있다. 예를 들면 한반도와 중국의 오랜 역사적 문화적 유대관계나 조공관계에서 비롯된 '역사콤플렉스', 지연관계에서 이웃이라는 특수성에서 기인하는 '순망치한전략관계'의 인식, 한반도의 국제세력경쟁에 민감한 중국의 '반도콤플렉스', 종합국력의 차이에서 존재하는 구조적 권력적 비대칭성 등과 관련된 '대소콤플렉스' 등 중국에서 한국콤플렉스 혹은 조선콤플렉스, 혹은 한국이나 북한의 중국콤플렉스, 혹은 이념체제

콤플렉스 등으로 모두가 쉽게 해결될 수가 없는 상호관계에 대한 인식차이에서 비롯된 콤플렉스들이다. 북한이 중국이 분명하게 반대함에도 핵과 미사일개발을 지속한 것은 중국에 대한 정치적 군사적 신뢰에 존재하는 부정적 인식, 즉 시효가 없는 중국과 조약에 의한 정치군사동맹도 신뢰할 수 없다는 중국콤플렉스가 심각하게 존재한다는 신뢰부족과 인식문제를 잘 보여 준다.

북한이 1980년대 이전 중소대결구도에서 중국과 소련 사이에 등거리를 유지하고자 하는 '자주외교'를 통해서 소련에 편승하면서 중국을 견제했던 것이나, 현재 북미관계의 개선을 통해서 북한의 중국에 대한 일방적 의존관계를 해소하고자 하는 대미편승전략 혹은 핵무기발전을 통한 안전위기를 극복하고자 하는 그 자체가 모두 북한의 정치군사동맹인 중국에 대한 '안전딜레마' 혹은 '신뢰의 한계'라는 인식문제와 콤플렉스를 잘 보여주는 것이다. 2006년 10월 9일 북한은 중국과 분명히 조약에 의한 정치군사동맹국임에도 핵실험 사실을 중국지도부에 20분 전에 통보할 만큼 북한의 중국에 대한 정치군사적 '신뢰'는 그다지 높지 않았다.[57]

마찬가지로 사드갈등으로 유발된 중국의 한국에 대한 장기적 보복조치, 사드를 배치한 미국에게는 어떠한 주장도 하지 않는 중국의 태도, 그리고 그러한 중국에 대해서 한국인들 사이에 심화된 부정적 인식은 중국의 '조선반도콤플렉스'와 한국의 '중국콤플렉스'를 동시에 분명하게 잘 보여주는 것이다.[58] 중국과 북한 사이 비대칭적 상황에 의해서 유발되는 '전략적 갈등'과 콤플렉스가 상존함에도 불구하고, 중국을 의지해야 한다는 북한주민들의 신뢰는 한국인들이 미국을 신뢰해야 한다는 것과 마찬가지로 일반화된 추세라는 점은 한반도문제를 둘러싼 북중관계나 한미관계가 유사한 비대칭적 구조와 패러다임에 의해서 유지되고 있기 때문이라고 볼 수가 있다.

예를 들면 서울대학교 통일평화연구원에서 2007년부터 매년 조사하는 '주변국 관계인식'에서 한국에서는 '친밀감'에서 미국, 일본, 북한, 중국, 러시아 5개 국 중에서 미국이 1위라는 지위는 변화하지 않고 있으나, 중국은 2013(3위) 2014(2위) 2015년(2위) 제외하고는 모두 4위에 머무르고 있고, 특히 사드배치와 이에 대한 중국의 보복조치가 있은 후 2017년 2018년에는 4위로 다시 추락하였다. 동일한 맥락에서 탈북하여 국내에 거주하는 북한주민들이, 북한의 주민으로 인식하는 주변국가 친밀도 조사에서 중국은 늘 1위였고 미국은 5위라는 사실도 변화하지 않고 있다.[59]

둘째, 중북관계의 안정적 유지와 북중한전략삼각관계가 '삼자동거관계'로 발전하기 위해서는 상호관계에서 잠재하고 있는 부정적 콤플렉스 문제들을 우선 해결해야 하고, 그 중에서도 구조적으로 권력비대칭관계로 인하여 발생할 수 있는 '대소콤플렉스' 문제를 해결해야 할 것이다.

중국과 베트남관계를 연구한 브랜드리 워마크(Brandly Womack)에 따르면,[60] 국가역량 차이가 쌍방관계를 결정하는 것은 정상적 현상이지만, 권력비대칭관계에서 대국과 약소국 사이에는 상호관계를 유지하기 위한 다음과 같은 몇 가지 전략선택 특성이 있다고 하였다. 즉, 약소국은 대국과 관계를 전력을 다해 전면적으로 응대하지만, 대국은 약소국에 대한 관계를 전체의 일부분으로 응대하고; 약소국은 스스로 행위를 제한함으로서 대국과 핵심이익충돌을 회피하면서 대국과 원만한 관계를 유지하려고 하거나; 약소국은 저항의도는 없어도 대국과 대등한 관계를 모색하려고 노력하고; 약소국이 기타 대국과 관계 발전을 통해 위험을 회피(hedging)하려고 하고; 대국이 약소국에게 선택을 요구하면 약소국은 저항 혹은 균형(balancing)과 편승(bandwagoning) 중에서 선택해야 하고 - 약소국은 균형 즉 일종의 저항으로 국가 존엄은 유지할 수 있으나, 군비재정확대와 같은 부담이 증가할 수밖에 없고, 혹은 기타 동맹에 대한 과도한 의존을 유발할 수 있으며; 약소국은 균형 즉 저항의 반효과로 대국의 적대적 태도를 유발할 수 있으며 - 약소국이 대국의 의도에 편승하여 제3국가에 대한 공세에 참가함으로서 실질이익을 얻을 수는 있지만, 그로 인한 대가는 피할 수가 없는 경우도 있다는 것이다. 비대칭관계에서 전략목적으로 대국이 얻고자 하는 가장 중요한 것은 약소국의 '존중'(deference)이며, 약소국은 대국의 '인정'(recognition)과 '생존' 보장이라고 주장하고 있다.[61]

이와 같은 브랜드리 워마크의 권력비대칭관계 분석결과를 가지고 북중한전략삼각관계를 평가해 보면, 중국은 분명히 한국이나 북한보다 종합국력에서 절대적 비대칭 우위에 있는 대국이다. 따라서 권력비대칭관계의 대국과 약소국 사이에서 나타나는 현상이 중한관계나 혹은 중북관계에서 정도의 차이는 있지만 그대로 나타나고 있으며, 그것이 당연히 '대소콤플렉스'를 유발하는 것은 피할 수가 없다.

중국이 '大國'이라는 것을 스스로 명확하게 주장하기에 주변약소국들과 관계에서 '대소콤플렉스'는 현실적 문제가 될 수밖에 없다. 약소국 북한은 중소대결과정에서 대국인 중국과 소련 사이에 자주외교 혹은 주체외교라는 편승전략으로 양국과 관계를 성공적으로 유지하면서 자국의 이익을 최대화한 경험을 가지고 있다. 중국은 1980년대까지 북한의 그러한 중소양국에 대한 편승전략을 '인정'함으로서 양국관계의 '균형'을 유지할 수밖에 없었다. 중국이 북한에 대한 영향력이 실질적으로 없다고 늘 주장하는 이유도 그러한 북한의 편승전략을 인정하는 것이, 북한과의 관계를 특별하게 유지하면서 한반도에서 자국의 이익을 확보하는데 오히려 유리하다고 판단하고 있었기 때문일 것이다.

북미관계가 북한의 비핵화실천과정에서 개선되거나 혹은 정상화까지 되면 북중한전략삼각관계와 한미북전략삼각관계는 지금까지와 전혀 다른 형태로 경쟁하는 구조 전환과 패러다임 전환이 나타날 수밖에 없다. 즉,

중국과 미국이 남북한과 전략삼각관계를 구축하고, 두 개의 전략삼각관계에서 각각 축심국가로서 양국이 경쟁하면, 남북한은 양국 사이에서 편승을 의식적 무의식적으로 강요받고, 그 상황 속에서 비대칭적 '대소콤플렉스' 문제는 풀리지 않고 더욱 심각해 질 수가 있다.

과거 1980년대 이전 중소갈등과정에서 중북러전략삼각관계에서 중국은 북한의 대소련 편승전략을 '인정'할 수밖에 없었던 경험을 절실하게 한 바가 있다. 따라서 북한이 핵문제를 가지고 시도하고 있는 북미관계 발전을 강력하게 추구하는 전략적 사고를 중국은 북한의 대미편승전략의 시도로 우려하고 있다는 점 또한 명확하다. 한국과 군사동맹인 미국이 북한과 관계 개선을 추구하는 궁극적 목적이, 중국을 견제하기 위해 북한의 미국에 대한 편승을 유도하는 전략적 목적이 있다고 생각하기 때문일 것이다.

大國外交(대국외교)와 周邊外交(주변외교)의 상호관계와 모순문제를 해결해야 하는 중국의 전략적 고민이 가장 심각하게 나타나는 것이 바로 한반도에서 미중 사이 전략경쟁, 그 속에서 중한관계와 중북관계라고도 볼 수 있다. 북한이 중미관계 갈등을 활용하고자 핵외교를 통해서 시도하고 있는 중미 양국 사이 편승전략도, 북중 사이 원활한 전략소통이나 상호 수용 가능한 패러다임 전환이 수반되지 않으면, 효과를 발휘하는데 한계가 있다. 현재 중러관계 개선으로 북한의 중러 사이 편승전략 사용이 무력해진 것처럼, 중미관계가 갈등구도를 벗어나면, 북한의 중미 사이 편승전략은 오히려 북중관계를 악화시키고, 북한의 외교적 고립을 초래하는 요인이 될 수 있을 것이다.

셋째, 북중한전략삼각관계가 '삼자동거관계'로 발전하여 삼변관계가 모두 안정되고 정상화되기 위해서는 남북한관계가 해결되어야 하며, 그 과정에서 한중관계 혹은 중미관계에서 존재하는 정치이념체제 차이 혹은 냉전사유로 인해서 발생하는 '이념콤플렉스' 혹은 '냉전콤플렉스'가 반드시 동시에 혹은 앞서 해결되어야 한다.

예를 들면 남북한관계는 서로 다른 이념체제에서 기인한 분단에서 통일을 지향하는 관계라는 사실은 여전히 변화하지 않고 있다. 문재인정부가 《한반도정책》에서 "북한붕괴를 원하지 않고, 흡수통일이나 인위적 통일을 원하지 않는다."는 '3No'를 명확하게 하고, 남북한 사이 '영구평화체제' 구축을 통하여 남북한이 평화적으로 공존하면서 남북한관계를 발전하는 패러다임을 구축하려고 2018년 이후 남북한관계를 적극적으로 개선하려고 노력하고 있다.

하지만, 4차례 남북정상회담 이후 오히려 북한은 '통일'과 '민족'이라는 단어를 강조하면서 매우 애모 모호한 접근을 하고 있고, 근본적으로 북한의 정치체제나 경제체제의 개혁개방문제는 언급조차 하지 않는 상황이며, 2019년 6월까지도 남북한 사이 민간의 자유왕래나 서신통신조차 허용되지 않는 단절 상황이 70년 이상 여전히 지속되고 있다. 2019년 신년사에서 김정은은 '우리식 사회주의'와 '주체'를 강조하고 '자주로선'을 언급하고, "경제전반에 대한 국가의 통일적 지도", "사회주의경제법칙에 맞게 계획화"를 여전히 강조하였지만, 경제를 포함한 그 어떤 분야에서도 '개혁'이나 '개방'이라는 용어조차 사용하지 않고 있다.[62]

북한의 개혁과 개방이 전제되지 않는 한, 남북한관계, 북중관계, 북미관계 등 모든 대외관계에서 근본적 문제는 이념체제 차이에서 비롯된 '이념콤플렉스' 혹은 '냉전콤플렉스'와 연계될 수밖에 없고, 그것이 북한에게 대외관계에서 '신뢰부재'와 '체제안전딜레마'를 유발할 수밖에 없다. 북한에서 개혁개방정책이 확실하게 진행되지 않는 한, 남북한 사이 혹은 북중 사이 국내외 정책상 패러다임의 차이는 극복할 수가 없는 과제가 될 수밖에 없다. 그러한 상황에서 남북한 사이에 논해지고 있는 영구평화체제 혹은 평화적 상호관계 패러다임 구축도 힘들며, 구축하여도 안정적으로 유지될 수도 없을 것이다.

2019년 6월 12일 문재인 대통령은 오슬로포럼 연설에서 "국민을 위한 평화"를 이야기하면서 남북 사이 정상회담, 군사적 적대행위 중지, 공동연락사무소 개설, 공동경비구역 비무장화와 관광개방, 북미대화, 남북한 대화의지, 접경지역 문제 공동대처, 마음의 분단치유, 동아시아철도공동체, 다자안보공동체, 에너지공동체, 경제공동체, 그리고 비핵화와 평화체제를 언급하였다. 문대통령은 6월 14일에는 스웨덴에서 대화를 통한 신뢰제고와 북핵폐기와 한반도평화를 강조하였다. 하지만, 대화를 통해 신뢰나 평화를 실현하는데 있어 반드시 전제되어야 할 남북한 주민 사이 통신과 자유왕래 허용을 포함한 북한의 개혁개방이라는 패러다임 전환에 대해서는 한 마디도 언급도 요구도 하지 않았다.

한국과 주변국가의 패러다임이 변화해도 북한의 대내외정책 패러다임이 변화하지 않으면, 아무리 의지를 가지고 대화를 하여도, 한중관계나 북중관계 혹은 북미관계에서 전통적 혹은 냉전적 구도를 극복하는 것은 불가능하며, 기대하는 한반도의 '적극적 평화'는 실현할 수가 없다. 중국인들은 평양을 관광할 수 있는데, 남북한 사이 가족도 일반인도 통상적 서신이나 통신, 왕래접근도 불가능한 상황을 타개할 북한의 패러다임 전환을 언급 혹은 요구조차 하지 않으면서, 남북한 정부 사이 대화나 경제협력으로 '국민을 위한 평화' 체제 수립을 주장하는 것은 패러다임이나 기능주의적 통합론 관점에서 보면 아무 실효성 없는 정치적 구호일 뿐이다.

북한이 '김일성-김정일주의'를 유지하면서 개혁개방에 실패하고 대내외정책 패러다임 전환에 실패하였기에, 북중관계에서 패러다임 차이로 인한 갈등은 반복될 수밖에 없었고, 갈등과 회복을 반복하는 불안정한 북중관계 한계도 벗어나지 못하였다. 북한이 개혁개방을 거부하면, 앞으로도 그러한 상황은 변함없이 재현될 것이다.

VI. 북중관계의 지속과 유지

결론적으로 북한과 중국의 상호관계는 70년 동안 내외환경 변화 속에서 분명히 많은 갈등과 변화가 있었음에도, 여전히 '전통우의'는 물론이고 '신뢰하는 동지관계', '불패의 친선관계'로 표현하는 특수한 관계를 유지하고 있다. 1961년 체결한《우호, 협조 및 호상원조에 관한 조약》에 근거한 군대파견 없는 정치군사동맹체제도 변함없이 유지하고 있다.

1992년 한중수교 이후 북중관계는 '사회주의혈맹관계'에서 '전통우호관계'로 용어는 변화되었지만, 정치군사동맹관계는 그대로 유지되고 있다. 앞에서 분석한 바와 같이 중국공산당과 북한로동당의 일당독재체제, 중국과 한반도의 특수한 지정학적 관계, 한반도의 분단과 대국들의 세력경쟁 속에서, 북중 양국의 특수한 상호관계 패러다임과 전략선택은 유지되고 있다. 김정은시기 북중관계에서 핵문제 갈등은 심각한 상황이지만, 특수한 상호관계 패러다임이 유지는 되고 있는 것이 2018년 3월부터 2019년 1월까지 김정은의 중국방문을 통해서 확인되었다.

하지만, 북한이나 중국이나 스스로 직면한 내외환경 변화 속에서 대내외정책 패러다임을 변화시켜야 한다는 절대적 명제에서는 벗어날 수는 없다. 중국은 개혁개방을 통해 많은 변화를 했지만, 김정은시기 북한은 전통적 김일성-김정일 체제와 패러다임을 여전히 벗어나지 못하고 있다. 북중 개혁개방 패러다임의 차이, 북핵문제나 중국이 동참하는 유엔 대북제재, 남북한관계, 북미관계, 중미관계 갈등으로 인해 북중관계의 불안정 요인은 상존하고 있다.

북중정상회담에서 '전략소통'과 '교류협력'이 더욱 필요하다는 점을 강조하고, "국제 및 지역문제 특히 조선반도 정세관리와 비핵화협상과정을 공동으로 연구 조종"하겠다는 것을 합의한 것도 그러한 불안정 요인을 고려했기 때문이다. 그것은 북한이 지금까지는 중국과 전략소통을 소홀히 하고, 중국이 반대하는 핵무기개발을 지속하면서 북미관계개선에 집중하고, 중미 사이 '편승전략'을 노골화한 것에 대한 중국의 불만 표시이며, 더 많은 전략소통과 교류협력으로 상호관계를 관리하면서 대내외정책 패러다임도 변화시켜야 한다는 것을 중국이 북한에게 분명하게 경고한 것이다.

현재 북한을 둘러싸고 전개되고 있는 북핵문제를 포함한 동북아시아 지역 정치군사적 안전딜레마와 콤플렉스로 인하여 지속되는 '아시안패러독스'(Asian Pradox)는 정치이념체제 차이, 전략소통 한계, 그로 인하여 유발된 신뢰부족이 핵심문제라는 점은 누구나 인정하고 있다. 북중관계를 포함한 동아시아지역에서 평화적 교류협력관계, 혹은 중국이 주장하는 '운명공동체'나 혹은 '동아시아공동체'를 궁극적으로 구축하기 위해서는 국가 사이 교류협력과 개혁개방을 확대하고, 상호학습과 이해증진을 통해서 문화적 정체성 구축함으로서 궁극적 평화를 이룬다는 구성주의(Constructivism)적 패러다임 전환 관점을 중시해야 할 것이다. 구성주의적 상호개방과 교류협력을 통한 패러다임 전환에서 중국은 물론이고 특히 북한도 절대로 예외가 되어서는 안 될 것이다. 북중관계의 안정적 발전, 남북한 교류협력과 상호관계 발전, 혹은 미래 중국의 대만해협 양안통일과 남북한 통일문제도 그러한 패러다임 전환을 통해서 궁극적 해결방법을 찾을 수가 있을 것이다. 우리의 대북정책과 대중국정책도 그러한 맥락에서 사고해야 한다.

이 장의 주

1 북중국경선은 "中朝邊界", 『維基百科』(https://zh.wikipedia.org)(2019.1.9.검색)를 참조

2 KOTRA, 『2017년 북한 대외무역 동향』(KOTRA자료 18-038), p.1.

3 北韓은 자신을 공식적으로는 '조선'(조선민주주의인민공화국)으로, 남한은 '남조선'으로 부르고 있고, '남북한관계'를 '북남(조선)관계'라고 하며; 중국에서 북한은 '朝鮮', 남한은 '韓國'(1992년 이전 과거에는 '南朝鮮'), 중북관계는 '中朝關係', 남북한관계는 '韓朝關係'라고 부르고 있다. 본문에서는 한국에서 사용하는 호칭을 기준으로, '조선'을 '북한'으로 표기하고 그것을 기준으로 상호호칭과 관련된 용어를 사용하고자 하며, 문맥상 꼭 필요할 경우 '조선'을 사용하고자 한다. 본문에서 漢字는 한국에서 사용하는 정자체 한자로 표기한다.

4 중국에서 출판된 중국 및 북한에 대한 정책과 관련된 1959~1994년까지 문건자료는 다음을 참조할 것: 劉金質 楊准生主編, 『中國對朝鮮和韓國政策文件滙編』(北京: 社會科學院出版社, 1994)(전 5권); 1919~1949년 사이의 자료는 劉金質 楊准生 外編, 『中朝中韓關係文件資料滙編』(上·中·下)(北京: 社會科學院出版社, 2000); 중국에서 출판된 중한중조관계와 관련된 전문서적으로 다음을 참조할 것: 楊昭全 孫艷妹著, 『當代中朝中韓關係史』(上, 下卷)(長春: 吉林出版社, 2008); 중국의 6.25전쟁 참전과 관련된 전문저서는 다음을 참조할 것: 軍事科學院軍事歷史研究部編, 『抗美援朝戰爭史』(1·2·3卷)(北京: 軍事科學出版社, 2000); 沈志華, 『朝鮮戰爭-揭秘』,(香港: 天地圖書有限公司, 1994). 그 외에도 중국과 북한 관계의 갈등요인에 대하여 분석한 歐陽善著(박종철 정은이 역), 『중국의 대북조선기밀파일』(서울: 한울, 2008); 習近平과 김정은 시기 북중관계의 갈등에 대하여 분석한 近藤大介著(이용빈 노경아 역), 『시진핑은 왜 김정은을 죽이려려하는가』(서울: 한국경제신문, 2014) ; 북핵문제에 대한 중국의 역할문제를 논한 王俊生著, 『朝核問題與中國角色 -多元背景下的共同管理』(北京: 世界知識出版社, 2012); 중국에서 북한외교를 전문으로 분석한 金祥波著, 『朝鮮對外戰略史研究』(北京: 社會科學院出版社, 2012) 등 참조. 그 외에도 국내에서 한중관계의 관점에서 중국의 대한반도정책을 분석한 문대근지음, 『韓半島統一과 中國』(서울: 늘품플러스, 2009); 북한과 중국의 동맹관계의 역사와 특징을 분석한 최명해지음, 『중국 북한 동맹관계: 불편한 동거의 역사』(서울: 오름, 2009); 최근 북중관계현황에 대한 분석은 임강택 외, 『북중관계 주요분야별 현황분석』(서울: 통일연구원, 2017) 등 참조. 그 외에 영문판으로 중국의 관점에서 중북관계를 분석한 C. Freeman, China and North Korea: Strategic and Policy Perspectives from a Changing China, New York: Palgrave Macmillan US, 2015 참조.

5 북중 정부 간 인사교류, 경제협력, 관광현황 등 교류현황을 중심으로 북중관계 최근 추세를 분석한 것은 임강택 외,『북중관계 주요분야별 현황분석』(서울: 통일연구원, 2017) 참조.

6 국제관계와 패러다임 논의는 朴在榮著,『國際政治 패러다임』(서울: 법문사, 2002) 참조; 현재 중국의 대외정책의 변화를 패러다임의 관점에서 분석한 것은 김흥규역음,『시진핑 시기 중국 외교안보 그 패러다임의 변화』(서울: 동아시아재단, 2015) 참조.

7 黃棟, "認知結构平衡理論視角下的三邊關系研究",『太平洋學報』(2014.2) (http://fenke.gzzxz.com/fenke/zhengzhixue/zzjpwz/zzgjzz/54558-4.shtml)(2018.8.27.검색) 참조.

8 習近平은 2012년 11월 15일 中國共産黨第18屆一中全會에서 中國共産黨中央委員會總書記 겸 中央軍事委員會主席으로 당선되어 중국공산당 제5세대 領導集體 최고지도자가 되었으며, 2013년 3월 14일 第12屆全國人民代表大會第1次會議에서 中華人民共和國主席 겸 國家軍事委員會主席으로 국가원수로 등극하였다. 또한 2017년 10월 25일 개최된 中國共産黨第19屆一中全會에서 總書記와 中央軍事委員會 주석을 연임하였고, '習近平新時代中國特色社會主義'가『中國共産黨黨章』에 명기되었다. 2018년 3월 17일 第13屆全國人民代表大會 第1次會議에서 국가주석으로 연임되었다. 김정은은 그의 부친인 김정일이 2011년 12월 17일 사망한 이후 권력을 승계하여, 2012년 4월 11일과 13일 조선로동당 제1서기 및 국방위원회 제1위원장(조선로동당 총서기 및 국방위원회위원장은 김정일의 직무로 영원히 보류)으로 공식적으로 초대되었고, 2012년 7월 17일 조선로동당중앙위원회, 중앙군사위원회, 국방위원회 및 최고인민회의 결정으로 조선인민군최고사령관으로서 '조선민주주의인민공화국원수'로 등극하였다. 또한 2016년 5월 9일 조선로동당 제7차대표대회에서 조선로동당위위원장으로 선임되었다. 이와 같이 같은 시기에 중국과 북한의 최고지도자가 되었지만, 김정은과 習進平은 북한의 핵미사일 시험으로 양국관계가 악화되어 양국의 최고지도자로 공식적으로 처음 만난 것은 6년 후인 2018년 3월 29일이다.

9 梁立昌, "中朝特殊關係: 從歷史到現實的演變",『第19屆中國的韓國學國際學術會議論文集』(政治外交·經濟)(2018.6.29.-30 延邊大學校朝鮮韓國研究中心), p.195.

10 "불신과 대결을 조장하는 <통일외교> 놀음",『로동신문』(2015.9.12)

11 "너절한 처사, 유치한 셈법",『조선중앙통신』(2017.2.23)

12 "우리 공화국의 자주적이며 합법적인 권리와 존엄, 최고 리익에 대한 엄중한 침해이며 친선의 오랜 력사와 전통을 가진 선량한 이웃나라에 대한 로골적인 위협", "피로써 개척되고 년대와 세기를 이어 공고 발전되여 온 조중관계를 통채로 무너뜨리

고 있는데 대하여 격분을 금할 수 없다.", "우리의 사회주의제도를 허물어보겠다고 극악무도하게 날뛰는 남조선괴뢰들과 외교관계를 체결하고 순수한 경제교류의 테두리를 벗어나 정치, 군사적관계에로까지 심화시키면서 동북 3 성은 물론 중국전역을 반공화국전초기지로 전락시킨 죄과를 무엇으로 변명할 수 있겠는가", "박근혜와 같은 인간쓰레기를 천안문광장 주석단에까지 올려 세우고 세상이 보란듯이 입 맞추며 온갖 비렬한 짓을 서슴지 않아온데 대해서도 우리는 똑똑히 기억하고 있다.", "무지몽매한 중국의 일부 정치인들과 언론인들은 력사의 본질을 똑바로 알고 입을 놀려도 놀려야 한다.", "미국이 외치는 <국제사회의 일치한 견해>라는 것을 그대로 따라 외우며 반공화국적대세력과 한편이 되어 우리를 범죄자로 몰아대고 잔혹한 제재놀음에 매달리는 것은 조중관계의 근본을 부정하고 친선의 숭고한 전통을 말살하려는 용납 못할 망동이 아닐 수 없다. 조중관계의 《붉은 선》을 우리가 넘어선 것이 아니라 중국이 란폭하게 짓밟으며 서슴없이 넘어서고 있다. 우리 두 나라사이의 《붉은 선》은 그 어떤 경우에도 상대방의 존엄과 리익, 자주권을 침해하지 않는 것이다.", "조중관계의 기둥을 찍어 버리는 무모한 언행을 더 이상 하지 말아야 한다", 『로동신문』(2017.5.4)

13 "창피를 모르는 언론의 방자한 처사", 『로동신문』(2017.9.22)

14 "무엇을 얻어 보려고 비루한 참견질인가", 『로동신문』(2018.2.8)

15 중국외교정책을 관리하는 체계로 政黨外交, 政府外交와 民間外交로 나누고 있으며, 중국공산당의 유일집권체제 특성상 政黨外交가 매우 중요한 기능을 하고 있으며, 주관기관은 中國共產黨中央委員會對外聯絡部(간칭: 中聯部)이다. 王福春主編, 『外事管理學槪論』(北京: 北京大學出版社, 2017), pp.169~176.

16 '堅持四項基本原則'(사항기본원칙의 견지)은 1979년 3월 당시 최고지도자로서 개혁개방을 설계하고 추진하던 鄧小平이 북경에서 개최된 中共中央理論工作務虛會議에서 주장한 중국공산당 사상정치원칙으로 첫째 社會主義道路 堅持, 둘째 無產階級專政 堅持, 셋째 共產黨領導 堅持, 넷째 마르크스레닌주의와 毛澤東思想 堅持를 말한다. 후에 이것은 1992년 中共第14屆全國代表大會에서 개정된 《中國共產黨黨章》에 '一個中心 兩個基本点'(경제건설중심, 개혁개방과 사항기본원칙 견지)으로 명기되었다. "四項基本原則", 『中國共產黨新聞』(http://cpc.people.com.cn/GB/64156/64157/4509599.html)(2018.12.8검색)

17 예를 들면, 중국의 『新華網』 공식보도에서 "中共中央總書記、國家主席習近平同當日抵京的朝鮮勞動党委員長、國務委員會委員長金正恩擧行會談"이라고 하고, 양측 참석자를 다음과 같이 소개하고 있다: "中共中央政治局常委、中央書記處書記王滬宁、以及中共中央政治局委員、中央書記處書記、中央辦公廳主任丁薛祥、中共中央政治局委員、中央外事工作委員會辦公室主任楊洁篪、中共中央

政治局委員、中央書記處書記、中央政法委書記郭聲琨，中共中央政治局委員、中央書記處書記、中宣部部長黃坤明，中共中央政治局委員、北京市委書記蔡奇，國務委員兼外交部長王毅等出席有關活動。朝鮮勞動党中央政治局委員、中央副委員長、國際部部長李洙墉，中央政治局委員、中央副委員長、統一戰線部部長金英哲，中央政治局委員、中央副委員長朴泰成，中央政治局委員、外務相李勇浩，中央政治局候補委員、人民武力相努光鐵，中央政治局候補委員、宣傳鼓動部第一副部長金与正等陪同金正恩訪華并出席有關活動。",
"習近平同朝鮮勞動党委員長金正恩擧行會談"(2019.1.7), 『新華網』(http://www.xinhuanet.com/politics/2019-01/10/c_1123968920.htm) 참조. 북한언론도 "경애하는 최고령도자동지께서 중화인민공화국의 수도 베이징에 도착하시였다. 경애하는 최고령도자 동지를 베이징역에서 중국공산당중앙위원회 정치국상무위원회위원이며 당중앙위원회서기처서기인 왕호녕동지, 중국공산당중앙위원회 정치국위원이며 베이징시당위원회서기인 채기동지가 영접하였다."라고 전하고 있다. "조선로동당위원장이시며 조선민주주의인민공화국국무위원회위원장이신 우리당과 국가, 군대의 최고령도자 김정은동지께서 중화인민공화국을 방문하시였다", 『로동신문』(2019.1.10)

18 북한외교변화는 정규섭,『북한외교의 어제와 오늘』,(서울: 일신사, 1997); 金祥波 著,『朝鮮對外戰略史研究』, 위의 책. 참조.

19 "북한의 대외정책과 대외관계",『북한이해 2017』(통일교육원), pp.75~86 참조.

20 "자력갱생, 자급자족은 우리 당의 일관한 투쟁전략",『로동신문』(2018.12.6.); "자본주의사회에는 앞날이 없다",『로동신문』(2019.1.8)

21 당시 쌍방은 1,334km의 국경분계선을 합의하였고, 중국은 백두산 天池에서 중국에 속한다고 주장한 98km^{2}를 북한에 양보하여 북한이 54.5%를 장악하도록 하였고, 1909년《間島條約》과 비교하여 지도상 척도로 약 1200km^{2}의 영토를 북한에 양보하였다고 주장하고 있다. 또한 압록강과 두만강 島嶼와 沙洲 451개 중에서 중국에 187개, 북한에 264개가 속하도록 합의하였다. 沈志華 董潔, "中朝邊界爭議的解決",『二十一世紀月刊』(2011年4月號 總第一二四期), p.46

22 沈志華 董潔, "中朝邊界爭議的解決",『二十一世紀月刊』, 위의 자료. p. 41. 원문 출처: "鄧小平接見韓益洙談話紀錄"(1962年4月30日), 『外交部檔案館』(106-01 380-18), pp.61~66.

23 이 시기 중국지도자들도 적극적으로 북한을 방문하여, 1980년대 최고지도자였던 鄧小平이 1회, 당주석과 당총서기 胡耀邦(호요방)이 3회, 趙紫陽(조자양)은 총리로서 1회, 黨總書記로서 1회, 국가주석 李先念(이선념)과 楊尙昆(양상곤)이 각각

1 회 등, 이 시기 중국 최고지도자들이 모두 북한을 방문하였다. 金祥波著, 『朝鮮對外戰略史研究』(中國社會科學院出版社, 2012), pp.43~44. 김일성은 생전에 중국을 공식적 비공식 10번 방문하였으며, 그 중에서 1982년부터 1989년까지 5번 중국을 방문하였다. 북한과 중국 양국 지도자들의 상호방문 현황은 『駐朝鮮中國大使館』(http://kp.china-embassy.org/chn/zcgx/gchf/90nd)(2018.12.5검색) 참조.

24 "조선로동당위원장이시며 조선민주주의인민공화국국무위원회위원장이신 우리당과 국가, 군대의 최고령도자 김정은동지께서 중화인민공화국을 방문하시였다", 『로동신문』(2019.1.10)

25 이하는 第19屆中國韓國學國際學術會議(2018.6.29.-30: 中國延邊大學朝鮮韓國研究中心 주최)에서 발표한 "북한과 중국의 전략삼각관계-구조·전략·콤플렉스", 『第19屆中國韓國學國際學術會議論文集』(政治外交·經濟, pp.251~263)에 새로운 자료를 보충 수정하여 작성하였다.

25 Lowell Dittmer, "The Strategic Triangle: An Elementary Game-Theoretical Analysis," World Politics, Vol. 33, No. 4, 1981, pp. 485~515 참조; Lowell Dittmer, "The Strategic Triangle: A Critical Review," in Ilpyoung J. Kim ed., The Strategic Triangle: China, the United States and the Soviet Union, New York: Paragon House Publishers, 1987, pp. 29~47.참조.

26 이수형, "남북한 한반도 정치와 강대국 동맹정치 간의 연계성 분석", 『세계정치』(제16호 2011년 가을·겨울 제32집 2호), pp.141~169 참조.

27 중국은 三個世界論에서는 전세계 국가들을 第1世界, 第2世界, 第3世界로 나누고, 중국은 第3世界에 속하는 것으로 분류하기도 하였다. 2003년 제15차 대회에서는 發達國家, 周邊國家와 發展中國家로 분류하기도 했고, 2006년에는 "大國은 首要, 周邊은 關鍵, 發展中國家는 基礎"라고 하면서 외교에서 大國이라는 개념이 등장하였다." 閻學通, "大國外交得區分敵友", 『環球時報』(2014.8.15.) 참조.

28 "習近平主持召開中央外事工作委員會第一次會議"(2018.5.15), 『新華網』(\http://www.xinhuanet.com/politics/2018-05/15/c_1122836914.htm); "六集大型政論專題片 《大國外交》 卽將播出-全景展現黨的十八大以來中國特色大國外交的恢宏曆程", 『新華社』(2017.8.28)(http://www.xinhuanet.com/politics/2017-08/28/c_1121556668.htm) 참조.(2018.4.5.검색)

29 閻學通, 齊皓 吳文兵(韓) 薑宅九共著, 『中國與周邊中等國家關係』(北京: 社會科學文獻出版社, 2015) 참조.

30 이상숙, 『북한·중국의 비대칭관계에 대한 연구-베트남·중국의 관계와의 비교』(2008년 동국대학교 대학원 북한학과 논문) "제5장 북중관계의 비대칭적 전개"에

서는 시기별관계를 "안보지원-의존의 단계" 1950년대), "중국의 '복종'요구의 단계"(1960년대 초반), "북한의 '자주' 추구 단계"(1970년대), "'복종'과 '자주'의 갈등 단계(1980년대)", 그리고 "탈냉전 이후 갈등의 재연단계"(190년대 이후)로 나누어 분석하고 있다.

31 "중화인민공화국과 북한민주주의인민공화국간의 우호, 협조 및 호상 원조에 관한 조약"(中華人民共和國和朝鮮民主主義人民共和國友好合作互助條約)(1961年7月11日), 『維基文庫』(https://zh.wikisource.org) (2018.4.20검색)

32 "대한민국과 미합중국간의 상호방위조약", 『국가법령정보센터』(http://www.law.go.kr)(2018.5.2검색)

33 이수형, "남북한 한반도 정치와 강대국 동맹정치 간의 연계성 분석", 위의 논문, p.143. pp.156~158.

34 1961년 7월 11일 체결한 이 조약은 북한과 중국 양국 어느 쪽에서도 해지를 요구하지 않음으로서 1981년과 2001년에 자동으로 2012년까지 연장되어 유효하며, 이 조약 제2조에 "조약의 쌍방은 공동으로 모든 조치를 취하여 어떠한 국가가 협약 쌍방의 어떤 일방에 대하여 침략을 방어할 것을 보증한다. 일단 협약의 일방이 어떤 일국 혹은 몇 개의 국가가 연합한 무장공격을 받게 되어 전쟁상태에 처하게 되면, 협약의 다른 일방은 즉각 전력을 다하여 군사와 기타 원조를 제공한다.(締約雙方保證共同採取一切措施, 防止任何國家對締約雙方任何一方的侵略。一旦締約一方受到任何一個國家的或者幾個國家聯合的武裝進攻, 因而處於戰爭狀態時, 締約另一方應立卽盡其全力給予軍事及其他援助。)라고 규정하고 있다. 최근 6년 간 양국관계가 동결될 정도로 냉각되었지만, 2016년 7월 11일 조약체결 55주년에는 習近平총서기와 김정은국무위원장은 축전을 주고받았다. "中朝友好條約55周年 習近平金正恩互致賀電", 『Sina新聞中心』(http://news.sina.com.cn/c/nd/2016-07-12/doc-ifxtwihq0098815.shtml) 참조.

35 "中朝友好條約55周年 習近平金正恩互致賀電", 위의 자료.

36 "미·중 무력 충돌도 가능…'제2의 한국전쟁' 될 수도", 『조선일보』(http://news.chosun.com/site/data/html_dir/2019/06/14/2019061401887.html)(2019.6.15.검색)

37 "中央電視台重播紀彔片《偉大的抗美援朝》"(2019/05/28)(https://new.qq.com/omn/20190528/20190528A0AJ8K.html)

38 정욱식, "남북은 '탈냉전' 강대국은 '신냉전', 한반도 운명은?"(2018.3.9.), 『프레시안』(http://www.pressian.com/news/article.html?no=188384)(2018.4.23검색)

39 조수진, "인도·태평양사령부"(2018.6.2.), 『동아일보』(http://news.donga.com/Main/3/all/20180602/90368759/1)(2018.6.3검색)

40 Werner Levi, *Modern China's Foreign Policy*(Minneapolis: University of Minnesota press, 1953), p. 36. 이규태,『현대한중관계론』(서울: 범한서적, 2007), p.202.인용.

41 "常駐聯合國代表劉結一大使在安理會通過朝鮮核試驗問題決議后的發言"(2017.9.11),『中華人民共和國常住聯合國代表團』(http://www.china-un.org/chn/hyyfy/t1492095.htm) (2018.5.13검색)

42 "傳承發揚中朝傳統友誼，符合雙方共同利益，是雙方共同的戰略選擇。無論國際地區形勢如何風雲變幻，我們雙方都會牢牢把握世界發展大勢和中朝關係大局。"，"習近平同金正恩擧行會談"(2018.3.28.)，『外交部』(http://www.fmprc.gov.cn/web/wjdt_674879/gjldrhd_674881/t1546010.shtml)(2018.5.14검색)

43 "조선로동당위원장이시며 조선민주주의인민공화국국무위원회위원장이신 우리당과 국가, 군대의 최고령도자 김정은동지께서 중화인민공화국을 방문하시였다",『로동신문』, 앞의 자료.

44 "習近平同朝鮮勞動党委員長金正恩擧行會談"(2019.1.7.),『新華網』, 앞의 자료.

45 "習近平同朝鮮勞動党委員長金正恩擧行會談" (2019. 1. 7.),『新華網』, 앞의 자료; "조선로동당위원장이시며 조선민주주의인민공화국국무위원회위원장이신 우리당과 국가, 군대의 최고령도자 김정은동지께서 중화인민공화국을 방문하시였다",『로동신문』, 앞의 자료.

46 "近來中國大事喜事不斷，去年中國共產黨勝利召開十九大，前不久又成功召開全 "習近平同金正恩擧行會談" (2018-03-28), 위의 자료.

47 북한 언론은 김정은의 그러한 발언을 다음과 같이 소개하고 있다. "나의 첫 외국방문의 발걸음이 중화인민공화국의 수도가 된 것은 너무도 마땅한 것이며 이는 조중친선을 대를 이어 목숨처럼 귀중히 여기고 이어나가야 할 나의 숭고한 의무로도 됩니다. 나는 위대한 린방을 방문한 것을 매우 영광스럽게 생각하며 이번 계기를 통하여 조중 두 나라 선대령도자들께서 물려주신 고귀한 유산이며 공동의 재부인 조중친선의 귀중함을 다시금 되새겨보게 되었습니다. 장구한 기간 공동의 투쟁에서 서로 피와 생명을 바쳐가며 긴밀히 지지협조해온 조선인민과 중국인민은 실생활을 통하여 자기들의 운명이 서로 분리될 수 없다는 것을 체험하였으며 강 하나를 사이에 두고 잇닿아 있는 형제적 이웃인 두 나라에 있어서 지역의 평화적환경과 안정이 얼마나 소중하며 그것을 쟁취하고 수호해나가는 것이 얼마나 값비싼 것인가를 똑똑히 새기고 있습니다. ", "경애하는 최고령도자 김정은동지께서 중화인민공화국을 비공식방문하시였다 연회에서 하신 김정은동지의 연설",『로동신문』(2018.3.29)

48 "習近平總書記對朝中友誼和發展朝中兩黨兩國關係發表了重要意見，令我受到

極大鼓舞和啓發。雙方老一輩領導人親手締造和共同培育的朝中友誼是不可撼動的。在新形勢下傳承並發展朝中友誼，是朝方的戰略選擇，任何情況下都不會改變。我此次來訪，希望與中國同志見面，加强戰略溝通，加深傳統友誼。希望今後能有機會同總書記同志經常見面，並通過互派特使、致親筆信等方式保持密切溝通，把高層會晤對兩黨兩國關係的引領發展到新水平。"，"習近平同金正恩擧行會談"(2018-03-28), 위의 자료.

49 "선대수령들의 숭고한 뜻을 받들어 사회주의위업을 위한 성스러운 공동의 투쟁에서 맺어지고 력사의 온갖 돌풍 속에서도 자기의 본태를 지켜온 조중친선관계를 새로운 높이에서 강화발전시키는 것은 우리 당과 정부의 확고부동한 립장입니다.", "경애하는 최고령도자 김정은동지께서 중화인민공화국을 비공식방문하시였다 연회에서 하신 김정은동지의 연설", 『로동신문』(2018.3.29)

50 "조선로동당위원장이시며 조선민주주의인민공화국국무위원회위원장이신 우리당과 국가, 군대의 최고령도자 김정은동지께서 중화인민공화국을 방문하시였다", 『로동신문』 앞의 자료.

51 "文在寅祝賀中共十九大成功召開，祝賀習近平再次當選中共中央總書記，支持習主席在十九大上提出的构建人類命運共同体立場。……文在寅表示，希望韓中双方共同努力，盡早恢夏兩國高層交往和各領域交流合作。韓方支持幷愿積極參与"一帶一路"建設。韓方重視中方在'薩德'問題上關切，无意損害中國的戰略安全利益。文在寅表示，韓方贊賞中方在朝鮮半島核問題上發揮的積極作用，愿同中方密切溝通和協調，堅持以和平方式解決朝核問題、維護半島和平。"，"習近平會見韓國總統文在寅"(2017.11.11), 『外交部』(http://www.fmprc.gov.cn/web/wjdt_674879/gjldrhd_674881/t1509731.shtml)(2018.5.17검색)

52 곤도 다이스케 지음(이용빈 노경아 옮김), 『시진핑은 왜 김정은을 죽이려 하는가』(서울: 한국경제신문, 2015) 이 책에서 저자는 習近平 주석이 북한을 공격할 수 있는 조건으로 ① 미국이 그 국가 또는 지역의 우방이 아니어야 한다. ② 중국이 전쟁을 일으킬 대의명분이 있어야 한다. ③ 중국이 100% 이겨야 한다. ④ 중국 국민이 싫어하는 국가나 지역이어야 한다라는 것을 제시하고, 김정은의 "조선"이 당시 이 4가지 조건에 딱 부합한다라고 주장하고 있다. p.250.

53 "무엇을 얻어 보려고 비루한 참견질인가", 『로동신문』(2018.2.8)

54 "조선로동당 위원장이시며 조선민주주의인민공화국 국무위원회 위원장이신 우리 당과 국가, 군대의 최고령도자 김정은동지께서 중화인민공화국을 방문 조선로동당 위원장, 조선민주주의인민공화국 국무위원회 위원장 김정은동지께서 중국공산당 중앙위원회 총서기, 중화인민공화국 주석 시진평동지와 회담하시였다.", 『로동신문』

(2018.6.20.)

55 "조선로동당위원장이시며 조선민주주의인민공화국국무위원회위원장이신 우리당과 국가, 군대의 최고령도자 김정은동지께서 중화인민공화국을 방문하시였다", 『로동신문』, 앞의 문장.

56 "휴대전화도 금지하며 '북-중 우호 영원하리라' 외친 북한 예술단 공연", 『동아일보』 (http://news.donga.com/Main/3/all/20190127/93879507/1)(2019.1.27검색)

57 북중관계의 갈등과 콤플렉스 특히 북한과 중국 사이 상호불신과 콤플렉스 문제를 분석한 것은 歐陽善저(박종철 정은이 역), 『중국의 대북조선기밀파일』(서울: 한울, 2008) 참조.

58 2015년 9월 조사 시 한중관계가 "좋지 않다고 생각하던 사람"이 29.0%였던 것이 2017년 6월 12일 발표된 한 언론매체조사에서는 그것이 81%로 증가하였다. 특히 중국이 북한핵문제에서 적절한 역할을 하지 못하고 있다는 의견이 91.6%나 되었다. "문재인 시대 한일관계, 한국인 '좋아 진다' 일본인 '안 변한다'", 『한국일보』 (2017.6.12.)(http://www.hankookilbo.com/isl.aspx?c=105&cn=%eb%88%88(SNS)%ec%82%ac%eb%9e%8c+%ec%9d%b8%ed%84%b0%eb%b7%b0&sort=3) (2018.5.19검색)

59 최규빈, "주변국 관계 인식"(2018), 서울대학교 통일평화연구원, <2018 통일의식조사 대전환기 한반도, 국민의 생각은?>(2018년 10월 2일), 회의자료, p.70. ; 조동준, "북한 주민의 주변국 인식", 『2018 북한사회변공과 주빈의식』, 서울대학교 통일평화연구원(2018.10.30. 회의자료), pp.131~132.

60 Brantly Womack, *China and Vietnam* (New York: Cambridge University Press, 2006); Womack, Brantly. *China Among Unequals: Asymmetric Foreign Relations in Asia.*(Singapore: World Scientific Publishing Company, 2010) 참조.

61 吳玉山, "權力不對稱與兩岸關係研究", 包宗和、吳玉山主編, 『重新檢視爭辯中的兩岸關係理論』(台北：五南圖書, 2012), pp.38~54.

62 "경제전반에 대한 국가의 통일적 지도를 원만히 실현하고 근로자들의 자각적 열의와 창조력을 최대한 발동할 수 있도록 관리방법을 혁신하여야 합니다. 내각과 국가경제지도기관들은 사회주의경제법칙에 맞게 계획화와 가격사업, 재정 및 금융관리를 개선하며 경제적 공간들이 기업체들의 생산활성화와 확대재생산에 적극적으로 작용하도록 하여야 합니다." 김정은 "신년사", 『로동신문』(2019년 1월 1일)

김정은 정권의 반미 선전·선동과 신천박물관에 대하여

김 옥 자*

Ⅰ. 북한의 반미 선전·선동은?

북한은 해방 후 한반도의 분단과 한국전쟁으로 인한 대규모 인명피해 및 산업파괴의 원인을 미국의 참전으로 규정하는 한편, 그들이 겪고있는 경제난의 주요 원인이 미국의 대북제재 때문이라고 선전하는 반미(反美) 교양에 적극적이었다. 북한의 선전·선동은 차단, 단순, 반복적인 구호제시가 특징이다.

이는 히틀러가 강렬한 기억과 지속적인 자극을 통해 반복의 중요성을 강조한 선전기법을 통해 리더쉽을 발휘한 것과 유사하다. 히틀러는 선전·선동으로 감정적 일체가 된 군중들이 악마의 이미지가 덧씌워진 유대인들을 증오하도록 했다. 북한에서는 히틀러에 의한 유대인 증오를 악마의 이미지를 덧씌운 미제국주의자 증오로 대체하여 3대 세습정권의 권력을

* Research Scholar, The Research Center for Korean Community at Queens College of the City University of New York

강화하고, 그들의 체제를 안정시키기 위한 반미교양을 했다. 북한의 선전·선동은 인민들에게 혁명사상을 주입시켜 그들을 당의 요구대로 행동하는 새 인간형으로 개조하고, 당 정책을 관철하여 대내외 혁명을 완수하기 위한 수단의 하나이다.

북한에서 체제안정과 3대 세습정권을 유지하는데 중요했던 반미교양은 ① 폐쇄적 자주이데올로기, ② 반자본주의(우리식사회주의), ③ 대미대결과 실리추구의 이중성, ④ 민족주의(조선민족제일주의), ⑤ 주민세뇌와 동원을 위한 왜곡과 날조의 특징이 있다.[1] 특히 반미교양의 소재로 중요한 신천박물관은 <신천군주민학살사건>[2]을 재현한 전시를 통해 미군들에게 끔찍한 증오의 이미지를 씌우고, 참관자들이 반미투쟁에 적극 동조하도록 했다. 1958년 3월 건립된 신천박물관은 지난 60년 동안 북한주민, 군인, 각 기업소와 학생들의 참관 장소로 중요했을 뿐만 아니라 집회, 토론, 강좌 등의 방식으로 신천군사건의 기억을 반복, 확대, 재생산하는 반미투쟁을 견고하게 했다.

2018년 한 해동안 판문점과 평양에서 세 차례의 남북정상회담(4.27, 5.26, 9.18)과 싱가포르에서의 1차 북미정상회담(6.12)은 2019년 2차 북미정상회담(2.27)인 하노이회담으로 이어졌다. 남북 및 북미간의 정상회담 개최로 북한의 반미선전·선동 및 반미교양에 어떤 변화가 있었을까?

가장 눈에 띄는 변화는 <6.25미제반대투쟁의날> 중요 행사의 하나였던 평양시 군중대회가 사전 취소된 일이다. 북한에서는 한국전쟁이 발발한 6월 25일부터 정전협정 체결일인 7월 27일까지를 '반제반미투쟁월간'으로 정하고 미국을 규탄하는 대규모의 군중대회를 열어왔다. 이 대회는 2015년에 <조선인민의 철천지원쑤 미제침략자들을 소멸하자!>의 구호와[3] 함께 10만 명이 동원됐고, 2016년, 17년에도 대규모 행사로 계속됐다.

신천박물관에서도 기업소, 군인, 학생들과 북한주민들이 참관과 복수

(復讐)결의모임, 토론 등의 방식으로 매년 반미교양을 했다. 북한의 반미 선전·선동은 반미영화, 반미문학, 반미포스터, 반미구호, 반미우표 발행 등의 다양한 방법과 형식으로 진행됐다.

그러나 2018년의 남북정상회담과 북미정상회담을 추진하는 양국 실무 진들의 접촉이 빈번해지자, 『로동신문』에는 미국을 비난하는 기사가 현 저히 줄었는가하면, 부정적 의미가 큰 <미제> 대신 미국으로 표기하고 있 다. 게다가 북미정상회담이 임박해지자 반미 선전물이 자취를 감추기도 했다. 그동안 북한을 방문한 관광객들을 상대로 평양이나 북측 판문점에 서 판매하던 반미우표나 반미엽서 등의 반미선전용 관광 상품을 거두어 들인 것이다.[4] 북한의 변화는 평양거리에서 흔히 볼 수 있었던 반미 선전 화나 반미구호가 사라진 것으로도 확인된다.

북한의 이러한 변화에 대해 세계 언론들은 북미관계를 개선하려는 북 한당국의 의지를 보여준 좋은 예라고 평가했다. 그러나 CVID(완전하고 검증가능하며 불가역적인 핵 폐기)로 핵문제를 해결하려는 것이라는 의 견에는 회의적이었다.

북한에서 반미선전·선동이 중단된 사례는 여러 차례 있었다. 가깝게는 김정일이 오바마정부에 휴전협정을 평화협정으로 바꾸도록 제의했던 2010년 4월, 평양시내에 걸렸던 대형 반미선전화는 인민 생활 향상을 위 한 선전화로 대체됐다.[5] 그러나 북한의 평화협정 제의에 미국이 냉담한 반응을 보이자 평양거리에는 반미선전화가 다시 걸렸다. 북한의 이러한 과거행태로 보아 근래의 반미선전·선동중단이 계속될 것이라고 단정 짓 기는 어려우나, 이를 중단한 것만으로도 북미관계를 개선하고자 하는 그 들의 의지를 확인하기에 부족하지 않다.

북한의 반미 선전·선동과 신천박물관 연구는 몇 몇 학자들에 의해 제 한적으로 연구됐다. 북한이 소련의 선전·선동경험을 공유한 것은 사회주의국가를 건설하고 한국전쟁을 수행하는데 중요했고, 그 과정에서 선전·선동은 더욱 체계화됐다(정욱이 2007). 한국전쟁 중 북한의 여러 지역에서 벌어진 학살과 그 죽음을 기억하도록 신천박물관을 신천군 학살로 인한 죽음을 기억하는 물리적 기반이 되는 공간으로 재현하여 조성했고, 북한이 미국과 대립할 때마다 신천군 학살을 끄집어내는 수단으로 활용했다(이재욱 2012). 전쟁을 겪은 사회일수록 공포가 갖는 힘은 막강하다. 북한에서는 전쟁공포에 대한 상징으로 신천군 학살을 서사화하고, 물질과 이미지로 구성한 신천박물관을 참관하도록 하여 투쟁과 집단일체감으로 단결하는 인간의 정신을 지배하는 무기로 이용했다(한성훈 2011). 위의 선행연구들은 북한의 대내 선전·선동과 북한 죽음의 기억, 그리고 전쟁사회와 북한의 냉전인식연구의 일환으로 신천군 학살과 신천박물관을 다루었다.

본 연구에서는 북미관계의 악화가 북한에서 반미 선전·선동의 규모와 방법에 어떤 영향을 미쳤는지 밝히기 위해 3대 세습정권 내내 반미교양의 주요도구였던 신천박물관을 살펴보고, 그 밖의 평양시 군중대회와 반미교양 교재 및 관련 출판물을 다룰 것이다. 특히 반미 선전·선동이 북미관계의 변화와 유엔의 북한 인권문제제기에 따라 어떻게 달라졌는지 조사하기 위해 『로동신문』에 게재된 신천군사건과 신천박물관 및 기타 반미교양 관련기사를 집중 조사할 것이다. 1951년 4월 12일 『로동신문』에 게재된 신천군사건의 재판기소장 전문을 다룬 기사는 1989년과 2016년에 출간된 북한문헌의 신천군사건과 비교하는데 유용하다.

『로동신문』은 북한 주변국의 정세변화에 따른 반미선전·선동의 변화를 비교하고 반미투쟁의 구체적인 사례를 살피는데 중요하다. 특히 북한에서 가장 규모가 큰 집회인 평양시 군중대회의 기사에서 북미간의 관계 악화에 따른 그들의 반미감정이 어떠했는지를 알 수 있다.

북한에서 벌이는 다양한 방식의 반미투쟁은 『로동신문』 이외에도 『조선녀성』, 『조선예술』 등 북한에서 출판된 잡지에서도 찾을 수 있다. 본 연구의 반미 선전·선동은 북미관계의 변화와 국제사회에서 북한인권 문제를 제기할 때마다 『로동신문』에 게재된 신천군 사건과 신천박물관의 기사를 주로 다룬다. 1951년 4월 12일 『로동신문』에 실린 신천군 사건의 재판기소장 전문은 북한문헌 『미제는 조선침략전쟁의 도발자』와[6] 『조선전쟁시기 감행한 미제의 만행』과 비교하는데 유용하다. 특히 평양시 군중대회를 다룬 기사에서 북미의 관계악화에 따른 북한의 대미결전 방식이 어떠했는지 알 수 있다.

북한은 김일성의 항일빨치산 활동을 그들의 혁명 정통성으로 주장하고 있다. 이러한 주장은 한반도 분단의 책임을 전적으로 미국에 두었던 북한이 일제의 식민지 수탈에 대항하여 외쳤던 '일제타도'의 구호를 '미제타도'의 구호로 대체 이동한 근거로 삼기에 충분했다.

한반도의 평화정착을 위해서는 남북간의 관계가 개선됨은 물론 북미간의 관계가 개선되어야 한다는 것은 자명한 사실이다. 북미간의 관계를 개선하기 위해서는 외교적 절차도 중요하지만, 우선 두 나라간의 인식의 방향과 정도를 파악하는 것도 중요하다. 그동안 북한의 반미인식에 대한 연구는 북한을 연구하는 학자들의 주요 관심대상이 아니었다. 그 결과 6.12 북미정상회담을 전후하여 북한에서 반미 선전 움직임이 눈에 띄게 줄어든 것이 그들의 대미인식 변화에 의미 있는 지표가 될 수 있는가의 근거를 찾기가 쉽지 않다.

따라서 이 글은 3대 세습정권에서 계속된 반미교양의 배경과 방향, 정도를 밝히고, 반미선전·선동과 반미교양의 핵심거점인 신천박물관을 반미교양에 어떻게 활용했는지에 대해 살펴보고자 한다. 이 연구가 북한의 반미 선전·선동 및 반미교양의 방향을 짐작하거나, 그들이 북미관계를 개선하고자하는 진정성을 갖고 있는가의 여부를 읽어내는데 도움이 되기를 바란다.

II. 북미 정세변화가 반미 선전·선동에 미친 영향

2018년 6.12 북미정상회담 후 양국의 공동성명이 발표될 때만해도 북한의(완전하고, 증명가능하며, 불가역적인 비핵화) 이행과 미국의 대북제재 완화가 빠른 시일 내 해결될 분위기였다. 그러나 2019년 2월 27일 하노이에서 열렸던 제2차 북미 정상회담이 결렬된 후 북한은 단거리 탄도미사일을 두차례나 발사하는가하면, 회담결렬 책임을 묻는 대미 담당자 처형설과 숙청설이 끊이지 않았다.

1. 김일성 시기의 북미관계와 반미교양(1945년~1981년)

한국전쟁 중 미 공군의 폭격으로 수많은 인명 피해와 산업시설 및 주거지가 파괴되었던 북한은 미국이 핵무기로 자신들을 공격할 지도 모른다는 공포를 여러 차례 겪었다. 북한 주민들이 미군의 폭격과 핵무기공격에 대해 가졌던 불안과 공포는 점차로 적대적 대미감정을 양산해 갔고, 김일성은 이를 반미투쟁의 동력으로 삼아 자신의 권력을 강화하고, 재건을 위한 노동력동원에 적극적으로 이용했다.

한편, 미국도 북한에 대한 인식은 매우 부정적이었다. 미국의 반북감정은 한국전쟁으로 인간성이 말살당한 주인공이 등장했거나, 전쟁으로 파탄 난 가족을 배경으로 한 영화에서도 확인할 수 있다.[7] 미국은 한국전쟁 참전으로 약 15만 명의 미군들이 희생(사망, 실종, 부상)됐고, 2차 세계대전 때 사용한 2,900억 달러보다 더 많은 3410억 달러어치의 국고가 손실됐다. 북한의 전쟁도발로 인한 미군의 희생과 국고 손실은 미국내에 광풍처럼 휘몰아치던 매카시즘(McCartyism)에 정당성을 부여하기에 충분했을 것이다.

전쟁이 끝난 후 북한의 반미감정은 더 견고해졌다. 1957년 유엔이 정전협정 제13조 항목을 폐기한 뒤 주한미군에 핵무기탑재가 가능한 무기를 배치하자, 김일성은 이를 견제하고 주민들의 단결과 충성심을 불러일으키도록 신천박물관을 짓고 수많은 주민들이 미군에 의해 학살됐다고 주장하는 반미교양의 핵심거점으로 삼았다.

『로동신문』은 전쟁 초기에는 강원도 롱천군의 일가족 몰살, 라남시의 학살사건 등 북한 전 지역의 민간인 피해를 기사화했으나,[8] 점차로 신천군의 민간인 피해를 중점적으로 다루었다. 그 이유는 광범위한 지역의 민간인 피해를 다루기보다는 미군에 의한 주민 학살로 규정한 신천군 사건을 집중해 드러내는 것이 반미 적대적 감정으로 단결하여 당에 충성토록 하는 데 더 효과적이라고 판단한 것으로 보인다.

1953년 7월 27일 휴전협정 후 북한이 다룬 반미교양은 미군에 의한 폭격과 민간인학살 중심이었다. 그러나 1968년 1월 23일 미 정보함 푸에블로호 나포사건 후부터는 반미교양의 소재가 더 다양해졌다. 북한은 푸에블로호 승무원들의 석방을 미국과 협상하는 과정에서 자신들의 소리를 대외적으로 알리는데 성공했다. 뿐만 아니라 미국에 돌려주기를 거부한 푸에블로호의 전시를 통해 반미교양의 효율성을 높이기도 했다. 대미항전에서 승리한 상징물로 중요했던 푸에블로호는 1995년부터 원산항에 정박시켜 주민들과 외국 사절단들에게 공개되다가, 1998년 12월에 대동강변으로 옮겨 전시했다.

푸에블로호를 평양의 대동강변으로 옮겨 전시한 것은 참관자들의 접근성을 높여 반미교양에 더 적극적으로 활용하기 위한 조치였다. 또한 푸에블로호 사건을 빌미로 미국정부를 비난하며 북한의 입장을 옹호하던 미 공산당 대표들을 초청하고 김일성과 면담할 수 있게 주선하거나, 뉴욕 타임즈에 북한을 긍정적으로 쓴 기사와 김일성을 선전하는 글을 싣기도 했다. 북한은 이미지 개선을 위한 또 다른 시도로 미국에 거주하는 한인 지식인들을 선별하여 북한에 초청하고, 한반도 통일과 유엔 가입에 대한 북한의 입장을 대변하도록 했다.

북한의 푸에블로호 나포는 반미투쟁에서 여러 의미가 있다. 나포한 선체를 전시하여 반미교양의 중요 소재로 삼았고, 미국과 미승무원들의 석방을 협상하면서 북한이 우위를 점했다고 선전한 것이 그것이다. 또한, 푸에블로호 나포는 북한이 미국 내의 공산당과 우호적인 관계를 맺는 계기가 되었으며, 한인사회에 친북단체(AKFIC)[9]를 설립하게[10] 됐다. 한국전쟁 후 주로 북한 내에서 진행했던 반미투쟁은 푸에블로호를 나포한 계기로 미국 언론매체를 활용하고 미국 내 친북세력을 조직하는 등 대외차원의 적극적인 반미투쟁으로 확대됐다.

김일성은 1970년 11월 조선노동당 5차 당대회에서 닉슨 독트린을 미국의 교활한 침략야욕을 드러낸 증거라고 규탄했다. 그러나 다른 한편, 1960년대 말 시작된 미·중 데탕트를 돌파구로 미국과의 관계를 개선하기 위해 노력했다. 1971년 7월 미·중 수교의 사전협의를 위해 헨리 키신저가 중국을 방문하자 "현재 반제국주의 투쟁의 시기이며, 미국의 제국주의의 융화적인 기만전술의 덫에 걸리기보다는 협력하여 미 제국주의에게 타격을 가하고 압력을 가하자"의 기사를 게재했다.[11] 1971년 12월 2일 김일성은 교원들 앞에서 북한의 대미정책을 전환할 것을 밝히기도 했다.

닉슨의 중국방문으로 이어진 미·중 관계에 대해 중국과 미국의 관계개선은 제국주의와의 투쟁을 포기하는 것이 아니라 공산주의자가 정세를 혁명에 유리하게 변화시키기 위하여 적과 일시적으로 타협하는 사례의 하나이다.[12]

북한은 1974년 3월 최고인민회의 제5기 제3차 회의에서 미국 국회에 보낼 서한을 채택하고 평화협정을 체결할 것을 제안했는데 그 내용은 다음과 같다. (1) 미·북 양국은 서로 상대측을 공격하지 않는다는 것을 서약하고, 직접적인 무력 충돌의 위험성을 제거한다. 또한 미국은 한국정권을 비호하지 않고 통일을 방해하지 않는다. 한반도의 내정에 전혀 간섭하지 않는다. (2) 미·북 쌍방은 군사력 증강과 군·확 경쟁을 중지하고 한반도 밖으로부터 병기와 작전 장비, 군사 물자의 반입을 일체 중지한다. (3) 주한 미군은 유엔군의 모자를 벗되, 최단기간 내 일체의 무기를 정리하여 완전히 철수한다. (4) 한국으로부터 모든 외국 군대가 철수하는 가운데, 한반도는 어떠한 외국의 군사기지, 작전기지도 되어서는 안된다.[13]

그러나 평화협정 체결 제안에 미 정부의 반응이 냉담하자, 『로동신문』에 미군이 베트남전(戰)에 참전한 것을 비난하는 기사와 전쟁현장의 사진을 싣고, 미국을 성토하는 대규모의 군중집회로 반미투쟁에 박차를 가했다.

2. 김정일 시기의 북미관계와 반미교양(1982년~2012년)

1974년에 정전협정을 평화협정으로 전환할 것을 제안했던 북한은 1984년 1월 10일 최고인민위원회 상설회의에서 한반도 평화협정 및 주한 미군철수를 의제로 한 3자회담을 다시 제안했다. 그러나 미국이 이를 수락하지 않자, 과거에 그러했던 것처럼(1968년 푸에블로호 나포, 1969년 미 EC-121기 격추, 1976년 판문점도끼사건, 1983년 랑군 폭파사건) 대한 항공 폭파와(1987년) 미사일 발사시험, 핵개발 등의 무력시위를 계속했다. 북한의 무력시위는 결과적으로 북미관계를 더 악화시킬 뿐만 아니라 국제사회에서 북한의 고립을 가중시키게 됐다.

북한의 대미정책이 항상 배타적이고 부정적이기만 했던 것은 아니다. 북한은 1972년 12월 <상해공동성명>과 함께 미·중의 관계가 정상화되기까지 중국 관료들을 통해 북미관계의 개선을 원한다는 의사를 수차례 전달했다. 1970년대 중반에 시작된 김정일 후계체제 구축이 1980년에 사실상의 김정일 후계체제가 되었고, 1992년에 북한의 헌법 개정과 함께 공식화됐다. 강경한 대미정책과 완화된 대미정책을 번갈아 시도하던 북한은 1990년대 초반 소련의 붕괴로 미국이 세계질서 재편에 더 강력한 영향력을 갖게 되자, 실용주의 외교차원의 한층 더 완화된 대미정책을 폈다. 북한은 미국 정부대표단들과 1994년 9월 23일부터 10월 21일까지 제네바에서 한반도 핵문제의 전면적 해결을 위한 협상을 진행한 끝에 1994년 10월 마침내 북한의 핵 활동 동결 및 대북 경수로 지원 등을 골자로 하는 기본합의문을 채택했다.

그러나 1998년 금창리의 핵원자로 건설 의혹과 그 해 8월 대포동 미사일 1호의 시험발사로 두 나라의 관계는 다시 악화됐다. 1994년 제네바 합의의 성과를 이룬 북한과 미국이 북한의 핵원자로 건설 의혹으로 다시 관계가 소원해지긴 했으나, 협상테이블에 다시 마주할 여지는 있었다.

2001년 9.11테러 후 부시대통령이 북한을 테러지원국인 '악의 축'으로 규정하자, 북한은 이에 맞서 자위(自衛)능력 신장을 명분으로 한 핵개발에 적극적이었다. 양국가의 관계악화는 2002년 2월 부시 대통령이 김정일을 '피그미, 버릇없이 구는 아이'로, 북한은 부시 대통령을 '악의 화신이자 정치 무식쟁이'로 비난했던 것으로도 짐작할 수 있다.

2005년 2월, 북한이 핵보유국임을 선언했을 때 부시 대통령은 김정일을 '위험한 사람, 주민을 굶기는 폭군'이라 비난했고, 이에 답하여 북한은 그를 '불망나니, 도덕적 미숙아, 인간추물, 세계의 독재자'라고 반격했다. 그러나 북미 양국 간의 총성 없는 전쟁 중에도 북한 내에서는 끊임없이 반미교양을 강조했으나, 대외적으로는 미국과의 협상 가능성을 타진하는 이중적인 태도를 가졌다.

3. 김정은 시기의 북미관계와 반미교양(2013년~현재)

2018년 북미정상회담이 거론되기 전 북한에서는 여전히 부정적이고 적대적인 글과 퍼포먼스로 반미교양이 계속됐다. 북한의 반미선전·선동은 매년 발표한 그들의 신년사에도 그대로 드러나 있다. 김정은은 2013년 발표한 신년사에서 "오늘 국제무대에서는 주권국가들에 대한 제국주의자들의 간섭과 군사적 침략책동으로 하여 인류의 평화와 안전에 엄중한 위협이 조성되고 있으며 특히 조선반도를 포함한 아시아태평양지역은 항시적인 긴장이 떠도는 세계최대의 열점지역으로도 되고 있습니다."라며 미국을 주권국가를 간섭하는 군사침략국가로 비난하는 것에 변함이 없었다.[14]

2015년도 신년사도 미국을 "우리민족을 갈라놓고 장장 70년간 민족분열의 고통을 들씌워온 기본장본인"으로 규정하고, 대조선적대시정책과 무분별한 침략책동에 매달리지 말고 대담하게 정책전환을 하도록" 요구했다.[15] 2016년도 신년사는 "북한의 핵개발과 핵실험의 책임이 미국에 있으며 미국은 정전협정을 평화협정으로 바꾸어야 한다"며 북한의 인권문제에 대한 문제제기를 "반공화국 인권모략과 책동"으로 비판했다.[16] 2017년도 신년사도 미국이 "민족리간술책과 시대착오적인 대조선적대시정책을 철회하고, 미국의 핵 위협과 공갈이 계속되는 한 핵 무력을 중추로 하

는 자위적국방력과 선제공격능력을 계속 강화할 것"이라고 선언했다.[17]

김정은은 2018년도 신년사에서 "미국 본토 전역이 우리 핵 타격 사정권 안에 있으며 핵 단추가 내 사무실 책상 위에 항상 놓여 있다는 것, 이는 결코 위협이 아닌 현실임을 똑바로 알아야 하며 언제든지 미국을 핵무기로 타격할 수 있다"며[18] 미국에 대한 격앙된 감정을 드러냈다. 2018년도 신년사에서의 대미 비난과 위협에 맞서 트럼프 대통령은 "난 더 크고 강력한 단추가 있고, 로켓맨은 자살임무 수행 중이다."면서, 미국 대학생 오토 윔비어의 죽음과 김정남의 암살을 강하게 비난했다. 북한의 대미 적대적인 발언들은 김정은의 신년사 연설에 이어 "미군의 군사 공격의 기미가 보이면 선제공격으로 예방 조치할 것이며, 트럼프 대통령은 과대망상이 겹친 정신 이상자, 거짓말의 왕초, 악의 대통령, 권모술수를 가리지 않고 한생을 늘어 온 투전꾼 미국인들에게 고통을 불러오는 최고통 사령관이다."라는 리용호 외무상의 비판으로 계속됐다. 두 나라 간의 맹렬한 설전이 계속되자 한반도에서 곧 전쟁이 일어나는 것 아니냐는 우려가 팽배하기도 했다.

북한의 반미교양은 유치원 높은 반부터 소학교와 초·고급 중학교, 대학, 직장 및 성인교육에 이르기까지 평생 동안 반복된다. 소학교 1학년 산수교과서의 '인민군대 아저씨들이 미제 승냥이 놈 땅크를 처음에 6대를 까부셨습니다. 다음에 2대 까부셨습니다. 두 번에 몇 대를 까부셨습니까?'의 문제와 미국을 '미제 승냥이, 미국놈원쑤 까부수기'로 표현한 것만 보더라도 학생들에게 반미감정을 심어주려 한 그들의 고민을 엿볼 수 있다. 이외의 반미교육으로는 신천군에서 학살된 아이들을 소재로 한 소학교 1학년의[19] '승냥이 미국놈'과 4학년 사회주의 도덕의[20] '두발 가진 승냥이 미국놈'이 있다.

북한에서는 유치원 높은 반부터 시작하여 학교교육 전 과정에서 미국을 제국주의국가, 약탈국가로 이미지화하는 반미교양을 계속한다.[21] 그러나 생활규범이 강조된 2012년 북한교육제도 개혁 후에는 반미교양이 다소 축소되기도 했다. 북한의 반미교양은 성인교육에서도 이어진다. 성인을 대상으로 한 반미교양 교재로 2008년에 미군의 폭격 피해를 다룬『조선전쟁시기 감행한 미제의 만행』을, 2016년에는『미제는 조선침략전쟁의 도발자』를 출간했다.

오랫동안 반미선전의 글을 실어왔던 월간지『조선녀성』은 6.12 북미정상회담이 임박하자 반미적 색채의 글을 제외하고 발간하기도 했다. 반제·반미교양 및 계급교양 관련 글이 주(主)였던『조선녀성』의 「력사는 고발한다」를 보면, 2018년 4월호에 미군을 신천군 사건의 가해자로 고발하는 글을 <미제는 피에 주린 승냥이>의 구호 아래 실었고,[22] 5월호는 미군을 규탄하는 글을 <피맺힌 력사의 교훈을 잊지말자>의 구호와 함께 '극악한 살인마' 제목으로 실었다.[23] 그러나 6월호에는 반미교양과는 무관한 공민증에 대한 글을 실었다. 6월호가 2018년 5월 27일 인쇄돼, 6월 7일 발행된 것으로 보아 6월호의 편집은 북미정상회담의 영향을 받은 것으로 보인다.

그러나 7월호에 '승냥이가 양이 될 수 없듯이 계급적 원쑤들의 야수적 본성은 절대로 변하지 않는다' 글과 함께 김일성교시 <계급적원쑤에 대하여서는 어떠한 환상도 가져서는 안되며 원쑤와는 끝까지 싸우겠다는 굳은 혁명적각오를 가져야 한다>의 반미적 색채가 짙은 글을 실었다.[24] 7월호에 다시 반미선전글이 등장한 것은 북한주민들이 북미정상회담 분위기속에 미국에 대한 환상에 빠져 사상이 느슨해질 것을 염려한 경고성 글로 보인다.

북한이 미국과의 관계개선을 시도할 때마다 반미선전·선동을 일시적으로 축소 또는 은폐했던 행태로 보아 근래에 있었던 반미선전·선동의 중지가 계속될 것이라 보지 않는다. 그러나 미국과의 관계개선을 바라는 북한의 절실함을 읽기에 부족하지 않다.

III. 신천박물관 건립과 반미교양

한국전쟁으로 한반도 전 지역에 수많은 인명 피해와 산업시설이 파괴됐다. 전쟁으로 인한 민간인 피해를 한국정부는 남한이 804,600명으로, 북한이 200,200명으로 집계했고, 북한의 통일조선신문은 남한이 990,995명이, 북한이 2,680,000명으로 기록했다.[25]

해방 후 북한지역에서는 사회주의국가 수립에 반(反)하는 사람들을 가혹하게 처단했다. 당시에 가족을 잃거나 재산을 몰수 당해 남쪽으로 피신했던 사람들의 일부가 인천상륙작전 후 아군들이 북진할 때 북한지역에서 후방치안을 담당했다. 북한은 신천군이 1950년 10월 17일 미군에 의해 점령된 후 10월 18일부터 그해 12월 7일[26]까지 3만 5,000명이 학살되었다고 주장한다.[27] 그 당시 전체인구가 136,934명[28]이었던 신천군에서 단지 50여 일만에 벌어진 일이다.

1951년 4월 15일, 당시 외무상이었던 박헌영은 유엔에 보낸 항의서에 "1951년 2월 2일 현재에 적발된 평화적 주민들이 강점자들에 의하여 학살된 수는 신천군 전군에서 2만 5천명 이상이다."고 보고했다. 북한문헌 『조선전쟁시기 감행한 미제의 만행』에 의하면 "신천군에서 북한정권에 협조했던 당사자나 그 가족들을 미제침략자들이 <대한청년단>, <서북청년단>, <와이, 엠.씨, 에이>를 비롯하여 수많은 반동단체들을 조직하여 체포, 구금, 고문, 총살했다."고 한다.[29] 또한, "미제침략자들의 고문만행은 사람의 탈을 쓴 야수들만이 감행할 수 있는 최악의 범죄행위였다. 그것은 그 폭과 깊이 내용에 있어서 그 류례를 찾아볼 수 없는 것이다"고 밝혔다.[30]

1952년 5월 25일부터 5일간 평양법정에서 있었던 재판에서 피의자였던 허필순, 최한우는 미군중위 해리슨을 주민학살의 직접 명령자로 지목했다. 그들은 10월 18일 주민 900여명을 신천군 당 청사 앞마당에 매장한 것과 10월 20일에 주민 520여명을 당 청사의 방공호에 매장한 것은 미군중위 해리슨의 직접 지시에 의한 것이라고 진술했다.

또 다른 피의자 리두현은 10월 19일에 있었던 주민 320여명의 총살과 10월 23일 당사무소 2층에 감금되었던 주민 530명의 총살도 해리슨중위의 명령을 받았거나 당시 경찰서장이었던 심상규의 직접명령에 의해서 집행됐다고 진술했다.

> 미제 침략군대가 1950년 10월 17일 황해도 신천 지구에 침입하자 즉시 로동지구 주둔사령관 미군 중위 해리슨은 대중적인 주민학살을 직접 조직 지도 집행하였다. ~중략~ 그리하여 이 무뢰한들로써 소위 경찰대, 무장대, 치안대 등의 반동단체를 날조하고 이들로 하여금 자기의 보조부대로 삼아 인민 학살에 관한 범죄적 계획을 실행하였다.[31]

신천군사건을 목격한 증인으로 채택된 김만석은 미군중위 해리슨이 "나의 명령은 신천군 내에 있어서 법으로 되어있어 이를 위반하는 자는 총살한다고 위협함과 동시에 공산주의 위협에서 북한을 구원하기 위하여 공산주의자들을 처단할 것이며 일체 그의 동경자들을 공산주의자들과 동일하게 처단한다고 선포하였다."[32]고 증언했다.

그러나 이 재판에서 있었던 진술과 증언은 모두 북한의 일방적인 주장일 뿐, 미군 중위 해리슨이 신천군사건에 직접 개입했는지 여부는 좀 더 신중한 검증이 필요하다. 실제로 미군관계자는 당시 미군들은 신천군에 주둔하지 않았으며, 신천군에서 멀리 떨어진 곳을 지나 북진하였을 뿐이었다며 북한이 주장하는 미군개입설은 그들의 억측일 뿐이라고 일축시켰다.[33]

1. 정전협정 제13조 항목폐기와 신천박물관 건립

북한은 신천군사건을 반미교양의 주요 소재로 삼기위해 신천박물관을 건립했다. 3대 세습정권 내내 반미교양의 핵심거점이었던 신천박물관은 신천군에서 있었던 죽음을 서사화하고 그림과 입체물로 제작·전시하여 반미의식을 반복하여 교양하고 확대, 재생산하는데 활용됐다. 신천박물관은 '미제의 야수성과 악랄성, 잔인성을 폭로단죄할데 대한' 김일성교시에 의해 1958년 3월 27일 건립됐다.[34] 북한은 신천박물관 건립이 1953년 신천군을 현지 지도하던 김일성의 "군당청사를 박물관으로 꾸며 미제의 학살만행을 세상에 폭로하는 력사의 단죄장으로 반미교양, 계급교양의 장소로 되도록 하라."는 지시와[35] "미제가 조선전쟁에서 저지른 만행을 폭로하기 위해"라고 밝혔다.[36]

그러나 무엇보다도 1957년 6월 21일 판문점에서 열린 군사 정전위원회 제75차 본회의에서 유엔이 정전협정 제13조의 항목을 폐기한 선언이 신천박물관을 건립하게 된 직접적인 계기였던 것으로 보인다. 1957년 6월 유엔의 정전협정 항목폐기 선언 후 1958년 1월 미군은 남한에 핵무기를 배치했다.[37] 북한은 미국의 한반도 전술핵 배치로 안보상의 위기가 오자, 김일성중심의 권력체계를 강화하는 한편, 군비증강 및 인민군의 전투력 향상에 힘을 쏟았다. 1956년 8월 종파사건 후 1인 권력체제를 추구하던 북한은 김일성중심의 유일지배 체제를 다지고, 미국의 위협으로부터 체제를 지켜내기 위해 주민들의 단결된 힘과 충성심이 필요했을 것이다.

신천박물관은 미국에 대한 혐오감과 적대감을 갖도록 전시실을 꾸몄다. 제1전시실에는 미국이 한반도를 침략한 시작으로 1866년의 저너럴먼호 사건을 전시했고, 미국에서 온 선교사들이 주민들을 잔인하게 괴롭히고 억압했다는 그림과 입체물로 꾸몄다.[38] 그 외 전시실에는 신천군사건을 재현하여 전시했다. 신천군사건을 활용한 반미선전·선동은 신천박물관의 전시가 처음은 아니었다. 1951년 4월 7일자 『로동신문』에는 피를 뚝뚝 떨어트리는 사람의 잘린 머리 3두를 미군이 들고 있는 삽화와 함께 기사화해 반미선전·선동의 효과를 극대화했다.

신천박물관이 건립되고 10년, 20년이 되던 해인 1968년 3월 27일과 1978년 3월 27일자 신천박물관 기사로는 북한을 방문한 외국 사절단들의 참관후기가 전부였다.[39] 북한에서는 중요한 건물의 건립이나 행사의 창립일을 10년 주기로 한 정주년의 기념식을 다른 해보다 더 크게 치르는 것이 일반적이다. 그러나 1968년도와 1978년도가 신천박물관의 건립 정주년임에도 불구하고 기념식 기사가 『로동신문』에 전혀 게재되지 않았다. 건립 30년이 되던 해인 1988년도에도 건립 기념식이 있었음을 알리는 정도의 간단한 기사만 게재됐다.[40]

2. 북한 인권 결의안 채택과 신천박물관 재정비

1994년 제네바에서 북한의 핵 활동 동결 및 대북 경수로 지원 등을 골자로 하는 북미간의 기본합의문이 채택됐으나, 1998년에 금창리의 핵원자로 시설 의혹과 대포동 미사일 1호의 시험발사로 두 나라의 관계는 다시 악화됐다. 두 나라의 관계가 악화된 또 다른 이유로는 1997년 유엔

인권소위원회에서 채택한 북한인권 결의안이 있다.[41]

1998년 5월 김정일은 신천군을 현지 지도하는 자리에서 신천군사건 당시 <미제 침략군>과 <치안대>의 수가 그리 많지 않았음에도 피해자가 35,000여명이나 된 것은 '그동안 건국, 건당, 건군에 힘을 쏟느라 계급교양사업에 소홀해 주민들이 제대로 반항하지 못한 뼈아픈 경험이었고 신천박물관은 반미교양뿐만 아니라 계급교양의 거점으로서도 중요하다'고 강조했다. 또한, 반미교양을 심화시키기 위해 건물개조와 시설보완, 시청각자료 및 전시품들을 재정비하는 박물관개조를 지시했다.

> 지금 일부 사람들이 신천박물관을 반미교양장소로만 생각하고 있는데 그렇게 외곬으로만 생각해서는 안됩니다. 신천땅에서 미제침략자들이 계급적원쑤들, 주구들을 앞장에 내세워 학살만행을 감행한만큼 신천박물관은 반미교양장소일 뿐 아니라 계급적 원쑤들에 대한 증오심과 투쟁정신을 높여주는 중요한 계급교양장소로 되어야 합니다. ~중략~ 신천박물관의 전시품들과 직관물들은 미제와 계급적 원쑤들의 야수성과 악랄성, 잔인성을 보여주는 역사의 증거물들이며 귀중한 계급교양자료들입니다.[42]

1998년에 신천박물관을 개조하여 재정비한 배경에는 1997년 유엔인권소위원회에서 채택한 북한인권 결의안이 있다. 1990년대 북한에서 있었던 인권탄압이 국제사회에 알려지게 되자 북한인권을 개선하기 위한 유엔의 조사와 결의가 있었다.[43] 북한은 그들의 인권문제에 대한 유엔의 압박에 대응하여 '신천군 학살의 뼈아픈 경험을 계기로 계급교양의 중대함을 깨닫고 미제국주의자들을 반대하여 견결히 싸우도록' 신천박물관의 재정비가 필요했다. 특히 선군정치였던 북한은 '적에 대한 증오심과 계급적 자각이 더욱 높아지도록' 인민군들이 신천박물관을 참관하는 일을 중

시했다.[44]

　　미제국주의자들은 조선인민의 불구대천의 원쑤이며 우리 혁명의
　　주되는 투쟁대상입니다. 우리는 신천군에서 미제침략자들의 히틀러파
　　쑈당을 릉가하는 가장 야수적인 살인만행을 감행한데 대하여 한시도
　　잊지 말아야 합니다.[45]

　김정일은 신천군 주민학살을 히틀러의 유태인학살과 오버랩하여 극적
효과를 높이고 주민들이 미국에 대한 증오심과 투쟁정신으로 대항하도록
신천박물관의 시설을 보완하고 시청각자료 및 전시품들을 재정비하는 박
물관 개조공사를 지시했다.

3. 북한인권보고서 발행과 신천박물관 확대

　『로동신문』에 실린 신천박물관 관련 기사는 신천박물관 건립과 재공
사, 확대공사 및 주요 기념식을 알리거나, 북한을 방문한 외교사절단들과
해외에 거주하는 한인들이 신천박물관을 참관하고 게재한 후기가 대부분
이다. 신천박물관 소환은 대내적으로 반미교양과 계급교양을 다지고, 대
외적으로 반미외교의 동의를 구하기 위해서였다.

　김정은은 2014년 11월 신천박물관을 현지지도하면서 박물관을 확대하
여 짓고 전시실의 규모도 확장하여 꾸미도록 했다. 이처럼 김정은이 지시
한 배경에는 북한인권조사위원회(COI, Commission of inquiry)가 발행한
북한인권보고서가 있다. 2013년 3월 21일 제네바에서 열린 제22차 유엔
인권이사회(UNHRC United Nations Human rights Council)는 북한의 정치
수용소를 포함한 북한 내의 인권침해 사례를 조사하기로 결정했다. 북한
인권조사위원회(COI, Commission of inquiry)는 탈북자증언과 위성사진을

토대로 2014년 2월에 북한의 인권침해를 국가차원의 반인도적 범죄라는 결론을 내린 370여 쪽의 보고서를 발표했다.

북한은 북한인권조사위원회의 북한인권보고서 발행에 이어 유엔안보리의 북한인권 결의안이 발표되자, 미국선교사들과 미군들이 신천군주민들의 인권을 침해했음을 알리려는 의도로 신천박물관을 드러냈다. 『로동신문』은 2014년 11월 김정은의 신천박물관 현지지도와 박물관 공사계획을 자세히 기사화했고, 12월 11일에는 신천군사건을 한 면 전체에 다루었다. 신천군의 석당교와 얼음창고, 방공호에서의 학살을 기사화하고, 신천군 학살의 명령자로 지목되었던 미군중위 해리슨을 다시 거론하면서 미군들이 학살을 기념하는 사진을 찍어가면서 즐겼다고 비난했다.[46] 같은 날의 기사에는 1961년 10월 발굴된 12살 소녀와 등에 업힌 아기의 유해 사진도 함께 실었다.[47]

북한이 하루속히 인권탄압을 멈추고 인권문제를 개선할 것을 촉구하는 국제사회의 압력은 계속됐다. 2014년 12월 22일 유엔 안보리에서는 국제형사재판소(ICC, Internationale Criminal Court)에 북한의 인권탄압 실태를 회부하고, 김정은을 제소하는 북한인권 결의안을 채택했다. 유엔 안보리의 북한인권 결의안이 채택되자 북한은 "흉악한 살인귀들의 후예들이 감히 우리의 존엄 높은 인권을 입에 올리고 있으니 파렴치라면 이보다 더한 것이 어디에 있고 인권에 대한 모독이라면 이보다 더한 것이 과연 어디에 있겠는가"라며 이를 맹렬하게 비난했다.[48] 북한은 북한인권 결의안에 대응하기 위해 고심했을 것이다.

이런 시각에서 보면 2014년 11월에 김정은이 신천박물관을 현지 지도한 것도 미국이 북한주민의 인권을 탄압한 상징인 신천박물관을 드러내 그들의 인권탄압에 대한 문제제기를 일축시키는 한편, 주민들에게 학살현장을 다시 상기시켜 일체단결로 충성하도록 하려는 의도로 보인다. 김정은은 "미제의 침략적 본성과 야수성은 영원히 변하지 않는다. 털끝만한 환상이라도 가진다면 죽음을 면치 못한다."며[49] 신천박물관이 혁명의 목적을 달성하기 위한 반제반미교양, 계급교양의 거점이 되도록 거듭 강조했다.

> 신천박물관에는 미제살인귀들과 계급적원쑤들의 야수적만행을 고발하는 살인흉기들과 유물들이 많이 전시되어 있습니다. 신천박물관의 전시품과 직관물들은 미제와 계급적원쑤들의 야수성과 악랄성, 잔인성을 보여주는 력사적 증거물들이고 계급교양자료들인만큼 학술적 의의가 있게 전시하고 그것을 통한 교양사업을 잘하여야합니다.[50]

신천박물관을 참관하는 기회는 북한 주민들에게만 있었던 것은 아니다. 외국 사절단들과 친북성향의 해외 한인들도 신천박물관을 참관했다. 이들의 박물관 참관후기는 『로동신문』에 실렸는데, 이 글들은 주민들에게 다른나라에서도 반미감정을 갖고 있다고 선전하는데 유용했다. 신천박물관이 반미교양에 이용된 예는 다양했다. 그러나 좁고 낡은 신천박물관으로는 그들이 목적한 성과를 거두기 어렵다고 판단하고. 박물관 시설과 규모를 확대하여 짓고, 전시물을 재정비하기로 했다.

2015년 2월 공사를 시작하여 혁명사적 교양실과 연혁 소개실을 비롯한 14개의 전시실을 갖추고 2015년 7월 27일 개관한[51] 신천박물관은 전쟁을 겪지 않은 세대들에게 효과적인 반미교양이 되도록 학살현장을 그림과 입체물로 재현했다. 신천박물관의 확대공사는 인민군들의 노동력과 조선인민군 창작사와 만수대창작사의 소속화가, 조각가들의 동원으로 가능했다. 박물관 개관식에서는 반미 선전화와 <미제를 몰아내고 조국을 통일하자!>, <미제에 의해 우리 민족이 흘린 피값을 천백배로 받아내자!>의 반미구호를 세우고, 근로단체 책임자, 조선인민군, 근로자, 청년, 학생대표들의 반미결의토론과 <복수결의모임>으로 진행됐다.[52]

『로동신문』에 게재된 신천박물관 기사를 연도별로 살펴보면 2014년, 2015년이 가장 많다. 그 이유는 2014년 발행한 북한인권보고서와 북한인권 결의안과 관련이 있는 것으로 보인다. 2015년 한 해 동안 『로동신문』은 "반제반미교양, 계급교양의 거점 신천박물관을 찾아서"를 총 4회(8월 20일, 9월 14일, 9월 23일, 11월 26일)로 연재했다.

신천박물관을 상세하게 알린 이 기사에서 의하면 신천박물관의 중앙홀에는 <미제살인귀들을 천백배로 복수하자!>의 구호가 걸렸고, 14개의 전시실은 반제반미교양을 위한 반경화와 입체물로 꾸며졌다.[53] 제1전시실에는 1866년에 있었던 제너럴셔먼호 사건과 1871년의 신미양요를 미국이 오래전부터 조선에 침략야욕을 드러냈던 증거사례로 전시했고, 황해도 신천군과 재령지역의 미국 선교사들이 해방 전부터 주민들을 조롱, 멸시, 학대했다고 전시했다. 즉, 미국의 조선침략은 조선말부터 시작됐으므로 북한이 미국에 대해 적대적 감정을 갖는 것은 당연한 일이라는 것이다.

제2전시실에는 만수대 창작사 소속작가들이 대형반경화로 신천군 당 청사 방공호의 학살현장을 생생하게 그려 전시했다.[54] 제13, 14전시실에는 외국사절단 및 친북성향의 한인들이 신천박물관을 참관한 뒤 쓴 후기와 북한체제를 지지하는 글을 전시했다.[55] 그 외의 전시실에는 학살현장과 발굴된 유해를 그대로 재현하여 전시했다.[56] 북한은 방문한 외국인 및 외국사절단들과 친북성향의 해외한인들도 참관후기를 『로동신문』에 실어 주민들의 반미교양의 소재로 활용했다.[57]

신천박물관을 반미교양의 소재로 활용한 예는 이외에도 다양했다. 2014년 6월 25일 신천박물관에서는 <6.25미제반대투쟁의 날> 인민군들의 <복수결의모임>이 있었다. 이 모임은 박물관 주변에 반미구호와 반미

선전화를 세우고, <미제에게 죽음을>의 노래와 함께 시작됐다. 생존자의 신천군사건에 대한 폭로에 이어 참가자들의 복수결의문이 낭독됐고, 군인들의 실탄사격으로 마무리됐다. 신천박물관의 <복수결의모임>은 2013년까지는 각 근로단체나 지역대표자들 중심의 모임이었다. 그러나 2014년에는 혁명학원의 학생들과 인민 무력부, 육군, 해군, 항공 및 반 항공(군 공군)의 군인들이 참여한 규모가 큰 반미집회였다.[58]

2016년 6월 23일 <복수결의모임>의 토론회에서는 청년동맹과 농근맹, 여맹의 대표자들이 "우리 공화국을 요람기에 집어 삼키려고 침략전쟁의 불을 지른 미제가 침략적인 일시적 후퇴시기 신천땅에서 감행한 살육만행을 단죄 규탄하고, 인두껍을 쓴 승냥이 미제는 한하늘을 이고 살 수 없는 철천지원쑤, 미제와 계급적원쑤들의 침략적 본성은 절대로 변하지 않는다"[59]며 미국과 끝까지 싸울 것을 강조했다. 또한 여맹조직원들은 북한에 자본주의사상 문화가 침투하지 못하도록 사회주의교양을 강화할 것을 결의하는 등 외세의 사상과 문화가 침투하는 것을 경계했다.

2017년 6월 22일 신천박물관에서는 여맹조직원 중심의 <복수결의모임>이 있었다. 여맹위원장의 '원한의 땅 신천에서 감행한 미제와 계급적원쑤들의 귀축같은 만행을 절대로 잊을 수 없다'의 보고회에 이어 토론과 복수결의를 위한 시낭송, 당과 수령의 결사옹위를 위한 충성구호로 마무리됐다.[60]

이미 언급한 것처럼 신천박물관 건립 10주년, 20주년, 30주년은 정주년임에도 『로동신문』에서 기사를 전혀 다루지 않았거나, 50주년에 기념식만을 간단하게 소개하는 데 그쳤다. 그러나 2018년 3월 26일 건립 60주년 기념식에는 당 중앙위원회의 축하문과 기념보고회가 성대하게 치러졌다. 신천박물관 건립 60주년 기념식을 자세하게 다룬 『로동신문』의 기사를 보면 신천박물관이 최근 들어 반미교양의 거점으로 더욱 중요해졌음

을 짐작할 수 있다.[61]

신천박물관은 북미관계가 악화될 때 특히 참관과 <복수결의모임>으로 미군들의 반인권적 행위를 성토하는 반미투쟁의 도구로 중요했다. 북한은 신천군에서 있었던 미군의 반인권적 행위를 적극적으로 알려 북한인권문제에 대한 국제사회의 질타를 반감시키려는 의도로 2014, 2015년에 신천박물관과 신천군사건을 반복하여 드러내 북한인권 결의안 채택을 비난했다.

북한의 반미투쟁은 직장, 군대, 각 사회단체 및 지역단체에서 모두 있었으나, 평양시 군중대회의 규모가 가장 크고 중요했다. 1967년 6월 24일 20여만의 평양시민들이 <미제를 타도하자!>, <피는 피로써 원쑤 미제 침략자들에게 천백배로 복수하자!>, <미제를 몰아내고 조국을 통일하자!>, <전세계 인민들은 힘을 합쳐 미제를 타도하자!>의 구호를 외치며 김일성 광장에 모였다.[62] 2013년 6월 25일 평양시 군중대회는 <죽음을 미제침략자들에게>의 노래로 시작되어 한국전쟁에 참전한 나라들에 대한 비난의 연설로 이어진 반미투쟁의 총궐기대회였다.

평화롭던 이 땅우에 침략전쟁의 불을 지르고 천인공노할 살육과 파괴, 략탈행위를 감행했으며 오늘도 반공화국 대결과 전쟁도발책동에 미쳐 날뛰고 있는 미제와 남조선괴뢰당에 대한 치솟는 분노와 복수심이 불타오르고 있다.[63]

당, 정권기관, 사회단체, 성, 중앙기관, 과학, 교육, 문학예술, 보건, 출판 보도 부분 종사자들, 평양시내 근로자들, 청년학생들이 참가한 2014년도의 평양시 군중대회 연설에서는 "미제가 저지른 만행은 천년이 가고 만년이 가도 지울수도 보상할수도 없는 천추에 용납 못할 가장 잔인하고 야만적인 특대형범죄, 히틀러 파쑈도배들이 인류에게 저지른 몸서리치는 죄악을 릉가하는 극악무도한 국제적범죄이다."[64]라고 미국을 맹렬하게 비난했다. 이 연설에서 사용한 '야만적인 특대형 범죄, 극악무도한 국제적 범죄'의 단어들만 보아도 북한의 적대적 반미감정이 어느 정도인지 짐작할 수 있다.

2015년 이전의 반미군중대회가 주로 평양 중심의 행사였다면 2015년은 각 도, 시, 군의 전국적인 반미군중대회였다. 2015년 6월 25일 김일성경기장에서 있었던 평양시 군중대회는 평양시 기관, 공장, 기업소, 협동농장 일군들, 근로자들, 청년학생들과 외국인들도 참가했다.[65] 북한의 IRBM 시험발사에 대한 책임을 묻는 유엔의 대북제재 조치를 규탄한 2017년 평양시 군중대회는 '천만이 총폭탄 되리라'의 노래반주로 시작되어, 전국의 단체대표들을 포함한 각계각층 대표들의 연설이 있었다.

전략군사령관 김락겸은 연설 중 '2017년 5월 14일 발사시험에 성공한 IRBM 화성-12로 괌 미군 기지를 타격권으로 검토한다'며 유엔의 대북제재 결의에 대한 규탄과 함께 미국을 '악마의 제국'이라 비난했다.[66] 또 다른 연설자 김기남은 "미제를 타승한 위대한 7.27의 전통을 이어 반제반미 대접전을 총결산하고 (중략) 청년용사들은 한몸이 그대로 500만의 총폭탄이 되고 500만의 핵탄두가 되어 가증스러운 미국이라는 땅덩어리를 지구상에서 흔적도 없이 날려보낼 것"이라고 했다.[67]

IV. 반미 선전·선동은 어디로?

신천박물관은 건립 후 60년 동안 개조와 확대공사를 거듭하며 신천군의 민간인 학살을 확대, 재생산하는 반미교양의 핵심거점으로 중요했다.

한반도 분단의 책임이 미국의 군사적 간섭에 있다고 선전하는 북한은 척결해야 할 제국주의국가를 일본에서 미국으로 굳히는 반미정책을 지속했다. 김일성 유일지배체제 확립에 중대한 역할을 한 반미정책은 3대 세습정권의 정당성을 합리화하는데도 유용했다. 3대 세습정권에서 반복과 확대, 재생산을 거듭해온 반미교양은 선전·선동을 통해 제3세계국가에서 반미인식을 키우도록 확산되기도 했다.

2018년 5월말 평양거리에서 자취를 감춘 반미구호와 반미 선전화는 제3차 남북정상회담이 시작된 9월 18일에도 평양거리에서는 물론 집단공연에서도 볼 수 없었다.[68] 북한의 반미선전·선동 중단은 미국과의 협상결과가 유리하도록 환경을 조성하기 위한 전략의 하나일 것이다. 그러나 미국과의 관계 개선이 수포로 돌아갈 때마다 반미선전·선동을 더 강화하는 반미교양을 거듭 반복했다.

북한의 반미감정은 북한의 일방적인 것만은 아니다. 북한은 미국 내에 만연해 있던 그들에 대한 부정적 이미지를 덜어내고, 우호적인 세력을 키우는데도 적극적이었다. 북한의 대미관계개선을 위한 이러한 노력들은 1970년대 미중 국교정상화 협의과정 중에도 나타났다.

북한은 1980년대 후반에 시작된 탈냉전으로 배급이 중단되어 아사자들이 속출하는 등 경제구조가 붕괴되는 위기를 맞자, 내부적으로는 더욱 강력한 반미교양을 통해 주민들을 통제하는 한편, 대외적으로는 미국과의 관계개선을 다시 시도했다. 그러나 1987년 대한항공이 폭파된 후 테러지원국으로 분류된 북한이 2001년 9.11테러 후 '악의 축'으로 다시 거론되자 그들이 염원하던 대북제재 완화의 가능성은 더 멀어졌다. 중단되었던 핵개발을 다시 시도한 북한은 2006년 10월 1차 핵실험을 시작으로 2017년 9월 6차 핵실험에 성공했음을 공식화했다. 북한의 6차 핵실험성공과 2017년 7월의 ICBM의 시험발사는 미국본토를 핵무기로 공격할 수도 있다는 무력시위였다.

북한은 6.12 북미정상회담을 전후하여 매체를 통한 반미기사를 중단하고 거리에 내걸었던 반미구호와 반미 선전화를 거두어들였다. 그러나 그들이 보여준 반미선전물 철거가 반미선전·선동을 중단한 것으로 단정 짓기는 이르다. 『로동신문』은 2018년 11월에 있었던 남한 일부단체의 반미시위를 기사화했다.[69] 이는 남한의 반미활동을 북한주민들에게 소개하여 반미선전의 간접적인 효과를 염두에 둔 것으로 보인다. 2019년 2월 27~28일 베트남 하노이에서 열린 북미정상회담이 결렬되자 고민이 깊어진 김정은 국무위원은 서둘러 푸틴대통령을 만나는가하면, 판문점 선언 1주년을 맞은 4월 27일 '미국이 남북관계 진전의 발목을 잡고 있다'고 비난했다.

3대 세습정권 내내 미국과의 관계개선을 염원했던 북한은 실용주의 외교차원의 대미정책을 시도함과 동시에 경제난의 주범으로 미국의 대북제재 강화에 두고 반미교양을 지속했다. 북한의 반미정책은 내부적으로는 정치사회화의 강력한 기제로 작동하였으나, 대외적으로는 강경과 온건의 반미정책을 반복했다. 이처럼 북한이 이중 잣대의 대미정책을 가졌다는 것은 그들의 대미정책이 딜레마에 빠져있음을 보여준 셈이다.

북한이 앞으로도 이중 잣대의 대미정책을 그대로 유지할 것인지, 아니면 일관성 있는 대미정책으로 전환할 것인지의 여부는 그들이 핵문제를 해결하고 미국과의 관계개선에 성공할 수 있는지 아닌지에 따라 달라질 것이다. 그러나 간과하지 말아야할 것은 대미 적대적 감정을 양산하기 위한 사실 왜곡의 반미교양으로 미국에 대한 불신과 부정적인 감정이 만연한 북한사회 분위기를 바로잡기 위한 별다른 대책도 없이 미국과의 관계개선만을 추진한다면, 그동안 쌓아온 대미불신과 적대적인 감정이 북한당국을 향해 분출될지도 모른다는 것이다. 결국 그동안 북한체제를 지탱하는데 중요한 동력이었던 반미선전·선동들이 도리어 그들의 체제를 무너뜨리는 결정적인 요소가 될 수도 있다는 것이다.

참고문헌

북한문헌

김일성, "당 간부 양성사업을 개선 강화하기 위하여-당 간부 양성기관의 교육에 대한 연설 (1971년 12월 2일)."『김일성 저작집 제6권』. 평양: 조선노동당출판사, 1971.

김정일, "신천박물관을 통한 계급교양 사업을 강화할데 대하여."『김정일 선집19』. 평양: 조선로동당 출판사, 2013.

김정은, 신년사. 주체102(2013)년 1월 1일. 평양: 조선로동당출판사, 2013.

_____, 신년사. 주체104(2015)년 1월 1일. 평양: 조선로동당출판사, 2015.

_____, 신년사. 주체105(2016)년 1월 1일. 평양: 조선로동당출판사, 2016.

_____, 신년사. 주체106(2017)년 1월 1일. 평양: 조선로동당출판사, 2017.

_____,『반제반미교양, 계급교양을 더욱 강화할데 대하여: 신천박물관을 돌아보면서 일군들과 한 담화(2014년 11월 24일)』. 평양: 조선로동당출판사, 2016.

강덕수, 1971. "미제침략자들이 하나를 바스면 우리는 열, 백을 일떠세워야 하오." 『로동신문』(8월 6일), 4.

고상진·전도명,『조선전쟁시기 감행한 미제의 만행』. 평양: 사회과학출판사, 1989.

교육성,『사회주의도덕 소학교 1학년』. 평양: 교육도서출판사, 2004.

_____,『사회주의도덕 소학교 4학년』. 평양: 교육도서출판사, 2005.

김현일, 2018. "승냥이가 양이 될 수 없듯이 계급적 원쑤들의 야수적 본성은 절대로 변하지 않는다."『조선녀성』제7호 루계 제722호. 평양: 근로단체출판사, 41.

『로동신문』, 1951. "흉악한 원쑤들의 만행."(4월 12일), 4.

_____, 1952. "기소장: 조선 민주주의 인민 공화국 황해도 신천군에서 미제 침략자들이 일시적 강점 시기에 민간 주민을 대중적으로 학살한 범죄적 만행에 직접 참여한 피심 자 허필순, 동 최한우, 동 리두현, 동 윤면원에 대한 1951년 4월 17일부 조선 민주주 의 공화국 최고 인민 회의 상임위원회정

령제1조 및 조선 민주주의 인민 공화국 형법 제71조 사건."(5월 26일), 3.

_____, 1967. "미제침략자들은 남조선에서 당장 물러가라."(6월 25일), 1.

_____, 1968. "놈들은 1950년 전쟁때보다 더 심대한 타격을 받고 패배당할 것이다."(8월 11일), 4.

_____, 1973. "웽그리아인민공화국 외교부 부부장일행이 판문점과 신천박물관을 돌아보았다."(4월 24일), 4.

_____, 1988. "신천박물관창립 30돐 기념보고회 진행."(3월 26일), 4.

_____, 2013. "조선인민의 철천지원쑤 미제침략자들에게 천백배의 죽음을 주자."(6월 26일), 1.

_____, 2014. "백년숙적 미제와 역적패당을 쓸어버리고 최후승리를 이룩하자."(6월 26일), 1.

_____, 2014. "조선인민의 철천지원쑤인 미제침략자들을 소멸하라."(6월 26일), 2.

_____, 2014. "경애하는 김정은동지께서 신천박물관을 현지 지도하셨다."(11월 25일), 1.

_____, 2014. "화석으로 된 12살 소녀."(12월 11일), 5.

_____, 2014. "살인귀들의 첫 <기념사진>."(2월 11일), 5.

_____, 2015. "6.25미제반대투쟁의 날 평양시군중대회 진행."(6월 26일), 1.

_____, 2015. "경애하는 김정은동지께서 새로 건설한 신천박물관을 현지 지도하셨다."(7월 23일), 2.

_____, 2015. "반제반미교양, 계급교양의 거점으로 새로 일떠선 신천박물관 개관식 진행."(7월 27일), 6.

_____, 2015. "인간의 탈을 쓴 살인귀 미제를 이 땅에서 쓸어버리자."(9월 23일), 5.

_____, 2015. "한시도 늦출 수 없고 한순간도 소홀히 할 수 없는 신천의 웨침-죽어도 혁명신념 버리지 말자.(11월 26일), 5.

_____, 주체105(2016). "신천박물관이 전하는 이야기,"(3월 17일), 2.

_____, 2016. "6.25미제반대투쟁의 날에 즈음한 복수결의모임 근로단체들에서 진행."(6월 24일), 5.

_____, 2017. "6.25미제반대투쟁의 날에 즈음한 녀맹일군들과 녀맹원들의 복수결의모임."(6월 23일), 4.

_____, 2017. "일심단결, 자력갱생의 위력으로 미제의 단말마적 발악을 쳐갈기며 사회주의의 마지막결승선을 향하여 총돌격하자."(8월 10일), 5.

_____, 2018. "신천박물관창립 60돐 기념보고회 진행."(3월 27일), 3.

_____, 2018. "신천박물관창립 60돐 기념보고회 진행: 조선로동당 중앙위원회 축하문 전달."(3월 27일), 3.

_____, 2018. "남조선 각 계층 미국의 내전 간섭을 규탄하여 항의행동 전개."(11월 4일), 6.

_____, 2018. "남조선청년들 미국과 일본을 규탄."『로동신문』(11월 13일), 6.

리남호, 2015. "미제의 야수적만행을 낱낱이 밝혀놓는 력사의 고발장."『로동신문』(8월 20일), 5.

_____, 2015. "미제살인자들이 저지른 죄악을 피로써, 총대로 끝까지 결산하자 반제반미교 양, 계급교양의 거점 신천박물관을 찾아서(2)."『로동신문』(9월 14일), 5.

『조선녀성』, 2018. "피맺힌 력사의 교훈을 잊지 말자." 제5호 루계 제720호. 평양: 근로단 체출판사, 31.

『조선대백과사전10』, 평양: 백과사전출판사, 1999.

조항선, 2014. "원한의 땅 신천은 극악무도한 살인마 미제를 고발한다: 나는 신천의 103번 째 어린이다!"『로동신문』(12월 11일), 5.

채병욱, 『미제는 조선침략전쟁의 도발자』. 평양: 평양출판사, 2016.

홍명진, 2018. "미제는 피에 주린 승냥이."『조선녀성』제4호 루계 제719호. 평양: 근로단체출판사, 30.

황철진, 2014. "미국인으로서 참을 수 없는 수치를 느낀다."『로동신문』(12월 11일), 5.

국내문헌

국가통계포럼, 『조선총독부통계연보17호』, 1942.

김지환, 2018. "인공기 대신 한반도기 체제선전 내용도 축소"『경향신문』(9월 21일), 6.

김차준, 2017. "1970년대 전반기 북한의 대미접근: 미국조선친선공보센터의 활동을 중심으로."『현대북한연구』20권 2호, 137~181.

박민지, 2018. "北 '미국 적대' 흔적 지운다… 반미 기념품·포스터 사라져."『국민일보』(6월 21일) https://news.kmib.co.kr/article/view.asp?arcid=0012459971&code=61111611&cp=nv(검색일: 2018. 9. 12).

신석호, 2018. "<전문> 북 김정은 2018년 신년사,"『동아일보』(1월 1일) http://

news.donga.com/3/all/20180101/87977413/1(검색일: 2018. 10. 15).

심양섭, 2014. "북한 반민주의의 유형과 특징." 『북한학보』 통권 508호, 119~127.

이신재, 2013. "푸에블로호 사건이 북한의 대미 인식과 협상전략에 미친 영향." 북한대학원 대학교 박사학위논문.

이충원, 2010. "평양 시내 반미선전화 철거." 『연합뉴스』(4월 16일). https://news.naver.com/main/read.nhn?mode=LSD&mid=sec&sid1=100&oid=001&aid=0003228264(검색일: 2018. 09. 12).

정욱이, 2007. "북한의 대내 선전·선동 연구." 북한대학원대학교 석사학위논문.

최영준, 2007. "북한의 대미인식과 대미정책간 상관성 분석." 북한대학원대학교 석사학위논문.

최현정, 2011. "미국 매체의 북한에 대한 이미지 연구: 할리우드 영화와 뉴욕타임즈를 중심으로." 북한대학원대학교 석사학위논문.

한성훈, 2011. "전쟁사회와 북한의 냉전 인식." 『경제와 사회』 vol-no 91, 309~346.

平岩俊司 저, 이종근 역, 2013. 『북한-중국관계 60년 순치관계의 구조와 변용』. 서울: 선인. 2013.

MBC, 2002. "The Truth About the Sinchun Massacre." https://web.archive.org/web/20120308122613/http://www.korean-war.com/Archives/2002/04/msg00177.html(검색일: 2018.10.11)

이 장의 주

1 심양섭, "북한 반민주의의 유형과 특징," 『북한학보』 4월 통권 508호, 2014, p.121.

2 이하 신천군사건이라 한다.

3 "6.25미제반대투쟁의 날 평양시군중대회 진행," 『로동신문』, 주체104(2015)년 6월 26일, 1.

4 박민지, "北 '미국 적대' 흔적 지운다… 반미 기념품·포스터 사라져," 『국민일보』, 2018년 6월 21일, https://news.kmib.co.kr/article/view.asp?arcid=0012459971&code=61111611&cp=nv(검색일: 2018. 9. 12).

5 이충원, "평양 시내 반미선전화 철거," 『연합뉴스』, 2010,년 4월 16일, https://news.naver.com/main/read.nhn?mode=LSD&mid=sec&sid1=100&oid=001&aid=00

03228264(검색일: 2018. 09. 12).

6 채병욱, 『미제는 조선침략전쟁의 도발자』, 평양: 평양출판사, 2016.

7 최현정, "미국 매체의 북한에 대한 이미지 연구: 할리우드 영화와 뉴욕타임즈를 중심으로"(북한대학원대학교 석사학위논문, 2011), pp.14~15.

8 "흉악한 원쑤들의 만행," 『로동신문』, 1951년 4월 12일, 4.

9 1971년 2월에 미국조선친선공보센터(American Korean Friendship and Information Center, AKFIC) 설치를 공표했다. 이후 1976년까지 미국 내에서 북한 공공외교의 대미 선전활동을 수행했다.

10 김차준, "1970년대 전반기 북한의 대미접근: 미국조선친선공보센터의 활동을 중심으로," 『현대북한연구』 20권 2호, 2017, p.137.

11 강덕수, "미제침략자들이 하나를 바스면 우리는 열, 백을 일떠세워야 하오." 『로동신문』, 1971년 8월 6일, 4.

12 김일성, 『김일성 저작집 제6권』, "당 간부 양성사업을 개선 강화하기 위하여-당 간부 양성기관의 교육에 대한 연설(1971년 12월 2일)," 평양: 조선노동당출판사, 1971, pp.161~162.

13 平岩俊司 저, 이종국 역, 『북한-중국관계 60년 순치관계의 구조와 변용』, 서울: 선인, 2013, p.229.

14 김정은, 『김정은 신년사』, 평양: 조선로동당출판사, 2013, p.18.

15 김정은, 『김정은 신년사』, 평양: 조선로동당출판사, 2015, p.18.

16 김정은, 『김정은 신년사』, 평양: 조선로동당출판사, 2016, pp.16~18.

17 김정은, 『김정은 신년사』, 평양: 조선로동당출판사, 2017, pp.17~18.

18 신석호, "<전문> 북 김정은 2018년 신년사," 『동아일보』, 2018년 1월 1일. http://news.donga.com/3/all/20180101/87977413/1(검색일: 2018. 10. 15).

19 교육성, 『사회주의도덕 소학교 1학년』, 평양: 교육도서출판사, 2004, pp.75~80.

20 교육성, 『사회주의도덕 소학교 4학년』, 평양: 교육도서출판사, 2005, pp.78~81.

21 최영준, "북한의 대미인식과 대미정책간 상관성 분석" 북한대학원대학교 석사학위논문, 2007, p.33.

22 홍명진, "미제는 피에 주린 승냥이," 『조선녀성』 제4호 루계 제719호, 평양: 교육도서출판사, 2018, 30.

23 『조선녀성』, "피맺힌 력사의 교훈을 잊지 말자," 제5호 루계 제720호, 평양: 교육도

서출판사, 2018, 31.

24 김현일, "승냥이가 양이 될 수 없듯이 계급적 원쑤들의 야수적 본성은 절대로 변하지 않는다,"『조선녀성』제7호 루계 제722호, 평양: 교육도서출판사, 2018, 41.

25 한국 정부는 남한의 민간인 피해를 사망 244,663명, 부상 229,625명, 행방불명 330,312명인 804,600명으로 집계했고, 북한의 통일조선신문은 남한의 민간인 피해를 990,995명으로, 북한의 민간인피해를 사망 406,000명 부상 1,594,000명, 실종 680,000명 모두 2,680,000명으로 밝혔다.

26 조항선, "원한의 땅 신천은 극악무도한 살인마 미제를 고발한다: 나는 신천의 103번째 어린이다!,"『로동신문』, 주체103(2014)년 12월 11일, 5.

27 "기소장: 조선 민주주의 인민 공화국 황해도 신천군에서 미제 침략자들이 일시적 강점 시기에 민간 주민을 대중적으로 학살한 범죄적 만행에 직접 참여한 피심자 허필순, 동 최한우, 동 리두현, 동 윤면원에 대한 1951년 4월 17일부 조선 민주주의 공화국 최고 인민 회의 상임위원회정령제1조 및 조선 민주주의 인민 공화국 형법 제71조 사건,"『로동신문』, 1952년 5월 26일, 3.

28 국가통계포럼,『조선총독부통계연보 17호』, 1942.

29 고상진·전도명,『조선전쟁시기 감행한 미제의 만행』, 평양: 사회과학출판사, 1989, p.56.

30 고상진·전도명,『조선전쟁시기 감행한 미제의 만행』, 평양: 사회과학출판사, 1989, p.78.

31 "기소장: 조선 민주주의 인민 공화국 황해도 신천군에서 미제 침략자들이 일시적 강점 시기에 민간 주민을 대중적으로 학살한 범죄적 만행에 직접 참여한 피심자 허필순, 동 최한우, 동 리두현, 동 윤면원에 대한 1951년 4월 17일부 조선 민주주의 공화국 최고 인민 회의 상임위원회정령제1조 및 조선 민주주의 인민 공화국 형법 제71조 사건,"『로동신문』, 1952년 5월 26일, 3.

32 "기소장: 조선 민주주의 인민 공화국 황해도 신천군에서 미제 침략자들이 일시적 강점 시기에 민간 주민을 대중적으로 학살한 범죄적 만행에 직접 참여한 피심자 허필순, 동 최한우, 동 리두현, 동 윤면원에 대한 1951년 4월 17일부 조선 민주주의 공화국 최고 인민 회의 상임위원회정령제1조 및 조선 민주주의 인민 공화국 형법 제71조 사건,"『로동신문』, 1952년 5월 26일, 3.

33 북한의 주장에 의하면 미군 중위 해리슨이 신천군 학살을 주도했으며, 학살현장을 사진으로 찍어 기록해두도록 명령했다고 한다. 그러나 이를 확인할 수 있는 증거는 아직 밝혀지지 않았다. 또한 미군 중위 해리슨은 1951년에 미8군 부사령관으로 한

국에 와 있었던 윌리엄 켈리 해리슨(William Kelly Harrison)으로 그는 한국전쟁에 참전하기는 했으나, 신천군사건 당시에는 신천군에 주둔하고 있지 않았다고 했다. MBC, 2002, "The Truth About the Sinch UN Massacre. https://web.archive. org/web/20120308122613/http://www.korean-war.com/Archives/2002/04/msg00 177.html

34 "신천박물관창립 60돐 기념보고회 진행,"『로동신문』, 주체107(2018)년 3월 27일, 3.

35 "신천박물관이 전하는 이야기,"『로동신문』, 주체105(2016)년 3월 17일, 2.

36 『조선대백과사전10』, 평양: 백과사전출판사, 1999, p.331.

37 한반도는 1991년 12월 31일 노태우정부의 '한반도 비핵화 선언'이 있기까지 핵우 산 아래 있었다.

38 리남호, "미제의 야수적 만행을 낱낱이 발가놓는 력사의 고발장,"『로동신문』, 주체 104(2015)년 8월 20일, 5.

39 "놈들은 1950년 전쟁때보다 더 심대한 타격을 받고 패배당할 것이다,"『로동신문』, 1968년 8월 11일, 4. "웽그리아인민공화국 외교부 부부장일행이 판문점과 신천박 물관을 돌아보았다,"『로동신문』, 1973년 4월 24일, 4.

40 "신천박물관창립 30돐 기념보고회 진행,"『로동신문』, 1988년 3월 26일, 4.

41 북한인권 결의안은 2003년 제59차 유엔 인권위원회부터 3년 연속 채택되었으나, 북한의 인권문제 개선에 별다른 진전을 보이지 않자 2005년부터는 유엔 인권이사 회에서 채택되고 있다.

42 김정일, "신천박물관을 통한 계급교양 사업을 강화할데 대하여,"『김정일 선집19』, 평양: 조선로동당 출판사, 2013, pp.431~432.

43 2003년 제59차 유엔인권위원회에서 북한인권 결의안을 채택했으나, 북한의 인권상 황이 별다른 진전을 보이지 않자, 2005년부터 유엔안보리에서 북한인권 문제를 다 루고 있다.

44 김정일, "신천박물관을 통한 계급교양 사업을 강화할데 대하여,"『김정일 선집19』, 평양: 조선로동당 출판사, 2013, pp.434~436.

45 김정일, "신천박물관을 통한 계급교양 사업을 강화할데 대하여,"『김정일 선집19』, 평양: 조선로동당 출판사, 2013, p.434.

46 "살인귀들의 첫 <기념사진>,"『로동신문』, 주체103(2014)년 12월 11일, 5.

47 "화석으로 된 12살 소녀,"『로동신문』, 주체103(2014)년 12월 11일, 5.

48 조항선, "원한의 땅 신천은 극악무도한 살인마 미제를 고발한다,"『로동신문』, 주체

103(2014)년 12월 11일, 5.

49 "경애하는 김정은동지께서 신천박물관을 현지 지도하셨다,"『로동신문』, 조선노동 당중앙위원회기관지 제329호 제329호【루계 제24742호】주체103(2014)년 11월 25일, 1.

50 김정은,『반제반미교양, 계급교양을 더욱 강화할데 대하여: 신천박물관을 돌아보면 서 일군들과 한 담화』, 평양: 조선로동당출판사, 2016, p.8.

51 "경애하는 김정은동지께서 새로 건설한 신천박물관을 현지 지도하셨다,"『로동신문』, 제204호【루계 제24982호】주체104(2015)년 7월 23일, 2.

52 "반제반미교양, 계급교양의 거점으로 새로 일떠선 신천박물과 개관식 진행,"『로동 신문』, 주체104(2015)년 7월 27일, 6.

53 "한시도 늦출 수 없고 한순간도 소홀히 할 수 없는 신천의 웨침-죽어도 혁명신념 버리지 말자,"『로동신문』, 주체104(2015)년 11월 26일, 5.

54 리남호, "미제의 야수적만행을 낱낱이 밝혀놓는 력사의 고발장,"『로동신문』, 주체 104(2015)년 8월 20일, 5.

55 "한시도 늦출 수 없고 한순간도 소홀히 할수 없는 신천의 웨침-죽어도 혁명신념 버 리지 말라 신천박물관을 찾아서(4),"『로동신문』, 주체104(2015)년 11월 26일, 5.

56 리남호, "미제살인자들이 저지른 죄악을 피로써, 총대로 끝까지 결산하자 반제반미 교양, 계급교양의 거점 신천박물관을 찾아서(2),『로동신문』, 주체104(2015)년 9월 14일, 5.

57 황철진, "<미국인으로서 참을 수 없는 수치를 느낀다>,"『로동신문』, 주체103 (2014)년 12월 11일, 5.

58 "조선인민의 철천지원쑤인 미제침략자들을 소멸하라,"『로동신문』, 주체103(2014) 년 6월 26일, 2.

59 "6.25미제반대투쟁의 날에 즈음한 복수결의모임 근로단체들에서 진행,"『로동신문』, 주체105(2016)년 6월 24일, 5.

60 "6.25미제반대투쟁의 날에 즈음한 녀맹일군들과 녀맹원들의 복수결의모임,"『로동 신문』, 주체106(2017)년 6월 23일, 4.

61 "신천박물관창립 60돐 기념보고회 진행: 조선로동당 중앙위원회 축하문 전달,"『로 동신문』, 주체107(2018)년 3월 27일, 3.

62 "미제침략자들은 남조선에서 당장 물러가라,"『로동신문』, 1967년 6월 25일, 1.

63 "조선인민의 철천지원쑤 미제침략자들에게 천백배의 죽음을 주자!"『로동신문』, 제

177호【루계 제24225호】주체102(2013)년 6월 26일, 1.

64 "백년숙적 미제와 역적패당을 쓸어버리고 최후승리를 이룩하자!"『로동신문』, 제 177호【루계 제24590호】주체103(2014)년 6월 26일, 1.

65 "6.25미제반대투쟁의 날 평양시군중대회 진행,"『로동신문』, 2015년 6월 26일, 1.

66 "일심단결, 자력갱생의 위력으로 미제의 단말마적 발악을 쳐갈기며 사회주의의 마 지막결승선을 향하여 총돌격하자,"『로동신문』, 제222호【루계 제25731호】주체 106(2017)년, 8월 10일, 5.

67 "일심단결, 자력갱생의 위력으로 미제의 단말마적 발악을 쳐갈기며 사회주의의 마 지막결승선을 향하여 총돌격하자,"『로동신문』, 제222호【루계 제25731호】주체 106(2017)년 8월 10일, 3.

68 김지환, "〔남북정상회담〕북 집단체조 '빛나는 조국'서 반미구호 사라져,"『경향신문』, 2018년 9월 20일, 6.

69 "남조선 각 계층 미국의 내전 간섭을 규탄하여 항의행동 전개,"『로동신문』, 주체 107(2018)년 11월 4일, 6. "남조선청년들 미국과 일본을 규탄," 주체107(2018)년 11월 13일, 6.

북한의 수령형상과 선전선동의 전략적 변화*

이 경 직**

Ⅰ. 북한 체제 유지의 두 기둥: 행동통제와 사고통제

북한은 현존하는 국가 중에서 가장 폐쇄적인 국가로 국제사회가 주목하고 있지만 실제로는 그 기능이 북한의 정보와 첩보를 다루는 곳이 아니라면 북한 지도부의 내부사정은 고사하고라도 일반적인 주민들의 생활모습도 거의 알기 어려운 국가이다.[1] 조선민주주의인민공화국의 창업자 김일성에서부터 그 아들 김정일에 이어 김일성의 손자, 김정일의 아들 김정은으로 오기까지 전임자가 사망하고 후계체제가 이어질 때마다 내부 혼란과 붕괴까지도 예상했지만 북한은 여전히 건재하다.

김일성 사망 당시 북한 스스로도 위기로 체감했음을 2016년 제7차 당대회의 '조선노동당 중앙위원회 사업총화 결정서'[2]를 통해 알 수 있다. 북

---

* 본 글은 김일성과 김정일의 수형형상을 통해 북한의 선전선동을 분석한 "북한의 체제유지와 선전선동의 역할-수령형상측면에서", 『북한연구학회보』 제18권 제2호(2014. 12). pp. 173~201. 중 일부를 김정일과 김정은 시대로 수정·보완하여 재구성한 글이다.
** 심연북한연구소 객원연구위원, 한국복지요양뉴스 편집인, lhkyjc@naver.com

한은 김일성·김정일 사망을 '민족의 대국상'으로 표현하고 있는데, 김일성 죽음과 관련 "민족의 대국상후 우리를 압살하려는 제국주의자들과 그 추종세력들의 정치군사적 압력과 전쟁도발 책동, 경제적 봉쇄는 극도에 이르렀으며 여기에 혹심한 자연재해까지 겹치어 경제건설과 인민생활에서 형언할 수 없는 시련과 난관을 겪게 되었다. 세계가 조선의 운명에 대하여 우려하고 제국주의 반동들이 어리석게도 우리의 《노선변화》와 《체제붕괴》에 대하여 떠들던 시기 위대한 김정일 동지께서는 혁명의 길이 아무리 험난하다 해도 수령님께서 개척하신 주체혁명 위업을 변함없이 고수하고 끝까지 계승완성해 나갈 철석의 의지를 단호히 선언하시었으며 혁명과 건설을 오로지 수령님의 뜻대로, 수령님식대로 현명하게 영도하시었다."[3]며 김정일을 칭송하고 있다. 북한도 김일성의 사망에 대해 내외적으로 위기감을 느꼈는데 김정일의 영도력으로 극복했다는 것이다. 결국 체제변동의 위기, 자연재해까지 겹친 위기에서 북한은 수십만 명의[4] 북한 주민의 생명을 제물로 바치고 체제를 지킨 셈이다.

김일성에서 김정일로의 후계체제 구축은 꽤 오랜 시간을 가지고 진행되었지만 김정일에서 김정은으로의 후계체제 구축은 짧은 시간에 이루어졌다. 오히려 김일성 사망이후 김정일로의 후계체체 구축 때 보다 김정일에서 김정은으로의 후계체제 구축은 짧은 시간에 급속히 이루어졌지만 외부세계에서 예측했던 북한 내부의 극심한 혼란은 크게 없었다. 물론 장성택 숙청, 김정남 피살[5]과 같은 김정은의 과감한 정적 제거 과정, 계속된 세대교체, 반복된 숙청과 복권 등을 통한 충성 유도 등이 있었지만 이는 북한에서 김일성, 김정일이 권력을 유지해 오던 전통적인 방식에서 크게 벗어나지 않는 것이다. 즉 북한은 전통적 방식으로 김일성 가(家)의 권력을 유지하고 있는 것이다.

알려진 바와 같이 북한은 철저한 통제국가이다. 북한 지도부는 주민의 일거수일투족을 감시하고 관리한다. 감시와 통제가 가능하도록 실제로 북한주민의 일상생활은 단조롭다. 그러나 이러한 행동을 제어하는 조직통제만으로 북한의 체제가 유지되고 있다고 말할 수 있는가? 인간은 사회적 동물, 그것도 생각하는 사회적 동물임을 전제할 때 단순한 조직통제만으로는 어렵다.

북한은 조직통제와 함께 주민들의 사고를 제어하는 강력한 사상통제를 실시하고 있다. 북한은 단순한 '사상'의 통제가 아니라 주민의 '사고'를 통제하려고 모든 수단과 방법을 강구하고 있다. 사상통제를 위해 주민들의 근본적인 사고체계를 통제하려는 것이다. 이와 같은 사고체계의 통제, 사상통제의 가장 중요한 형식과 과정이 '수령형상'이고 '수령형상'을 위한 선전선동이다.

이는 앞서 언급한 제7차 당대회의 '조선노동당 중앙위원회 사업총화 결정서'에서 다음과 같이 표현되고 있다. "우리 당은 당사상사업에서 유일관리제를 확립하고 주체를 철저히 세워 당 안에 그 어떤 이색적인 사상도 침습하지 못하게 하였으며 당원들과 근로자들에 대한 유일사상교양을 심화시켜 전당이 김일성-김정일주의를 신념의 기둥으로 삼고 오직 수령의 사상과 의도대로만 숨쉬며 발걸음을 같이해 나가도록 하였다."라고.

사상사업의 중요성은 김일성 이래로 변함이 없다. 제7차 당대회 '사업총화 결정서'에도 "사상사업은 당의 기본임무이며 사상사업을 확고히 앞세우고 대중의 정신력을 발동하여 제기되는 모든 문제를 풀어나가는 것은 우리 당의 전통적인 혁명방식이다. 사상사업에서 유일관리제의 원칙을 철저히 관철하여야 한다. 당사상사업은 전당과 전체 인민을 수령의 사상으로 무장시켜 하나의 사상으로 숨쉬고 움직이게 하는 사업이며 여기에서는 당의 사상과 어긋나는 그 어떤 자그마한 요소도, 그 어떤 《특수》도 허용되어서는 안된다."고 강조하고 있다.

'사업총화 결정서'는 후반부를 김일성, 김정일 시대와 변함없이 노동당과 김정은에 대한 충성을 강조하고 유도하는 내용으로 점철되어 있다.

"조선노동당은 우리 인민의 모든 승리의 조직자, 향도자이며 조선혁명의 참모부이다", "조선노동당은 수령의 사상과 영도에 충실한 사상적 순결체, 조직적 전일체로 강화발전 되었다", "당을 수령의 당으로 강화발전시키는데서 나서는 선차적인 문제는 당의 지도사상, 수령의 혁명사상으로 전당을 일색화하는 것이다" 등이 그것이다.

본 논문은 "당과 수령의 사상과 의도, 인민의 지향은 당의 선전수단과 교양망을 통하여 정확히 대중속에 전달된다"[6]는 변함없는 북한의 명제에 근거해 이루어지는 김정일시대와 김정은시대의 '수령형상'의 지속성과 변화성을 살펴보고, 그 과정에서 이루어지는 선전선동의 전략적 변화를 분석해 본다.

주체사상과 선군사상에 이어 김일성-김정일주의로 이어지고 있는 북한의 통치이념이 후계체제 구축을 위한 수령형상으로 어떻게 작동하고 있는지, 선전선동이 어떻게 진행되고 있는지 김정일, 김정은 통치의 기간[7]이 계량적으로 큰 차이가 있지만 비교하여 살펴본다.

II. 북한 선전선동의 과정: 대상, 매체, 메시지[8]

북한의 선전선동 과정에 대한 이해를 돕기위해 라스웰(Harold D. Lasswell)의 커뮤니케이션 모델을 참고로 하여 소개한다. 라스웰의 모델은 '누가(who), 무엇을(says what), 어떤 채널로(in which channel), 누구에게(to whom, 즉 receiver), 어떤 효과로(with what effects)'라는 5단계를 제시한다. 이 모델은 커뮤니케이션을 메시지의 전달과정으로 보며 의미보다 효과를 중시한다. 효과란 관찰과 측정이 가능한 수신자의 변화를 말한다. 이 모델은 과정의 요소 가운데 하나를 변화시키면 효과 역시 변화한다고 본다.[9] 커뮤니케이션 과정을 지나치게 단순화시키고 기타 복잡하고 다양한 요소를 무시하고 있다는 비판이 있지만, 오히려 비판받는 이 점에서 선전선동 메시지를 일방적으로 전달하고 주입시키는 북한의 선전선동 과정은 라스웰의 모델을 적용할 수 있다.

북한 정권(조선노동당 중앙위원회 선전선동부)은 선전선동을 위한 메시지(김정일·김정은 수령형상 내용 등)를 만들고 이를 각종 미디어(신문, 라디오, TV, 영화, SNS)와 문화예술 작품(문학, 음악, 미술 등)을 통해 북한 주민들에게 전달한다. 이 과정은 <그림 1>과 같이 철저히 계선적이다. 그리고 효과에 대한 반응을 보고 메시지의 수정·보완이 있고, 전달 수단에 대한 보완을 할 수 있다. 그러나 수정·보완 또한 철저히 당 중앙위 선전선동부의 판단에 의한다. 이들이 얻고자 하는 것은 김정일·김정은 유일영도체계를 위한 통제체제 유지이고 김정일과 김정은에 대한 충성과 복종을 유도하는 것이다.[10] 북한은 이를 "모든 사업을 당중앙의 유일적 영도밑에 조직진행하며 제기되는 문제들을 당중앙의 결론에 따라 처리하도록 하여야 한다. 당의 결정, 지시가 하부말단까지 즉시에 전달되고 즉시에 집행되도록 할 것이다."[11]라고 명시하고 있다.

이와는 달리 북한체제에 대한 불만, 외부체제에 대한 동경으로 탈출하는 탈북자들과 같이 북한체제에서 벗어나려고 하는 경우나 북한 내부에서의 비판세력의 경우는 <그림 2>와 같이 이해할 수 있다. 즉 이들은 북한이 제공하는 정보도 받지만 이 뿐만이 아닌 외부세계의 정보도 전달받거나 기타 다른 정보에 접촉하는 경우 북한이 요구하는 유일영도체계 유지를 위한 일방적 통제체제나 충성과 복종에 반하는 별개의 사고와 행동을 가져올 수 있다는 것이다.

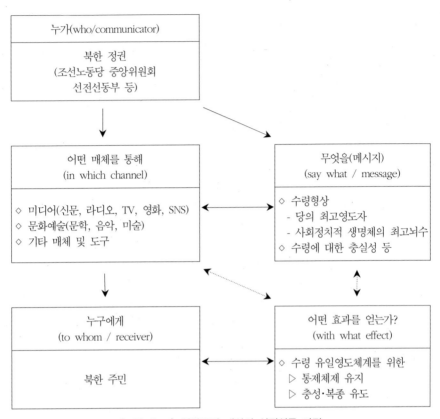

〈그림 II-1〉 일반주민 대상의 선전선동 과정

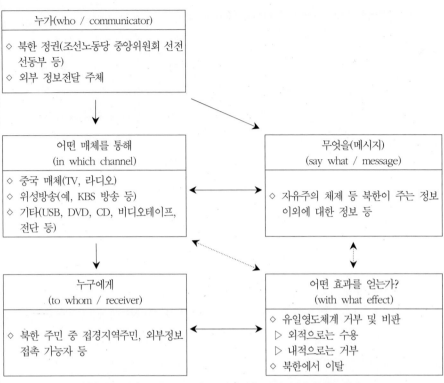

<〈그림 II-2〉 탈북자 등 비판·이탈세력 대상의 선전선동 과정

* 〈그림 II-2〉에서의 수용자는 〈그림 II-1〉에서 일어나는 일반적 과정은 함께 적용되면서
  별도의 커뮤니케이션 과정이 있음을 가정한다.
** 출처: 본 그림은 라스웰(Harold D. Lasswell)의 커뮤니케이션 모델를 근거로 저자가 작성

III. 북한 선전선동의 체계·수단

1. 주민의 일상생활과 선전선동

북한 주민의 일상생활을 보면 직장에 출근하면서부터 사상교육이 시
작된다. 즉 독보회 및 당 지시사항 전달, 그리고 강연회 등 당 정치사업으

로 시작한다. 독보회는 노동신문을 보면서 토론하는 등 약 30분간 진행된다. 하루 업무 및 작업이 끝나면 또다시 작업총화 시간을 가지며 일주일에 한 번씩 생활총화를 한다. 생활총화[12] 시간에는 자신의 잘못을 뉘우치는 '자아비판'과 동료들의 과오를 지적하는 '호상비판'(상호비판)을 하며, 비판의 기준으로 김일성 '교시'나 김정일, 김정은의 '말씀'을 인용해야 한다. 이후에도 추가 노동을 하거나 학습회를 개최하기 때문에 북한주민들은 평일에 개인적 시간을 갖기가 쉽지 않다. 즉 북한은 주민들 개인적으로 다른 생각을 할 틈을 주지 않고 있는 것이다.[13]

조선노동당의 기층조직인 리(里), 동 초급당위원회는 초급당비서와 조직부비서, 선전부비서, 기타 여러 명의 부원들로 구성되어 있는데,[14] 여기서도 선전부비서는 해당 지역 내에 거주하는 당원들(농장원들과 가정주부 등)의 사상 부문을 지도하고 통제한다.[15]

당규약 제6장 45조는 당 기층조직의 임무로 ① '당원들과 근로자들 속에 당의 유일사상체계와 유일적 영도체계를 튼튼히' 세우고, '당원들과 근로자들이 투철한 혁명적 수령관을 지니고 수령을 결사옹위하며 주체사상, 선군사상과 혁명전통으로 튼튼히 무장하고 당의 노선과 정책을 결사관철' 시키고 ② '당원들에 대한 당생활조직과 지도를 강화'하기 위해 '당원, 후보당원들을 당조직에 빠짐없이 소속시키고 당회의와 당생활총화, 당학습을 높은 정치사상적 수준에서 조직진행하며 당원들에게 당적분공을 정상적으로 주고 총화하며 당원들이 당규약상 규범의 요구대로 사업하고 생활하며 혁명과업 수행에서 선봉적 역할'을 하도록 하고 ③ '당원들과 근로자들에 대한 사상교양사업을 힘있게' 벌리기 위해 '당원들과 근로자들 속에서 주체사상, 선군사상 원리교양, 충실성교양, 당정책교양, 혁명전통교양, 계급교양, 집단주의교양, 사회주의애국주의교양, 혁명적 신념과 낙관주의교양, 사회주의 도덕교양을 비롯한 사상교양을 강화하며 부르죠아 사상문화의 침습을 막고 비사회주의적 현상을 비롯한 온갖 부정적인 현상들을 반대하여 견결히 투쟁'하도록 하는 등의 선전선동 임무를 규정하고 있다.

제7차 당대회의 '사업총화 결정서'에서는 "당 세포를 비롯한 기층 당 조직들은 위대한 수령님들이 유훈과 당이 제시한 정책적 과정들을 직접 관철하는 집행단위이며 당의 사상 관철전, 당정책 옹위전의 전초선을 지켜선 우리 당의 기본 전투단위이다."라고 또다시 강조하고 있다.

2. 북한 선전선동 체계

조선노동당에서 가장 강력한 부서는 조직지도부와 선전선동부이다.[16] 조직지도부는 주민들의 삶을 조직을 통해 행동으로 통제하고 선전선동부는 사상으로 통제한다. 그리고 북한의 선전선동 체계는 조직과 유기적으로 연결되어 있다. 조직지도부와 선전선동부에 대한 중요성은 조직지도부는 김일성 시대에는 김일성의 동생인 김영주, 김정일 등 혈족과 가장 믿는 부하들이 맡았고, 선전선동부 또한 김일성 시대에 김정일이 10여 년 동안 선전선동부장으로 직접 관장했던 것에서도 알 수 있다.[17] 선전선동부를 김일성 시대에는 김정일이, 김정일 시대에는 김기남이, 김정은 통치기인 현재는 선전선동부장을 박광호가 맡고 있지만 김정은의 동생 김여정이 선전선동부 제1부부장으로서 전권을 처리하고 책임지고 있다시피 하고 있다. 김여정은 2014년 11월부터 중앙위원회(선전선동부) 부부장으로 활동하고 있는 것으로 알려져 있다.[18] 한편 2017년 말에 김여정이 조직지도부 제1부부장으로 이동했다는 소식이 있다.[19] 이것이 사실이라면 과거 김일성, 김정일 때 처럼 '당 속의 당'인 조직지도부를 장악하고 선전선동부 또한 직·간접 통제하고 있다고 보아야 한다.

북한 주민의 전 생애는 생애주기에 따라 조직에 참여하게 되어 있고, 그에 따른 조직에서 사상이 통제 관리되고 있다. 북한은 어린아이가 태어나면 3개월 후부터 탁아소에 맡길 수 있다. 북한은 이처럼 유아기부터 한 사람의 일생을 다양한 조직에 소속시켜 일상생활을 관리하고 선전선동체계를 통해 사상생활을 관리한다. 그러나 최근에는 가정에서 직접 양육하는 경향이 높다고도 한다.[20] 북한에서 탁아소에서부터 대학에 이르기까지, 그리고 사회에 나와서도 이루어지는 끊임없는 교육과정에서의 사상교육은 매우 중요하다. 특히 김일성에서 김정은에 이르기까지 이들에 대한 수령형상은 교과서로 만들어져 필수과목에 해당한다. 이 부분은 선전선동 수단에서 다루도록 한다.

주민 사상 통제는 당 중앙위원회 선전선동부가 모든 부문들의 당위원회 선전부를 통해 실행하고, 말단의 당 세포비서들은 현지의 집행자 역할을 한다.[21]

북한의 선전선동기구는 크게 총괄적 조직 지도체계 기능을 수행하는 당조직내의 지도감독기구와 이들의 지도통제를 받아 조직집행기능을 수행하는 당 외곽 대중교양단체, 내각 문화성, 기타 보도출판단체 및 문화예술단체 등이 있다. 지도감독기구는 조선노동당 중앙위원회 선전선동부를 정점으로 하여 중앙당 내 주무부서, 지방당 선전선동부, 중앙당 직속 중앙기구들의 선전선동부로 이루어져 있다.

우선 중앙당 주무부서들로는 선전선동부 외에 노동당 중앙위원회 당역사연구소가 있고, 지방당인 도(직할시)·시(구역)·군당에는 해당 당위원회 자체와 각 당위원회의 선전선동부, 초급당위원회 선전원, 초급당 조직의 선전원, 선동원, 해설원들이 있으며, 중앙당 직속 중앙기관에는 각 기관의 선전선동부와 산하부대·기관 및 조직들의 선전교양과(課), 선전원, 신문사, 출판사 등이 있다. 인민군 총정치국 선전부, 인민보안성 정치국 선전부, 국가보위성 정치국 선전부 등이 이에 해당된다.

공산당은 조직과 선전선동을 중요시하기 때문에 이와 같은 체계는 김일성 정권이 시작하면서부터 시작돼 김정일에 의해 확대, 분화, 심화되는 체계화 과정을 거쳤다. 김정일에 의해 정립된 선전선동 체계는 김정은 체제에서도 크게 변함이 없다.

다음으로 조직집행기구는 내각 소속의 문화성, 조선중앙방송위원회, 조선중앙통신사, 출판지도국과 내각기관지「민주조선」등 신문사 및 출판사, 문학예술단체의 기관들, 도(직할시)·시(구역)·군 인민위원회 문화부, 도(직할시)·시(구역)·군 방송위원회, 중앙통신 도(道)의 지사, 도(직할시)·시(구역)·군의 문학예술단체·기관 등이 있고, 각 근로단체의 중앙위원회 선전선동부, 도(직할시)·시(구역)·군 위원회 선전선동부와 초급 조직들의 선전원들, 도(직할시)·시(구역)·군 위원회 직속 신문사, 출판사, 기동예술선전대 등이 있으며 또한 문화예술 선전교양 단체를 총망라하고 있는 조선문학예술총동맹과 그 산하의 부문별 문학예술단체들과 문예기관들이 포함된다.

조직체계에 따라 철저하게 계선에 의해 하부 단위는 상부단위의 지침과 검열 속에 활동하게 되어 있다. 북한은 이를 다음과 같이 강조하고 있다. "각급 당조직들은 언제나 정책적대를 바로 세우고 국가경제기관들과 인민무력, 사법검찰, 안전보위, 인민보위기관을 비롯한 모든 부문, 단위들의 사업이 당에서 의도하고 바라는대로 진행되도록 하여야 한다. 당조직들은 근로단체사업에 대한 당적지도를 강화하여 청년동맹과 직맹, 여맹과 농근맹 조직들에서 사상교양사업을 중심과업으로 틀어쥐고 모든 동맹원들을 당의 두리에 튼튼히 묶어세우며 당정책 관철에로 불러일으키도록 할 것이다."[22]

당정책의 지도와 선전선동 사업에 대한 당적지도, 선전매체에 대한 지도와 관리라는 주요 기능 못지않게 중요한 선전선동부의 기능은 검열과 통제이다. 쉽게 말해서 조직의 검열과 통제는 조지지도부(검열과)에서 하고, 사상에 대한 검열과 통제는 선전선동부가 담당한다.

북한의 모든 문화예술 작품은 국가의 검열과 통제를 거쳐서 발표되는데, 창작 기획단계로부터 창작과정, 출판되기까지 검열(검토, 비판), 재검열을 거친다. 문화예술 작품에 대한 검열의 핵심은 노동당 중앙위원회 선전선동부와 출판검열국이다. 선전선동부는 문학예술 작품의 전 분야에 걸쳐 영향을 행사하며, 모든 문화예술정책을 입안하고 행정 지시사항을 결정한다. 선전선동부는 문화예술 뿐만 아니라 이와 관련된 언론, 출판, 문화, 예술, 방송, 보도부문 등의 모든 사업에 정책적 지도를 시행한다.[23] 또한 각종 학습회, 토론회, 강연회, 전람회를 주관하며 신문과 잡지의 발간 및 군중집회를 주도하는 등 주민들에 대한 사상교양과 체제선전을 총괄한다.[24]

특히 북한에서의 언론활동은 노동당 중앙위원회 선전선동부의 지시와 통제하에서 이중 삼중의 검열과정을 거친다. 신문의 경우, 대체로 1개월 전에 기사 내용과 편집에 관한 계획서를 작성하고 발행일 몇일 전에는 50% 이상의 편집을 끝내야 한다. 사내 각 부서에서 작성한 기사는 각 소속부장, 편집부국장, 편집국장, 부주필, 주필 등 단계적 검열을 거쳐(1단계) 내각 직속 출판지도국 신문과의 검열을 받는다.(2단계) 그리고 최종적으로 중앙당 선전선동부 출판검열국의 최종 검열을 받는다.(3단계)[25] 방송도 유사하게 선전선동부의 통제를 받는다. 북한의 라디오와 TV 등 모든 방송은 조선중앙방송위원회가 총괄한다. 이 위원회는 내각 소속으로 되어있지만 위원장은 당에서 임명하고 방송에 대한 모든 사안에 대해 당 선전선동부의 통제를 받는다.[26]

이와 같이 전체 선전선동 체계를 통해 사상의 통제와 감시가 이루어지

〈그림 Ⅲ-1〉 북한 선전선동체계[27]

고 있고, 전체 주민에 대한 교양이 철저하게 이루어지고 있음을 알 수 있다.

남한에 대한 선전선동은 대남 전략·전술 업무를 총괄하고 대남 외곽 단체 업무를 조정·통제하는 노동당 중앙위원회 산하 전문부서로 통일전 선부(통전부)에서 일부 담당하고 있다. 통일전선부는 남북회담·경제협력· 민간교류, 대남자료 수집·분석 등 대남사업 전반을 총괄하는 핵심부서이 다. 그러나 본 논문은 북한 내부에서의 선전선동에 초점을 맞추고 있어 대남 선전선동 부분은 생략한다.

3. 북한 선전선동 수단

북한의 선전선동 수단은 철저히 주민들의 시청각을 통제하기 위한 도 구이다. 선전선동의 수단은 매체의 발달과 궤를 같이한다. 현대의 선전선 동은 신문과 잡지에서 출발했고, 매체 발달에 따른 구분을 짓는다면 김일 성은 인쇄물과 라디오 선전선동 세대이고 김정일은 인쇄물과 함께 영상 매체 선전선동 세대, 김정은은 영상매체를 보다 더 적극적으로 이용하고, SNS를 이용하고 있는 세대라고 구분 지을 수 있다.

북한이 선전선동에 대한 도구 등 선전선동에 대해 얼마나 중요하게 여 기는 지를 제7차 당대회의 '사업총화 결정서'에서 볼 수 있다. 결정서에 의하면 "사상교양사업을 혁명과업수행에 기본을 두고 대상의 특성과 준 비정도에 맞게, 현실성 있게 진행하여 대중이 당의 사상과 의도에 스스로 공감하고 그것을 자신의 것으로 받아들이도록 하여야 한다. 첨입식 사상 사업방법의 요구대로 사상공세의 대상을 바로 정하고 집중포화, 연속포 화, 명중포화를 들이댈 것이다. 당에서 중시하는 문제들을 해결하는데 교 양·선동·강연·출판보도를 비롯한 선전선동방법과 수단들을 총동원하여 사 상사업을 힘있게 벌려, 온 나라에 우리 당의 혁명정신이 차넘치고 새로운 비약과 혁신의 불길이 세차게 타오르게 할 것이다."라고 강조하고 있다.

김정일을 영상매체 세대라고 하였는데 1973년을 기점으로 구분할 수 있다. 그 이유는 북한의 영화를 총체적으로 변화시킨 김정일의 『영화예술론』[28]이 발표된 것이 1973년 4월 11일이기 때문이다. 북한은 『영화예술론』이 주체사상과 주체적 문예이론을 영화분야에 독특하고 구체적으로 적용시켰다고 평가하고 있다. 1970년대 중반이후 제작된 모든 북한영화는 이 『영화예술론』에 의거하고 있다.[29]

1970~80년대 영화에 공을 들였다면 2000년대 들어 김정일이 심혈을 기울였던 선전선동 수단 중의 하나는 대집단체조인 '아리랑'이다. 북한에서는 이미 이전부터 집단체조가 있어 왔는데 김정일은 집단체조를 발전시켜 이를 연극·영화·체조를 조합한 집체적 예술 선전선동수단으로 만들어낸 것이다.

김정일 시기에도 인터넷과 SNS를 선전선동 수단으로 이용했다. 그러나 이는 북한 주민들을 향한 것이 아니라 철저히 대남, 대외용이었다. 즉 내부로의 정보 전달은 철저히 차단하고 외부로의 체제선전에만 이용했던 것이다. 그러나 현재 김정은 시기, 손전화(휴대폰) 580만대[30]가 넘는 현 시점에서는 인터넷[순수 인터넷(international net)이 아닌 북한내부용 인트라넷(intranet, internal net)][31]과 SNS가 대내용 선전선동 도구로 활용되고 있을 가능성이 크다. 김정은의 선전선동 수단은 대내적으로 김정일 시대에서 크게 벗어나지 않고 있다. 다만 TV프로그램 등에서 연예오락 분야에서 서구의 문화를 보이는 등 변화가 약간 있을 뿐이다.

이와 같이 북한은 시대에 따른 미디어의 발전에 따라 해당 미디어를 최대한 선전선동 수단으로 활용하고 있다. 현대로 올수록 SNS와 같은 소통이 강화되는 수단이 발전하고 있는 것처럼 주민들을 상대로 하는 내부에서도 활용하고 있을 가능성이 크다. 북한에 손전화가 들어갈 때에는 그

확산의 결과에 의미를 두었다. 그러나 현재 580만대 이상으로 추정되는 손전화 확산이 어떤 사회변화를 가져오고 있는지는 구체적으로 연구되어지고 있지 못하다.[32] 북한 지도부가 내부적이지만 인터넷과 손전화의 SNS, 각종 앱을 통해 무엇을 어떻게 전달하고 있는지 등 살펴볼 필요가 있다. 그리고 손전화가 580만대에 이른다고 하지만 손전화의 분포, 즉 손전화가 등록된 지역, 연령, 1인이 가진 손전화 수 등 여러 가지를 다면적으로 밝히고 분석할 필요가 있다.

북한에서 주민의 사상을 형성하고 내재시키는 중요한 과정중의 하나가 교육이다. 특히 학교교육에서 수령형상에 대한 사상교육은 필수적이고, 이러한 교육은 사회에 나와서도 개인이 속한 단체, 조직 속에서 학습이란 이름으로 이어진다. 끊임없는 반복과 학습을 통한 세뇌이다.

김일성에서 김정일, 김정은으로 이어지는 교육내용을 살펴보면 탁아소 교육에서부터 김일성·김정일·김정은을 어버이로 섬기는 정신 등을 주입하면서 전 교육과정에서 3부자에 대한 충성심 교육, 수령형상 교육이 진행된다.[33] 사상 및 수령형상 교육 측면에서 살펴보면 공산주의 사상교육, 김일성·김정일·김정은 3대 예찬, 대남적개심 고취, 반일 저항의식 고취 등이 주요내용이다.[34] 소학교 교재는 배우는 학생들의 나이에 맞추어 각각의 연령 당시의 김 씨 3대의 일화(에피소드)들을 내용으로 만들었다.

중학교에서는 김일성과 김정일의 '혁명역사'를 필수 교과로 배우게 하고 있으며, 이와 같은 특정교과에서 뿐만 아니라 국어와 같은 일반 교과도 김일성·김정일 수령형상 내용을 활용하여 담고 있다.[35]

북한 학교에서 김정은에 대한 수령형상 교육, 즉 우상화 교육은 2015년 새 학기부터 정식으로 시작했다. 북한 교사용 교재인 '경애하는 김정은 원수님 혁명활동 교수참고서' 151쪽을 보면 김정은을 탁월한 능력의 소유자로 묘사하고 있다고 한다.[36] 2019년 4월에 평양출판사가 펴낸 도서

'위대한 인간 김정은'에는 김일성, 김정일과 같이 김정은을 신비화하고 우상화하는 내용들이 담겨 있다. 예을 들면 "세살 때 사격… 1초 간격 과녁 10개 명중", "승마할 때 최대 속력으로 거침없이 질주", "바다에서 쾌속정 몰고 파도 위 날 듯 달려", "탱크 조종간 쥐고 질풍노도같이 모라" 등으로 책은 "경애하는 원수님의 담력과 배짱은 이 세상 그 어느 위인도 따를 수 없는 말 그대로 무비(無比)의 것"이라며 우상화하고 있다.[37]

이와 같이 북한은 유아기 어린시절부터 학생들에게 김일성과 김정일, 김정숙, 김정은에 대한 절대적 충성심을 키우도록 4인의 어린시절을 이야기화한 내용들을 교재로 만들어 교육할 뿐만 아니라 이들의 생애를 '혁명활동', '혁명역사'라는 과목으로 만들어 교육시킴으로써 김일성·김정일·김정숙, 이제는 김정은을 숭배의 단계에 올려놓고 있다. 물론 역사적으로 기록된 사실을 제외하고는 이야기로 만들어진 내용들의 진실 여부는 북한의 주장만이 있을 뿐 논증할 길이 없다.

IV. 김정일 수령형상과 선전선동 전략 : 강성대국 건설

1. 김정일 수령형상의 전개

김정일은 대학 1학년 입학을 앞둔 1961년 7월에 조선노동당에 입당했다. 노동당 입당 6년만인 1967년 5월의 제4기 15차 전원회의 당시 박금철, 이효순 등 갑산파 고위간부들과 당내 선전, 문화를 담당하는 간부들 숙청 때는 김정일이 실무적으로 주도한 것으로 알려지고 있다.

1970년 11월 제5차 당대회시만 해도 김정일은 당중앙위원회 후보위원에도 오르지 못한 반면, 당의 조직지도부장이었던 김영주가 당서열 6위에 오르면서 실질적인 제2인자로 인정받고 있었다. 그러나 김정일은 2년 후인 1972년 10월 헌법개정 문제, 당증교환사업 등을 토의하기 위해 개최된 당중앙위원회 제5기 5차 전원회의에서 중앙위원으로 선임되었다.[38] 그리고 1973년 7월에 당 선전선동부장 임명, 9월 4일부터 열린 조선노동당 중앙위원회 제5기 7차 전원회의에서 당조직 및 선전담당 비서로 선출된 후 '당중앙'이라는 호칭이 붙고, 또 1973년 2월에 발기한 3대혁명소조의 실질적인 책임자로서 그의 정치적 기반이 확대되면서, 김정일은 후계자의 위치를 굳히기 시작했다.[39] 결국 1974년 2월 13일에 개최된 제5기 8차 전원회의에서 당내 핵심권력기구인 중앙위원회 정치위원회 위원이 되고 후계자로 공인되었다.

후계자로 공인된 2년후인 1976년에 김정일의 세대교체 작업에 비판이 제기되기 시작했다. 그해 12월 5일 개최된 '최고인민회의 제6기 1차회의'에서 부주석 김동규를 '반김정일 음모'에 관련되었다 하여 제거하였다.[40] 이와 같은 권력투쟁 끝에 김정일의 부상은 김정일의 계모인 김성애와 숙부인 김영주의 몰락을 가져왔고, 결국 1980년 10월 제6차 당대회에서 김정일은 실질적인 후계자로 공식화되었고 권력세습이 제도화되기 시작했다.

2. 김정일 수령형상의 내용

김정일 수령형상의 최대 종착지는 김일성의 후계자로 확정되는 것이었다. 수령의 후계자론은 바로 김일성에서 김정일로의 세습에 대한 비판을 이론적으로 정당화하려는 의도에서 나온 것이기도 하다. 북한은 "노동계급의 위대한 수령은 당대의 혁명운동과 사회발전 전반에 결정적 영향을 줄뿐 아니라 혁명의 장래 운명을 좌우하는 근본문제인 후계자 문제를 빛나게 해결하여 사회주의 위업의 완성을 위한 투쟁을 중도반단함이 없이 끝까지 승리의 길로 이끌어 준다"[41]며 수령 스스로가 후계자 문제를 해결해주는 답이라고 전제하고, 그래서 "수령의 후계자는 수령의 혁명위업을 대를 이어 계승하고 완성해 나가는 혁명의 탁월한 영도자"[42] 라고 주장했다.

수령의 후계자 자격에 대해서는 "수령의 모든 사상정신적 풍모와 특질을 그대로 체현하고 불멸의 혁명업적을 이룩하고 있으며 수령의 가장 큰 신임과 총애를 받고 인민대중의 절대적인 지지와 신뢰, 사랑을 받는 혁명의 위대한 지도자만이 될 수 있다"며 후계자로서 김정일을 유일한 인물로 만들었다.[43]

후계자로서의 김정일에 대한 합리화는 바로 김정일 수령형상과 연결된다. 김재천의 『후계자문제의 이론과 실천』(1989)[44]은 김정일의 후계자로서의 자격을 갖추었다는 것을 선전하며 그 내용으로 '충성의 귀감', '비범한 예지', '탁월한 영도력', '고매한 덕성'을 들었다.[45] '충성의 귀감'은 김정일이 수령에 대한 높은 충실성을 지녔다는 것이고, '비범한 예지'란 김정일은 위대한 사상이론가로서 수많은 저술과 함께 혁명의 지도이념인 김일성주의를 발전풍부화 시키고 자주성을 위한 근로민주의 투쟁에 사상이론적 무기를 안겨주었다고 칭송한다. '탁월한 영도력'은 김정일이 정확한 노선과 투쟁구호를 제시하여 민중에게 나아갈 앞길을 환히 밝혀주었다는 것이다.

끝으로 '고매한 덕성'에 대해서는 사람들은 "비범한 사상이론적 예지, 뛰어난 영도예술뿐 아니라 높은 덕성을 지난 민중적 지도자를 요구"한다며 김정일이 "바로 대사상이론가이시고 탁월한 영도예술가이실 뿐 아니라 고매한 덕성을 지니신 분이시기에 이와 같은 이상적 지도자상을 완벽하게 갖추고 계신다."라고 주장하고 있다. 김정일이 "세련된 정치가, 사상이론가이시기에 앞서 위대한 인간, 민중의 다정한 스승"이라고 선전하고 있는 것이다.

결국 김정일은 아버지 김일성과 같이 문학과 예술을 통해 수령형상창조 과정을 거치며 위대한 사상이론가, 위대한 정치가, 위대한 어버이, 위대한 인간으로 형상화 되었다.

3. 강성대국 건설을 위한 선전선동

김정일이 선전선동부장으로 임명된 이후를 김정일의 선전선동 시기로 보면 김정일의 시기는 크게 두 시기로 나눌 수 있다. 첫 번째 시기는 1974년 1월부터 1989년 12월까지이다. 이 시기의 선전선동사업은 김정일 체제의 등장과 함께 전당, 전군, 전민, 전국에 김일성 영도하에 김정일의 유일적 지도체계 확립을 위한 유일사상체계와 유일지도체계의 확립에 기본 중점을 둔 교양선전, 즉 세습체제 확립을 위한 교양선전이 중점적으로 펼쳐졌고, 대남대미 적개심, 투쟁의식 고취를 기본내용을 하는 계급의식, 혁명의식 배양선전이 강도 높게 진행됐다.

이 시기 선전선동사업에서는 노동당 제5차 당대회가 제시한 혁명과업, 2차 7개년 계획의 완수, 속도전운동, 숨은영웅따라배우기운동, 모범기대창조운동, 검덕속도창조운동, 3대혁명붉은기쟁취운동에로 대중을 불러일으키는 정치선동과 경제선전선동을 강력히 펼쳤다.

두 번째 시기는 1990년 1월부터 2007년 6월까지의 시기이다. 소련의 개혁·개방과 이어진 동유럽 사회주의국가들의 민주화로 시작된 1990년대는 김정일에게는 국제적 고립화와 압박에 대응하여 체제수호, 식량난에 따른 '고난의 행군' 시기를 넘기 위한 강력한 대내적 통제가 절실한 때였고, 일반 북한 주민들에게 있어서는 삶과 죽음의 문턱을 넘나드는 생존의 갈림길인 시기였다. 김정일은 주민고통에 아랑곳하지 않고 체제수호를 위한 '우리식 사회주의'를 외쳤고, '선군정치'를 통한 통치방식을 전개했다.

김일성 사후 4년만인 1998년에는 1992년에 이어 또 한번의 헌법 개정을 통해 '사회주의헌법'을 '김일성헌법'으로 바꾸며 김일성-김정일 국가를 만들었다. 이 시기의 선전선동의 중점은 북한이 명명한 제목에서 표현되듯이 '우리식 사회주의 옹호고수'와 '강성대국 건설'에 있다. 여기에서 김일성-김정일로 이어지는 유일지배체제의 '우리식 사회주의'는 지켜냈지만 인민의 먹거리를 해결하는 '강성대국' 건설에는 실패했다. 물론 핵 개발의 측면에서 본다면 상당한 성과가 있었다고 볼 수 있다.

V. 김정은 수령형상과 선전선동 전략 : 빛나는 조국 건설

1. 김정은 수령형상의 전개

김정은이 후계자로 지명된 것은 2009년이다. 북한에서 후계자가 되면서 수령의 지위에 서는 중요한 요소 중의 하나가 이데올로기의 해석권을 갖는 것이다.[46] 김정은의 아버지 김정일은 황장엽 등의 힘을 빌어서 주체사상에 대한 해석권을 독점했고, 주체 이데올로기를 주민들에게 주입시켰다. 이후 김정일은 주체사상의 지위에 오르는 선군사상을 만들었다.

김정은은 아직 이렇다 할 이념적 이데올로기를 형성하고 있지는 않지만 핵 완성이라는 업적을 내세우며 이를 통한 '빛나는 조국' 건설을 주창하고 있다.

김정은의 수령으로의 진입은 2009년 1월 후계자로 지명된 이후 빠르게 진행되었다. 김정은은 2010년 9월 28일 제3차 당대표자회에서 조선노동당 중앙위원회 위원, 중앙군사위원회 부위원장, 인민군 대장에 오르고,

2011년 12월에는 조선인민군 최고사령관에 올랐다. 김정은은 제3차 당대표자회를 통해 당 지도체제를 개편하고 당 규약을 개정함으로써 후계체제 기반을 강화했다. 당규약의 개정권 또한 수령이 갖는 넓은 범위의 이데올로기 해석권이다.

김정은은 이어 2012년 4월에 국방위원회 제1위원장, 조선노동당 정치국 상무위원, 제1비서, 중앙군사위원회 위원장에 오르고 7월에 마침내 조선민주주의인민공화국 원수의 지위에 오르며 김정은 시대의 개막을 알렸다. 이어 2013년 6월에 북한에서 헌법, 당규약 보다 우선하는 '당의 유일사상체계 확립의 10대 원칙'을 '당의 유일적 영도체계 확립의 10대원칙'으로 개정하였는데, 이로써 핵심 권력엘리트들의 권력 위협요인을 원천적으로 차단하는 동시에 김정은의 권위를 절대화하고 1인 독재체제를 구축하였다.

김정은은 1980년 제6차 당대회 이후 36년만인 2016년 5월 6일 개최된 제7차 당대회에서 조선노동당 중앙군사위원회 위원장, 조선노동당 위원장에 오르며 조선노동당의 모든 최고위 직책을 접수하였고 6월 29일 최고인민회의 제13기 제4차 회의에서 국무위원회 위원장에 올랐는데 이는 김정일 유훈통치에서 벗어나 김정은 시대의 독립, 김정은 수령의 탄생을 의미한다.

2019년 4월 11일 최고인민회의 전체회의에서 김정은이 '최고 대표자'로 처음 지칭되었는데, 4월 14일 노동신문은 "위대한 김정은 동지께서 '전체 조선인민의 최고 대표자'이며 공화국의 최고 영도자인 조선민주주의인민공화국 국무위원회 위원장으로 높이 추대되셨다"고 하며 '최고 대표자'라는 호칭을 북한주민들에게 처음으로 밝혔다.

김정은은 김정일 사망 이후 후계체제의 안정성 강화에 온 힘을 기울였고, 이를 위해 김정일 유훈을 강조하며[47], 백두혈통이라는 체제 정통성,

인사교체를 통한 군부통제, 경쟁집단의 숙청과 인사교체를 통한 내부결속 유도 등을 통해 체제공고화를 추진했다. 김정은 수령형상의 최고 절정은 그의 이복형인 김정남의 살해이다. 김정일의 적자인 백두혈통 김정남의 존재는 수령형상의 최고 걸림돌일 수 있다. "김정은은 자신과 동일한 위상의 또 다른 백두혈통의 존재가 주민들에게 알려질 수 있는 상황이 올 수 있다는 것을 참기 힘들었을 가능성이 있다."⁴⁸는 지적은 적확한 추론이다.

2. 김정은 수령형상의 내용

수령이 이데올로기의 해석권을 갖는다고 했듯이 김정은은 2012년 제4차 당대표자회, 최고인민회의 제12기 제5차 회의를 통해 당규약과 헌법의 개정을 통해 '김일성-김정일주의를 유일지도사상'으로 하고 '온 사회의 김일성-김정일주의화'를 당의 최고 강령으로 내세웠다. 이를 통해 김정은 체제의 제도적, 이념적 토대를 세웠으며 제7차 당대회에서 이를 확고히 했다.

제7차 당대회의 '사업총화 결정서'에 의하면 "전당 김일성-김정일주의화는 위대한 김정일동지께서 제시하신 전당 김일성주의화의 심화발전이며 수령의 당으로서의 우리 당의 혁명적 성격을 고수하고 당의 전투력과 영도력을 끊임없이 높여나가기 위한 조선노동당 건설의 전략적 노선이다. 위대한 김일성-김정일주의를 우리 당과 혁명의 지도사상으로 영원히 높이 들고 나가며 수령님들의 불멸의 영도업적을 견결히 옹호 고수하고 끝없이 빛내어 나가야 한다."고 적시하고 있다.

북한은 2009년 김정은이 후계자로 지명되면서 김정은 찬양가인 '발걸음'을 대대적으로 보급한 바 있고, 그해 4월 14일 개최된 김일성 생일기념 중앙보고대회에서 "당 중앙위를 목숨으로 사수하자"는 구호가 재등장하면서 김정은 시대의 도래를 알렸다.

2012년 후계권력의 공고화를 마친 김정은은 2013년 당 중앙위원회 전원회의(2013.3.31)와 최고인민회의 제2기 제7차회의(2013.4.1)를 통해 경제건설 및 핵무력 건설 병진노선'을 새로운 전략노선으로 제시했다. 그리고 군단장급 이상 지휘관의 대폭적인 세대교체와 숙청을 통해 군권 강화를 하며 김정은 중심의 유일지배체제 확립을 강화했다.

김정은이 후계자로 지명되고 초기에 할아버지 김일성을 흉내 낸 외모와 억양, 제스츄어 등 김일성 따라하기를 통해 최고영도자로서의 이미지 구축을 시도했고,[49] 이러한 할아버지 김일성을 후광으로 삼고자 하는 노력은 언제나 계속되고 있다. 2019년 1월 7일 방중을 위해 평양역에서 출발했던 김정은은 중절모에 검은색 코트 차림으로 역에 도열한 당간부들에게 손을 흔들어 인사하고, 2019년 4월 24일 북·러 정상회담을 위해 블라디보스토크에 도착한 김정은은 자신의 오른손 절반을 코트 안에 꽂아 넣은 채로 이동하는 등 과거 할아버지 김일성이 선전용 기념사진을 찍을 때 취하던 포즈를 보여주었다. 이는 겨울철이면 중절모와 검은색 코트 차림으로 등장했던 김일성을 흉내낸 것이고 북한 주민들에게는 김일성을 연상시킨다. 그리고 '김일성-김정일주의', '김정일애국주의'를 이데올로기로 내세우며 김일성, 김정일에 이은 김정은 우상화(수령형상)가 모든 예술작품 활동(문예활동)의 목표가 되었다.

앞서 "후계자로서의 김정일에 대한 합리화가 바로 김정일 수령형상으로 연결"된다고 했듯이 북한이 말하는 백두혈통으로 수령의 후계자가 된다는 것은 중요한 요소다. 북한은 2019년 1월 8일 노동신문에서 '우리 국가 제일주의의 본질'이라는 기사에서 "세계는 국가 정치체제가 편파없이 계승되고 있는데 대해 더 부러워하고 있다", "어느 나라에서나 난(難)문제로 되고 있는 계승문제를 이론적·실천적으로 완벽하게 해결한 것이야말로 주체조선의 더없는 자랑이며 긍지"라고 주장하며 3대 세습의 정당성을 전 세계가 인정하고 있다고 선전했다. 북한이 김정은의 권력 정당성을 위해 3대 세습의 당연성을 얼마나 강조하고 있는지 알 수 있다. 그 결과중의 하나가 핵심적 백두혈통인 김정남의 제거였다.

2016년 5월 제7차 당대회를 앞두고는 '김정은 강성대국' '김정은 조선' '김정은 시대' 같은 우상화 표현들이 북한 매체를 통해 빈번히 등장했고, 김일성, 김정일 찬양 때 쓰인 '만고절세의 애국자' '자주와 정의의 수호자'라는 표현이 김정은에게도 사용되기 시작했고, 김일성과 김정일을 흉내낸 '김정은 태양상'이 등장했다.[50] 당시 북한군 최고사령부 중대성명은 김정은 제1비서를 '하늘의 태양'으로 칭했다.[51]

제7차 당대회를 앞두고 북한외국문출판사가 펴낸 『주체사상 원리해설』(총5권)을 통해 주체사상의 '혈통'을 '김일성(창안)→김일성(번성)→김정은(심화발전)'으로 김정은의 역할을 규정했다.[52] 결국 제7차 당대회 '사업총화 결정서'에서는 "당과 수령에 대한 충실성을 척도로 하여 사람들을 평가하고 원칙적으로 대하며 특수화·우상화를 배격하고 정실안면 관계에 따라 사람문제를 처리하거나 동상이몽·양봉음위하는 현상과의 투쟁을 강하게 벌려야 한다. 모든 일군들과 당원들이 우리 당의 반종파투쟁 경험과 교훈을 명심하고 당의 통일단결을 이룩하기 위한 투쟁에서 기수가 될 것이다."라고 명시하고 있다.

수령은 무오류의 전지전능한 완전체로 구현된다. 김정은도 마찬가지로 짧은 기간이지만 수령형상에 대한 변화발전 과정을 거쳐 할아버지 김일성과 아버지 김정일에 버금가는 사상이론가, 탁월한 정치가·전략가로 형성되어지고 있다. 즉 '김정은의 위대성', '우리식 사회주의', '만리마정신', '자력자강' 등을 강조하면서 '청년들의 헌신'을 강조하고 있다.[53]

2018년 후반부터는 남북정상회담, 북미정상회담 등을 통해 한반도 평화, 세계평화의 탁월한 지도자로 선전 선동되고 있다고 볼 수 있다.

3. 빛나는 조국 건설을 위한 선전선동

2009년 김정은이 후계자로 내정된 이후 지난 2016년 5월 6일 제7차 당대회 때까지 김정은은 수령으로 가는 후계체제의 공고화에 집중했다. 김정은 체제의 분수령은 2013년 12월 12일의 장성택 국방위원회 부위원장의 숙청 이전과 이후로 크게 구분될 수 있다.

2012년 4월 제4차 당대표자회, 최고인민회의 제12기 제5차 회의를 통해 김정은 체제를 완비한 김정은은 약 1년 6개월의 김정은 체제 공고화를 거쳐 2013년 말에 수령체제 공고화의 장애물인 장성택과 그 측근들을 국가전복음모 등의 혐의를 씌워 체포, 처형하였다.[54] 김정은은 장성택 숙청을 통해 가장 큰 권력의 경쟁집단을 제거하였으며, 강력한 김정은 유일영도체제를 구축할 수 있었다. 역대 북한에서의 주요 숙청이 수령 지도체제를 강화하는 수단으로 이용된 것과 궤를 같이한다.[55] 장성택을 제거한 김정은은 이후 후계체제의 완성과 김정은 체제로의 완전한 전환을 위한 작업을 시작해 2016년 5월 제7차 당대회를 통해 완전한 김정은 시대를 열었다. 제7차 당대회는 1980년에 개최된 제6차 당대회 이후 36년만에 열리는 대회였다. 김정은은 제7차 당대회를 통해 세대교체라는 인적변화를 통해 자기에게 충성할 친위집단(세대)을 양성하고 세력화하는 권력공고화 작업을 추진했다.

제7차 당대회에 곧이어 2016년 8월에는 김일성사회주의청년동맹(청년동맹) 제9차 대회를 개최했다.[56] 이 대회는 1993년 2월에 개최된 8차 대회 이후 23년여 만에 개최된 대회로 젊은 김정은의 정치적 기반을 다지기 위해 청년층을 뇌동(雷動)시킨 대회였다.

북한은 2019년 3월 6일, 7일 양일간 제2차 전국당초급선전일꾼대회를 개최하였는데, 이는 2001년 4월 대회 이후 18년만에 김정은 체제에서 처음 열린 것으로 그동안의 김정은 체제의 공고화에 이어 주민들의 사상 강화에 나선 것이다. 이는 토론자들이 "당이 세워준 사상전선의 제1선 참호에서 당정책 관철에로 대중을 불러일으키는데서 없어서는 안 될 선전자, 누구나 기다리는 선동가가 되는데 초급선전일꾼들의 보람과 긍지가 있다"고 외치는 데서 알 수 있다.

경제부문에 있어 김정은은 평양 문수물놀이장(2013년 10월 15일 준공), 마식령 스키장(2013년 12월 30일 개장) 등을 직접 주도해 건설하고 수차례 방문하면서 보이는 치적, 시각적 홍보에 집중했다. 북한은 이것들을 김정은의 인민사랑 후대사랑을 상징하는 치적물로 선전하고 있다.

한편 종합시장의 증가 등 자본주의 시장경제 요소들이 확대되었는데 이는 김정은이 종합시장을 통제하지 않고 장려했거나, 아니면 국가가 통제하기에는 어려운 시장경제 수준으로까지 북한 경제가 변화가 됐을 수 있다. 북한 내부 인트라넷에서 운영되는 온라인쇼핑몰 '옥류'(2015년 개설), 전자상거래사이트 '만물상'이나 온라인 매장 '여명' 등과 같은 온라인시장 등의 사이버 환경의 확장도 김정은의 치적으로 선전선동 될 수 있다.[57]

VI. 북한 선전선동의 전략과 변화: 통제는 계속, 방법은 다양화

1. 선전선동 수단의 변화

김정일은 김일성과 오랜 기간을 함께 통치의 상부에 있었다. 그래서 북한의 선전선동은 크게 김일성의 선전선동과 김정일의 선전선동으로 구분할 수 있다. 김정일 스스로가 선전선동의 중심에서 활동을 했다. 그러나 김정은이 김정일과 통치의 상부를 함께한 기간은 짧다. 김정일과 김정은의 선전선동을 구분하는 것은 쉽지 않다. 오히려 김정일시대의 선전선동이 그대로 현재도 진행되고 있다. 다만 김정은이 2009년 후계자로 지명된 이후 김정은에 대한 우상화로 시작해 '수령형상'으로 강화되어 왔다는 것뿐이다.

김정일은 김일성의 모든 것을 구체화하고 심층화 시켰다. 보다 사상적으로 강화하고 '종자론', '수령에 대한 충실성' 등 새로운 개념의 형성과 수령영도체계의 강화 등 선전선동을 수령형상 강화 방향으로 이끌었다. 또한 김정일은 선군정치라는 자신만의 사상을 만들어내기도 했지만 유일영도체계를 줄기로 김일성의 주체사상을 김일성주의로 승화시켰고, 수령절대주의로 김일성 수령형상을 자신의 수령형상으로까지 이어지게 만들었다.

북한 체제에서 신문은 김일성과 김정일의 시대를 관통하여 중요한 선전선동의 수단이다. 다만 김정일이 영화를 선전선동의 중요한 수단으로 활용하고 이에 집착했듯이 김정일은 영상으로 표현하는 방송에 대해 깊은 관심을 더 기울였다. 김정은 시대에도 신문과 같은 인쇄물, 영화와 같은 영상물은 주요 선전선동 수단이다. 다만 보다 컬러화되고 좀 더 형식이 개방적인 모습으로 변화했을 뿐이다.

김정은은 2013년부터 김일성·김정은 컬러 조각상을 세우기 시작했으며[58], 노동신문을 제외하고는 흑백으로 발행되던 북한 내각기관지 '민주조선', 김일성사회주의청년동맹 기관지 '청년전위', '평양신문'을 2015년 8월 15일부터 전면 컬러사진을 도입하여 발행하기 시작했다. 그리고 같은 시기에 북한은 TV에 스포츠 전문 채널을 신설하여 매주 주말에 방영하기

시작했다.[59]

김정은은 2012년 7월 모란봉악단, 2015년 7월 청봉악단을 결성했는데, 이는 김정일 시대에 보천보전자악단, 왕재산경음악단이 김정일을 대표하듯이 모란봉악단과 청봉악단은 김정은을 '수령형상'화 하는데 앞장서고 있다.

김정일 시기와 달리 김정은 시기에 선전선동의 수단으로 등장하고 있는 것은 현대 문명의 기기라고 볼 수 있다. 김정일 시기에도 컴퓨터를 활용한 기술들이 있었지만 대중적으로는 통제되어 그 확대가 어려웠지만 김정은 시대에 와서 컴퓨터와 연관된 대중적 확산은 폭발적이라고 볼 수 있다. 특히 스마트폰의 등장은 놀라운 일이다. 북한 전체가정 중 약 15%만이 가정용 컴퓨터를 보유하고 있지만 평양의 경우 이 수치는 50% 정도로 크게 상승하고, 북한주민 중 21%가 휴대전화를 가지고 있고, 평양시민 중 80%가 휴대전화를 이미 보유하고 있으며, 태블릿 PC도 상당부분 보급되어 있으며, 스마트폰을 이용한 원격교육도 실시되고 있다고 한다.[60] 그러나 현재 북한의 인터넷 사용율이 0%로 평가되는 것으로 볼 때 주민들에 대한 사이버통제가 일반 조직통제, 사상통제 만큼 철저하게 외부와 차단되고 행해지고 있다고 볼 수 있다.[61]

현재 북한 스마트폰 '아리랑'의 경우 스마트폰에서 정보를 빼내려는 경우 파일이 사라지는 등 기술적으로도 고도의 통제를 하고 있는 것으로 알려져 있다.[62] 북한은 내부에 대한 철저한 사이버 통제와는 달리 외부에는 첨단의 기술을 동원하여 사이트와 SNS를 통해 체제선전을 강화하고 있다.[63] 이와 같은 내외분리, 선전선동의 컨텐츠 차별화는 북한의 전통적이고도 철저한 선전선동 체계이다.

김정은의 시대에도 선전선동 수단의 활용 목표에는 변함이 없다. 첫째, 김일성·김정일·김정은 시대 모두 북한 언론은 당적 목표와 방향을 설정하고 있다. 김일성 시대는 맑스-레닌주의에 의해, 김정일 시대는 수령주의에 의해, 김정은 시대는 김일성-김정일주의에 의해 지도되고 있다. 점점 수준과 범위가 좁혀지고 강화되고 있다. 둘째, 모든 분야가 우선적으로 수령 일인의 교시(敎示)로 움직여진다. 이 모든 것이 행위자의 창의성을 제한하는 것으로 교시를 벗어난다면 발전적인 것이라도 새로운 것은 제시할 수 없다.

김정은은 제7차 당대회 정치사상분야 사업총화 보고에서 "위대한 수령님들과 당의 권위를 훼손시키거나 그에 도전하는 자그마한 요소도 절대로 묵과하지 말고 당과 수령에 대한 온갖 원수들의 공격과 비난을 철저히 짓부숴 버려야 한다.", "사회주의 사상과 제도를 와해시키려는 적들의 온갖 책동을 제때에 적발분쇄 시켜야 한다."고 하며 사상통제를 강조한 바 있다. 결국 김일성, 김정일에 이어 김정은이 하는 사고의 틀에서 북한 주민을 벗어나지 못하게 하겠다는 것이다.

2. 선전선동 역할의 변화

북한에서의 선전선동은 사상통제수단으로서, 공산주의 이념 교육수단으로서, 수령형상 수단으로서, 통치 수단으로서의 기능적 역할을 지속해오고 있다. 다만, 시대적 환경에 따라 선전선동이 추구하는 목표에 따라 선전선동의 내용에 변화를 가져왔다.

최근 남북관계가 개선이 되며 선전선동의 상대에 따라 내용에 변화를 가져오고 있다. 2018년 9월 19일 문재인 대통령 방북 당시 북한이 보여준 집단체조극 '빛나는 조국'의 경우 9.9절 당시 공연과 비교하면 내용이 70% 정도가 바뀌었다고 한다.[64] 이데올로기적 내용이 빠진 것이라고 한다. 대단위 집단체조의 내용 70%를 갑자기 바꿀 수 있다는 것은 이미 그

준비를 하지 않고는 어려운 이야기다. 즉 북한은 집단체조를 남측에 보여줄 준비를 한 것이다. 즉 대내용이 김일성 3대의 옹위 내용을 담은 수령형상 이데올로기가 내용에 담겼다면, 남측에 보여준 것은 북한이 주장하는 '우리민족끼리'의 통일, 평화의 내용을 담았다고 보아야 한다.[65]

북한은 대외적 선전선동의 경우 그 수단이 신문 등 인쇄매체에서 인터넷, SNS 등으로 변화하였지만 대내적 선전선동의 경우 여전히 신문과 대내방송, 그리고 유선방송인 제3방송이 그 역할을 견지하고 있다. 김정은 시대에 와서 북한에서도 현대 문명의 최고 기기인 스마트폰의 사용이 확산되고 있는 것은 엄청난 변화이다. 북한은 공식적으로 페이스북, 유튜브, 트위터 사용을 금지하고 있으나 페이스북과 유사한 복제품을 만들어 SNS로 활용해온 것으로 알려지고 있다. 이것이 외부 세계에 알려진 뒤의 사용여부는 알 수 없으나 그러나 이 역시 철저한 기술적 통제 속에 이용되고 있다고 봐야 한다.[66]

북한 체제에서 변함없이 지속되고 있는 선전선동의 중요한 기능은 다음과 같다. 첫째, '조직자적 기능'이다. 선전선동을 통한 파급은 조직의 확산을 의미한다. 조직의 확산은 여론의 확산을 의미하기도 하는데 결국 선전선동은 여론의 조직자 기능도 함께 포함하고 있다. 둘째, '통제 기능'이다. 선전선동의 대상이 되는 개인 또는 집단의 사상과 행동을 선전자의 의도대로 이끌려는 것, 즉 통제하고자 하는 것이다. 셋째, '결속(단결)' 기능이다. 이는 조직 형성과 연결되는 것으로 조직자적 역할은 당과 대중들의 연계를 강화하며, 대중들을 당 주위에 결속시키는 역할을 하는 것과 연결된다.[67] 넷째, '커뮤니케이션 기능'이다.[68] 커뮤니케이션 연구에서 선전은 설득 커뮤니케이션의 한 분야로 간주된다. 문제는 커뮤니케이션의 성격상 상호소통이 되어야 하는데 선전은 때로 일방향일 수 있다는 것이다. 그러나 광고, PR 등 다른 설득 커뮤니케이션들도 일방향적 성격이 있다.

선전선동의 기능을 이해하는 데 있어 공산주의의 주요 언론기능을 참고할 필요가 있다. 맑스·레닌주의의 사상이 언론(신문)에 부과한 기능은 대중선동자, 대중선전자, 대중조직자, 대중비판 및 통제자이다. 이와 같은 네 가지 공산주의 주요 언론기능은 변함없이 지속되는 선전선동의 기능이다.[69]

3. 북한의 수령형상과 선전선동 역할 평가

김일성에서 김정일을 거쳐 김정은에 이르는 수령형상 과정에서 선전선동의 역할을 평가하면 다음과 같이 요약해 볼 수 있다.

우선, 김일성-김정일-김정은으로 이어지는 3김에 대한 수령형상은 일시적인 것이 아니라 북한 전역사적(全歷史的)으로 진행되어 왔고, 마찬가지로 수령형상 선전선동은 지속적으로 진행되어 왔고 현재 김정은 체제에서도 변함이 없다. 둘째, 김정일은 아버지 김일성의 수령형상을 통해 스스로의 권력도 획득해 나갔다. 즉 김정일은 선전선동을 총괄하는 선전선동부장이 되어 수령형상을 주도하는 선전선동을 펼쳤고, '수령의 후계자론'을 만들어내며 스스로 후계자가 되었다. 김정은 체제의 현재 북한은 김정은과 피를 나눈 여동생 김여정이 김정은을 수령으로 형상화하는 작업에 매진하고 있다. 셋째, 김정일은 '수령형상창조'라는 형식을 도입하여 수령형상을 공공연하게 추진할 수 있게 하였다. '수령형상창조'는 '우상화'를 대체하고 합리화하는 용어로 문학을 비롯한 모든 문화예술 분야에서 김일성, 김정일 우상화를 드러내고 할 수 있도록 했다. 이와 같은 수령형상창조는 김정은 체제에서도 변함없이 계속되고 있다. 넷째, 김정일은 '당의 유일사상체계 확립의 10대원칙'[70]을 만들어 종교보다도 더한 우상화를 강제했고, 이에 근거하여 진행된 선전선동은 북한 전역에서 강력하게 김일성·김정일 유일영도체계가 세워지도록 진행이 되었다.

2012년 제4차 당대표자회, 최고인민회의 제12기 제5차 회의를 통해 후계체제의 공고화를 마친 김정은은 2013년 당 중앙위원회 전원회의(2013.3.31)와 최고인민회의 제2기 제7차회의(2013.4.1)를 통해 '경제건설 및 핵무력 건설 병진노선'을 제시하는 한편 군 지휘관의 대폭적인 세대교체와 숙청을 통해 군권 강화를 하던 김정은은 2013년 6월에 '당의 유일사상체계 확립의 10대원칙'을 '당의 유일적 영도체계 확립의 10대원칙'으로 바꾸며 김정은 중심의 유일지배체제를 확립했다.

10대원칙의 내용은 서문 및 10조 65항에서 서문 및 10조 60항으로 개정되었다.[71] 주요 개정내용을 살펴보면 첫째, 통치이념을 김일성주의에서 김일성·김정일주의로 변경하고 김정은을 이들과 동격화함으로써 '김씨 일가'의 정권 세습을 명문화했다. 결국 김일성-김정일-김정은으로 이어지는 유일영도체계, 김씨왕조 체제를 확고히 한 것이다.

둘째는 "프롤레타리아 독재정권과 사회주의 제도를 보위하고"를 "김일성 동지께서 세우고 수령님과 장군님께서 빛내어 주신 가장 우월한 우리의 사회주의 제도를 보위하고"로 개정하고, '사회주의, 공산주의 위업의 완성을 위하여 투쟁해야 한다'를 '주체혁명 위업의 완성을 위하여 투쟁한다'로 바꾸는 등 반드시 달성해야 할 '위업'에서 사회주의, 공산주의 대신 '주체혁명'을 새로 넣었다.

셋째는 "개별적 간부들의 직권에 눌려 맹종맹동하거나 비원칙적으로 행동하는 현상을 철저히 없애야 한다", "당의 통일 단결을 파괴하고 좀먹은 종파주의, 지방주의, 가족주의를 비롯한 온갖 반당적 요소와 동상이몽, 양봉음위(陽奉陰違)하는 현상을 반대하여 투쟁해야 한다"는 내용의 신설 등 당 간부 견제조항을 신설하였다. 이는 결국 김정은 체제의 불안정성을 없애려는 방편이다.

넷째로 이외에 자본주의 바람을 차단하기 위한 내용과 서문에 '핵 무력'을 명기하는 등 체제보위를 위한 내용도 삽입하였다. 결국 개정의 핵심을 요약하면 김정은의 권력 불안요인을 차단하고 권력 안정화 방안을 보완한 것이다.[72]

결론적으로 '10대원칙'의 개정은 철저히 김정은 체제의 공고화와 완성을 위해 이루어진 것이다. 국가 창건자로서의 김일성과 사상체계 확립자로서의 김정일은 '유일사상체계 확립'으로도 가능했다. 그러나 별다른 업적이 없는 김정은으로서는 김정은 체제 군히기를 위해 '10대원칙'의 개정을 통해 그들이 말하는 '백두혈통'에 의한 '유일영도체계'를 더욱 확고히 한 것이다. 이는 김일성家의 혈통승계를 공식화한 것이다.[73] 김일성의 혈통을 뜻하는 '백두혈통'을 제외한 이외의 어떤 혈통도, 종파도 인정하지 않는다는 것이다. 이와 같은 '백두혈통'의 유일영도체계 확립은 결국 장성택의 실각과 숙청이라는 결과까지 초래했다.

10대원칙을 개정하고 3년 후에 개최된 제7차 당대회를 통해 김정은은 김일성의 '영원한 주석', 김정일의 '영원한 총비서'에 해당하는 '조선노동당 위원장(당위원장)'에 올랐다.

현재도 북한의 수령형상과 이를 위한 선전선동은 전일적(全一的)으로 이루어지고 있다. 북한에서 수령유일주의, 수령절대주의, 수령독재가 바뀌지 않는 한 수령형상, 즉 우상화가 멈추기는 어렵다. 수령형상이라는 우상화는 북한이 추진하는 극도의 폐쇄주의 때문에 지속가능하다. 결국 북한에서 제한된 조건을 벗어나서 전면적으로 개혁·개방을 추진한다는 것은 쉽지 않다. 북한이 개혁·개방을 전면적으로 추진한다는 것은 바로 수령주의를 변화시키겠다는 뜻과 다름없다.

북한은 김정일 시대에 불어오는 개혁·개방을 스스로 억제한 바 있다. 그들 스스로 "우리 주변에서 어지럽게 불어오는 부르조아 자유화 바람과

《개혁》,《개방》 바람도 선군총대의 기상으로 날려버리며 우리가 선택한 사회주의의 길을 따라 곧바로 전진하였다."[74]라고 적고 있다. 김정은도 개혁·개방의 길에 자신있게 나설 수 있을 지는 북한 내부의 보수세력의 동향상 가늠할 수 없다. 우선의 체제유지, 김일성·김정일 가(家)를 보위하는 세력들의 유지가 보장된 후에 개혁·개방도 가능할 것이다.

김정은은 2019년 신년사를 통해 김일성, 김정일 시대에서부터 전통적으로 내려오는 사항을 여전히 외치고 있다. 바로 '자력갱생' '사회주의자립경제'이다. "《자력갱생의 기치높이 사회주의건설의 새로운 진격로를 열어나가자!》, 이것이 우리가 들고나가야 할 구호입니다. 우리는 조선혁명의 전 노정에서 언제나 투쟁의 기치가 되고 비약의 원동력으로 되여온 자력갱생을 번영의 보검으로 틀어쥐고 사회주의건설의 전 전선에서 혁명적 앙양을 일으켜나가야 합니다."[75] 이것은 언제 닥쳐올지 모르는 국제환경에서의 고립, 국제사회의 압박을 견뎌내기 위한 사전포석이다. 즉, 북한 그리고 김정은은 개혁개방의 문을 잠정 닫을 수 있는 가능성을 언제나 열어놓고 있으며, 북한주민에게 늘 예정하면서 폐쇄의 충격을 줄이려 하고 있다.

VII. 북한 선전선동의 진화: 매체의 다양화, 수령형상의 심화

북한에서 수령형상을 통한 선전선동은 김일성·김정일·김정은 3대에 대한 북한 주민의 충성을 유인하는데 절대적인 영향을 미치고 있다. 북한은 외부정보의 유입이 차단된 상황에서 장기간 일방적, 유일적 내용의 전달을 통해 주민들의 사상을 통제하고 있는 것이다. 결국 북한은 체제 유지를 위해 주민의 생활통제와 감시에 더불어 정보 통제, 사상 통제를 강력하게 추진해 왔고, 현재도 계속진행형이다.[76]

변함없는 수령형상이라는 우상화는 21세기를 달리는 김정은 시대에도 변함이 없다. 2016년 제7차 당대회의 '사업총화 결정서'는 다음과 같이 적시하고 있다.

"당원들과 근로자들을 참다운 김일성-김정일주의자로 키우기 위한 사상교양사업에 힘을 집중하여야 한다. 당조직들에서는 위대성 교양을 위주로 하면서 김정일애국주의교양, 신념교양, 반제계급교양, 도덕교양을 실속있게 하며 온 나라에 혁명적인 학습열풍을 일으키도록 할 것이다. 모든 당원들과 근로자들을 수령에 대한 충실성을 절대불변의 신념으로 간직하고 김일성-김정일주의를 뼈속깊이 체득하며 그 어떤 광풍속에서도 오직 당을 따라 혁명의 한길을 곧바로 가는 참된 혁명가로 준비시켜야 한다. 당원들과 근로자들 모두가 당의 노선과 정책의 정당성을 깊이 인식하고 결사관철하는 당정책의 견결한 옹호자, 철저한 관철자가 되도록 할 것이다."

북한은 강압적 물리력이 작동하는 조직지도와 외부정보 차단과 선전선동에 의한 사상적 지도가 체제유지의 두 축으로 작용하고 있다. 결국 주민들에게 체화된 수령형상이 체제유지에, 즉 북한 체제의 내구력에 큰 영향을 주고 있는 것이다.

북한의 수령형상 과정과 선전선동의 역할에 대한 고찰은 다음과 같은 결과들을 도출시킨다.

첫째, 북한은 유입정보와 전달정보를 철저히 분리통제하고 있다. 북한 정권이 유지되는 가장 근본적인 이유는 철저한 정보통제이다. 북한 정권은 외부로부터 들어오는 정보를 차단하고 소수 제한된 권력층만이 이를 접근하고 이용한다. 인민에게는 수령형상과 같은 세탁되고, 정리된 내용,

또는 정보차단으로 실질적 상황을 알지 못하는 북한주민에게 왜곡된 내용을 전달한다. 즉 북한 정권은 정보를 철저히 분리하여 그들의 필요에 따라 정보 제공여부를 결정하고 이를 실행한다. 이러한 정보 전달체계의 통제가 북한 지도부의 유지를 가능하게 하고 있다.[77]

둘째는 수령형상의 실질적 교양수단으로서 언론의 역할은 그대로이나 내용적 측면에서 수령형상 선전선동 효과는 점점 변화하고 있는 것으로 보인다. 이유는 북한의 철저한 통제에도 불구하고 외부정보가 유입되고 있기 때문이다. 제한되기는 하지만 북한에도 손전화[78]가 580만대 이상으로 알려지고 있다. 평양을 포함해 15개 주요 도시와 86개의 작은 지역까지 이동통신서비스가 가능하다고 알려지고 있다. 북한내 대북방송 청취 주민 수 또한 최대 300 만명으로 추산된다는 주장이 있다.[79]

북한의 '종합시장'이 적게는 500여개 많게는 800여개 까지 주장되고 있다. '메뚜기시장'[80]까지 합치면 1천여개가 넘을 것으로 추정되고 있다. '종합시장'과 같은 시장경제의 활성화는 주민들의 정보소통의 장이 되고, 언론이 전달하는 정보의 사실유무를 확인해 볼 수 있게 되었고, 기타 정보의 유통이 가능하게 되었다. 이와 같이 사적정보를 주고받는 장(場)이 늘어가면서 유입정보와 전달정보의 분리통제, 언론의 일방향적 효과 등은 예전같지 않다고 볼 수 있다.

셋째로, 그럼에도 불구하고 현 김정은 체제의 등장과 체제 안정화에서 가장 중요한 역할을 하는 것은 새로운 지도자의 위대성과 능력, 정당성, 업적 등 수령형상을 선전선동하는 언론(미디어)이다.[81]

넷째로 문명의 발달에 따른 인터넷, SNS 등 첨단의 선전선동 커뮤니케이션 매체 활용은 북한도 예외가 아니다. 즉 수령형상의 도구가 변화하고 있다고 보아야 한다. 손전화 580만대가 넘어가는 북한이 북한 주민들을 향한 SNS를 이용하지 않을 리 없다. 이제는 손전화 숫자에 관심갖기

보다는 북한이 손전화를 통해 나타내는 선전선동 내용이 무엇인지에 관심을 기울여야 한다. 어쨌든 지금에 있어 북한은 인터넷, SNS와 같은 첨단의 매체들을 내부 및 외부세계로 향하는 수령형상 선전선동의 최대 수단으로 활용하고 있다고 볼 수 있다.

본 논문은 김정일과 김정은 시대의 수령형상 과정에서 선전선동의 역할을 고찰함으로써 수령형상 선전선동이 김일성·김정일 체제에 이어 김정은 체제의 유지에도 일정한 역할을 하고 있음을 보여주고 있다. 그러나 실제 수령형상 선전선동 과정은 이론보다 집행이 되는 현장에 있다.

실제로 북한에서 평양과 평양 외의 지역간 격차는 말할 수 없이 크다. 평양과 평양 외의 지역에 대한 북한 내부의 선전선동에 대한 내용과 수준은 크게 다를 것으로 추정된다. 선전선동 도구, 역할의 차이도 클 것이다. 앞으로 개선되는 남북관계를 통해 수령형상의 집행과 실행되는 실제 현장에 대한 연구가 심화되어야 할 것이다.

이 장의 주

1 외부세계가 아는 북한 내부의 사정이라고는 평양에 국한하는 경우가 대부분이고, 일반 지방도시 및 농어촌 지역에 사는 주민들의 일반적인 삶, 생활에 대한 정보는 그 지역에서 탈북한 탈북민을 통해 얻는 것 외에 거의 없는 실정이다.

2 『조선로동당 중앙위원회 사업총화에 대하여』, 2016년 5월 8일. 『통일뉴스』 인터넷판, 2016년 5월 9일, http://www.tongilnews.com/news/articleView.html?idxno=116564.

3 본 글에서는 읽는 독자를 위해 북한 원문을 남한의 한글 표기식으로 바꾸었다.

4 고난의 행군시기 북한주민의 아사자 수는 수십만에서 최대 350만명에 이른다고까지 주장되고 있다.

5 2017년 2월 13일 말레이시아 쿠알라룸푸르 국제공항 제2청사에서 김정일의 큰아들 김정남이 피살됨.

6 김정일, 『주체문학론』(평양: 조선로동당출판사, 1992), p. 122.

7 김정일 통치시기를 후계자로 공식화되는 1980년 10월 제6차 당대회때부터 사망하는 2011년 12월까지 쳐도 31년의 기간이고, 김정은은 후계자로 지명되는 2009년 1월부터 해도 2018년 10월까지 만 9년 9개월에 불과하다.

8 이경직, 『김일성·김정일 '수령형상' 과정에서 선전선동의 역할』(북한대학원대학교 박사학위논문, 2014), pp. 20~42 참조.

9 오미영·정인숙, 『커뮤니케이션 핵심 이론』(서울: 커뮤니케이션북스, 2005), p. 84.

10 TV조선, 『모란봉클럽』, 2018년 10월 7일 157회 방송분에서 출연자인 박향희 증언, "북한에서 돈을 벌기 위해 중국으로 탈북할 때 인공기와 김일성 초상화를 가지고 탈출했다." 박향희는 함북 회령에서 여맹위원장인 어머니 문미화의 둘째 딸이었고, 11년전인 2007년 19세 나이로 돈을 벌겠다는 마음으로 중국으로 탈북했고, 돈을 벌어 다시 북한으로 돌아가겠다는 생각이었다. 그러나 중국에서 브로커에 의해 내몽골 농촌으로 중국남자에게 팔려갔다. 한 예이지만 이렇게 박향희가 인공기와 김일성초상화를 가지고 탈북할 정도로 주민들에게 평생에 걸쳐 행해지는 북한의 '수령형상'이라는 선전선동은 효과를 가지고 있음을 알 수 있다.

11 『조선로동당 중앙위원회 사업총화에 대하여』, 2016년 5월 8일.

12 생활총화는 수령, 정치, 제도 등에서 발생하는 갈등과 모순의 문제의 원인을 자신이나 주변 및 말단 조직의 문제에 기인하는 것으로 인식하게 만드는 하향 지향방식의 해결법을 훈련시킨다. 서재진, 『북한의 경제난과 체제 내구력』(서울: 통일연구원, 2007), pp. 73~79.

13 북한은 여가시간이 많을수록 게을러지고 개인주의화되며 의식이 자유화될 수 있는 소지가 있다고 판단하여, 필요 이상의 여가시간을 허용하지 않고 집단적 규율생활을 하는 것을 원칙으로 하고 있다. 통일부 북한정보포털 http://nkinfo.unikorea.go.kr/nkp/overview/nkOverview.do?sumryMenuId=SO309 (2018.10.7.)

14 지방당 선전부의 기구와 업무에 대해서는 박형중·이교덕·정창현·이기동, 『김정일 시대 북한의 정치체제』, pp. 178(표 V-4 선전부의 기구와 업무), 184~186(표 V-12 각 부서별·직책별 수행업무) 참조.

15 "북한의 리는 하나의 협동농장으로 구성되어 있으므로 리 초급당위원회는 협동농장 당위원회와 같다. 즉 리의 행정책임자는 협동농장관리위원장이며 당 책임자는 리 초급당 비서이다." 현성일, 『북한노동당의 조직구조와 사회통제체계에 관한 연구』, p. 61.

16 조직지도부와 선전선동부는 중앙위원회 부서를 언급할 때 표현되는 부서로 제7차

당대회의 『조선로동당 중앙위원회 사업총화에 대하여』에 다음과 같은 글이 있다. "당중앙위원회 조직지도부·선전선동부를 비롯한 부서들은 사업을 당의 경제정책 관철과 인민생활 향상에 지향 복종시키고, 실지 사업성과가 거기에서 나타나도록 하여야 한다. 부서들은 해당 부문에 제시된 당의 정책과 방침들을 무조건 철저히 관철하여야 하며 자기 부문 사업을 당앞에 전적으로 책임져야 한다."

17 김정일이 선전선동부장으로 임명된 1973년부터 2018년 현재까지 45년의 기간동안 선전선동부장을 역임한 것으로 확인되는 인물은 김정일-김국태-김기남-정하철-기기남-박광호 등으로 이어지는 5인에 불과하며, 적당한 인물이 없을 경우 공석으로 두기도 했다.

18 김여정은 2014년 11월 김정은 제1위원장의 4.26만화영화촬영소 방문시 당 부부장으로 북한 매체에서 처음 호명되었다. 김정은은 2014년 9월~10울 사이 당 선전선동부 등 중앙과 지방의 간부들을 대거 교체 및 숙청한 것으로 알려졌다. "김여정, 북 노동당 선전선동부 사실상 장악-김정은 우상화 전담," 『국민일보』 2015년 6월 3일(인터넷판).

19 "[단독] 김여정·현송월, 당 조직·선전 핵심 올랐다," 『중앙일보』 2018년 1월 22일.

20 통일부 북한정보포털, http://nkinfo.unikorea.go.kr/nkp/overview/nkOverview.do?sumryMenuId=SO309(2018.10.7.)

21 2006. 2월~2008. 7월까지 북한 평양에서 근무했던 존 에버라드 전 영국대사는 북한의 정치적 통제에 대해 "정권이 만든 정신적 세계 안에 모든 국민들 가둬두려는 시도"라고 정의하였다. 그리고 정신적 통제의 방법으로는 두 가지를 제시하였는데, "하나는 실제 세계에 대한 정보를 제한하는 것이고, 다른 하나는 선전을 통해서 부분적인 진실과 순전한 거짓으로 이루어진 대안 세계를 만들어내는 것"이라고 했다. 존 에버라드 지음, 이재만 역, 『영국 외교관, 평양에서 보낸 900일』(서울: 책과 함께, 번역 2014, 원저 2012).

22 『조선로동당 중앙위원회 사업총화에 대하여』, 2016년 5월 8일.

23 "당중앙위원회 선전선동부는 북한의 모든 신문 방송 통신 출판 등 선전매체들과 문화예술부문에 대한 정책적 지도를 담당하고 있으며 선전선동부의 승인 없이는 한 건의 신문, 방송기사와 프로그램도 실릴 수 없고 한 편의 노래와 시, 영화도 창작될 수 없다." 현성일, 『북한노동당의 조직구조와 사회통제체계에 관한 연구』(한국외국어대학교 정책과학대학원 석사학위논문, 1999), p. 90.

24 북한연구소, 『북한총람』(2011), p. 599.

25 고유환 외, 『북한 언론 현황과 기능에 관한 연구』(서울: 한국언론진흥재단, 2012), p. 81.

26 북한연구소, 『북한총람』(2011), pp. 614~615.

27 유완식, 『북한삼십년사』(서울: 현대경제일보사·일요신문사, 1975), p. 432의 표(북한선전선동체계)와 국가안전기획부, 『북괴의 선전선동체계』, p. 83의 표(북괴 대내 선전선동기구 총괄), 박형중·이교덕·정창현·이기동, 『김정일 시대 북한의 정치체제: 통치이데올로기, 권력엘리트, 권력구조의 지속성과 변화』(서울: 통일연구원, 2004), pp. 176, 182의 표를 참조하여 현재에 맞게 재구성함.

28 김정일, 『영화예술론』(평양: 조선로동당출판사, 1973).

29 국토통일원, 『북한영화의 이해』(서울: 국토통일원, 1990), p. 6.

30 "북 손전화 580만대, 가입비 17억 달러…모두 달러만 받았다," 『중앙일보』 2018년 9월 17일.

31 통일부와 통일연구원, 정보통신정책연구원(KISDI) 등에 따르면, 북한에서는 인터넷이 아닌 국가가 운영하는 전국 인트라넷 '광명'을 이용한다. "옥류·만물상'클릭'…北전자상거래 급성장," 『헤럴드 경제』 2018년 5월 2일(인터넷판) http://news.heraldcorp.com/view.php?ud=20180502000564.

32 2016년 3월 국제앰네스티가 발표한 북한내 휴대전화 사용 및 외부세계 정보 제한 실태를 담은 「북한: 허락되지 않은 접속(한국어판 제목 '통제된 사회, 단절된 삶')」이라는 보고서에 의하면 "북한 내 휴대전화 가입자는 300만명이 넘었지만 국영 이동통신사가 가입자들의 해외 통화를 차단하고 있다"고 밝혔다. 국제앰네스티는 북한주민이 해외통화를 하다 적발되면 반역죄 등이 적용돼 노동교화소에 수용되는 등 강력하게 처벌되며, 이를 피하여면 단속 요원들에게 뇌물을 줘야 한다고 전했다. "북한, 휴대전하 해외통화 차단...걸리면 강제수용소 간다," 『연합뉴스』 2016년 3월 9일(인터넷판).

33 "북한의 교육은 탁아소, 유치원에서부터 대학에 이르기까지 김일성과 김정일의 우상화를 중심으로 짜여져 있다." 황장엽, 『나는 역사의 진리를 보았다』(서울: 한울, 1999), p. 197. 교과목을 보면 소학교에서는 『경애하는 수령 김일성대원수님어린시절』, 『위대한 령도자 김정일원수님어린시절』이라는 교과과목이 4년동안 주당 1시간씩 교육되고, 중학교 1학년에서 3학년 까지는 『위대한 수령 김일성대원수님혁명활동』과 『위대한 령도자 김정일원수님혁명활동』이, 중학교 4학년에서 6학년까지는 『위대한 수령 김일성대원수님혁명력사』, 『위대한 령도자 김정일원수님혁명력사』가 매주 1~2시간씩 교육된다.

34 북한연구소, 『북한총람』(2003), pp. 797~801.

35 김일성, 김정일과 함께 북한에서 3대 장군 중의 하나로 인정되는 김일성의 첫째 부인 김정숙에 대해서는 소학교 4학년때 『항일 녀성영웅 김정숙어머님어린시절』을

주당 1시간씩 가르치며, 중학교 4학년때『항일의 녀성영웅 김정숙어머님혁명력사』
를 가르친다.

36 북한 교사용 교재인 '경애하는 김정은 원수님 혁명활동 교수참고서'(151쪽)에서는
　김정은을 탁월한 능력의 소유자로 묘사. "'슈퍼맨 김정은', 북 주민들도 황당,"『동
　아일보』2015년 4월 14일(인터넷판).

37 『조선일보』2019년 4월 17일(인터넷판).

38 이종석,『새로 쓴 현대북한의 이해』, p. 500.

39 이상민, "북한의 정치과정에서의 개인우상화정책:「로동신문」등의 내용분석을 중심
　으로,"『한국과 국제정치』(경남대학교 극동문제연구소), 9(1989.6), p. 147.

40 이종석,『새로 쓴 현대북한의 이해』, pp. 506~507; 북한연구소,『북한총람』(서울:
　북한연구소, 1983), p. 301; 김현식·손광주,『다큐멘터리 김정일』(서울: 천지미디
　어, 1997), pp. 123~126 참조.

41 조선백과사전편찬위원회 정치, 법부문편찬위원회 편,『광명백과사전 3』, p. 224.

42 조선백과사전편찬위원회 정치, 법부문편찬위원회 편,『광명백과사전 3』, p. 227.

43 위의 책, p. 227.

44 김재천,『후계자문제의 이론과 실천』(1989). 펴낸이는 김경식으로 되어 있고 출판
　사는 명기돼 있지 않다. 내용중에 남측에서 발간된 것 같은 문장이 있지만 북한 서
　적으로 보인다.

45 김정일을 후계자로서의 자격을 갖추었다는 것을 선전하고 우상화하는 내용으로는
　김재천,『후계자문제의 이론과 실천』, pp. 84~136 참조.

46 북한은 2014년 2월 김정은 시대에 김일성 주체사상을 정리한『주체사상의 원리해
　설』5권을 문고판 크기로 출판했다.

47 2012년 신년공동사설, "김정은은 곧 김정일"이라는 유훈통치가 강조되었다.

48 홍민,「김정남 암살의 동기와 김정은 공포정치의 이면」, 통일연구원 Online Series,
　2017.03.03. CO 17-07. p. 2.

49 2010년 9월 28일 당 대표자회에서 김영남 최고인민회의 상임위원장은 김정일을
　노동당 총비서로 재추대하는 연설에서 '김일성민족'이란 표현을 사용하였다. 그리
　고 당시 당규약을 제정하면서 '김일성조선', '김일성당'이라는 표현도 명기하였으
　며, 2012년 당규약 개정에서는 서문에 '김일성-김정일주의' 유일지도사상을 명문화
　하였다.

50 2016년 2월 11일 TV에서 방영한 '조선기록영화, 광명성 4호 성과적 발사'의 한

장면에서 '김정은 태양상'이 처음 등장. 「국민일보」 2016년 4월 30일(인터넷판).

51 "36년만에 북 7차 노동당 대회, 우방국은 사라지고 단짝 중은 냉담… '그들만의 잔치',"『국민일보』 2016년 4월 30일(인터넷판).; "김정은 우상화, 당 대회 계기로 격상될 것,"『중앙일보』 2016년 4월 29일(인터넷판).; "통일부, 노동당 기관지 노동신문 분석/북, 7차 당 대회 김정은 우상화 극대화?,"『세계일보』 2016년 4월 28일(인터넷판).

52 총5권의 제목은 △주체사상은 세계를 어떻게 보는가 △인류사회를 밝히는 주체횃불(횃불) △나라와 민족의 흥망성쇠의 기본 △자주와 번영의 문은 선군(先軍)으로 △사회주의 강성국가 건설 이다. "[단독]김일성 → 김정은 '주체사상 혈통' 정리… 인공위성 '광명성' 끌어드려,"『중앙일보』 2016년 4월 8일(인터넷판).

53 통일교육원, 『2018 북한이해』(서울: 통일교육원 연구개발과, 2017), p. 185.

54 장성택에게 적용된 혐의는 △국가전복음모 행위 △김정일 사후 영도계승 방해 공작 △김정은 명령 불복하며 자신에 대한 우상화 작업 △종파행위로 쫓겨난 인물 재기용, 반동무리 규합 △지하자원 및 나선무역지대 토지 매매한 매국행위 △경제 파국 몰아가려 내각 무력화 △미국 등의 외교정책 편승한 매국행위 △부정부패·해외 도박장 출입 등 방탕한 생활 등이었다. 『세계일보』 2013년 12월 14일(인터넷판).

55 김정은은 하노이 북미정상회담 실패와 관련 김영철을 비롯한 관계자들을 처벌하면서, 실무자들에 대한 처형설까지도 보도되었다. 북한에서 숙청을 통한 공포분위기 조성은 수령의 권위를 세우고 유일지배체제를 형성하는 최고의 수단이다.

56 2018년 8월 26일~31일 개최. 북한 중앙통신은 "조선노동당 제7차 대회 기본정신의 요구대로 청년동맹을 당의 믿음직한 후비대, 척후대, 익측부대로 더욱 강화하는 데서 나서는 문제들을 토의하게 된다"고 전했다. "북, 청년동맹 9차 대회 26일 평양서 개막,"『연합뉴스』 2018년 8월 12일(인터넷판).

57 북한에도 포털사이트가 있다. 국가 도메인 '.kp'를 이용한 '내나라' 사이트는 북한의 정치, 관광, 미술, 정보산업, 역사, 무역, 음악, 출판도서 등을 망라한다. 과학기술자료 사이트 '열풍', 대학 수업을 온라인으로 수강할 수 있는 '원격대학', 뉴스사이트 '조선중앙통신사' 등도 있다. "옥류·만물상'클릭'…北전자상거래 급성장,"『헤럴드 경제』 2018년 5월 2일(인터넷판).

58 "북 김일성부자 '컬러 조각상'은 김정은 아이디어,"『연합뉴스』 2014년 2월 1일(인터넷판).

59 <조선중앙TV> "(2015년 8월) 15일부터 체육 텔레비전 방송을 시작하게 됩니다. 체육 텔레비전 방송은 매주 토요일과 일요일 19시부터 22시까지 진행하게 됩니다. "북, 컬러신문·스포츠 변화 바람,"『연합뉴스』 2015년 8월 19일.

60 "북한의 IT기술과 전자상거래,"『코리아뉴스타임즈』2018년 9월 27일(인터넷판), http://www.kntimes.co.kr/news/articleView.html?idxno=27759.

61 다만, 북한의 공식적인 인터넷 사용율은 0%다. 유네스코와 국제전기통신연합(ITU)이 내놓은 '2015 광대역 현황'에 따르면, 북한은 조사대상국 144개 중 유일하게 0%를 기록했다. 이는 일반 주민의 인터넷 접속이 거의 완벽하게 차단된데 따른 것으로 분석된다. 그러나 최고지도층 등 극소수가 인터넷을 사용하고 있는 것은 분명하다. 일례로, 지난 3월 31일부터 4월 3일까지 평양공연을 위해 북한을 방문한 남측예술단과 취재진에게 인터넷 연결을 지원키도 했다. "옥류·만물상'클릭'…北전자상거래 급성장,"『헤럴드 경제』2018년 5월 2일(인터넷판).

62 이 스마트폰(아리랑)의 가장 큰 특징은, 블루투스를 통해 정보를 교환할 수 없으며 SIM카드를 삽입하면 폰이 꺼진다는 것입니다. 크리스텐슨은 "어떠한 정보든 스마트폰으로부터 빼내려고 하면 파일이 사라졌다"며, "외부 장치와의 데이터 교환을 막기 위해 엄청난 노력을 들인 점에 감명 받았다"고 밝혔습니다. "남북 종전 선언 기대 속… 북한 IT과학은 어느 수준?,"『동아사이언스』2018년 4월 19일, http://dongascience.donga.com/news/view/22151.

63 『조선일보』2019년 1월 8일자 기사 참조, 유튜브·인스타에 버젓이… "미제가 움직이면 핵으로 칠 것" 한국서 접속 차단된 북 사이트 소셜미디어 계정으로 체제 선전.

64 "김정은, 백두산 천지서 손하트 말드려 '나는 모양이 안나옵니다', "『조선일보』2018년 9월 22일.

65 북한은 대외용, 대내용에 따라 김정은에 대한 호칭도 차이를 두고 있는 것으로 알려졌다. 대외용 호칭의 경우 "조선로동당 위원장이시며 조선민주주의인민공화국 국무위원회 위원장이신 우리 당과 국가, 군대의 최고령도자 김정은 동지"라고 하는 반면에 대내용의 경우 "조선로동당 위원장이시며 조선민주주의인민공화국 국무위원회 위원장이시며 조선인민군 최고사령관이신 우리 당과 국가, 군대의 최고령도자 김정은 동지"로 대내용에는 '조선인민군 최고사령관'이 들어가 있다. 인민군 최고사령관은 북한에 없는 제도로 대내용의 '정치적 호칭'으로 분석되고 있다. "김정은 위원장 → 김정은 사령란 '호칭 법칙'은?,"『한겨레』2018년 9월 22일.

66 "남북 종전 선언 기대 속… 북한 IT과학은 어느 수준?,"『동아사이언스』2018년 4월 19일.

67 강현두,『북한 매스미디어론』(서울: 나남, 1997), p. 19.

68 (소련의) 12차 전당대회는 "언론이 선전과 전동의 중요한 도구일 뿐만이 아니라, 동시에 당과 노동계급사이의 커뮤니케이션 채널로서의 역할을 해야 한다"고 지적했다. 안톤 부젝크 저, 박유봉 역,『공산주의언론비판』(서울: 형설출판사, 1982), p. 74.

69 안톤 부젝크 저, 『공산주의언론비판』, p. 48.

70 '10대 원칙'은 김일성 수령형상의 기본교본이며, 반드시 지켜야할 행동수칙으로 당 우위인 북한에서 헌법이나 형법에 앞서 적용된다. '10대원칙'은 김일성 유일지도체계, 유일사상체계, 김일성주의를 정리한 김일성 수령형상의 최종 문서라고 할 수 있다. 북한 주민들은 '10대원칙'을 누구나 암기하고 학교, 직장, 가정에서 준수해야 한다. 이경직. 『김일성·김정일 '수령형상' 과정에서 선전선동의 역할』. 북한대학원대학교 박사학위논문, 2014. p. 110.

71 "북, 공산주의 표현 없애고 김씨왕조 세습 명문화," 『조선일보』, 2013년 8월 12일.

72 오경섭, "북한의 '10대원칙' 개정: 주요 내용과 정치적 의미," 『세종논평』, 272 (2013.8.13.), pp. 1~2.

73 "북한 김정은 국방위원회 제1위원장이 지난 6월 19일 노동당과 군, 내각 등의 고위 간부를 모아놓고 '유일영도체계' 확립에 대한 연설을 직접 한 것으로 확인됐다. 김 제1위원장은 이날 '혁명발전의 요구에 맞게 당의 유일적 영도체계를 더욱 철저히 세울데 대하여'라는 제목으로 연설했고 조선노동당출판사는 이 연설을 소책자로 발행했다. (중략) 그는 이어 "'당의 유일사상체계 확립의 10대 원칙'을 계승하고 심화 발전시켜 '당의 유일적 영도체계 확립의 10대 원칙'을 내놓기로 했다"며 새로 개정한 10대 원칙의 전문을 소개했다. (중략) 김 제1위원장이 연설을 한 6월 19일은 김정일 위원장이 김일성종합대학을 졸업하고 노동당에서 사업을 시작한 날이기도 하다." "북 김정은, 6월 고위간부에게 '유일영도' 직접 연설," 『연합뉴스』, 2013년 12월 22일 참조.

74 『조선로동당 중앙위원회 사업총화에 대하여』, 2016년 5월 8일.

75 김정은 『신년사』, 2019년 1월 1일. 『데일리NK』 https://www.dailynk.com/2017% E5%B9%B4-%EB%B6%81%ED%95%9C-%EA%B9%80%EC%A0%95%EC% 9D%80-%EC%8B%A0%EB%85%84%EC%82%AC/.

76 "북한 김정은이 엊그제 폐막한 노동당 세포위원장 대회에서 '비사회주의 현상(한류와 시장경제 확산)과 섬멸전을 벌이라'고 했다." "비사회주의 섬멸전," 『조선일보』 2017년 12월 26일. 2017년 12월 22일~25일에 북한은 조선노동당 제5차 당세포위원장 대회를 개최하였다.

77 "북한은 정권 및 체제유지를 위해 외부정보를 철저히 차단하고 있다. 그 이유는 비교의 대상을 원천적으로 봉쇄하여 정치적 혼란의 맹아를 없애기 위해서이다. 이러한 정치적 의도는 일단 성공적인 것으로 평가된다. 대부분의 주민들은 외부세계를 정확히 알지 못하고 있고, 비록 안다할지라도 외부세계에 대한 부정적인 인식만 가지고 있다. 따라서 아직까지는 북한이 지킬만한 가치를 가진 것으로 주민들은 판단하고

있다." 전현준·허문영·김병로·배진수, 『북한체제의 내구력 평가』(2006), p. 211.

78 통제국가인 북한이 손전화를 허용한데 대해서는 역으로 북한 당국이 손전화 감청을 통해 주민들의 속내를 파악하고 이를 통해 새로운 통제를 시도하고 있다는 해석이 있다. "오히려 당국에 대한 불만을 감추고 사는 주민들의 속내를 감청을 통해 감시 하려고 하고, 또한 그런 기능이 내재된 손전화를 보급해 새로운 통제 방식을 시도하 고 있다고 할 수 있습니다. 하지만 구멍은 언제든 생기기 마련입니다. 밀수를 철저 히 통제한다고는 하지만 근절되지 않듯이 손전화를 통한 정보 교류는 지속되고 있 는 실정입니다." "손전화를 통한 정보 확산, 북한 내부 흔들고 있다," 『데일리NK』 2018년 8월 2일(인터넷판). https://www.dailynk.com/%ec%86%90%ec%a0%84 %ed%99%94%eb%a5%bc-%ed%86%b5%ed%95%9c-%ec%a0%95%eb%b3%b 4-%ed%99%95%ec%82%b0-%eb%b6%81%ed%95%9c-%eb%82%b4%eb%b6 %80/.

79 "대북정보 유일 시급할 때 탈북군인들 한목소리로 주장," 『미래한국』 2017년 10월 30일(인터넷판). http://www.futurekorea.co.kr/news/articleView.html?idxno=44100.

80 단속반을 피해 수시로 생겼다가 없어지는 시장을 말함.

81 고유환 외, 『북한 언론 현황과 기능에 관한 연구』, p. 16.

김정은시대 북한태권도 변화와
남북태권도 교류 방안

홍 성 보*

Ⅰ. 북한에서 태권도가 중요한 이유

2018년 2월초 남과 북에서는 두 개의 큰 행사가 있었다. 하나는 8일 오전 평양에서 진행된 건군절 70주년 기념 열병식이고, 다른 하나는 9일 밤 평창에서 열린 동계올림픽 개막식 행사이다. 앞선 열병식에서는 북한이 대륙간탄도미사일(ICBM)급 '화성-15'형 등 최신에 무기와 행진대열로 군사력을 과시한 반면, 뒤 이은 평창 동계올림픽 개막식에서는 남북의 선수단이 한반도기를 앞세우고 공동으로 입장해 세계인의 관심을 끌었다. 이들 열병식과 개막식은 북한권력에서 본다면, 그들이 일관되게 추진해 온 두 가지 핵심 전략인 '핵무력'과 '체육강국'을 상징한다. 핵무력으로 전쟁에 대비하는 한편, 평화의 제전인 올림픽에도 적극적으로 참여하겠다는 의지로 볼 수 있다.

---

* 경희대학교, paulsbhong@hanmail.net

잘 알려진 바와 같이 북한의 '핵무력'은 2013년 3월 당 중앙위원회 전원회의에서의 '경제-핵무력 병진노선'으로 구체화되었다. 1998년 김정일의 선군정치와 강성대국, 중공업과 자립민족경제 노선을 계승하여 경제건설에 앞선 핵무기와 미사일 개발에 역점을 둔 것이다. 그러다가 2017년 11월 김정은의 핵무력 완성 선언과 2018년 4월 당 중앙위원회에서의 '경제건설 총력노선'으로 변화했다.

다른 한편으로 북한은 2011년 '축구강국, 체육강국'을 선언하고 체육 관계자들이 총집결한 '선군체육열성자회의'를 개최했다. 2012년 가을에는 당·정·군을 포괄하는 '국가체육지도위원회'를 출범시켰고, 이듬해 군인건설자들을 동원해 마식령스키장을 1년여 만에 완공했다. 북한권력의 체육강국에 대한 의지는 2009년 당시 '로켓, 핵, 월드컵'을 세 가지 기적이자 사변으로 설명한 대목에서도 확인되고 있다. 같은 해 광명성 2호 발사와 2차 핵실험, 2010년 남아공월드컵 참가자격 성취를 지칭한 것인데, 국제경기대회의 성과를 핵무력의 진전과 같은 급으로 평가한 것이다.

그렇다면 왜 북한권력은 체육사업에 몰두하는 것일까? 그것은 북한에서 체육이 국가전략의 주요 동력으로 활용되고 있기 때문이다. 해방 이후부터 북한권력은 인민들의 체육활동을 장려했다. 전후 복구사업과 사회주의 건설 시기에는 집단경쟁의 군중체육을 활성화하고 1960년대에는 '국방-경제 병진노선'에 따라 국방체육으로 전환했다. 1970~80년대 주체적인 사상과 기술에 따른 주체체육을 강조하다가, 1990년대 경제난 이후에는 군대가 앞장서는 선군노선에 맞춰 선군체육으로 표현했다. 2010년대 김정은 시대에는 사회주의문명국을 위한 체육강국 건설이 회자되고 있다.

이처럼 북한에서 체육사업은 시대별 국가자원의 효율적인 운용 차원에서 다양하게 호명되고 있다. 특히 1990년대 북한권력은 청소년을 대상으로 하는 태권도 경기를 집중적으로 육성했다. 경기대회 명칭도 수령을 상징하도록 해서 자연스럽게 태권도와 수령의 관계를 부각시켰다. 최근에는 태권도를 주요 종목으로 하는 집단경쟁 방식의 군중체육대회가 활성화되고 있다.

2018년 이후 북한의 체육사업은 김정은의 '경제건설 총력노선'에 따라 또 다른 변화가 예상된다. 경제건설 과정에서의 '개인주의'를 경계하는 시선과 함께 첨단 과학기술로부터 '단숨에 도약'하려는 북한권력의 의지가 체육사업에도 적용될 것이다. 집단경쟁 방식의 군중체육대회가 더욱 활성화될 것이다. 군사부문에서 이룬 과학기술 성과의 민수이전으로 북한체육의 과학화도 본격화될 것이다. 그런 가운데 북한에서 태권도 종목은 대표적인 민족체육으로 인민의 자긍심을 높이고, 군중체육으로 인민의 일체성을 도모하며, 국방체육으로 유사시에 대비하는 한편으로, 경기체육으로 국제대회에서 금메달을 추구하고 있어서 단순한 체육활동 이상의 의미를 지니고 있다.

북한연구의 일차적인 목적이 과거의 사실로부터 미래를 예측하는 것이라면 북한태권도 연구는 보다 거시적인 안목에서 김정은 시대 북한체제 전반에 대한 통찰력을 더해주는 또 다른 단서를 제공할 수 있다. 그동안의 북한연구가 거시 담론에 집중해 온 경향이 있어서, 이 연구는 북한태권도를 통해 미시 주제의 지평을 넓히고자 했다. 북한체제의 주요 동력으로 활용되고 있는 북한태권도의 특성을 파악하는 속에서 남북의 평화와 번영을 위한 교류협력 방안을 모색하고자 하는 이 글의 요점은 김정은 시대 북한태권도의 변화와 지속성, 남북태권도의 특성 및 교류 과정 평가, 남북태권도의 교류와 융합 방안이다.[1]

II. 김정은 시대 북한태권도 변화와 지속성

1. 김정은 시대 북한태권도 변화

가. 북한태권도의 핵심종목 진입

북한체육은 2010년대 이후 김정은 권력이 강성대국 건설을 위한 체육강국을 강조하면서 큰 변화를 보이고 있다. 특히 태권도 종목은 2015년 북한체육의 핵심종목으로 되었으며, 김정은이 '온 나라를 태권도화'하도록 하여 위상이 한층 강화되었다. 김정은은 서한에서 "체육강국건설을 다 그쳐야 전체 군대와 인민을 국방과 로동에 튼튼히 준비시켜 군사강국의 위력을 더 높이 떨치고 사회주의경제강국, 문명강국을 성과적으로 건설할 수 있으며 주체조선의 위용을 과시할 수 있다"고 주장했다. 그러면서 빠른 시일 내에 북한의 체육기술을 세계적인 수준으로 올리고 체육을 대중화 생활화하며 체육과학 수준을 높이라고 했다.

김정은은 특히 체육강국건설의 첫째 목표를 "국제경기들에서의 패권을 쥐는 것"으로 설명하면서, "조선사람의 체질적 특성에 맞고 지난 시기 국제경기들에서 좋은 성과를 거둔 전통이 있는 체육종목들을 승산종목으로 정하고 거기에 힘을 집중"하도록 했다.

그리고 "여자축구와 마라손, 력기, 권투, 탁구 그리고 레스링, 유술, 기계체조, 활쏘기와 같은 종목들에서 먼저 세계패권을" 잡는 것과 함께, "민족체육종목인 태권도와 씨름을 널리 장려하여 온 나라를 태권도화하고 우리 태권도의 기상을 세계에 떨치"라고 주문했다. 또한 "체육을 대중화 생활화하여 전체 인민이 체육을 즐겨하고 온 나라가 체육열기로 들끓도록" 하기 위해 학교체육을 강화하도록 했으며, 기관, 기업소, 협동농장들에서도 "인민보건체조, 대중률동체조, 건강태권도를"하고 "명절이나 기념일,

휴식일 같은 때에 체육경기와 체육유희를 다양하게 조직"하라고 했다.[2]

이상의 내용을 핵심으로 하는 2015년 김정은 서한과 이때까지 북한체육의 기본 방침이 되었던 1986년 김정일 담화[3]에서 강조한 내용을 비교하면 김정은 시대 북한체육의 변화 지점을 확인할 수 있다.[4] 이들 자료는 김일성에서 김정일로의 권력승계와 남북스포츠 경쟁, 그리고 김정은 시대로의 본격적인 진행과 체육강국 건설 구상 등의 시대적 배경과 맞물려 북한체육의 기본 방향과 주요 정책을 제시한 것이어서, 북한체육과 태권도 연구에서 가장 핵심이 되는 자료이다. 이들 문건에 나타난 북한체육의 변화와 태권도의 위상 강화는 먼저 아래 <표 Ⅱ-1>과 같은 내용으로 요약하여 설명할 수 있다.

첫째, 2015년 김정은의 체육강국 건설 구상은 스포츠경기에 집중했다. 김정은은 체육강국건설의 방법으로 '체육기술의 발전, 체육의 대중화생활화, 체육과학 수준 향상'의 순으로 설명했는데, 이는 대중체육을 앞세운 1986년 김정일의 담화 내용과 대비되는 점이다. 대중체육과 관련된 내용도 간단히 언급한 것으로 볼 때 김정은 시대에는 국가위력을 과시하기 위한 스포츠 종목에 더욱 집중한다는 의미로 해석할 수 있다.

둘째, 국제경기대회의 성과를 중심으로 핵심종목을 선정했다. 2015년 김정은은 체질적 특성에 맞고 국제경기에서 좋은 성과를 거둔 종목을 승산종목으로 설명하면서 여자축구, 마라손(마라톤), 력기(역도), 권투, 탁구, 레스링, 유술(유도), 기계체조, 활쏘기(양궁)와 함께 민족체육인 태권도와 씨름 종목을 강조했다. 특히 기존의 '사격/락하산/항공/통신'등 군사종목을 제외하고 대신 '태권도와 유술'을 추가했는데, 이들 투기종목이 군사력 강화를 위한 국방체육으로도 유용하게 활용될 수 있기 때문으로 보인다.

셋째, 격투 종목과 민족체육 종목을 강화했다. 1986년 김정일이 강조한 권투, 레스링, 력기 종목에, 2015년 김정은은 유술 종목을 더하고 태권도와 씨름 종목을 추가했다. 김정은은 특히 '온 나라를 태권도화'하고 태권도의 기상을 세계에 떨치라고 했다. 태권도와 씨름이 활쏘기와 함께 북한의 대표적인 민족체육 종목으로 남북관계와 밀접히 연관되어 있어서 향후 북한이 이들 종목을 중심으로 남북 체육교류에 적극적일 가능성이 있다.

넷째, 기존의 강세종목을 세부경기로 구체화했다. 북한의 전통적인 강세 종목은 축구, 마라손, 력기, 권투, 레스링 등이다. 1986년 김정일은 가장 인기가 있고 대중화된 축구를 발전시키라고만 했는데, 2015년 김정은은 그 가운데 여자축구에 더욱 집중하도록 했다. 1986년 기초종목으로 강조되었던 육상과 마라손도 2015년에는 마라손에 더욱 집중하도록 했다. 중경기 종목에서는 1986년 권투, 레스링, 력기의 순으로 호명한 것에서 2015년에는 력기, 권투, 레스링의 순으로 호명하여 경기 성과를 중시하는 북한권력의 의도를 엿볼 수 있다.

다섯째, 체육사업에서 수령의 계승성과 영도력을 강조했다. 2015년 서한에서 김정은은 체육인들에게 '빨찌산식공격전법'을 종목별경기에 구현하도록 하면서, 이러한 방식이 1986년 김정일이 제시한 '사상전, 투지전, 속도전, 기술전'을 발전시킨 것이라고 설명했다. 선대 수령의 유지를 계승하면서 김정은 식의 영도력을 부각시키려는 의도로 볼 수 있다.

〈표 II-1〉 2015년, 1986년 북한의 핵심종목 비교

	2015	1986
지속	여자축구, 마라손, 력기, 권투, 레스링 탁구, 활쏘기	류상마라손, 축구, 탁구, 권투, 레스링 력기, 활쏘기
변화	유술, 기계체조 태권도	여자배구, 사격, 락하산/항공/통신, 예술체조, 수영

		2015		1986	
구분5	Ⅰ. 국방체육	활쏘기	1	활쏘기, 사격, 락하산/항공/통신	5
	Ⅱ. 민족체육	태권도	1		0
	Ⅲ. 구기	여자축구, 탁구	2	축구, 탁구, 여자배구	3
	Ⅳ. 격투	권투, 레스링, 유술	3	권투, 레스링	2
	Ⅴ. 육상체조력기	마라손, 기계체조, 력기	3	류상마라손, 예술체조, 력기	3
	Ⅵ. 수영해양		0		1
	Ⅶ. 겨울체육		0	수영	0
	Ⅷ. 기타체육		0		0
배경		김정은, 체육강국 축구강국		김정일, 남북 스포츠 대결	

출처 : 김정은, "백두의 혁명정신으로 체육강국건설에서 새로운 전성기를 열어 나가자-제7차 전국체육인대회 참가자들에게 보낸 서한, 2015년 3월 25일; 김정일, "체육을 대중화하며 체육기술을 빨리 발전시킬데 대하여-체육부문 일군들과 한 담화, 1986년 5월 19일" 관련 내용 종합

나. 북한태권도의 문화유산 지정

김정은 시대가 시작되면서 나타난 북한태권도의 또 다른 변화는 태권도 종목을 유네스코 문화유산 제도에 적용할 수 있도록 북한의 비물질문화유산으로 지정한 것이다. 자세한 설명에 앞서 유네스코 문화유산 제도를 살펴보면 다음과 같다.

유네스코 문화유산에는 세계유산, 인류무형문화유산, 세계기록유산이 있다. 이 가운데 인류무형문화유산 제도는 세대를 거쳐 전승되고 재창조되어 공동체 및 집단에 정체성, 지속성을 부여하는 문화유산의 보호를 장려하기 위한 것이다. 2003년 유네스코 무형문화유산 보호 협약(Convention for the Safeguarding of Intangible Cultural Heritage)에 의거하여 문화적 다양성과 창의성이 유지될 수 있도록 대표목록 또는 긴급목록에 각국의 무형유산을 등재하도록 했다. 인류무형문화유산은 언어를 포함한 구전

전통 및 표현, 공연 예술(전통음악, 무용 및 연극 등), 자연 및 우주에 관한 지식 및 관습, 전통기술을 의미하고 있다.[6] 유네스코 보호협약은 무형문화유산의 개념 및 보호 방법을 국제적으로 표준화시키는 계기가 되었다는 평가를 받고 있다.[7]

그러나 유네스코 회원국들이 인접국과 공유하고 있는 문화유산을 유네스코에 자국 문화유산으로 우선 등재하고자 해서, 유네스코 등재를 둘러싼 국가 간 문화갈등으로 이어지고 있다.[8] 등재 경쟁은 특히 공유유산을 둘러싼 동북아 국가들에서 두드러진다. 우리나라는 2015년 3월 무형문화유산의 전승·발전·활용을 주요 내용으로 하는 <무형문화재법>을 제정했다. 유네스코 무형문화유산 보호 협약의 규정에 따라 포괄적으로 정의하고 범위도 확대했다. 북한도 2012년 <문화유산보호법>을 제정한데 이어 2015년 <민족유산보호법>을 채택하여 인류문화유산 제도에 적극적으로 참여하고 있다.[9]

인류무형유산 대표목록 등재는 무형유산협약에 가입한 각국 정부가 유네스코에 인류무형문화유산 대표목록 등재 신청서를 제출하면 매년 11월경 개최되는 정부간위원회에서 등재여부를 확정한다. 등재신청서에 대한 평가는 정부간위원회의 위원국이 아닌 당사국을 대표하는 6명의 전문가와 6개의 비정부기구(NGO)로 구성된 평가기구가 담당한다. 심사 기준은 'R1.(무형문화유산의 정의), R2.(가시성, 다양성, 창의력), R3.(보호조치), R4.(공동체 참여), R5.(당사국 목록에 등재) 등이다. 주로 '세대를 거쳐 전승되고 공동체와 집단에 정체성 및 지속성을 부여하여, 문화의 다양성과 인류의 창조성을 증진시키고 공동체간 상호 존중 및 지속가능발전에 부합되는가'를 심사하는 것으로 알려져 있다.

2018년 6월 현재 남한은 줄다리기(2015), 농악(2014), 김장문화(2013), 아리랑(2012), 줄타기(2011), 한산모시짜기(2011), 택견(2011) 등 모두 18

건을 등재했다. 북한은 조선민요아리랑(2014), 김치담그기풍습(2015) 등 2 건을 등재했다.[10] 그리고 남한과 북한이 각각 신청한 씨름 종목이 같은 해 12월 유네스코 무형문화유산에 공동으로 등재되었다. 남북한이 공유하는 문화전통이 유네스코에 두 개의 다른 대표목록으로 되었다.[11] 아리랑과 김치, 씨름의 사례처럼, 민족유산의 인류무형문화유산 대표목록 등록을 놓고 남북한이 경쟁하고 있는 것이다. 이러한 현상은 유네스코가 국가 간의 협력을 강조하기 위해 제시한 국제주의, 문화상대주의, 문화다양성과 정체성 중시의 원칙과도 충돌하는 것이다.[12]

김정은 시대가 시작되면서 북한의 문화유산 법제에서도 큰 변화가 있었다. 2012년 <문화유산보호법>으로 무형문화유산의 개념을 수용한데 이어, 2014년 10월 김정은이 제시한 민족유산보호 원칙에 따라, 2015년 <민족유산보호법>을 제정했다. 먼저 태권도와 씨름 등 무형문화유산을 보호하기 위한 법률이 2012년 11월 8일 최고인민회의 상임위원회에서 결정되었다. 종전의 <문화유물보호법>은 유적과 유물 등 물질유산에 제한되어 있었다. 새로운 법으로 문화유산과 비물질문화유산의 개념을 받아들여 유네스코의 인류무형유산 제도에 적극적으로 참여할 수 있도록 했다. 민족유산보호지도국에 비물질문화유산을 전담하는 부서를 배치하고, 2013년부터 중앙과 지방에서 비물질문화유산의 심의와 등록 사업을 진행했다.[13] 최근 북한의 국가급 비물질유산에는 태권도를 비롯하여 아리랑, 김치담그기, 막걸리담그기, 장담그기, 치마저고리차림풍습, 평양랭면, 연백농악무, 씨름 등이 포함된 것으로 알려지고 있다.[14]

특히 김정은은 2014년 민족유산보호사업에 관한 로작(논문)을 통해 "인민의 지향과 요구, 민족적 풍습과 정서에 맞게" 민족유산보호사업을 풀어나가고, 민족문화유산을 "역사적 사실에 기초하여 과학기술적으로 발굴·복원하고 보존·관리"하도록 했다. 이를 위해 민족유산에 속하는 민족음악과 민족무용, 민족미술을 발전시키고 태권도, 씨름을 비롯한 민족체육을 장려하는 것과 함께, 민속놀이, 민족음식, 조선옷, 고려의학, 민족적 건축양식을 발전시키도록 했다. 특히 "우수한 유형, 무형, 자연 유산들을 세계문화유산으로 등록하기 위한 활동"과 민족문화유산과 관련한 학술교류도 많이 진행하도록 했다.[15]

이어 2015년 7월 21일 최고인민회의 상임위원회는 김정은 로작에 기초한 <민족유산보호법>을 채택했다.[16] 유네스코의 유산 사업에 적합하도록 내용을 보다 구체적으로 수정 보완하였다.

주요 내용은 첫째, 기존의 물질유산과 비물질유산에 자연유산 항목을 추가하고, 비물질유산의 범주를 유네스코와 동일하게 5개 범주로 변경한 것이다. 유네스코의 문화유산 사업과 긴밀히 연계하여 관련 사업을 진행하겠다는 의지로 풀이할 수 있다. 둘째, 민족유산보호사업에서 '주체성, 력사주의, 과학성'의 원칙에 따라 체계적으로 진행하도록 했으며, '인민의 지향과 요구, 민족적 풍습과 감정정서에 맞게' 하도록 했다. 주체성을 강조하는 국가차원의 보호원칙을 고수하면서도 인민차원에서도 '전체 인민'을 대상으로 하는 관련 공동체의 적극적인 참여를 유도한 것으로 볼 수 있다.

셋째, 민족유산의 심의와 평가에서는 '보호가치'와 '보호전망'에 따르도록 했다. 이는 기존의 '원형(原型)' 보존의 원칙 대신 해당 유산의 '전형(典型)' 중시의 원칙을 새로 제시한 것으로 평가할 수 있다. 넷째, 민족유산 보호를 위한 건설 합의, 세계유산등록 활동, 비물질유산의 보호, 민족유산보호사 양성, 종합자료 기지 구축 등의 조항을 신설하여 유네스코의 인류유산 제도에 적극적으로 대응할 수 있도록 했다. 2018년 7월 12일에는 조선민족유산보호기금을 설립했다.[17] 이상에서 살펴 본 북한태권도와 관련된 북한의 문화유산 관련 법제화 과정은 아래 <표 Ⅱ-2>와 같이 요약할 수 있다.

한가지 주목할 점은 2017년 북한의 '무예도보통지(민족문화유산, 무술도서)'가 세계기록유산에 단독으로 등록된 것이다. 이와 관련하여 북한은 태권도가 '무예도보통지'의 권법을 계승한 '평양택견'에서 나온 민족의 정통무도라면서 평양택견과 북한태권도의 관계를 강조하고 있다. 북한태권도의 기원을 '무예도보통지'와 연결하여 설명하면서 태권도의 정통성이 평양에 있다는 점을 부각시키려는 의도로 볼 수 있어서 향후 남한태권도와의 갈등이 예상된다.

세계기록유산인 '무예도보통지'(2017, 북한), 인류무형유산인 '택견'(2011, 남한)의 연장선에서 북한이 태권도를 선제적으로 인류무형유산에 신청할 가능성도 있다. 북한이 '아리랑'과 '김치', 그리고 '씨름'을 유네스코에 신청하면서 모두 북한지역으로 한정한 것처럼 '태권도'에서도 북한지역으로 한정하여 단독으로 신청하는 경우를 방지하기 위해서도 남북의 협력이 필요하다.

〈표 II-2〉 북한의 문화유산 관련 법제화 과정

연도	내용	범위
1949.4.29.	보물·고적·명승·천연기념물 보존령	유적·유물
1949.11.1.	조선물질문화유물조사본존위원회에 관한 결정서	유적·유물
1985.	문화유적보존사업을 강화할데 대하여	유적·유물
1992.	력사유적과 유물보존에 관한 규정	유적·유물
1994.	문화유물보호법	유적·유물
2012.8.7.	문화유산보호법	물질·비물질 유산
2015.7.21.	민족유산보호법	물질·비물질·자연 유산

출처 : 남궁승태, "남북통일을 대비한 문화재보호법제에 관한 연구,"『문화정책논총』, 제14집, 2002; 신현욱, "북한의 문화유산 법제 변천 및 무형문화유산 남북 교류협력 방안," 2013년 제3차 통일문화정책포럼(2013년 7월); 송민선, "인류무형문화유산 남북 공동등재를 위한 교류협력 방안 연구,"『문화재』, Vol.50 No.2 [2017], 94~115쪽. 관련 내용 종합

2. 김정은 시대 북한태권도 지속성

가. 김일성·김정일의 과학화, 생활화 방침

북한태권도는 남한에서 분리되어 나온 최홍희의 태권도를 수용하는 과정에서 북한식의 운영체계를 구축했다. 1980년 최홍희의 지도로 시작된 북한태권도는 1987년 국제태권도연맹(ITF)이 주관하는 제5차 태권도 세계선수권대회에 처음 출전했다. 1989년 조선태권도연맹에 이어 1992년 6월 조선태권도위원회가 출범했다.[18] 북한에서 태권도가 본격화된 시기는 1992년 9월 10일 김일성의 태권도의 과학화와 생활화 지침 이후부터이다. 당시 김일성은 태권도를 과학화하고 생활화하여야만 "태권도 기술을 빨리 높일 수 있으며 좋은 동작들을 더 많이 찾아낼 수 있다"고 언급했는데,[19] 이러한 김일성의 '과학화와 생활화' 방침은 후계자 김정일에 의해 다음과 같은 내용의 'ITF태권도와 건강태권도' 프로그램으로 이어졌다.

먼저 태권도의 과학화 방침은 태권도의 스포츠 경기를 활성화하기 위한 것으로서, 김정일의 이어진 지시를 통해 ITF태권도 경기를 청소년학생들에게 집중 보급하는 것으로 발전되었다. 본격적인 시작은 1992년 11월에 진행된 제1차 전국청소년태권도경기대회이며, 이후 정일봉상 전국태권도선수권, 전승컵 전국태권도강자경기, 9월10일상 전국태권도종합경기 등 다수의 태권도 경기대회가 신설되었다. 1996년 태권도 선수와 지도교원 양성을 목적으로 하는 태권도과외학교가 각 도에 설립되었고, 2003년 12월 태권도학교(전문부 3년제)로 승격되었다.[20] 이어 태권도의 생활화 방침은 태권도를 생활체육으로 발전시키기 위한 것으로서, 1993년 11월 건강태권도 프로그램 개발로 구체화되었다. 1994년 11월 김정일이 지시한 '국방체육을 위주로 하는 대중체육의 생활화' 방침에 따라 건강태권도가 인민체력검정 등 전체 인민을 대상으로 하는 각종 체육행사 종목으로

자리잡고 있다.[21]

(1) ITF태권도와 국내외 경기대회

북한은 1980년대부터 국제태권도연맹(ITF)의 국제경기에 적극적으로 참가하면서, 아래 <표 II-3>과 같이 태권도 중심의 국내외 무도경기대회를 신설하거나 전승컵 태권도강자경기 등을 따로 운영하는 등의 방식으로 태권도의 실전 무도적인 측면을 강조하고 있다. 그런 점에서 북한태권도는 다음과 같은 지속성을 보이고 있다.[22]

첫째, 북한태권도의 국내경기는 청소년대회를 중심으로 활성화되고 있다. 1992년 11월 제1차 전국 청소년태권도경기대회가 그 시작점인데, 1995년 11월 정일봉상장자산상 전국청소년학생 태권도경기대회로 변경되었다가, 1998년 3월에 제1차 정일봉상 전국태권도선수권대회로 이어지고 있다. 김정일 권력이 본격화된 1998년에는 ITF가 주관하는 국제경기와 별도로 북한이 주도하는 제1차 9.10국제태권도경기대회를 신설했으나 이후 계속되지는 못했다.

둘째, 북한은 태권도경기를 바둑이나 씨름 경기와 함께 진행하고 있으며 무도경기대회도 다수 진행하고 있다. 2004년 국제무도경기대회를 신설하여 2년마다 개최하고 있으며, 2006년에 9.10전국무도선수권대회를 신설하여 매년 개최하다가 2014년부터 만경대상전국무도선수권으로 명칭을 변경하여 진행하고 있다.

<표 II-3> 북한의 주요 국내외 태권도경기대회 현황

년도	국제경기	국내경기
	1차(1974), 2차(1978), 3차(1981), 4차(1984) 불참	
1987	5월, 제5차 세계선수권, 첫 출전	

년도	국제경기	국내경기
1992	9월, 제8차 세계선수권, 평양	11월, 제1차 전국청소년학생태권도경기
1993	7월, 제1차 청소년세계선수권	
1998	9월, 제1차 9월10일상국제태권도경기	3월, 제1차 정일봉상전국태권도선수권
2000	8월, 제5차 청소년세계선수권, 평양	3월, 제3차 정일봉상전국태권도선수권
	10월, 제1차 아시아선수권	
2004	7월, 제6차 청소년/ 1차 노장선수권	8월, 제7차 정일봉상전국태권도선수권
	9월, 제1차 국제무도경기대회, 평양	
2006	8월, 제2차 국제무도경기대회, 평양	9월 제1차 9월10일상전국태권도종합
2011	9월, 제17차 세계선수권, 평양	
2013	7월, 제18차 세계선수권	7월, 제1차 전승컵전국태권도강자경기
2014	4월, 제7차 아시아선수권	4월, 만경대상 전국무도선수권대회
2015	8월, 제19차 세계선수권	4월, 만경대상 전국무도선수권대회
		6월, 제17차 정일봉상전국태권도선수권
		7월, 제3차 전승컵전국태권도강자경기
2017	9월, 제20차 세계선수권, 평양	4월(만경대상), 6월(정일봉상), 7월(전승컵)

출처 : 통일부, 주간 북한동향, 제1호(1991.1.1.~1.5)~제1252호(2015.4.11.~4.17) 관련 내용
종합

(2) 건강태권도와 체육행사대회

북한태권도의 또 다른 지속성은 스포츠종목인 ITF태권도와 함께 대중
체육인 건강태권도를 체육행사대회와 연계하여 체계적으로 진행하는 점
이다.[23] 1993년 11월 조선태권도위원회와 국가체육위원회 체육과학연구
소가 건강태권도와 대중률동체조를 개발하여 전국적으로 보급하기 위한
강습회를 실시했다. 이어 1994년 11월 30일 대중체육부문일꾼회의와
1995년 11월 11일 전국체육대학일꾼회의, 1999년 12월 5일 전국 근로단
체 체육사업부문일꾼연합회의를 잇따라 개최하여 이들 프로그램을 전국
적으로 보급했다. 근로단체 명의로 체육부문의 회의가 열린 것은 당시 처

음 있는 일이었는데,[24] 이러한 사실은 당시 북한권력이 태권도 보급에 기울인 관심이 적지 않았음을 의미한다.

북한에서 건강태권도가 보급되는 경로는 크게 <체육의 날>, 체육경기대회, <인민체력검정월간> 등이다. 매월 둘째 주 일요일에 진행되는 <체육의 날>에는 태권도, 대중률동체조, 집단달리기, 수류탄던지기 등 국방체육을 위주로 하는 대중체육사업이 실시되는데, 1995년의 경우 소년들과 노인들을 위한 대중률동체조와 건강태권도를 실시했다.[25]

각종 기관 단체별로 열리는 체육경기대회는 1996년 3월 제2차 백두산상 중앙기관일군체육경기대회의 경우, 72개 단위에서 5,800여명이 참가한 가운데 로인태권도, 로인률동체조, 집단달리기, 롱구, 배구 등 9개 종목의 경기를 진행했다.[26] 전국농업근로자민족체육경기대회, 여맹원체육경기 등에서도 건강태권도가 주요 종목으로 진행되고 있다. 매년 8~9월에 진행되는 <인민체력검정월간>에서는,[27] 2001년 8월 1일 김일성광장에서 열린 개막식의 경우, 행사가 끝난 후 3,000여명의 근로자와 청소년 학생들이 대중율동체조와 건강태권도 시범을 보였다.[28] 각급 학교와 기관 기업소 등에서도 건강태권도를 집단달리기, 대중율동체조, 체육오락경기 등과 함께 실시한다.

이외에도 매년 3~4회 지역별로 열리는 청소년학생 국방체육경기에서도 태권도 경기를 진행하고 있다. 대표적인 사례는 1998년 12월 13일과 20일 평양시 3천명 대학생들의 태권도와 집단강행군경기, 청소년들의 태권도, 창격전, 수기체조 등 국방경기를 진행한 경우와 2003년 3월 9일 평양시 중학교 졸업반 학생들의 국방체육경기로 집단강행군, 창격전, 건강태권도, 장애물극복 등 9개 종목의 경기를 진행한 경우 등이다.[29]

이처럼 북한권력이 국제대회 참가를 위한 ITF태권도 선수들을 집중 육성하는 한편으로 대중체육으로 건강태권도를 널리 보급하는 것은 태권도를 통해 노동력과 군사력, 국가위력 등 국가적 자산을 확충하려는 의도로 볼 수 있다.

나. 북한태권도의 국내외 경기대회 성과

(1) 북한의 태권도 관련 체육경기대회

1990년대 이후 북한은 다수의 태권도 경기대회를 아래 <표 Ⅱ-4>와 같이 신설했다.[30] 이는 국제적인 고립과 함께 심각한 경제난 속에서 이를 타개하기 위한 방편으로 체육을 장려한 것으로 해석할 수 있다. 당시 동구 사회주의국가들의 급속한 붕괴 속에서 북한은 1989년부터 우리식사회주의와 조선민족제일주의를 표방했다. 북한식의 경제건설 추진 및 단군릉 복원 등 민족주의를 강조하는 속에서 민족체육인 태권도 종목을 집중적으로 육성했다.

북한은 특히 태권도 경기대회에 수령을 상징하는 명칭을 사용해서 태권도와 수령의 관계를 부각시키고 있다. 대표적인 사례를 보면, 먼저 김일성을 상징하는 명칭으로 '9월 10일' '만경대' 태권도경기대회가 있다. 북한은 1998년 제1차 9월 10일상 국제태권도경기대회와 2006년 제1차 9월 10일상 전국태권도종합경기, 2014년 만경대상 전국무도선수권대회를 연이어 개최했다.[31] 이와 함께 김정일을 상징하는 대회의 명칭으로 '백두산, 정일봉, 장자산, 선군'을 호명했고, 청소년학생을 대상으로 하는 각종 경기대회에 '정일봉' '장자산'을 사용했다.

한편 김정은시대에는 이미 존재하던 '전승컵'경기에 태권도강자 경기를 신설하는 방식으로 선대 수령의 태권도 중시 정책을 계승하면서 나름의 독자성을 강조하고 있다. 대표적인 사례가 2013년 제1차 전승컵 전국태권도강자경기대회 신설이다. 선대 수령의 선군사상을 계승하는 차원에서 '전승컵'의 명칭을 사용하고, 체육강국건설을 강조하려는 목적에서

'강자'라는 명칭을 차용했으며, 체육강국건설의 모범 사례인 '태권도' 종목에 집중한다는 의미로 해석할 수 있다.

북한에서는 매년 4월 만경대상전국무도선수권대회에 이어, 6월 정일봉상전국태권도선수권대회, 7월 전승컵전국태권도강자경기를 차례로 개최하고 있으며, 그 속에서 김일성(만경대), 김정일(정일봉), 김정은(전승컵)으로 이어지는 수령의 계승성을 강조하고 있는 것으로 보인다.

〈표 II-4〉 북한의 체육경기행사 신설 현황(1991~2014년)

년도	체육경기행사	종목
1992	제1차 전국청소년 태권도경기대회 폐막, 11월 17일	태권도
1993	제1차 조선인민군 체육선수단 종합경기대회, 6월	종합
	제1차 청소년 태권도세계선수권대회	태권도
1994	제1차 조선인민군 일당백상 체육경기대회 개막, 6월 14일	종합
1995	제1차 백두산상 중앙기관일꾼 체육대회, 3월 13~20일	종합
	제1차 정일봉상 장자산상 체육경기대회, 10월	종합
	제1차 정일봉상 장자산상 전국청소년학생 태권도경기대회(개칭)	태권도
1996	제1차 백두산상 시급기관일꾼 체육대회	종합
	제1차 전국청년학생들의 8.28 청년컵쟁탈 농구경기대회, 8월 28일	농구
1997	제1차 오산덕상 체육경기대회 개막, 12월 23일	종합
1998	제1차 정일봉상 전국태권도선수권대회, 3월 25~28일	태권도
	제1차 9월10일상 국제태권도경기대회, 9월 10~12일	태권도
	제1차 전국노동자체육경기대회, 9월	종합
2000	제1차 아시아 태권도선수권대회, 10월 21~22일	태권도
2002	제1차 대황소상 전국근로자 텔레비전 민속씨름경기, 6월 13~15일	씨름
2004	제1차 국제무도경기대회 평양에서 개막식, 9월 15일	무도태권
	제1차 노장태권도선수권대회	태권도
2005	제1차 세계여자권투협의회(WBCF) 선수권대회 평양, 6월 28일	권투
2006	제1차 9월10일상 전국태권도종합경기대회, 9월 29일~10월 5일	태권도
2013	제1차 전승컵 전국태권도강자경기대회 개막, 7월 23일	태권도
2014	전국도대항군중체육대회 · 2014	종합

출처 : 통일부, 주간 북한동향, 제1호(1991.1.1.~1.5)~제1252호(2015.4.11.~4.17) 관련 내용 종합

(2) 북한태권도의 국제경기대회 성과

북한권력이 1990년대 이후 태권에 집중한 또 다른 이유는 각종 국제 경기대회에서 태권도 종목이 거둔 탁월한 성과인 것으로 보인다. 이러한 사실은, 아래 <표 Ⅱ-5>처럼, 태권도 종목과 다른 스포츠 종목의 세계선 수권대회 집중한 비교에서도 확인되는 점이다.

1990년대 이후 20여 년 간 북한이 국제경기에서 거둔 메달은 참가 종 목 전체 49개 가운데 20%에 불과한 22개 종목에 집중되었으며 이를 세계 선수권대회 기준에서 보면 태권도 등 일부 종목에 한정되었다.[32] 이 가운 데 태권도 종목이 차지하는 비중은 다른 종목 평균(16.33개)의 17배(271 개)에 달했다. 태권도 종목의 괄목할만한 성과가 김정은이 '온 나라를 태 권도화' 선언을 하도록 만든 주요 요인 중 하나로 볼 수 있다.

태권도 종목이 북한의 주요 정치행사에 활용되고 있는 점도 북한권력 이 태권도 종목을 강조하는 또 다른 요인으로 볼 수 있다. 실제로 북한은 제8차(1992년), 제17차(2011년) ITF세계선수권대회를 평양에서 개최했는 데, 1992년은 북한권력이 김일성에서 김정일(최고사령관/국방위원장)로 급속히 재편되는 시기였고,[33] 2011년은 김정일에서 김정은으로 최고권력 (당중앙군사위부위원장/최고사령관)이양 시기였다. 대내외적으로 큰 변화 가 있는 시기에 태권도를 적극적으로 활용한 것으로 볼 수 있다.

〈표 Ⅱ-5〉 북한의 주요 종목별 세계선수권대회 성과(1991~2013년)

사격			태권도			여자 축구			탁구			권투			레슬링			유술			육상			체조			역기		
금	은	동	금	은	동	금	은	동	금	은	동	금	은	동	금	은	동	금	은	동	금	은	동	금	은	동	금	은	동
4	6	4	188	46	37	3	1	0	14	11	4	7	3	4	2	1	1	7	2	2	1	0	0	7	5	2	10	25	21
14			271			4			29			14			4			11			1			14			56		

출처 : 통일부, 주간 북한동향, 제1호(1991.1.1.~1.5)~제1252호(2015.4.11.~4.17) 관련 내용 종합

III. 남북태권도 특성과 교류 과정 평가

1. 남북태권도 특성 비교

가. 기본 이념과 역사관 비교

북한에 태권도를 이식한 최홍희는 태권도가 "동양의 전통사상과 윤리에 근거한 철학과 우리 민족의 고유한 정신에 기초"하고 있다고 보았다. 특히 24개의 틀에 "우리 민족의 역사에 길이 빛나는 충신과 장군, 애국열사의 이름"을 붙이고, 예의, 극기, 겸양, 염치, 백절불굴 등 5가지 덕목을 태권도의 기본 정신으로 설명했다.[34]

남한에서는 태권도가 "고대로부터 흘러내려온 민족 고유의 전통과 사상을 발전시켜 신라인의 국민정신으로 승화시킨 화랑도 정신"을 잇고 있으며, 유·불·선·동학·천도 등 우리 민족의 다양한 세계관을 포괄하는 것으로 보고 있다.[35] 남한 태권도와 최홍희 태권도 모두 동양의 전통사상과 민족 고유의 정신에 기초한 것으로 볼 수 있다.

그러나 북한은 태권도의 궁극적인 목적이 사회주의 건설에 필요한 노동력과 외세 침략에 맞설 수 있는 국방력 강화에 있다고 설명하고 있다. 특히 최홍희의 애국적 재능을 알아 본 수령의 영도에 의해 태권도가 "전세계적인 무술로 솟아올랐"다고 주장하는 것으로 볼 때,[36] 수령과 당과 대중의 혈연적 관계를 강조하는 이른바 혁명적 수령관이 북한태권도에도 적용된 것으로 볼 수 있다.

한편 1970년대 초반까지 남한에서 활동했던 최홍희는 "수세기 동안 동양의 여러 나라에서 숭상되던 무술이 오늘날 우리나라에 의해 완전한 무도로서의 체계와 면모"를 갖추면서 태권도가 되었다고 설명했다.[37] 남한에서도 태권도가 우리나라 원시시대에 발생하여 삼국시대까지 꾸준히

발전하여, 그 명칭도 수박, 권법, 택견으로 이어져 오면서 태권도로 바뀌었다는 것이 일반적인 설명이다.[38] 그러나 북한은 4세기 때 그려진 안악고분 등 "여러 고구려 무덤의 벽화들에서 수박희를 하는 장면이 그려져 있"는 점을 강조하면서, "고구려 시대에 성행했던 수박희가 발까지 쓰는 택견으로 발전되어 군사들을 중심으로 택견경기가 자주 진행"되고, 그것의 한 가닥이 평양지방에 유명한 날파람으로 이어져 태권도로 되었다고 설명하고 있다.[39] 북한은 이러한 논리로서 태권도의 정통성이 북한에 있다고 주장하고 있다.[40]

나. 국내외 조직과 전용시설 비교

국내단체의 경우 남한의 대한태권도협회는 1961년 대한태수도협회로 창립되어 1965년 대한태권도협회로 개칭되었다. 협회의 주요 업무는 태권도에 관한 기본방침을 심의·결정하고, 국제 경기대회의 개최 및 참가, 산하 가맹단체와 지부를 감독·관리하는 일이다. 북한의 조선태권도위원회는 국제올림픽위원회(IOC) 가맹단체가 아닌 국제태권도연맹(ITF)에서 활동하고 있다.

국제민간기구의 경우 남한이 주도하는 세계태권도연맹(WT)는 1973년 5월 28일 국기원에서 19개국 대표 35명이 참가한 가운데 창설되었다. 1973년 제1회 세계태권도선수권대회를 서울에서 개최한 것을 시작으로 1975년 국제경기연맹총연합회(GAISF) 정회원, 1976년 국제군인체육연맹(CISM) 경기종목, 1980년 국제올림픽위원회(IOC) 정식 경기연맹 등으로 급성장했다.

반면 북한이 주도하는 국제태권도연맹(ITF)은 1966년 3월 22일 북한이 아닌 남한의 서울에서 9개국 협회 대표가 참석한 가운데 창설되었으나, 이후 대한태권도협회와 갈등을 빚은 최홍희 총재가 1972년 캐나다로 이주하면서 남한 태권도와의 관계가 단절되었다. 1974년 제1차 태권도세계선수권대회를 캐나다에서 개최하였으며, 1980년부터 북한에 태권도를 전파했다. 2002년 최홍희 총재 사망 이후 북한의 장웅 IOC위원이 새로운 총재가 되었고, 2015년 북한의 리용선이 후임 총재로 선출되었다.

한편 태권도 전용시설의 경우 남한의 국기원은 1972년 11월 30일 대한태권도협회 중앙도장으로 설립되었다. 완공 이듬해인 1973년 제1회 세계태권도선수권대회를 유치하였으며, 1973년 2월 6일 중앙도장에서 지금의 국기원으로 개명되었다. 2007년 12월 21일 제정된 태권도진흥법에 근거하여 태권도 정신과 기술, 문화, 국제적 위상 강화를 위한 사업을 진행하고 있다. 이외에도 남한에는 2014년 체험·수련·상징 공간으로 조성된 태권도원이 있다.

반면 북한의 태권도전당은 1992년 9월 10일 평양의 청춘거리에 완공되었다. 완공 기념으로 제8차 태권도세계선수권대회를 10~15일에 진행했다. 북한의 태권도전당은 남한의 국기원과 달리 태권도 이외의 다른 종목의 경기 장소로 활용되거나, 각종 청소년학생 대상의 정치행사나 집회 장소로도 쓰인다. 이외에도 북한에는 2012년 개장하여 역사박물관과 과학연구소 등을 구비한 것으로 알려진 태권도성지관이 있다.

다. 기술체계와 경기대회 비교

남북태권도는 아래 <표 Ⅲ-1>과 같이 기본기술은 동일하지만 남한은 세계태권도연맹(WTF 또는 WT)의 경기 규칙을 따르고 북한은 국제태권도연맹(ITF)의 경기 규칙을 준수하는 차이가 있다. 북한태권도는 크게 틀, 맞서기, 위력, 특기, 호신 경기를 운영하고 있다. 이 가운데 북한의 틀은 남한의 품새, 북한의 맞서기는 남한의 겨루기, 북한의 위력은 남한의 격파에 해당되며, 북한의 특기와 호신 경기는 남한의 시범경연에 포함되어 있다. 북한태권도는 국제태권도연맹이 지정한 24개의 틀을 수련하며 남한 태권도는 태극 품새와 함께 유단자용으로 17개의 품새를 운용하고 있다.

남북태권도 기술의 차이점은 첫째, 태권도 경기에서 남한은 겨루기, 품새 중심이지만 북한은 맞서기, 틀, 위력, 특기, 호신 등 다양한 경기를 진행한다. 둘째, 겨루기 경기에서 남한 태권도는 주먹으로 얼굴을 가격하면 감점을 받지만 북한 태권도는 주먹으로 얼굴을 공격하는 것이 중요한 기술이다. 셋째, 남한의 겨루기는 전자호구와 헤드기어, 글로브 등을 착용하지만 북한의 맞서기는 글로브만 끼고 맨몸으로 경기를 한다. 넷째, 남한의 태권도 경기는 앞차기, 돌려차기 등 발기술이 발달되어 있지만 북한의 태권도 경기는 실전적인 손기술을 많이 사용한다. 그 결과로 북한 태권도는 실전무도 성격이 강하며 남한 태권도는 스포츠 경기 방식의 유연한 형식으로 진행되고 있다.

한편 남한의 국내단체인 대한태권도협회가 주관하는 주요 경기는 전국종별태권도선수권대회, 전국대학태권도개인선수권대회, 어린이태권왕 겨루기전국초등학교대회, 한국대학연맹회장기전국태권도대회 등이 있다. 북한의 국내단체인 조선태권도위원회가 주관하는 주요 국내경기대회는 정일봉상전국태권도선수권대회, 9월10일상전국태권도종합경기대회, 9월 10일상전국무도선수권, 전승컵전국태권도강자경기대회 등이 있다. 남한이 주도하는 세계태권도연맹의 국제경기대회는 세계태권도선수권대회가 대표적이며, 북한이 주도하는 국제태권도연맹의 국제경기대회는 태권도 세계선수권대회가 대표적이다. 이상의 내용은 아래 <표 Ⅲ-1>과 같이 요약할 수 있다.

<표 Ⅲ-1> 남북태권도 특성 비교

연도	남 한	북 한
국제조직	- 세계태권도연맹(WT) - 1973 창립, 본부: 서울 - 총재: 조정원 - 회원국: 206개국 - 회원: 9천만명 추산	- 국제태권도연맹(ITF) - 1966 설립, 본부: 빈 - 총재: 리용선 - 회원국: 130개국 - 회원: 150만명 추산
겨루기/맞서기	- 8체급, 3분 3회전 - 스포츠 방식	- 5체급, 2분 3회전 - 실전무도 방식
품새/틀	- 태극(1~8장) - 고려~일여 총17품새	- 천지, 단군, 통일 등 총24틀
격파/위력	- 태권도한마당대회 등	- 개인전/단체전 경기
시범/특기호신	- 태권도한마당대회 등	- 점수종합채점 경기
띠	- 5단계 - 하양/노랑/파랑/빨강/검정 색	- 6단계 - 흰/노란/풀/푸른/붉은/검은 색
도복	- 사범과 수련생 흰색 동일	- 수련생 사범: 흰색, - 사범: 테두리검은 줄
도구	- 전자호구·보호대 착용	- 글로브 착용, 보호대 미착용
국내외 경기대회	- 전국종별태권도선수권대회 등 - 세계태권도선수권대회 등	- 정일봉상전국태권도선수권대회 - 태권도세계선수권대회 등

출처 : 세계태권도연맹(http://www.worldtaekwondo.org/); 국기원(www.kukkiwon.or.kr);
국제태권도연맹(www.itf·tkd.org) 관련 내용 종합

2. 남북태권도 교류 과정 평가

가. 남북태권도 교류 과정

남북태권도 문제는 1980년 국제올림픽위원회(IOC)가 세계태권도연맹(WTF)을 가맹단체로 승인한 다음부터 시작되었다. 국제태권도연맹(ITF)의 최홍희 총재가 북한과 손을 잡고 북한에 태권도를 보급하기 시작한 시기이다. 1980년에 북한은 제6차 당 대회를 통해 고려민주연방공화국 창립방안은 채택했는데, 핵심 내용은 제도적인 통일이 어려워진 상황에서 민족적인 통일로 방향을 선회한 것이었다. 1981년 WTF태권도가 1986년 서울아시안게임의 시범종목으로 채택된데 이어 1985년에 1988년 서울올림

픽의 시범종목으로 채택된 사실이 북한과 최홍희의 결속에 영향을 준 것으로 보인다.[41]

1980년대 남북태권도의 교류는 북한이 직접 나서기보다는 최홍희와 국제태권도연맹(ITF)이 주도하는 형식으로 전개되었다. 1985년 ITF는 제2차 제의에서 제3의 통합 단체명과 동수의 통합위원회 구성 등의 내용을 제안했으나, WTF는 국제사회에서의 위상을 강조하면서 문호가 개방되어 있다고 회신하는 등 소극적으로 대응했다. 1994년 9월 태권도가 2000년 시드니올림픽 정식종목으로 채택될 당시 IOC가 "두개 세계연맹을 통합해야만 올림픽 종목으로 넣어주겠다"고 했으나 WTF가 "올림픽 정식종목이 되고 난 뒤 통합하겠다고 밀어부쳤다"는 김운용 전 WTF 총재의 증언에 비추어 보면,[42] 당시의 약속이 ITF가 WTF와의 통합을 지속적으로 주장하는 근거로 볼 수 있다.

2000년부터는 북한태권도와 남한태권도의 교류라는 국가적인 차원으로 발전했다. 특히 2002년 최홍희 사망 이후 후임 총재로 선출된 북한의 장웅 IOC위원이 ITF를 주도하게 되면서 북한은 기존의 ITF와 WTF라는 국제 민간기구간의 통합 논의와 함께 남과 북의 민족적 교류의 차원으로 넓혀 나갔다.

2000년 6월 평양에서의 남북 정상회담 당시 김정일 위원장이 김대중 대통령과 동행한 김운용 WTF 총재에게 "남북 태권도가 하나로 합쳐 발전할 수 있는 방안을 모색해 달라"고 제의함으로써 남북태권도 통합 문제가 국가적 과제로 급부상했다. 2002년 8월 제7차 장관급회담에서 양측이 남북태권도시범단의 교환 방문에 합의했다. 같은 해 9월 14~17일 남측 태권도시범단의 평양 공연과 10월 24~25일 북측 태권도시범단의 서울 공연이 각각 성사되었다.[43]

2002년 10월 부산아시아경기대회와 2003년 8월 대구 하계유니버시아

드 기간 동안 김운용과 장웅 IOC 위원 겸 두 연맹 총재들이 양측 태권도 연맹의 통합문제를 논의했다.[44] 2004년 1월 김운용의 WTF 총재직 사임 으로 중단된 논의는 2005년 6월 3일 조정원 WTF 총재와 장웅 ITF 총재 가 스위스 로잔 IOC본부에서 자크 로게 위원장과 장기적인 태권도 발전 을 위해 양 기구의 '기술과 행정을 통합하기로' 약속하면서 재개되었다. 6월 첫 실무회담에서 WTF와 ITF는 '기술통합 조정위원회'를 만들자는 원칙에 합의했으나, 북측은 8월 회담에서 기술 통합과 함께 기구행정 통 합이 병행돼야 한다는 입장을 고수했다.[45] 2005년 12월 제17차 남북장관 급회담에서 남과 북은 태권도의 통일적 발전을 위해 ITF와 WTF의 긴밀 한 협력이 이뤄지도록 적극 지원하기로 합의했다.[46]

2000년대 중후반에 이뤄진 두 국제 민간기구의 논의는 IOC의 적극적 인 중재 속에서 기술과 행정의 통합조정위원회 구성 등 한 차원 높은 단 계로 진입했다. 2006년 9월 20일 스위스 로잔 IOC본부에서 IOC위원장인 자크 로게, WTF 조정원 총재 그리고 ITF 장웅 총재가 양 단체의 통합 문제를 논의했다. 2006년 12월 3일 조정원 WTF 총재가 ITF 총재인 북한 의 장웅 IOC 위원과 '태권도통합조정위원회' 구성에 대한 합의서에 서명 했다. 양측은 합의서에 두 국제 민간기구의 '행정 기술 통합 문제를 동시 에' 다뤄 나갈 조정위원회를 구성하되 기술·규정 통일을 선행시켜 나가기 로 했다.[47] 2007년 이후 양 단체는 '기술통합조정위원회'를 구성하고 총 11차례의 실무자 회담을 진행했으나 별다른 소득이 없었다. 2008년 남한 에서 남북교류에 소극적인 정부가 들어선 이후 남북태권도 교류는 전면 중단되었다.

2010년대 남북태권도 교류는 IOC의 적극적인 중재에 힘입어 WTF와 ITF가 주관하는 대회에 서로 출전할 수 있도록 하는 등의 전향적인 결과 물을 도출했다. 2014년 8월 21일 WTF 조정원 총재와 ITF 장웅 총재가 토마스 바흐 IOC 위원장이 입회한 가운데 체결한 '태권도 발전을 위한 의정서'가 대표적이다. 총 4개 항으로 이뤄진 의정서에는 상호 인정과 존중, 상대방 대회 교차출전, ITF 선수들의 올림픽 출전 추진, 다국적 시범단 구성 등이 포함되었다.[48] 특히 WTF와 ITF 소속 선수들이 서로의 경기규칙을 준수할 경우 양 단체가 주최하는 대회와 행사에 교차 출전할 수 있도록 합의하여 ITF 소속 북한선수들도 올림픽에 출전할 수 있게 되었다.

2015년 5월 WTF세계태권도선수권대회에서는 두 연맹 시범단의 합동공연이 최초로 성사되었다.[49] 2017년 남한에서 진행된 WT선수권대회에 북한 중심의 ITF시범단이 참가한데 이어, 2018년 2월 평창동계올림픽에서의 ITF시범단 공연, 4월과 10월 평양에서의 WT시범단 공연이 성사되었다. 11월 2일에는 남북이 주도하는 두 연맹 사이에 '태권도통합 및 발전을 위한 합의서'가 체결되었다.[50]

나. 남북태권도 교류의 성과와 한계

이처럼 남북태권도 교류는 크게 국내단체 교류와 국제 민간기구 교류로 구분된다. 그리고 국내단체 교류는 다시 정부주도와 민간주도의 경우로 나누어 설명할 수 있다. 이들 각각의 사업에서 나타난 성과와 한계점은 다음과 같이 요약해 볼 수 있다.

첫째, 정부 주도의 국내단체 교류는 2002년 남북태권도시범단 교환 방문 사업이 대표적이다. 태권도가 남북교류의 주 대상으로 포함되면서 민족의 이질감 해소와 동질성 회복이라는 체육교류의 명분을 강화하는 계기를 마련했다.

그러나 정부주도 국내단체 교류는 다음과 같은 한계가 있었다. 첫째, 남북태권도 교류 사업이 국내외 정치적 상황에 종속될 수밖에 없었다. 둘째, 남북태권도 교류를 위한 대응태세가 미흡했다. 대태협과 조태위는 시간이 촉박한 관계로 상호지역에서의 실무회담을 진행하지 못하고 판문점을 통한 문서교환으로 태권도 교류사업에 대한 세부사항을 협의했다. 셋째, 남북태권도 교류를 단계적으로 지속하기 위한 전략이 부재했다.[51]

둘째, 민간차원의 국내단체 교류는 2003년 제주도 민족통일평화체육문화축전, 2007년 강원도 춘천에서 남한의 ITF태권도협회 초청으로 진행된 북한 태권도시범단 공연, 2014년 러시아 사할린에서 남북이 함께 참여한 태권도시범단 공연이 대표적이다. 이 가운데 2003년 제주도 교류는 체육과 문화 행사를 함께 진행하는 성과가 있었다. 2007년 춘천 교류는 북한이 주도하는 ITF와 연계된 남한 ITF협회의 등록을 축하하기 위한 목적으로 해석되어 여론의 지지를 얻지 못했다. 민간차원의 교류는 주체의 다양화라는 긍정적인 측면과 함께 대북 창구의 분산에서 오는 부작용도 있었다. 남한의 국내단체인 대태협과 북한의 국내단체인 조태위로 창구를 일원화하고 이를 위한 남북태권도교류위원회 운영이 요구되었다.

셋째, 국제 민간기구 교류는 2000년대부터 활성화되었으며, 남북 정상의 태권도에 대한 관심이 결정적으로 작용한 것으로 볼 수 있다. 2001년 8월 김운용 당시 대한체육회장 겸 WTF 총재가 최홍희 ITF 총재를 그해 11월 제주도에서 개최하는 WTF경기대회에 초청하겠다는 의사를 밝힘으로써, 남북의 국내단체 교류와 국제 민간기구 통합이 서로 다른 사안이라는 점이 부각되기도 했다. 당시 남한에서는 북한의 국내단체와 국제 민간기구를 각각 분리하여 대응할 수 있었던 기회였다.

그러나 2002년 6월 최홍희의 갑작스런 사망으로 북한이 ITF를 주도하여 국내단체와 국제 민간기구를 유기적으로 연계할 수 있었지만, 이와 반대로 남한에서는 김운용의 WTF 총재 사임과 IOC 위원직 상실로 국내단체와 국제 민간기구가 유기적으로 연결되지 못했다. 활동하게 되어 효율적으로 대응하지 못했다.

2005년 WTF와 ITF가 로게 IOC 위원장의 적극적인 중재 아래 기술행
정통합조정위원회를 구성하기로 합의한 것은 남북태권도 교류에서 괄목
할만한 성과로 평가할 수 있다.

그러나 국제 민간기구 차원의 협상이 국내단체와 유기적으로 연계하
여 진행되지 못한 한계가 있었다. 그럼에도 국내단체 교류가 부진한 가
운데 나온 성과였으며 이전보다 한 차원 높은 단계의 교류로 진입한 것이
었다. 국제 민간기구 교류의 성과를 국내단체 교류의 기회로 활용하기 위
한 남북태권도교류의 중장기 계획 수립이 시급한 과제로 되었다.

2010년대 국제 민간기구 교류의 대표적인 사례는 2014년 8월 IOC의
적극적인 중재 속에 합의한 '태권도 발전을 위한 의향서' 체결이다. WTF
와 ITF는 양측이 주관하는 대회에 상호 출전할 수 있도록 하는 등의 진전
된 내용이 포함되었다. 향후 남북이 올림픽 경기에 공동으로 출전하기 위
한 상호 교류와 협력의 사업을 구체적으로 추진할 수 있게 되었다는 점에
서 진전된 성과로 볼 수 있다.

조인식 직후 바흐 IOC 위원장이 "의향서 체결은 젊은 태권도 선수들
을 위한 것으로 앞으로 협력에 굳건한 토대를 내린 것"으로 평가한 것처
럼, 남북 청소년들의 교류를 확대할 수 있는 계기로 작용할 것으로 보인
다. 2015년 5월 러시아에서 개최된 WTF세계대회에 ITF 시범단원 초청공
연이 성사된 점도 남북의 두 국제 민간기구가 협력해서 이룬 의미있는 성
과로 평가할 수 있다.

2017년 무주 WT선수권대회에 북한 중심의 ITF시범단 참가에 이은
2018년 2월 평창동계올림픽과 4월과 10월 평양에서의 WT와 ITF 합동시
범공연이 성사되었다. 11월 2일 평양에서 두 연맹은 '태권도 통합 및 발
전을 위한 합의서'를 체결했다. 주요 내용은 '통합을 위한 공동기구, 통합
을 위한 활동(합동시범공연, 경기대회 공동주최, 상호 경기대회 참가, 유

네스코 등록 협력), 매월 1차 이상 협의' 등으로 남북태권도의 실질적인 협력이 가능하게 되었다. 그럼에도 남북태권도의 국내단체들의 본격적인 교류사업과 별개로 진행되는 것이라는 한계를 지닌다.

IV. 평화번영을 위한 남북태권도 교류

1. 남북태권도 교류·융합 유형

윤소영 외에 여러 연구자들에 따르면 21세기 이후 인류의 문명은 창조적 결합으로 새로운 부가가치를 창출하는 문화융합의 현상이 일반화되고 있다. 그 속에서 정치·사회·경제·기술 환경의 패러다임이 변화되고 있기 때문에, "여러 분야에 관련되어 있는 문화가 중심이 되어 다양한 분야의 융합을 촉진할 수 있다"는 것이다.[52]

윤소영은 특히 문화융합을 "공간 및 제품·서비스에 문화와 기술·과학, 경영 등 타 분야가 결합하여 긍정적인 감성을 자극하고 새로운 시장을 개척하는 산업"으로 개념하면서, 제품·서비스와 문화가 결합하는 경우와 공간과 문화가 결합하는 경우로 구분하여 설명했다. 그리고 이들 각각이 사회문제 해결형과 콘텐츠 혁신형과 교차하여 이루는 문화융합의 네 가지 유형을 제시했다.[53]

이러한 방식의 접근은 새로운 부가가치를 창출하기 위한 남북태권도의 협력에서도 유용하게 적용될 수 있다. 즉 "남북태권도의 공간 및 제품·서비스에 문화와 기술·과학, 경영 등 타 분야가 결합하여 긍정적인 감성을 자극하고 새로운 시장을 개척하는 콘텐츠" 창출을 한민족의 평화번영을 위한 남북태권도 교류협력의 목표로 둘 수 있다. 그리고[54] 남북태권도의 문화콘텐츠 협력은 앞에서와 같이 사회문제 해결과 콘텐츠 혁신의 유형으로 구분하고 여기에 남북분단이라는 정치사회적 현실을 감안하여 남북의 두 국제민간기구와 두 국내단체 각각의 협력 유형을 추가하는 것이 적절할 것이다.

최근 활발해진 두 연맹의 교류 사업은 남북태권도의 직접적인 교류라기보다는 IOC 차원에서 이뤄진 국제 민간기구들의 교류이다. 그래서 이들 두 연맹의 교류와 별도로 남북의 국내단체(국기원/대한태권도협회와 조선태권도위원회) 간의 실질적인 교류·협력 사업이 활성화되어야 한다. 이상의 내용에 기초하는 남북태권도의 문화콘텐츠 유형 및 대표 사례는 아래 <표 Ⅳ-1>과 같이 요약할 수 있으며, 이들 각각의 사례에 대한 단계별 실천 방안은 이어지는 내용으로 설명할 수 있다.

〈표 Ⅳ-1〉 남북태권도 교류·융합 유형

목적＼대상	공간＋문화	제품·서비스＋문화
국제적 협업	IOC 차원에서 추진되고 있는 두 국제 민간기구(WT, ITF)의 올림픽경기 공동 참가를 위한 기술 및 행정 협력 (예) 올림픽경기 공동참가 = 1) 교차출전 2) 기술협력 3) 행정융합	
국내적 협업	남북의 두 국내단체(국기원/대한태권도협회, 조선태권도위원회)들의 태권도 유네스코 무형문화유산 공동등재를 위한 행정 협력 (예) 유네스코 공동등재 = 1) 추진위원회 2) 실무사무국 3) 공동등재	
콘텐츠 혁신	남북태권도의 행사공간에 축제문화의 노하우를 융합하여 신명나는 축제행사 진행 (예) 통일태권도 공동축제 = 1) 남한한마당 2) 북한한마당 3) 통일한마당	남북태권도의 시범기술에 공연예술과 실감미디어를 융합하여 미래지향의 콘텐츠 창출 (예) 통일시범단 실감공연 = 1) 초청시범 2) 합동시범 3) 통일시범
사회문제 해결	남북태권도 상징 공간에 통일지향의 문화적 가치를 융합하여 동질성 회복을 위한 문화관광 프로그램 운용 (예) 남북태권도 문화관광 = 1) 운영계획 수립 2) 공간조성 3) 공동진행	남북태권도의 기본 기술에 통일지향의 문화적 가치를 융합하여 공동의 수련 프로그램 창안 보급 (예) 통일품새·틀 공동창안 = 1) 제정위원회 2) 지도자 교육 3) 공동적용

출처 : 홍성보, "남북태권도의 교류 및 문화콘텐츠 협력 방안", 국기원 태권도포럼 발표문 (2017년 8월 25일) 관련 내용 보완

2. 남북태권도 교류·융합 방안

가. 올림픽경기 공동참가

남북태권도의 IOC종목 공동참가는 남북이 주도적으로 개최해온 각각의 국제경기대회를 통합·확대 개편하여 하나의 경기대회로 정착시키기 위한 방안이다. 궁극적으로는 남북이 주도하는 국제 민간기구들의 협력 네트워크 구축을 토대로 하여 남북이 공동으로 IOC경기에 참가하도록 하며, 이를 위한 진행의 과정에서 남북태권도 공동의 산업화 기반이 마련되도록 한다. 남북 IOC종목 공동참가 방안은 1단계 교차출전을 통한 경기기술의 교류, 2단계 남북태권도 경기기술의 협력, 3단계 남북태권도 행정의 융합으로 점진적으로 추진하는 것이 바람직할 것이다.

1단계는 남북이 주도하는 세계태권도와 국제태권도연맹 국제경기의 상호 교차출전이다. 2014년 8월 IOC 중재로 세계태권도연맹과 국제태권도연맹이 합의한 상호 인정과 존중, 상대방 대회 교차출전, 국제태권도연맹 선수들의 올림픽 출전 추진, 다국적 시범단 구성 등의 사업을 실천하도록 한다. 이 단계에서 두 연맹은 상호 조직을 서로 인정해 주면서 상호대회에 출전하고 각자 가맹회원국을 관리하도록 한다.

2단계는 남북이 주도하는 세계태권도연맹과 국제태권도연맹의 기술협력이다. 두 연맹의 협력에는 기존 각 회원국의 승인 및 처리 문제, IOC의 승인 등 여러 난제가 발생할 수 있으므로 자연스러운 통합 과정을 거쳐야 한다. 이 단계에서는 두 연맹은 상호 조직을 인정해 주면서 회원국이나 회원이 상호대회에 출전하도록 허용하여 기술의 협력을 도모한다. 각 조직의 가맹회원국 또는 회원은 각각의 연맹 조직에 새롭게 가입할 수 있도록 선택권을 부여한다.

3단계는 남북이 주도하는 세계태권도연맹과 국제태권도연맹의 행정융합이다. 두 연맹의 행정협력은 상호대회의 출전 허용 및 기술(겨루기 및 품새)의 융합이 이루어진 이후에 이를 공동관리 차원에서 점진적으로 이 뤄지는 것이 바람직할 것이다.

나. 유네스코 공동 등재

유네스코 공동등재는 국내단체들의 상호 협력을 기반으로 남북이 공동으로 유네스코 무형문화유산에 등재하는 것이다. 태권도를 둘러싼 문화경쟁과 갈등을 공유(公有)적 시각에서 해결하기 위한 것으로서, 태권도를 계기로 남북문화교류를 활성화에 기여하며, 궁극적으로는 남북태권도를 한민족 공동의 무형문화유산으로 통합·운영 및 관리·보존을 목표로 한다. 이를 위한 1단계 남북 추진위원회 구성, 2단계 남북 사무국 운영, 3단계 인류 무형문화유산 공동등재 신청의 단계별 추진이 바람직할 것이다.

1단계는 유네스코 공동등재를 위한 남북의 추진위원회 구성 운영이다. 등재 추진체계 기초 마련을 위한 단계로서, 등재전담 추진위원회 및 유산의 가치 검증을 위한 전문가위원회 구성, 거버넌스 체계 구축이 주요 과제이다. 이를 위한 심층 학술연구 지원 및 정리, 현장 자료 수집, 무형문화재 가치(전형성에 대한 합의 등)에 대한 초안 마련, 등재 추진을 위한 주요 이해 당사자들 간 거버넌스 체계 구축이 필요하다.

2단계는 유네스코 공동등재 신청을 위한 남북공동의 사무국 운영이다. 공동등재 추진체계 확립의 단계이며, 등재 신청을 위한 사무국 운영 이외에도 전문가위원회 운영, 거버넌스 기구 운영 등이 주요 과제이다. 세부적으로는 유네스코의 무형문화유산 관련 특성 규정에 대한 준비, 이미 등재된 유사한 유산들과 비교 분석, 국외 유사 사례 비교 분석 및 대상 유산답사, 보호 및 관리 체계 검토를 통한 통합관리 체계 수립, 유산에 대한 기술문 작성, 신청서 작성, 국내외 홍보 및 국제협력이 주요 과제이다.

3단계는 유네스코 무형문화유산에 대한 공동신청이다. 남북공동의 신청과 이후 등재를 위한 대비 단계이다. 유네스코의 심사위원들의 현지 실사 대비, 국외 전문가 초빙 자료 제작, 자문기구 요청서 전송, 무형문화유산 최종 결정 확인 등을 주요 내용으로 한다.

다. 통일태권도 공동축제

통일태권도 공동축제는 남북태권도의 행사공간에서 민족의 동질성을 회복하기 위한 목적에서 한마당축제를 남북이 번갈아 개최하는 방안이다. 태권도 행사의 공간적 특성과 인프라를 활용하고 태권도 관련 문화예술 축제와 결합하여 시범경연, 품새, 격파, 태권체조 경연대회 등을 다채롭게 진행한다. 특히 남한의 앞선 예술축제 문화와 북한의 집단공연 기술의 결합을 토대로 하여 1단계 남한에서의 한마당축제 개최, 2단계 북한에서의 한마당축제 개최, 3단계 판문점에서의 통일한마당 공동개최 등으로 단계별 추진이 바람직할 것이다.

1단계는 국기원이 주최하는 태권도한마당에 북한팀을 초청하는 방안이다. 북한태권도의 시범경연 및 격파, 위력, 특기 기술이 참여할 수 있도록 대회 규정의 정비 및 이를 위한 관계 당국과의 협의 및 승인, 북측에 초청문 전달, 준비위원회 구성 등이 주요 과제이다. 특히 한마당대회에는 북한을 포함한 전세계 태권도인이 참여할 수 있도록 문호를 개방한다.

2단계는 북한이 주최하는 태권도행사에 남한태권도 팀이 해외태권도와 함께 참가하는 방안이다. 남한태권도의 시범경연, 품새, 격파, 태권체조 등이 북한의 행사대회에 참여할 수 있도록 대회 규정에 대한 상호 협의, 이를 위한 관계 당국과의 협의 및 승인, 북측의 초청문 접수, 준비위원회 구성 등이 주요 과제이다.

3단계는 남북이 공동으로 통일한마당을 준비하여 판문점에서 진행하는 방안이다. 이를 위해 남북태권도의 준비위원회 구성, 관계기관과의 협의 및 승인이 주요 과제이다. 판문점 공동행사를 위한 남북태권도 대표단 선발 및 합동훈련 실시, 해외태권도 참가자들과의 합동훈련, 행사대회 규칙의 적용을 위한 시범행사 실시 등이 주요 과제이다. 이후의 공동축제는 남북이 번갈아 가면서 개최하도록 한다.

라. 통일시범단 실감공연

통일시범단 실감공연은 기존의 제품·서비스에 문화적 가치를 융합하여 새로운 시장을 창출하고 태권도시범공연의 산업기반을 마련하기 위한 것이다. 남북이 함께 공연사업을 기획하고 진행하여 남북의 개별적인 시범에서 오는 상호 이질적인 문화 확산의 문제점을 해결하고 미래 지향적인 방향을 제시하기 위한 것이다. 특히 AR(Augmented Reality) 등 실감미디어 기반을 갖춘 시범 전문의 공연장을 남과 북에 각각 건립하고 상호연계하여 운영하는 방안이다. 남북 통일시범단 실감미디어 공연사업은 1단계 초청시범 공연, 2단계 합동시범단 공연, 3단계 통일시범단 공연 등 점진적 추진이 바람직할 것이다.

1단계는 남한의 특정 행사대회에 북한 태권도시범단을 초청하여 시범공연하는 방식이다. 태권도시범단의 교류방식은 단기 이벤트성 행사로 태권도가 민족 동질성 회복에 일조할 수 있다는 사실을 상호 국민들에게 알리는데 있다. 시범 프로그램의 내용은 상호 시범단에서 자체적으로 구성하고 실감미디어 적용의 기반을 조성한다.

2단계는 남북이 공동으로 태권도시범단을 구성하여 합동으로 시범공연을 하는 방식이다. 남북태권도시범단원들이 한 장소에 모여 공동으로 시범프로그램을 구성하고 합동훈련을 실시한 후, 합동으로 시범공연을 펼치는 것으로서, 초청 시범공연과 마찬가지로 상호 지역을 방문하여 훈련한 후 실감미디어를 적용한 공연을 펼치도록 한다. 세계태권도연맹이나 국제태권도연맹의 국제경기에서 합동시범을 보임으로써 태권도를 통한 남북의 융합을 전 세계에 홍보하도록 한다.

3단계는 남북이 공동으로 태권도시범단을 조직하고 프로그램을 구성하여 하나의 시범단을 운영하는 방식이다. 남북태권도 통일시범단은 남북의 대한태권도협회와 조선태권도위원회 경기대회, 세계태권도연맹과 국제태권도연맹 주관 경기대회 시범을 병행하며, 궁극적으로는 남북의 태권도전용공연장에서 실감미디어가 실현된 공연 프로그램을 운영하도록 한다.

마. 남북태권도 문화관광

남북태권도 문화관광은 남북태권도의 전용 공간에 건립된 경기장, 수련장, 도서관, 기록관, 박물관 등을 문화관광의 공간으로 조성하여 남북태권도의 다양한 정보와 프로그램을 제공하기 위한 것이다. 남북태권도의 전용공간에서 정보와 문화 축적을 통해 관련 산업 활성화의 구심점 역할을 수행하며 통일한국의 태권도 인재 양성에 기여하기 위해 1단계 운용계획 협력, 2단계 기본사업 운영, 3단계 응용사업 운영 등의 단계별 추진이 바람직할 것이다.

1단계는 운용계획 수립과 관련한 남북 상호간의 협력이다. 남북태권도 각각의 전용공간을 복합문화 시설로 조성하기 위한 협의의 단계이며 통일 지향의 문화적 감성 충족과 문화 복지 구현을 목표로 한다. 태권도 경기장, 수련장, 도서관, 기록관, 박물관 등을 연결하는 남북 공동의 문화관광 사업을 구성하도록 한다.

2단계는 남북이 합의하여 구성한 기본사업에 대한 운영이다. 남북태권도의 전용공간에서 정보 소통과 문화콘텐츠 자료 축적을 위한 문화 인프라 구축을 시작하는 것이다. 남북태권도 관련 아날로그 및 디지털 정보 수집·분류, 디지털 아카이브 공간 구축, 문화콘텐츠 자료 검색·열람, 3D 영상체험, 멀티미디어 관람, 문화콘텐츠 제품 전시, 게임 체험, 커뮤니티 공간 구축을 통한 통일지향의 문화관광 프로그램을 보급하도록 한다.

3단계는 기본사업의 경험에 기초하여 확장된 응용사업의 운영이다. 남북태권도 공동의 문화관광 프로그램을 토대로 하여 태권도 관련 문화콘텐츠 산업의 구심점이 되기 위한 복합문화 공간을 조성하도록 한다. 콘텐츠 창작 공간, 비즈니스 지원 제도, 통일한국을 위한 태권도 인재 교육을 포함하는 문화관광 프로그램이 정착되도록 한다.

바. 통일품새·틀 공동창안

남북 통일품새·틀 창안은 남북태권도의 기본기술에 기초하여 새로운 차원의 문화콘텐츠로 민족의 동질성 회복에 기여하기 위한 것이다. 통일품새·틀은 남과 북이 공동으로 창안하고 남북이 공동으로 생활체육과 대중체육 프로그램으로 보급하여, 민족의 동질성 회복 및 건강증진에 기여하도록 한다. 창안 과정에서는 동양전통의 호흡법 및 남한의 에어로빅태권도와 북한의 건강태권도 등 생활체육 프로그램을 참고하여 1단계 제정위원회 결성, 2단계 지도자 교육과 보급, 3단계 국내외 대회 정착 등으로 추진하는 것이 바람직할 것이다.

1단계는 남북의 국내단체인 국기원/대태협과 조태위 간의 품새·틀 제정위원회 결성이다. 남북의 통일품새·틀 제정을 위한 기술세미나를 개최하여 상호간의 품새와 틀을 어떻게 인정할 것이며, 경기용과 건강용 등 남북 공동의 통일품새·틀을 어떠한 방식으로 개발할 것인지 결정하는 등의 주요 과제가 있다.

2단계는 남북의 태권도지도자 교육 및 현장 보급 사업이다. 이를 통해 통일품새·틀을 생활체육과 대중체육 프로그램으로 정착시키고, 각종 경기대회에 시범 출전하도록 한다. 이를 위해 남북의 통일품새·틀 선수들 대상의 통일품새·틀 원리 및 동작 구성 세미나, 기본동작 및 응용동작 습득 세미나, 유급자 및 유단자용 습득 세미나, 시범대회, 상호대회 교차 출전 등의 사업을 진행한다.

3단계는 남북의 통일품새·틀의 국내외 경기대회 정착이다. 남북의 국내단체들이 통일품새·틀을 경기대회 종목으로 인정하고 남북의 국제 민간기구 대회에서도 정식 종목이 되도록 한다. 남북의 청소년 선수들이 남한의 태권도원이나 북한의 태권도전당에서 합동 수련을 실시하거나 상호 지자체 단위의 대회에 참가하도록 하며, 이들을 주축으로 하는 시범단 구성 및 각종 국내외 대회 공동 참가 등의 사업을 전개하여 남북 상호간의 연대감을 높이도록 한다.

3. 마무리 글

남북태권도 문제는 다른 분야와 마찬가지로 민족의 동질성 회복과 상호간 신뢰구축을 통해 장기적으로 통일국가 달성에 기여하기 위한 일종의 전략적 수단이라 할 수 있다. 이를 원활히 하기 위해서는 남북태권도교류융합위원회 구성, 남북태권도교류융합에 관한 협정서(의정서) 체결, 남북스포츠(체육)교류융합위원회의 설치 등의 여건 조성이 필요하다. 또한 남북의 국내 태권도단체들이 사업의 주체가 되어 남북이 주도하는 두 연맹과의 긴밀한 협조가 요구된다. 이를 바탕으로 하는 남북태권도 교류와 융합은 실천 과정에서 정치사회적 여건에 부합하는 단계별 사업으로 구체화하는 것이 바람직할 것이다. 21세기 이후 인류의 문명이 새로운 부가가치를 창출하는 융합의 시대로 접어들었다는 점에서, 남북태권도의 장점을 결합하는 문화융합의 방식으로 공동이익을 도출해 낼 수 있다면 이는 향후 통일한국의 실질적인 모델 창출에도 기여할 수 있을 것이다.

이 장의 주

1 이 글은 저자의 아래 논문들을 종합하여 새로 구성한 것임을 밝혀둔다. "남북태권도의 교류와 융합에 관한 연구,"『무예연구』, 2017, 제11권 제2호; "김정은 시대 북한태권도의 변화와 지속성 연구,"『무예연구』, 2017, 제11권 제3호; "북한태권도의 문화유산 내용과 특성 연구"『무예연구』, 2018, 제12권 제4호.

2 김정은, "백두의 혁명정신으로 체육강국건설에서 새로운 전성기를 열어 나가자-제7차 전국체육인대회 참가자들에게 보낸 서한, 2015년 3월 25일," <로동신문>, 2015년 3월 26일.

3 김정일, "체육을 대중화하며 체육기술을 빨리 발전시킬데 대하여-체육부문 일군들과 한 담화, 1986년 5월 19일,"『김정일선집(8)』(평양: 조선로동당출판사, 1998).

4 본 논문은 승산종목을 핵심종목과 같은 의미로 사용하고 체육관련 용어는 북한식 표기를 유지.

5 조선백과사전편찬위원회,『광명백과사전 제20권(체육)』(평양: 백과사전출판사, 2008), 94~141, 203~776쪽.

6 유네스코한국위원회, https://www.unesco.or.kr/.

7 유네스코 보호협약의 향후 과제는 1) 무형문화유산과 지속가능한 개발과의 관계를 보다 효과적으로 부각시킬 수 있는 방법, 2) 무형문화유산이 기후변화의 향을 완화시키기 위한 역할, 3) 각종 국제 인권 협약의 2003년 협약에 주는 시사 점, 4) 성 평등, 성 다양성 비중을 더 키울 수 있는 방법, 5) 갈등 방지, 갈등 해소, 평화 구현, 6) 자연재해 예방 및 복구에 있어 무형문화유산의 역할 수행 방법, 7) 언어가 차지하는 비중 등이다. 세실 뒤벨, "무형문화유산협약: 제정 10

주년을 맞이하여," 『국제저널 무형유산』, 제8권, 2013, 8~10쪽.

8 공정배 외, "<가야금산조>의 유네스코 세계무형문화유산 목록 등재와 관련된 한중 문화갈등의 배경과 대응 방안," 『한국사상과 문화』, 제63집(2012년 12월), 55~388쪽.

9 홍성보, "김정은 시대 북한태권도의 변화와 지속성 연구," 『무예연구』, Vol.11 No.3, [2017].

10 문화재청, http://www.cha.go.kr/main.html.

11 북한과 남한은 2015년과 2016년에 각각 씨름 종목을 등재 신청했다. 남북한 전통 스포츠의 유네스코 등재 관련 갈등은 2017년 북한이 '무예도보통지'를 세계기록 유산으로 등록하는 과정에서도 돌출되었다.

12 함한희 "아리랑 김치, 그리고 국가주의." 『비교민속학』 Vol.59 No.-[2016], 411~438쪽.

13 최고인민회의 상임위원회 정령 제2584호, <조선민주주의인민공화국 문화유산보호법>, 2012년 8월 7일; 통일부, 북한동향(2012).

14 이들과 함께 설맞이풍습, 구들생활풍습, 연 띄우기, 고려청자 제작술, 정월대보름과 달맞이풍습, 감흥로양조기술, 추석명절풍습, 신설로, 주몽설화, 전통수예, 뜸 치료술, 떡꾹 만들기, 산삼이용기술, 단군제례, 고려인삼 재배와 이용풍습, 척추 변형성 질병에 대한 침치료술, 대퇴골 두무균성 과사에 대한 침치료술, 화침치료법, 약침에 의한 치료법, 쑥떡 만들기, 녹두지짐풍습, 과줄(강정/다식/약과 등을 통틀어 이르는 말)가공법, 동지죽 풍습, 오갈피술양조방법, 단군술 양조기술 등 총 36개의 국가급 비물질유산이 있는 것으로 알려지고 있다. 송민선, "인류무형문화유산 남북 공동등재를 위한 교류 협력방안 연구," 『문화재』, Vol.50 No.2 [2017], 94~115쪽.

15 김정은의 로작(논문)은 2014년 10월 24일 당 중앙위원회 책임일꾼들에게 민족유산 보호사업이 "선조들이 이룩한 정신적, 물질적 유산을 계승발전시켜 민족의 역사와 전통을 고수하고 빛내는 애국사업"이라고 설명한 글이다. 김정은, "민족유산보호사업은 우리 민족의 역사와 전통을 빛내는 애국사업이다, 2014년 10월 24일," 통일부, 북한동향(2014).

16 최고인민회의 상임위원회 정령 제538호, <조선민주주의인민공화국 민족유산보호법>, 2015년 7월 15일; 같은 날 <조선중앙통신>은 최고인민회의 상임위원회가 "기존 문화유산보호법 폐기 및 민족유산보호법(6개장·62개 조항 구성) 새로 채택" 소식을 전하면서, 이 결정으로 "주체성의 원칙과 역사주의원칙, 과학성의 원칙에서 민족유산을 더 잘 보호하고 계승 발전시켜 나갈 수 있는 튼튼한 법적담보가 마련"되었다고 설명했다. 통일부, 북한동향(2015).

17 2018년 7월 설립된 '조선민족유산보호기금'은 "국내 기관, 기업소, 단체와 공민, 해외동포, 다른 나라 단체와 국제기구, 개별적 인사들로부터 력사유적과 유물, 비물질 유산의 발굴과 고증, 명승지와 천연기념물의 보존, 력사박물관과 유적지들에 대한 복원과 보수 및 개건, 해외에 유출된 력사유물의 반입 등 필요한 력사자료와 유물, 물자, 자금을 기부 받아 민족유산 보호사업에 이바지하는 것"을 사명으로 했다. 통일부, 북한동향(2015).

18 통일부, 북한동향, 2007년 4월 9일; 심현희, "北 주도 국제태권도연맹 새 총재 리용선 선출," 서울신문, 2015년 8월 28일.

19 조선태권도위원회, 『태권도호신술』(평양: 조선화보사, 2004), 1쪽.

20 통일부, 북한동향(2007년 4월 9일).

21 통일부, 북한동향(1995년 1월 5일).

22 통일부 북한동향에 수록된 1991~2015년 북한의 주요 태권도경기대회 현황을 종합 정리한 결과이다. 통일부, 북한정보포털. http://nkinfo.unikorea.go.kr/nkp/

23 북한의 체육행사대회는 체육월간 기간에 집중되어 있다. 8~9월에 진행되는 <인민체력검정월간>, 7~8월에 진행되는 <해양체육월간>, 1~2월에 진행되는 <겨울철체육월간> 등이 대표적이다. 체육행사가 시작되는 1월, 7월, 8월의 첫 주 일요일에는 각 도, 시, 군과 학교에서 체육월간행사를 진행한다. 10월 두 번째 일요일인 <체육절>과 매월 두 번째 일요일인 <체육의 날>에도 체육행사를 진행한다.

24 1993년 11월 3일 조선태권도위원회와 국가체육위원회 체육과학연구소에서 50개 기본동작을 가요 "우리를 보라" 음악선율에 맞춰 3분간 운동하도록 건강태권도를 구성. 『조선중앙년감』(평양: 조선중앙통신사, 1994), 226쪽; 통일부, 북한동향(1999년 12월 5일).

25 『조선중앙년감』(평양: 조선중앙통신사, 1995), 200쪽; 『조선중앙년감』(평양: 조선중앙통신사, 1996), 247쪽.

26 『조선중앙년감』(평양: 조선중앙통신사, 1997), 187쪽.

27 인민체력검정 종목은 태권도 이외에도 달리기(60, 100, 400, 800, 1500미터), 넓이뛰기, 턱걸이, 수류탄전지기, 등반줄오르기 등 20여개 종목 실시. 체력 검정기준은 고등중학교, 대학, 일반부분으로 나뉘며 세부적으로는 나이, 성별에 따라 19단계로 세분화되어 있다. 1948년 7월 북조선인민위원회 교육국 명령(제8호)으로 매년 9~10에 실시해 오다가 1987년부터 8~9월로 변경 실시하고 있다. 전체 주민체력에 대한 검열행사로서, 수검대상은 남자 만 10~60세, 여자 10~55세까지로 학교와 직장 단위에 편성되어 의무적으로 참가하도록 하고 있다. 통일부 북한동향(1999년 8

월 8일)

28 통일부, 북한동향(2001년 8월 1일).

29 통일부, 북한동향(1998년 12월 14일, 20일); 통일부, 북한동향(635호); <로동신문>, 2003년 3월 10일.

30 통일부 북한동향에 수록된 1991~2015년 북한의 체육경기행사와 태권도경기대회 현황을 종합 정리한 결과이다. 통일부, 북한정보포털. http://nkinfo.unikorea.go.kr/nkp/.

31 북한은 9월 10일상이 1992년 9월 10일 태권도전당 개관식에서 김일성이 태권도의 과학화와 생활화 지시를 기념하기 위한 것이라고 설명하고 있다.

32 『조선중앙년감』에 수록된 1991~2013년 북한의 국제경기대회 현황을 종합 정리한 결과이다.

33 1992년 당시 북한언론은 김정일에 의해 "광복거리 안골체육촌에 마련된 세계에서 하나밖에 없는 태권도전당에서 세계 60여 개의 나라에서 온 600여 명의 선수와 대표들이 참가한 제8차 태권도세계선수권대회가 성과적으로 진행"되었다면서 김정일과 태권도의 관계를 부각시켰다. 『조선중앙년감』(평양: 조선중앙통신사, 1993). 284쪽.

34 최홍희, 『태권도』(평양: 국제태권도연맹, 1989), 525~526쪽.

35 국기원, 『국기 태권도교본』(서울: 오성출판사, 1991), 42쪽.

36 조선태권도위원회, 『태권도호신술』(평양: 외국문종합출판사, 2004) 1~2쪽; 정재훈, 『절세의 위인과 태권도』(평양: 평양출판사, 2004), 62쪽.

37 최홍희, 『태권도의 지침』(서울: 정연사, 1968), 22쪽.

38 국기원, 22~23쪽.

39 "태권도와 그 유래", 『예술교육』(평양: 2.16예술교육출판사, 2002), 18쪽.

40 이상의 내용은 홍성보, 『북한태권도의 특성에 관한 연구』, 경남대학교 북한대학원 석사학위논문, 2006, 20~36쪽 요약.

41 홍성보, 『북한태권도의 특성에 관한 연구』, 5쪽.

42 스포츠한국, 2012년 8월 13일.

43 이 봉, "남북태권도교류의 성과와 과제: 2002년도 시범단 교류사업의 사례," 『한국스포츠산업경영학회지』, 8(1), 17~29쪽.

44 부산일보, 2002년 10월 15일; <매일신문>, 2003년 8월 21일.

45 연합뉴스, 2005년 8월 25일; 2006년 2월 22일.

46 한겨레, 2005년 12월 17일.

47 경향신문, 2006년 12월 3일.

48 문화일보, 2014년 8월 26일.

49 서울신문, 2015년 5월 14일.

50 배진남, "[전문]WT-ITF 태권도통합 및 발전 위한 평양 합의서," 연합뉴스, 2018년 11월 2일.

51 이봉, 17~29쪽.

52 문화융합에서 문화는 광의의 개념으로 "문화예술, 문화콘텐츠산업, 관광, 체육의 분야와 이에 해당되는 장르들의 속성을 기반으로 한 유·무형의 효용"의 의미이다. 융합(convergence)의 사전적 의미는 다른 종류의 것이 녹아서 서로 구별이 없게 하나로 합하여지거나 그렇게 만드는 일(표준국어대사전), 이질적인 서로 다른 것이 하나 혹은 같은 방향으로 합쳐지는 것(옥스퍼드 사전), 결합 또는 유사한 것을 지향하는 것, 수렴하는 상태나 특성, 다른 기술, 산업 또는 장치를 통합된 전체로 병합하는 것(웹스터사전)이다. 이는 ① 물리적 연결이나 협업을 넘어선 화학적 또는 조직적 결합을 통해 ② 가치 창출이나 가치·증대를 가져오는 ③ 결과물이나 과정을 의미한다. 윤소영 외, 『문화융합형 정책운영 효율화 전략 수립』(서울: 한국문화관광연구원, 2014)

53 윤소영 외, 21쪽.

54 한국스포츠정책과학원은 스포츠산업을 '시설업, 용품업, 서비스업'으로 구분하고 있다. 정지명, 『(2014)스포츠산업 실태조사: 2013년 기준조사』(서울: 한국스포츠개발원, 2014). 이는 윤소영 등이 설명한 '공간, 제품, 서비스'와 유사한 내용이어서 본 연구에서는 이를 같은 의미로 사용했다.

김정은시대 평양의 경관 특징과 공간 변화

조 우 찬[*]

Ⅰ. 평양의 경관은 어떤 변화를 보여 주고 있는가?

평양(平壤)은 고구려의 도읍이었고 고려시대에는 특별한 도시 기능을 지닌 서경(西京)으로 불렸다. 조선시대의 평양은 고유한 문화적 특색과 함께 상업적인 번성을 이룬 도시였다. 다른 한편으로 서북 지역의 중심인 평양은 중앙 권력과는 거리가 있었고 정치적으로 홀대를 받는 지역이었다. 일제강점기에 평양은 경성과 대칭 구도를 형성하여 경평(京平)을 주제로 한 다양한 행사들이 개최되었다. 평양은 한국전쟁으로 폐허 상태였으나 전쟁이 끝나기 전부터 복구계획이 추진되었다. 동구권의 사회주의 건축이 도시계획에 반영되어 새로운 경관을 만들어냈다. 이렇게 조성된 평

* 북한학 박사. 통일부 위촉 통일교육위원. 주요 논저에 "한반도 평화와 스포츠: 평창 동계올림픽과 남북 스포츠 교류를 중심으로,"『통일정책연구』제27권 제2호(2018), "1960년대 중반 북한 체제의 변화와 조선화의 혁신적 변모,"『한국예술연구』제19호(2018), "1960년대 중반 북한 경제위기 양상과 혁명전통의 유일성 확립: 개혁의 배격과 갑산파 숙청의 배경을 중심으로,"『현대정치연구』제11권 제1호(2018) 외 다수.

양은 1970년대부터 도심재건축이 진행되는 한편, 도심 곳곳에 대형 조형물들과 특성화거리가 계속해서 조성되었다.

북한 권력의 전면에 김정은이 등장한 이후 평양의 도시 경관은 전과 다르게 변모하였다. 여가와 오락 관련 편의시설 등이 새로 만들어졌거나 보수가 이루어졌다. 평양은 북한 체제의 우월성을 과시하는 현장으로 다른 지역들과는 매우 차별화된 곳이라고 할 수 있다. 북한 사회주의체제 건축의 전시장인 평양에서 역사문화유산이 지닌 의미는 극장의 무대(舞臺)적인 요소를 가미하여 도시의 상징화를 극대화하는 것에 있다. 이를 통해서 북한은 과거와의 단절이 아닌 계승을 통한 평양의 역사적 이미지를 구축하고 체제의 우월성과 민족적 정통성을 과시하고자 하였다. 이와 같이 북한의 평양은 사상적 공간을 축으로 하여 역사적 공간을 담아내는 계획도시의 표본이라고 할 수 있다. 북한은 고도(古都)인 평양의 역사문화유산을 '개건'하는 한편 북한 사회주의체제를 과시하는 조형물들을 통해 상징체계를 구축하면서 평양의 경관을 변화시켜 왔다.

북한은 김정은 체제가 사회주의 강성대국을 대내외에 표방하는 동시에 주민들의 생활에 변화를 가져오고 있다는 점을 적극적으로 과시해왔다. 평양은 특성화거리 뿐만 아니라, 고층아파트와 같은 살림집의 신축을 비롯하여 유원지 건설 등 새로운 건축 시설의 등장으로 외형적인 경관 변화가 발생했다. 또한, 평양 주민들은 휴대폰의 보급과 택시와 오토바이 등 교통수단의 확대 등으로 어느 정도 체감할 수 있는 여러 가지 변화를 맞이하고 있다. 그러나 북한 일반 주민들이 자유롭게 향유할 수 있는 실질적인 변화로 보기 어려운 한계를 지니고 있다.

평양에서 시장화의 진전 양상은 분명하게 나타나고 있지만 시장화 그 자체가 혁명유산 관련 상징조형물이나 역사문화유산처럼 평양의 공간 변화를 이끌지는 못하고 있다. 평양의 공간 변화를 촉진하는 시장화의 관건은 제도와 정책을 바탕으로 하여 시장의 신뢰도와 투명성, 활성화를 제고하는 구체적인 법제화에 있다고 할 것이다.

공간이라는 주제는 사람과 밀접한 관계를 지닌다. 공간은 도시공간 외에도 접경공간, 농어촌, 산촌 등 사람과 관련된 다양한 형태의 공간을 의미한다. 북한의 접경공간과 관련한 연구 가운데 주목할만한 연구로는 북·중 접경공간의 확장에 주목한 김선경의 연구가 있다. 여기에서는 북한이 탈주민의 초국적 경험이 문화적, 언어적 공간 경계의 확장이라는 점을 분석하였다.[1]

평양에 대한 도시공간 및 도시계획에 관한 선행연구에는 도시공간과 상징물에 대한 연구, 북한의 도시화 및 도시계획에 관한 연구, 북한의 시장화와 도시공간에 관한 연구 등 크게 세 가지로 대별할 수 있다. 북한의 도시와 모뉴먼트에 대해서 조명한 김영나의 연구는 거대한 박물관과 같은 평양은 정치적 선전과 은유의 공간이라고 분석하였다.[2] 도시계획과 관련된 김원의 연구는 일제강점기부터 1990년대까지 평양을 비롯한 북한의 도시에 초점을 맞추고 북한의 도시계획, 국토계획과 국토개발, 토지관리 제도와 주택정책을 설명하면서 사회주의 국가들과 북한의 도시계획을 개괄하여 제시하였다.[3]

한편, 북한 도시와 시장에 주목하여 접경도시인 신의주와 혜산, 그리고 청진 등 북한의 지방도시에 대한 최완규 등의 연구는 북한 도시와 시장의 관계, 북한 도시 변화에 대해서 본격적으로 조명했다는 점에서 의미가 있다.[4] 도시건축을 비롯하여 경제, 사회 영역 등에 대해서 평양과 서울을 비교한 이종호·조동호·이수정 등의 연구에서는 두 도시의 특징을 고찰하였다.[5]

북한의 시장화와 도시공간 구조를 고찰한 홍민의 연구는 시장화가 촉진한 사회 계층의 공간적 분화, 모빌리티에 초점을 맞춰 시장화의 양상을 분석하였다.[6] 박희진의 연구는 북한 도시의 시장화 양상에 대해서 공적 공간의 사적 공간으로의 전환이라는 측면에서 분석하였다.[7]

평양의 도시화에 주목한 라이너 도멜스는 평양을 비롯한 북한 도시들의 도시화 과정에 대해서 시의 행정구역인 동의 신설과 확대과정을 통해서 분석하였다.[8] 북한 도시의 동 신설은 도시 내부의 변화에 따른 것으로 도시화의 추이를 파악할 수 있다. 예를 들면 평양의 광복거리와 통일거리 조성은 새로운 동(洞)의 수요를 발생시켰다. 이러한 변화는 평양의 경관 변화와 밀접한 관계를 지닌다고 할 것이다. 한편, 조재욱은 북한 당국의 통제 하에 있는 시장권력의 부패 양상이 역기능만 있는 것이 아니라 북한 정권, 관료, 주민에게 수혜를 주는 기능을 하고 있으며 이와 동시에 북한 체제에 위협이 되지 않는 범위에서 특권과 충성을 강화하는 수단으로 활용되고 있다고 분석하였다.[9]

이 외에 북한의 관광에 대한 분석을 통해서 도시 경관의 변화와 특징을 고찰한 안진희·배정한[10]의 연구는 북한 당국의 통제 속에 이루어지는 외국인 관광의 일정에는 체제선전을 위한 조형물과 건축물 등 모뉴먼트 견학과 함께 상대적으로 평양 시민들이 이용하는 대중 시설이 포함된다는 점을 설명하였다. 또한, 대집단체조 아리랑처럼 웅장한 국가의례와 같은 매스게임을 통해서 극장국가적인 특징이 연출되는 사실에 주목하였다. 이처럼 평양 경관의 시각적인 특수성은 시각적 통제와 연결된다고 보았다. 이와 같이 대규모 시민 동원을 바탕으로 하여 연출되는 과시적인 무대 행사를 통해서 북한체제의 작동 메커니즘의 특징을 엿볼 수 있다.

북한의 대규모 유희오락 및 여가시설의 확충과 스포츠시설의 증설 배경에 주목한 연구로는 정일영(2016)의 연구[11]와 허정필·김용현(2015)[12]의 연구가 있다. 먼저, 정일영의 연구는 대규모 유희오락시설의 개건과 신설에는 체제의 우월성을 선전하는 정치적 목적과 건설을 위한 동원과 통제의 기제가 깔려있다고 보았다. 그리고 허정필·김용현은 체육정책의 특징과 함께 스포츠시설의 변화를 분석하였다. 이러한 여가시설과 스포츠시설에 대한 건설은 유토피아를 지향하는 평양의 도시적 변모를 강조하는 과정에서 필연적으로 연출되어야 할 상징적 공간이라고 할 것이다.

한국전쟁 이후, 평양의 공간은 북한 사회주의 체제를 상징하는 조형물들로 채워졌다. 이와 아울러 평양이 지닌 역사성을 강조하는 역사문화유산들은 북한 체제의 우월성과 민족의 정통성을 상징하는 준거틀로 자리를 잡아나갔다. 북한의 평양이 지닌 표상은 의도된 계획과 연출에 의해서 형성되어 왔다. 그러한 점에서 기어츠(Geertz)[13] 가 제시한 극장국가와 같은 유사성이 나타나는 공간적인 무대가 평양이라는 점은 연구자들의 관심과 주목을 받아왔다.

평양의 공간 변화의 핵심적 바탕은 혁명전통을 강조하기 위한 거대한 모뉴먼트와 역사문화유산이며 이 두 가지 표상이 평양의 도시 상징성을 대표하는 공간이라고 할 수 있다. 이와 반면에 평양의 공간 변화를 이끌 가능성이 있는 시장화의 영향력은 증대되고 있으나 아직까지 법제화의 미비로 인하여 시장화 그 자체가 도시 공간 변화의 주역으로 등장하지는 못하고 있다.

II. 사회주의 리얼리즘과 평양의 공간 변화

1. 평양 역사문화유산의 '개건'

북한의 평양은 사회주의적 리얼리즘에 입각하여 계획되고 구현되었다. 그리고 사상과 이념의 극대화를 위해서 역사문화유산을 이용하여 체제의 우월성과 정통성을 과시하는데 활용되었다. 북한의 역사학계는 고구려의 유적에 주목하고 주체사상과 민족의 자주성을 결부시키고자 하였다.[14] 평양은 한국전쟁으로 인해 도시의 기능을 상실하였으나 현존하는 대표적인 역사유적으로는 고조선시대 고인돌 유적과 고구려 고분을 들 수 있다.

북한은 현대식 복원을 의미하는 '개건'을 통해서 역사문화유산을 복구, 관리하고 있다. 개건된 평양의 대표적 문화유산은 동명왕릉과 단군릉이라고 할 수 있다. 필요에 따라 역사를 선택적으로 추출하고 '개건'하는 북한에서 평양은 사상과 역사가 결합된 무대예술을 연출하는 커다란 세트장과 매우 유사하다. 이렇게 새롭게 구현된 역사적 현장은 정치사상적, 교육적, 문화적 공간으로 활용된다. 북한에서 역사적 복원은 체제의 우월성을 과시하려는 목적에서 재창조되는 것이 특징이다.

북한은 김일성-김정일주의가 민족문화유산이 지닌 제반 문제들을 해결하는 이론과 실천의 밑바탕이라는 점을 강조하고 있다.[15] 이와 관련하여 평양의 위상을 높이기 위한 역사적 접근은 고구려에 대한 조명으로 나타났다. 북한 역사학계가 주장하고 있는 단군릉의 발견과 조성 역시 주체적 역사관을 강조하기 위한 맥락에서 이루어졌다. 이와 동시에 북한은 고구려 도읍지였던 평양의 역사성이 담겨 있는 역사문화유산을 통해서 체제 우월성과 민족 정통성을 결부시키려는 노력을 해왔다.

북한은 자주적 역사를 강조하기 위해서 고구려 동명왕릉과 단군릉 등을 새로 조성하고 역사적 의미를 부여하고 있다. 평양에는 만경대를 포함한 여러 지역에 고조선 시대의 유적인 고인돌이 상당수 남아 있다. 북한 전역에 최소 1만 5천개에서 3만 개의 고인돌이 있는 것으로 파악되었다.[16] 또한, 동명왕릉 주변의 고구려시대 고분을 비롯하여 고구려 도읍 시기의 성곽 유적, 묘향산 보현사 등이 있다. 고구려와 관련한 유적은 평양성, 성문인 칠성문, 정자인 을밀대, 최성대, 대성산성 등이 있다. 이 가운데 평양성은 북한의 국보유적 제1호로 고구려가 평양으로 천도한 후 지어진 것이다.

북한 역사학계는 1960년대에 발굴된 구석기시대 검은모루 유적이 1백만 년 전의 자취라고 소개하고 인류의 발상지이자 조선 사람의 발원지라고 주장하고 있다. 한편, 평양시 강동군에서 단군릉을 발굴했다고 발표하고 단군왕릉을 개건하였다.[17] 또한, 북한 역사학계는 1950년대부터 대성산성과 안학궁지 발굴에 이어 동명왕릉 발굴에 주력하였다. 동명왕릉은 고구려가 427년에 평양으로 천도할 당시에 조성되었다. 발굴 작업에 성공한 북한은 1993년에 동명왕릉의 '개건'을 완료하였다.[18]

북한에서는 체제 강화를 위한 방편의 하나로써 1980년대에 조선민족제일주의가 주창되었다. 특히, 1990년대 들어 사회주의권의 몰락에 따라 체제 위기와 고립 상태에 빠진 북한은 단군릉 개건을 통해 민족의 시원을 강조하면서 체제 결속을 도모하고자 하였다. 북한에서 봉건 왕조인 조선과 일제강점기의 역사는 각각 착취적 지배층인 양반의 압제와 외세에 의한 식민 지배의 역사라는 점에서 부정된다. 이에 비해서 중국에 저항한 고조선과 고구려의 역사는 크게 부각되어 왔다.

2. 극장 도시 평양의 공간 변화

고려시대를 거쳐 조선시대에 이르기까지 평양은 고유한 특색을 지닌 고장으로 발전해갔다. 또한, 평양의 잠재력은 경제적, 문화적 측면에서 다른 도시들을 압도하는 전통과 영향력이 있다는 점에서 주목을 받아왔다. 이러한 점에서 평양은 한양이 지닌 정치적 기능은 발휘할 수 없었으나 경제와 문화적 측면에서 주목과 관심을 받는 도시였다. 북한 정권 수립 이후 평양은 북한 사회주의체제의 핵심 도시로 자리를 잡았다. 전후 북한은 사회주의적 특색이 드러나는 도시계획을 통해서 새로운 평양을 만들어갔다. 이 과정에서 체제의 우월성을 과시하는 다양한 기념탑, 조형물과 건축물들이 생겨났다.

평양 도심의 특성화거리는 사회주의적 특색을 반영하고 체제의 우월성을 과시하는 공간으로서 일종의 무대장치와 같은 역할을 담당해 왔다. 특정 거리에 배치된 일련의 건물들은 효과적인 상징을 구현하기 위해서 집약적으로 조성되거나 자체의 조형적인 개성이 극대화되도록 가시성에 주력한 측면이 강했다.

북한의 도시건설전략의 특징은 체제 선전을 위한 전시적 상징체계가 구축되는 한편, 김일성에 대한 우상화가 진행되어 왔다는 점이다. 평양은 시기별로 특성화된 거리가 조성되었고 이를 통한 도시 경관 변화가 촉진되었다. 이처럼 새로운 공간의 조성은 발전지향성을 추구하고, 통치자의 권위와 체제를 대내외에 과시한다는 점에서 연출적인 요소가 내포되어 있었다. 극장국가적인 특징이 가미된 평양의 경관 구축은 도시 외관의 변화를 통한 거대한 무대를 설치해가는 도시화의 과정인 동시에 수령과 주민들의 관계를 이어주는 매개체의 역할을 했다고 볼 수 있다.

북한은 체제를 과시하기 위한 조형물과 특성화거리를 조성하고 혁명전통 관련 상징물을 건축하였다. 이러한 체제 우월성을 선전하기 위한 도시 공간의 변화에는 역사적 유물도 적극 활용되었다. 북한은 정치적 의도에 따라 고조선과 고구려 역사문화유산을 새롭게 복원하고 민족 정통성을 확보하고자 하였다. 특히, 동명왕릉과 단군릉 발굴을 대내외에 본격적으로 알리고 '개건'한 때는 1990년대 상반기로 북한 체제가 위기와 고립 상태에 직면한 시기였다. 이 시기는 국제정세가 급변하여 동유럽 사회주의 국가들이 무너지면서 체제 전환이 진행되었고 소련의 해체에 따라서 냉전적 국제정치 질서는 재편되었다. 게다가 한소 수교에 이어 한중 수교가 이루어지자 북한의 외교적 입지는 큰 타격을 받게 되었다. 난관에 처한 북한은 체제 결속을 위해 역사문화유적을 복원하였다.

평양 공간 변화의 두 축인 혁명전통 관련 조형물들과 역사문화유산은 평양 도시계획의 핵심이다. 반면에 시장의 경우에는 그 변화 양상이 지속적으로 확대되고 있음에도 불구하고 제도적인 뒷받침이 마련되지 못하고 있다. 북한 당국의 암묵적이고 잠정적인 조치 혹은 부분적인 허용 차원의 정책에서 탈피하지 못하고 있는 점은 평양의 시장이 지닌 근본적인 취약성이라고 할 수 있다.

2010년 중반에 들어서 평양 시내에 시장화가 더욱 확산된 양상이 나타나고 있다. 그러나 체제 전환적 특징이 아니라 북한 당국의 묵인 아래 관리와 통제를 받고 있는 상황이기기 때문에 평양을 상징하는 공간으로서의 모습은 보여주지 못하고 있다. 다음 <그림 Ⅱ-1>은 평양의 공간 변화와 상징체계를 그림으로 제시한 것이다.

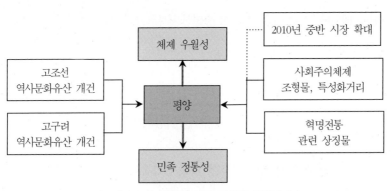

〈그림 Ⅱ-1〉 평양의 공간 변화와 상징체계

최근 몇 년 동안 평양에 나타난 공간 변화는 자본주의적 요소가 반영된 시장이 확대되면서 서서히 발생하고 있다. 장사로 돈을 번 '돈주'는 물론 평양의 일반 주민들도 시장에서 생계를 꾸려가야 하는 상황이다. 이처럼 시장이 활성화되고 유통구조가 바뀌고 있는 추이가 감지된다. 유통의 영향은 생산과 금융도 촉진시키고 상호 간에 유기적으로 연결되어 발달하고 있다.[19] 그러나 이러한 평양의 공간 변화가 체제 변화와 무관하다는 점에서 사회주의체제 붕괴 이후 발생하는 탈사회주의적 성격과는 거리가 있다고 할 수 있다.

평양의 시장 활성화와 관련하여 특기할만한 것은 통일시장, 중구시장, 보통강시장 등 고급 물품이 거래되는 시장도 형성되어 있고 새로 건설된 평천시장과 대성시장처럼 면모를 일신한 경우도 있다는 점이다. 이 외에도 봉학시장, 인흥시장, 모란봉시장, 당상시장, 락랑시장, 동대원시장, 칠골시장, 능라시장 등 평양의 각 구역에 시장이 존재한다. 이러한 시장의 출현은 2003년 이후부터 본격화되었다.[20] 2003년이라는 시점은 북한이 2002년 7월에 실시한 7. 1 경제관리개선조치를 통해서 기존의 경제 구조에 변화를 가하여 물가 및 급여 인상, 환율 현실화 등 여러 개혁 조치를 단행한 때였다. 특히, 당국이 공식 승인한 종합시장 도입이 이때부터 진행되었다.

III. 평양의 공간 분화와 시장화의 양상

1. 평양 재건계획과 북한 사회주의체제

자본주의 국가의 도시구조는 상업지역, 공업지역, 업무지역, 주거지역 등 토지 이용의 성격이 상이한 여러 지역의 공간적 분포와 이러한 분포 간의 상호작용을 우선적으로 고찰하는 것이 일반적이다. 그러나 사회주의

국가의 도시에 대해서도 동일한 기준을 적용시키는 것은 도시의 특성이 같지 않다는 점에서 어렵다고 할 수 있다. 자본주의 도시와 사회주의 도시는 도시계획의 지향점에 차이가 있으며 도시계획이 추구하는 내용과 기능, 형태가 다르기 때문이다. 자본주의 도시가 공간의 효율성과 관련이 있는 동심원형 구조를 이루고 있는데 비해서 사회주의 도시는 국가가 공간에 대해서 전적으로 통제하는 가운데 근로 대중의 이용 편의를 위해서 선형 배치를 우선한다.[21] 북한식 사회주의 도시계획의 특징은 지역균형개발, 선별적인 공업도시의 우선 개발, 군비강화, 현지교시의 특징을 보인다.[22]

평양은 전쟁 중인 1951년 초부터 복구사업이 시작되었다. 같은 해 12월에 도시건설성이 설치되었고 '평양시복구건설총계획도'가 작성되었다.[23] 휴전 협정이 체결되자 본격적으로 평양 재건을 위한 행정 조치들이 이어졌다. 김일성이 위원장을 맡은 평양시 복구위원회가 구성되었고 이와 함께 평양시 복구를 위한 재건 기간과 도시 계획을 담은 내각결정 125호가 발표되었다.

새로운 평양을 만들기 위한 이러한 조치는 미래 평양을 설계함에 있어서 대동강을 기본 축으로 삼는 한편 공원, 병원, 상업시설, 행정시설 등 다양한 시설을 도시 전역에 골고루 배치하고 도로와 광장을 녹화(綠化)하도록 하였다. 또한, 당시 북한에서는 건축 밀도와 시민 1인당 거주면적을 크게 낮추는 것을 골자로 하여 최장 20년에 걸친 복구 기간과 아울러 100만 인구가 생활하는 평양의 미래를 예상하였다.[24]

다음 <표 Ⅲ-1>은 평양의 체제 선전 및 혁명전통 모뉴먼트를 나타낸 것이다. 1950년대 재건사업시기부터 체제 선전과 혁명전통과 관련된 건축물과 조형물, 기념탑이 지속적으로 평양에 건축되었다.

<표 Ⅲ-1> 평양의 체제 선전 및 혁명전통 건축물

지 구	명 칭	구 역
본평양	천리마동상(1961), 만경대혁명사적관(1970), 개선문-김일성경기장(1982), 영생탑(1994)	모란봉구역
	조국해방전쟁승리기념탑(1993)	보통강구역
	3대혁명전시관(1983)	서성구역
	대성산혁명열사릉(1975), 금수산태양궁전(1977)	대성구역
	김일성광장(인민대학습당, 1954), 조선혁명박물관(김일성·김정일 동상, 1972), 능라도 5월1일경기장(1989)	중구역
동평양	주체사상탑(1982)	동대원구역
	당창건기념탑(1995)	대동강구역
	통일전선탑(1991)	낙랑구역

출처: 김기혁(2014), 〈표 5〉 및 〈표 6〉 pp. 45~46을 참조하여 혁명전통 관련 건축물과 조형물을 정리하여 표로 재작성함.

한편, 북한은 소련을 비롯한 사회주의 국가들과 마찬가지로 자본주의에서 발달한 도시 형태에 대해서 매우 비판적이었다. 그러나 도시와 농촌의 유기적 관계를 강조하고 상호보완적 관계를 강조한다는 점에서 도시에 대한 이중적인 입장을 지니고 있다고 할 수 있다.[25] 전후 복구 기간부터 평양은 모란봉극장, 대동문 영화관 등 대형 건축물들이 계속해서 지어졌다. 1960년대 이후에도 평양학생소년궁전(1964), 평양교예극장(1966) 등 많은 건축물들이 생겨나는 가운데 혁명전통과 관련된 기념탑과 동상이 세워졌다. 1982년에는 주체사상탑과 개선문이 만들어졌다.

2. 평양의 특성화거리와 혁명전통

북한은 평양에 시기별로 저마다의 명칭이 부여된 특성화거리를 조성하였다. 평양의 특성화거리는 김일성과 김정일 그리고 김정은에 이르기까지 지속적으로 새롭게 조성되고 있는 도시 공간이다. 특히, 특성화거리는 평양의 현대적인 발전을 과시하는 역할을 담당해 왔다. 김정은 등장 이후에 조성된 거리인 창전거리, 여명거리, 과학자거리와 관련하여 평양 주민의 주거에 관심을 쏟는 김정은의 행보를 부각시키는 북한 방송매체들의 보도 내용은 주로 김정은이 직접 살림집 공사 현장을 방문하여 현지지도를 하는 모습을 통해 최고지도자의 이미지를 강조하는 것이었다.

다음 <표 Ⅲ-2>은 평양의 도로 지명을 나타낸 것이다. 이들 도로 중에 북한 체제 선전과 관련된 거리가 상당히 많은 것이 특징이다.

<표 Ⅲ-2> 평양의 도로 지명

지구	구역	특징
본평양 (51)	중구역(16)	대동문거리, 대학습당거리, 만수대거리, 서문거리, 서성거리, **승리거리**, 신양거리, 역전거리, 오탄강안거리, 옥류교거리, 음식점거리, **영광거리**(인민군거리, 버드나무거리), **창광거리**(윤환선거리), **천리마거리**, **해방산거리**
	모란봉구역(10)	**개선거리**, 금수산거리, 모란봉거리, 북새강안거리, 비파거리, **안상택거리**, **영웅거리**, 인흥거리, 칠성문거리, 흥부거리
	보통강구역(9)	경흥거리, 대타령거리, **낙원거리**, 보통강역전가로, 보통강거리 **봉화거리**, **붉은거리**, 비석거리, 운하거리
	평천구역(5)	육교거리, 북성거리, 새마을거리, 안산거리, 평천강안거리
	대성구역(5)	**금성거리**, 용남거리, 용북거리, **문덕거리**, 버드나무거리(장산거리)
	서성구역(5)	비파거리, 상신거리, 서천거리, 하신거리, **혁신거리**
	만경대구역(1)	**광복거리**
동평양 (9)	대동강구역(3)	대학거리(인민경제대학앞거리), 문수거리, 탑제거리
	동대원구역(4)	동대원거리, **주체탑거리**, **청년거리**, 피나무거리
	선교구역(1)	새살림거리
	낙랑구역(1)	**통일거리**

출처: 김기혁(2014), p. 37.
* 굵은 글씨체는 체제 선전을 담고 있는 거리임.

거리 이름에 인물의 이름을 사용한 경우는 고구려 을지문덕 장군의 이름을 딴 문덕거리, 재일교포인 안상택의 기념하기 위한 안상택 거리 등이 있다.[26] 전통적인 지명을 그대로 사용하는 것으로 추정되는 경우는 중구역의 대동문거리, 서문거리, 옥류교거리, 모란봉구역의 모란봉거리, 칠성문거리, 동대원구역의 피나무거리 등이다.

평양의 도로망과 맞닿은 특성화거리는 고유한 특징을 명칭에 담아내면서 공간과 공간을 구분하는 기능을 하는 동시에 각 공간이 갖고 있는 평양의 주요 공간들을 이어주는 연결망의 역할을 하고 있다. 이러한 특성화거리는 위 <표 Ⅲ-2>에서 알 수 있는 것처럼 체제 선전이 강조된 경우가 많다.

북한은 1998년에 '수도평양시관리법'을 지정한데 이어 2002년에는 '평양시 개건·현대화'를 추진하였다. 이어서 김정은 시대에 들어선 2012년에는 평양의 경관을 변화시키기 위한 조치가 이루어졌다. 부총리급이 위원장인 수도건설위원회가 신설되고 군민협동작전을 통한 평양시 건설이 강조되었다.[27]

김정은 시대에 들어서 평양은 '새로운 평양 만들기'라는 기치 아래 변화가 진행되었다. 그 변화의 방향은 도시 공간의 외관을 변화시키고 있는 고층 건물의 신축과 함께 평양 주민들의 여가 생활과 관련된 위락시설의 확장으로 나타나고 있다. 특히, 여명거리와 미래과학자거리는 각각 2014년과 2016년부터 개발되기 시작한 거리로 초고층빌딩들이 건축되었다. 이러한 건축물들은 공간의 물리적 변화를 통해서 발전지향적인 변화를 강조하는 체제 선전과 함께 평양 주민에 대한 통제 기제의 역할을 하고 있다.

IV. 평양의 공간 분화와 위락시설의 확충

1. 시장 도입과 평양의 공간 분화

탈사회주의의 도시 공간의 변화에서 그 핵심은 상업적 공간의 확산이라고 할 수 있다. 탈사회주의 공간화의 전개는 첫째, 역사 관련 중심지의 상업지로의 변화, 둘째, 내부 시가지의 재생, 셋째, 외부 시가지의 교외화로의 진전 등으로 나타난다. 이와 같은 사례는 동유럽의 체코 프라하나 불가리아 소피아에서 나타났고 공통적으로 상업 지역의 확대가 발생하면서 공간 변화가 촉진되었다.[28] 한편, 소피아의 경우에는 시가화의 확대로 도시와 농촌의 경계가 모호해졌고 공간의 상업화와 사유화, 건축 스타일의 다양화 등이 나타났다.[29]

김정은시대 평양의 공간 변화는 여전히 최고통치자의 지시를 집행하는 북한 당국의 관할 아래 이루어지고 있다. 평양의 공간 변화는 북한이 추구하는 유토피아와도 연결된다. 평양에 건설되고 있는 새로운 거리 조성이나 고층 아파트 건축, 여가 및 위락시설, 스포츠시설 등은 이와 무관하지 않다고 할 수 있다. 한편, 개인집을 판매 장소로 활용하는 등 판매 공간의 형태도 다양화되고 있다. 합법적인 시장과 비합법의 장마당의 공간은 증가 추세에 있으며 일종의 시스템으로 진화하고 있다.[30]

다음 <표 IV-1>은 시장 도입 이후 평양의 공간 분화를 나타낸 것이다. 자본의 흐름에 따라 새로운 공간이 만들어지고 차별화된 지역이 나타나기 시작하였다.[31]

평양의 중구역은 고위층과 무역업에 종사하는 부유층이 거주하는 지역이고 보통강구역은 주로 군인들이 거주하고 체육인들이 사는 지역이다. 평촌지역은 화력발전소가 위치하고 있어서 고난의 행군 시기에 난방이 잘되는 이점으로 인해 선호된 지역으로 알려져 있다.

체육인들과 중국인 '돈주'가 거주하는 만경대구역과 락랑구역과 노동자, 예술인, 학생이 혼재하는 대동강구역, 노동자들이 주로 거주하는 동평양 산업지대인 선교지역, 농민들이 채소를 재배하고 도심에 판매하는 사동구역 등으로 구역별 특징이 두드러진다고 할 수 있다.

〈표 Ⅳ-1〉 시장 도입과 평양의 공간 분화

구 역	거주 주민	비 고
중구역	고위층과 무역에 종사하는 부유층	
보통강구역	군대 관련 시설이 많고 군인들 거주, 4.25 예술단, 체육인	
평촌구역	화력발전소 위치, 고난의 행군 시기에 난방이 잘 되서 선호된 지역	
모란봉구역	작가, 예술인, 일본 귀국자(북송 재일교포)	
만경대구역	체육인, 중국인 '돈주'	
락랑구역	만경대구역과 비슷	
대동강구역	예술인, 노동자, 학생	
선교구역	노동자, 생활필수품, 가죽, 식료품, 고무	동평양 산업지대
사동구역	농민(채소 재배, 도심 판매)	
평양 외곽	농민	

출처: 이시효, "시장 도입 초기 평양 공간 배치: 1984~2003년을 중심으로," 『북한학연구』 제 12권 제2호, 2016, pp. 81~82를 참조하여 표로 작성함.

한편, 김정은 시대 들어서 평양에는 고층 살림집이 대대적으로 건설되고 있다. 이러한 주택건설에 비공식적인 방법을 통해서 '돈주'가 참여하여 얻는 투자수익은 30% 정도로 파악된다. 그러나 주택과 달리, 상업 건물은 '돈주'가 끼어들 틈이 없다. 2017년 기준으로 468개의 시장이 운영되고 있으나 새로운 상업시설은 '돈주'와 같은 민간에 의해 추진되는 것이 아니라 국가계획에 따라 상업건물인 백화점이나 국영기업소가 건설된

다는 점에서 시장과 민간의 영역은 매우 제한적이다.[32]

평양의 공간이 보다 세분화되기 시작한 바탕은 시장과 자본으로 인한 것이라고 할 것이다. 2002년에 7. 1 조치로 종합시장이 공식적으로 생기면서 평양의 공간은 새롭게 분화되기 시작하였다. 시장의 영향을 받은 도심 공간의 재편이 특징이라고 할 수 있다. 시장의 활성화와 경제 성장에 따라서 개인별 소득과 사회적 지위에 영향을 받는 지역적 편차는 더욱 높아질 가능성도 어느 정도 있다고 할 것이다. 그러나 시장의 영향이 점증하고 있음에도 불구하고 제도화의 미비라는 측면에서 볼 때, 그 영향력은 제한적일 수밖에 없는 북한의 실정에서 이러한 공간의 분화가 평양을 상징하는 기제로 작동하기는 쉽지 않을 것으로 보인다.

2010년 중반 들어서 평양에 시장이 확산되고 있는 양상은 분명하게 나타나고 있다. 그러나 체제 전환적 특징이 아니라 북한 당국에 의해 묵인과 관리 아래 일정한 통제를 받고 있다. 최근 몇 년 동안 평양의 새로운 공간 변화는 자본주의적 요소가 반영된 시장이 확대되면서 변화가 촉진되고 있는 것은 사실이다. 더 나아가 북한에서 시장화의 진전 양상은 개인과 개인을 연결하는 다양한 형태로 진화하면서 개인 간의 물질적인 거래뿐만 아니라 사적 영역의 확장에 어느 정도 영향을 끼칠 가능성도 없지 않다.

김정은시대의 시장화가 사적 영역의 심화를 촉진하는 배경이 될 수 있는 것은 창고나 개인 공간을 판매처로 삼아 거래를 하면서 잉여 자본을 축적하는 개인들이 대거 출현하는 단계로 나아갈 경우, 시장화의 위력은 더욱 높아질 수 있다는 점이다. 그러나 이를 근본적으로 촉진하기 위해서는 시장의 활성화를 위한 구체적인 법제화가 필수적이다. 법제화가 될 경우에는 외국 자본의 투자로 연결되는 선순환으로 이어질 수 있으나 단시일 내에 북한에서 이러한 변화는 쉽게 발생하지 않을 것으로 보인다. 더 나아가 시장화를 촉진하고 시장을 보호하는 제도화가 뒷받침되지 않는다면 북한에서 나타나는 시장화의 진전은 중장기적으로 볼 때도 한계를 벗어나기 어려운 구조 속에 있다고 할 수 있다.

2. 발전 지향적 공간과 위락 시설의 조성

북한 당국은 김일성 시대부터 주민들에게 유토피아를 실감할 수 있는 위락시설 조성에 관심을 나타냈다. 그러나 실제로 '공화국'의 중심인 평양 주민들이 이용할 수 있는 위락시설의 수준과 규모는 매우 불충분한 것이었다. 이러한 상황에서 김정은 시대에 들어서면서 평양 주민들의 관심을 받을만한 위락시설들이 신규 개장하거나 보수 개장하였다. 유원지와 수영장 등 신규 개장한 곳은 이전부터 운영되어 온 곳들이 낙후된 시설에 머물러 있었던데 비해서 최신 시설을 갖추고 운영되고 있다.

김정은 시대 들어서 평양의 백화점과 국영기업소 등 산업관광시설과 마라톤, 승마, 자전거 등 체험형 행사를 포함한 위락관광자원의 증가도 전과 달라진 점이라고 할 수 있다. 특히 주목할 만한 부분은 만경대혁명사적관과 금수산태양궁전 등 체제선전 관광자원을 비롯하여 만수대의사당과 인민문화궁전 등 사회시스템 관광자원, 조선예술영화촬영소와 평양교예극장 등 예술 관련 관광자원 등에 대해서 지속적인 재개장과 보수 등이 이루어지면서 관광 인프라가 유지, 확장되고 있다는 점이라고 할 수 있다.

다음 <표 IV-2>는 김정은시대 들어서 워터파크 형태인 문수물놀이장 등 새로 개장하거나 보수된 여가시설을 나타낸 것이다. 김정은의 현장 시찰과 시설에 대한 보수 지시는 위락시설에 대한 그의 관심이 크다는 것을 보여준다. 한편, 평양에 고층 아파트 단지들이 건설되면서 가격도 상승하고 있다. 북한에서 살림집이라고 불리는 아파트 가운데 일부는 가격이 미화 20만 달러에 이르는 것으로 알려졌다.[33] 이러한 현상도 수요의 증가에 따른 가격 상승으로 볼 수 있기 때문에 자본주의적인 거래 양상이 발생한 것으로 볼 수 있다. 그러나 근본적으로 자본주의적 속성이 유지될 수 있는 제도적 환경이 빈약하다는 점에서 구조적인 한계를 지닐 수밖에 없다.

<표 IV-2> 김정은 시대 평양의 주요 위락시설

건설 시기	위락 시설	비 고
2012	개선청년공원유희장(5월) 룽라인민유원지(7월) 평양민속공원(9월) 만경대유희장 및 대성산 유희장(10월) 류경운, 통일거리운동쎈터(10월) 인민야외빙상장(11월) 로라스케이트장(11월)	5월에 김정은 만경대유희장(놀이공원) 시찰
2013	대동강호, 해당화관(4월) 금수산태양궁전 광장 공원화(5월) 룽라립체율동영화관(9월) 평양체육관(10월) 문수물놀이장(10월) 미림승마구락(10월)	문수물놀이장(야외 풀장, 인공 폭포 등 대규모 시설)
2014	마식령스키장(1월) 메아리사격관(3월) 청춘거리 체육촌(3월) 5월1일 경기장 보수 개장(10월)	
2016	자연박물관(7월) 중앙동물원 보수 개장(7월), 철갑상어 연못 조류관, 문화회관 조성 등	중앙동물원은 2014년 김정은의 지시로 보수

출처: 정일영(2016), p. 24. 일부 및 『연합뉴스』 2012년 5월 9일, 2016년 7월 25일의 기사 내용을 추가로 보충하여 표로 재작성함.

V. 체제 우월성과 민족 정통성 과시의 공간

전후 북한은 사회주의적 특색이 드러나는 도시계획을 통해서 새로운 평양을 만들어갔다. 이 과정에서 체제의 우월성을 과시하는 다양한 조형물과 건축물이 생겨났다. 평양은 시기별로 특성화된 거리 조성이 이루어졌고 이를 통한 도시 경관 변화가 촉진되었다. 이처럼 새로운 공간의 조성은 발전 지향적인 변화를 추구함과 아울러 통치자의 권위와 체제를 대내외에 과시한다는 점에서 연출적인 요소가 내포되어 있었다. 극장국가적 요소가 가미된 평양의 경관 구축은 도시 외관의 변화를 통한 거대한 무대를 설치해가는 도시화의 과정인 동시에 수령과 주민들의 관계를 이어주는 매개체의 역할을 하였다고 볼 수 있다.

본 연구는 평양의 공간 변화에는 북한 체제를 강조하는 혁명전통의 전시 공간과 역사문화공간이 공간 변화의 두 축으로 존재해 왔으며 그 중심에는 북한 체제의 우월성과 민족의 정통성을 과시하려는 정치적 목적이 있다는 점을 재확인하였다. 북한은 체제 결속과 주민 통제를 위해서 동명왕릉과 단군릉을 '개건'하며 민족적 우수성을 강조하였다. 이와 동시에 북한은 평양의 공간을 혁명전통이 강조되고 과시적인 집단적 의례가 이루어지는 연출 공간으로 재편하였다.

북한은 사회주의적 특색이 드러나는 도시계획을 통해서 새로운 평양을 만들어갔다. 이 과정에서 체제의 우월성을 과시하는 다양한 기념탑, 조형물과 건축물들이 도시 공간의 새로운 상징체계를 만들어냈다. 평양의 수많은 건축물과 조형물, 특성화거리 등은 체제 선전과 혁명전통, 그리고 수령을 위해서 건축되었다. 이러한 공간들은 체제와 수령에 대한 표상이라고 할 것이다. 이 표상들은 평양 주민에 대한 북한 당국의 통제 기제로 작동하는 동시에 북한 주민들에게 체제 순응적인 태도를 내면화시키는 기능을 하고 있다.

북한 체제 고유의 특징이 나타나는 평양의 공간 변화는 혁명전통을 강조하는 기념물 조성과 함께 민족적 우월성을 과시하려는 역사문화유산의 '개건'은 도시 공간 변화의 핵심이라고 할 수 있다. 평양의 공간 변화는 체제 유지를 위한 모뉴먼트가 계속해서 건축되고 역사문화유산이 '개건' 되는 등 기존의 도시 상징화 양상이 지속적으로 이어질 것으로 전망된다. 이와 아울러 고구려의 역사문화유산과 고인돌과 같은 선사시대 유적 역시 평양의 공간 구성의 특성을 보여주는 하나의 표상으로 계속 활용될 것이다.

다른 한편으로, 김정은 시대에 들어서 평양의 공간 변화는 새로운 특성화거리 조성과 평양 주민을 대상으로 한 유원지와 스포츠시설 등 위락시설의 건축으로 나타나고 있다. 김정은 시대 평양의 경관 변화는 첫째, 고층 건물과 새로운 시설을 갖추고 개장한 주민 위락시설들은 새로운 김정은 시대의 변화를 가시적으로 보여줌으로써 평양 주민들의 호응과 지지를 이끌어내기 위한 것이라고 할 수 있다. 둘째, 공간 변화는 평양 주민들에게 체제의 우월성을 인식시키는 효과적인 수단인 동시에 고층 살림집의 입주에는 선별적인 혜택을 부여하여 주민들의 충성을 유도하는 방법으로 활용되고 있다.

북한의 시장화는 주민들의 일상생활에 분명한 변화를 가져왔다. 그러나 시장화는 평양의 공간 변화를 추동하는 단계에는 이르지 못한 상황이라고 할 수 있다. 시장화를 통한 북한 사회의 변화는 분명하게 나타나고 있으나 법제화가 뒷받침되지 않는 상태에서 시장화가 촉진하는 공간 변화는 취약한 상태에 머물러 있을 수밖에 없다. 시장의 역할이 증대되고 있음에도 불구하고 평양의 새로운 공간 변화의 주역으로 시장이 등장하는 것은 현 상황에서는 쉽지 않을 것으로 예상된다.

이 장의 주

1 김성경. "경험되는 북·중 경계지역과 이동경로: 북한이탈주민의 경계 넘기와 초국적 민족 공간의 경계 확장." 『공간과 사회』 제22권 제2호, 2012.

2 김영나, 『유토피아의 신기루: 정치적 공간으로서의 사회주의 도시와 모뉴먼트』 서양미술사학회 논문집 21, 2004.

3 김 원, 『사회주의 도시계획』, 보성각, 1998.

4 최완규 외, 『북한 도시의 형성과 발전』, 한울아카데미, 2004; 최완규 외,최완규 외, 『북한 도시의 위기와 변화』, 한울아카데미, 2006; 최완규 외, 『북한 도시정치의 발전과 체제변화』, 한울아카데미, 2007.

5 이수정·이종호·조동호 외, 『평양이 서울에게 서울이 평양에게』, 동아시아연구원, 2013.

6 홍 민, 『북한의 시장화와 사회적 모빌리티: 공간구조·도시정치·계층분화』, 통일연구원, 2015.

7 박희진. "북한의 시장화와 도시공간의 변화 연구: 공적-사적공간과의 관계." 『북한학연구』 제14권 제2호, 2018.

8 라이너 도멜스, "북한도시의 내부구조에 관한 연구." 『북한학연구』 제12권 제2호, 2016, pp. 43~44.

9 박재규 외, 조재욱, "김정은 시대 시장화 진전과 북한체제의 변화 가능성." 『새로운 북한 이야기』, 한울아카데미, 2018.

10 안진희·배정한, "서구권의 북한 관광을 통해 본 평양 경관의 시각적 특수성." 『한국조경학회지』 44-4, 2016, pp. 70~72.

11 정일영, "북한에서 전시(展示)적 도시의 건설과 한계에 관한 연구-김정은 시대의 유희오락시설 건설을 중심으로." 『현대북한연구』 19-1, 2016.

12 허정필·김용현, "김정은시대 체육정치의 지속성과 변화." 『한국체육학회지』 제54권 제6호, 2015.

13 기어츠(Geertz)는 그의 저서인 'Negara'에서 인도네시아 발리의 정치문화를 분석하면서 일종의 연극과 같은 의례를 통한 상호작용과 그 상징에 대해서 주목하였다. Clifford Geertz, Negara: the theatre state in nineteenth-century Bali, Princeton, N.J.: Princeton University Press, 1980.

14 허선혜, "평양에 대한 북한의 인식과 태도: 『민족문화유산』에 나타난 평양 소재 문화재 기사를 중심으로," 『서울도시연구』 제17권 제4호, 2002, pp. 96~98.

15 박정실, "주체의 력사발전에 쌓으신 불멸의 업적," 『김일성종합대학학보: 철학, 경제학』 제59권 제1호, 2004, pp. 2~4.

16 송호정, "북한 역사탐방: 역사학자의 눈으로 본 평양과 북한문화유산," 『역사민속학』 제15권, 2002, pp. 353~356.

17 허선혜, 앞의 논문, pp. 99~100.

18 허선혜, 앞의 논문, pp. 104~105.

19 곽인옥·문형남, "북한 경제구조 변화에 따른 평양지역 도시공간의 재구조화," 『생산성논집』 제32권 제4호, 2018, p. 193.

20 곽인옥·문형남, 앞의 논문, pp. 193~194.

21 박세훈 외, 『북한의 도시계획 및 도시개발 실태분석과 정책과제』 국토연구원, 2016, 18쪽.

22 임형백, 『사회주의 북한 공간구조의 자본주의 공간구조로의 변화 전망: 북한내부요인과 동북아공간구조의 변화를 중심으로』 한국정책연구 10-1, 2010, 272~273쪽.

23 전상인·김미영·조은희, "국가권력과 공간: 북한의 수도계획." 『국토계획』 제50권 제1호, 2015. p. 29.

24 박동민, "건축가 김정희와 평양시 복구 총 계획도: 신화와 역사," 『건축역사연구』 제27권 제2호, 2018, pp. 132.

25 이신철, 『사회주의 '조선의 심장' 평양의 동아시아 도시로의 변화 가능성』 한국사연구 137, 2007, 163~166쪽.

26 김기혁, 『도로 지명을 통해 본 평양시의 도시 구조 변화 연구』 문화역사지리 26-3, 2014, p. 38.

27 전상인·김미영·조은희, 앞의 논문, pp. 29~30.

28 박세훈·송지은, "북한의 시장화와 도시계획행정의 변화." 『국토계획』 제52권 제7호, 2017, pp. 58~60.

29 박세훈 외, 앞의 논문, pp. 23~24.

30 홍 민, 앞의 논문, pp. 44~45.

31 이시효, "시장 도입 초기 평양 공간 배치: 1984~2003년을 중심으로," 『북한학연구』 제12권 제2호, 2016, pp. 81~82.

32 박세훈·송지은, 앞의 논문, pp. 65~66.

33 『동아일보』 2018년 5월 19일.

국제정치학의 헤게모니 이론으로 본 미중 갈등*

신 석 호**

I. 미국의 패권전략은 변화하고 있는가?

2017년 1월 도널드 트럼프 제45대 미국 대통령이 취임하면서 국제사회는 냉전 종식 이후 유일 초강대국으로 군림해 온 미국의 대외정책 대전략(Grand Strategy)이 변화하는 과정을 목도하고 있다. 1989년 베를린 장벽의 붕괴와 1992년 소련의 체제전환에 따라 홀로 세계 경찰의 역할을 맡게 된 미국이 빌 클린턴과 조지 W 부시, 버락 오바마 대통령을 거치며 초당적으로 구축해 온 자유주의적 패권(liberal hegemony)에 일대 변혁이 일어나고 있는 것이다. 이전의 미국 외교가 자유주의의 이념을 전세계에 전파하기 위해 각종 글로벌 이슈와 분쟁에 외교적 군사적 개입을 했다면

---

* 이 글은 2018년 12월 6일 경남대학교 극동문제연구소가 주최한 제62차 통일전략포럼에서 발표한 초고를 수정 보완한 것이다.
** 동아일보 디지털뉴스팀장 겸 부설 화정평화재단·21세기평화연구소 연구위원 (북한학 박사).

트럼프 행정부 들어서는 자유주의라는 이념보다는 '미국 중심주의'라는 민족주의적 가치를 앞세우고 있다는 것이다. 특히 이 과정에서 미국이 그동안 만들어온 국제정치상의 자유주의적 가치와 제도를 스스로 우회하거나 무너뜨리고 있다는 것에 헤게모니론자들의 의견이 일치하는 것으로 보인다. 대표적인 이론가로 꼽히는 베리 포센 메사추세츠공대(MIT) 교수와 존 J 미어샤이머 시카고대 교수는 버락 오바마 행정부까지 유지된 미국의 자유주의적 헤게모니에 부정적이라는 점에서 공통점이 있다. 결과적으로 목적을 달성하지 못했거나 애초에 시작부터 잘못 되었다는 것이다.

미국 대외정책의 패권-동맹주의에 반대하는 대표적인 자제론자인 포센 교수는 다양한 측면에서 미국의 자유주의적 가치를 전세계에 이식한다는 목표에 미달했다고 지적했다.[1] 그러면서 트럼프 행정부 출범 이후 일어나고 있는 일련의 대외정책 변화를 '비자유주의적 헤게모니(illiberal hegemony)'라고 갈파했다. 2016년 대선에서 많은 이들이 트럼프 후보의 대외정책을 고립주의적이라고 우려했지만 실제 취임 이후 트럼프 대통령은 막강한 군사력을 앞세운 개입주의를 확대하고 있다는 점에서 기본적으로 트럼프 행정부의 대외정책은 패권주의적(hegemonic)이며 이는 이전 행정부와 다르지 않다는 것이다.

하지만 헤제몬(hegemon)의 성격은 본질적으로 변화하였다. 이전 미국 행정부들이 군사력과 외교력 등 하드파워와 소프트파워를 활용해 미국의 자유주의적 가치를 전세계에 투사하기 위해 다자주의적 접근방식을 취해 왔다면 트럼프는 자유주의적 가치에 집착하지 않고 때로는 자유주의 세계질서를 훼손하면서 '미국 제일주의(America First)'를 위해 일방주의적 접근방식을 취하고 있다는 것이다. 어떤 형태의 패권주의도 반대하는 포센의 논의는 트럼프의 대외정책에 기본적으로 부정적인 입장이다.

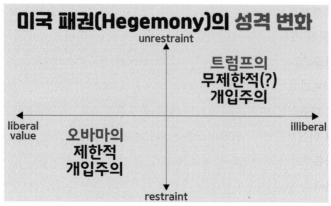

〈그림 I-1〉 베리 포센이 주장하는 미국 패권의 변화 개념도

공격적 현실주의자로 불리는 미어샤이머 교수도 *The Great Delusion: Liberal Dreams and International Realities(2018)*를 통해 오바마 행정부까지의 미국 자유주의적 헤게모니는 국내정치의 이념인 자유주의를 전세계에 투사하는 과정에 각국의 주권을 무시하고 민족주의적인 반발을 불러왔다고 지적했다.[2] 미국은 각국의 분쟁에 과도한 외교적 군사적 개입을 함으로써 비싼 비용을 치르고서도 평화를 이루기보다는 분쟁을 확산하는 결과를 초래했다는 것이다. 미국 대외정책이 전통적인 역외균형(off-shore balancing)과 힘의 자제를 강조하면서도 동시에 '미국의 패권(American Hegemony)'과 '미국의 우선성(American Primacy)'를 강조한다는 측면에서 포센과 차이를 나타낸다.

그는 같은 역외균형론자인 스티븐 왈트와 함께 쓴 논문에서 "우리의 역외균형론은 미국의 우선성을 보존한다"고 주장했다. 너무 많은 개입을 감수하는 '자유주의적 헤게모니'에 비해 너무 개입하지 않으려는 역외균형론도 미주 지역이 아닌 다른 지역에 헤게모니 국가가 등장하는 것을 막

는데 한계가 있기 때문에 '국제적 우선성'은 유지해야 한다는 것이다.[3]

　　"더구나 현실주의는 미국이 지구상에서 가장 강력한 국가로 남기
　　를 추구하도록 명령한다. 미국은 서반구의 헤게모니 국가로 남아있어
　　야 하며 다른 어떤 국가가 세계의 다른 지역을 지배해 미국의 동료
　　경쟁국이 되지 못하도록 확실하게 해야 한다. 이런 현실주의에 기반
　　을 둔 외교정책이 자유주의에 기반을 둔 것보다 덜 호전적(warlike)일
　　것 같다."[4]

　　포센과 미어샤이머의 견해차이는 트럼프 행정부 대외정책에 대한 전
망과 대 중국정책 제안에서 극명하게 드러난다. 포센은 비자유주의적 헤
게모니가 성공할지, 즉 성격의 차이를 넘어 미국이 계속 헤게모니를 유지
할 수 있을지 역시 미지수라고 지적하면서 트럼프 행정부가 전임 행정부
에 비해 자신의 힘을 자제(restraint)하는데 실패하고 있다고 지적한다. 외
교적 개입은 물론 군사력 사용에 있어서 이전 자유주의 헤게모니 정책을
넘어선 과도한 개입을 추구하고 있다는 것이다. 그는 실제 사례로 대 중
국 정책을 들면서 트럼프 행정부가 전통적인 역외균형 정책에 기반한 아
시아의 세력균형 정책으로 회귀해야 한다고 지적했다. 그는 "제해권을 통
제해 중국이 아시아 국가들에 대한 워싱턴의 접근을 막는 것을 방지하고
중국의 공포를 인정해 그것을 미국의 군사력으로 봉쇄하는 대신, 역내 동
맹들이 지금보다 더 스스로를 방어하도록 해야 한다"고 제안했다.

　　앞서 설명한 것처럼 미어샤이머 역시 미국이 자유주의적 헤게모니를
앞세워 지구촌의 모든 분쟁과 이슈에 개입하는 것을 조정해 힘을 자제해
야 한다는 측면에서는 포센과 맥락을 같이 하고 있지만 유독 중국에 대해
서는 강력한 개입을 촉구해왔다. 그는 트럼프 대통령이 당선인이던 2016
년 12월 발표한 글에서 다음과 같이 제안했다.[5]

"동아시아에 대해서는 나쁜 소식이 있다. 중국이 인상적인 부상을 계속한다면 미국이 서반구에 대해 했던 것처럼 아시아를 지배하려 할 것이다. 트럼프 행정부는 중국이 지역 패권국가가 되지 않도록 많은 노력을 기울여야만 한다. 이상적으로 미국은 중국을 봉쇄하기 위해 아시아 국가들에게 의존하려 할 것이지만 그 전략은 작동하지 않는다. 중국은 아시아 이웃국가들에 비해 너무 강력하고 이웃 국가들은 너무 멀리 떨어져 있어 효과적인 균형 연합을 형성하기 어려울 것이다. 미국은 이들의 노력을 조직하고 상당한 힘을 실어줘야 한다. 계속 강력해지는 중국을 다루기 위해서는 미국의 지도력이 필수적이다."

2018년 저작에서 미어샤이머는 중국의 부상을 막아내야 할 미국의 새로운 대 전략으로 자유주의적 헤게모니도 아니고, 전통적인 역외 균형도 아니고 새로운 고립주의도 아닌 '미국이 이끄는 블록 패권주의'를 강조함으로써 트럼프 행정부 대외정책을 사실상 정당화하고 있다고 평가할 수 있다. '현실주의'와 함께 '미국 우선성'과 '민족주의'를 강조하는 한편 경제적 자유화가 평화를 가져올 수 있다는 '상업적 자유주의' 역시 배격하면서 트럼프 행정부의 국내외 정치경제적 슬로건인 '미국 우선주의'를 정당화하고 있는 것으로 보인다.

대외전략에 있어서 미래에 미국은 북미와 가능하다면 유럽을 중심으로 하는 자신의 블록, 중국 블록, 인도 블록, 러시아 블록 등과 함께 공존하게 될 것이지만 미국 블록은 동맹국들과의 협력과 조화를 통해 우월적이고(preponderant)이 불균형적인(unbalanced) 힘을 보유하고 행사해야 한다는 것이다. 대외경제적으로도 민주평화론, 경제적 상호의존이론, 자유주의적 제도주의 등을 비판하면서 미국의 대외경제정책에 있어서도 '미국 우선성'과 '민족주의'가 강조되어야 한다고 다음과 같이 주장했다.[6]

"미국은 자급자족적인 보호무역주의로 회귀해서도 안 되고 회귀하지도 않을 것이다. 반대로 미국은 세계에서 가장 크고 생산적인 경제 블록이 되는 것을 추구해야 한다. 그러나 미국은 수출금지나 제재, 관리무역 등을 통해 실질적 잠재적 군사적 경쟁자와의 금융 기업 거래를 최소화해야 한다. 블록 내 다른 국가들과의 경제적 이해관계를 고려할 때에도 미국의 군사력이 기반을 두고 있는 산업 능력을 갉아먹을 수 있는 동맹과의 경제적 상호의존을 허락해서는 안 된다."

미어샤이머 교수의 제자이면서 현실주의 국제정치학자인 이동선 고려대 교수는 한국적 관점에서 미국의 패권 변화를 논한 글에서 냉전 종식 이후 유일 초강대국이라는 지위가 점차 약해지는 미국이 '역외 지도력(offshore leadership)'을 구축하고 있다고 주장했다. 중국에 대한 상대적인 경제력 약화에도 미국은 강한 군사력과 세계를 지도하려는 의지(will to lead)를 가지고 있기 때문에 해군력과 공군력 등 군사력의 우위와 강한 동맹체제를 바탕으로 글로벌 리더십을 유지하려 한다는 것이다.[7]

이하에서는 미어샤이머의 헤게모니 이론과 역외균형론을 중심으로 국제정치학적 패권이론들이 미래의 미중관계를 어떻게 전망하고 있는지를 여섯 가지 개념으로 나눠 살펴본 뒤 이를 '현실주의 대 자유주의' × '협력 대 갈등'이라는 2×2 메트릭스에 올려놓는 것으로 구성의 독창성을 주장하려고 한다. 이어 오바마에서 트럼프 행정부로 미국 행정부 변화에 따른 미중관계 변화상을 쟁점별로 고찰한 뒤 결론을 대신하여 미중관계의 미래가 한반도의 현안인 북한 핵문제 해결에 갖는 함의를 전망해 볼 것이다.

II. 미중관계를 읽는 여섯 가지 개념

1. 지역 헤게모니와 해외 균형(Off-Shore Balancing)

미어샤이머 교수에 따르면 최근 미국과 중국 간의 전략적 경쟁은 지역 패권국가(regional hegemon)인 미국이 아시아 지역의 잠재적 패권국가인 중국의 부상을 견제하는 과정이다. 그는 패권국가를 세계 패권국(global hegemon)과 지역 패권국으로 구분한다. 세계 패권국은 말 그대로 세계 전체를 지배하는 국가다. 그런데 5대양을 가로질러 상대방 강대국의 영토에 자신의 군사력을 투입하기는 어렵기 때문에 어느 강대국이 분명한 핵 우위를 확보하는 비현실적인 상황이 도래하기 전에 세계 패권국이 되는 것은 불가능하다.[8]

그런 의미에서 미국도 세계패권국이 아니며 남북아메리카 지역 패권국에 불과하지만 근대 역사상 강대국들이 지역 패권국가가 되기 위해 노력했음에도 진정한 지역 패권국의 지위에 오른 것은 오로지 미국 밖에 없다고 미어샤이머 교수는 주장한다. 지역 패권국이 된 미국은 다른 지역에 있는 강대국이 자신의 전철을 밟아 다른 지역의 패권국이 되는 일을 방해하고자 노력한다. 이 때 해당 지역에 잠재적 패권국의 출연을 스스로 제어할 수 있는 다른 강대국이 있다면 미국은 안전한 상태에서 개입하지 않으며 개입하지 않는 것이 좋다. 이것이 전통적 의미의 역외 균형이다.

하지만 상황이 여의치 않은 경우 미국은 역외 균형 정책을 넘어 군사적 개입을 개입하게 된다. 미국은 역사상 네 번(태평양 전쟁을 일으킨 일본제국, 1차 세계대전을 일으킨 빌헬름 황제의 독일, 2차 세계대전을 일으킨 나치 독일, 냉전의 상대방인 소련)이나 '해외 균형자'로서 타 지역의 분쟁에 군사적으로 개입한 전력이 있다.[9]

이에 따르면 미국은 중국을 상대로 다섯 번째 해외 균형 역할에 나선 것이라고 할 수 있다. 뒤에서 살펴보는 '인도-태평양 전략' 등이 그것이다. 미어샤이머 교수는 미국이 중국을 억제하는데 가장 효과적인 정책으로 과거 소련에 했던 것과 같은 봉쇄정책을 들고 이를 대체할 수 있는 세 가지 대안의 하나로 '중국의 경제발전을 둔화시키는 것'을 들고 있다. 트럼프 행정부가 2018년부터 가속화 한 대 중국 관세 장벽 등 공세적 무역정책이 대표적인 사례다.[10]

그러나 미어샤이머 교수는 이같은 대중 경제정책이 실현가능하지 않다고 이미 부정적인 전망을 내려놓았다는 점을 주목할 필요가 있다. 그는 '중국이 평화롭게 부상할 수 있느냐'는 질문에 대해 "경제력이 커진 중국은 과거 미국이 한 것처럼 아시아 지역에서 미국판 먼로 독트린을 선언할 것이며, 미국은 중국 주변국들을 규합해 균형연합을 형성할 가능성이 높다. 그 과정에서 전쟁이 일어날 가능성은 과거 냉전시대 미소 양국관계보다 더 높다"고 전망했다. 그는 "중국의 부상이 조용하게 이뤄질 가능성은 거의 없다"고 단언하면서[11] 특히 경제적인 해결방안에 대해서는 "미국 경제를 망가뜨리지 않는 채로 중국의 경제성장을 둔화시킬 방안이 없기 때문"이라고 단언하면서 오히려 아래에 서술하는 '상호확증경제파괴' 개념을 지지하고 있다.[12]

"혹자는 중국 경제는 더 큰 피해를 입을 것이며, 그럼으로써 중국에 대한 미국의 상대적인 힘의 지위가 개선될 것이며 동시에 중국의 성장은 약화될 것이라고 말한다. 그러나 이같은 상황은 미국이 새로운 무역 상대방을 찾을 수 있는 반면 중국은 그렇지 못할 경우에만 가능한 일이다. 두 가지 조건이 모두 필요하다. 불행한 일이지만 미국이 중국과의 무역을 축소하고 투자를 줄이는 경우라도 세계 여러 나라들이 중국과의 경제거래를 확대하고자 하기 때문에 미국의 노력으로 인해 생성된 공백을 메울 수 있을 것이다. 예를 들어 중국으로부터 심각한 위협을 당하지 않는 유럽 국가들은 미국의 자리를 이어받아 중국의 경제성장이 지속될 수 있도록 기름을 부어주는 역할을 담당하려 할 것이다. 요약하자면 중국은 경제적으로 고립되지 않을 것이기 때문에 미국은 중국의 경제성장을 의미 있는 수준으로 둔화시킬 수 없을 것이다."

2. '투키디데스의 함정'과 '킨들버거의 함정'

자주 언급되는 '투키디데스 함정'이 국제정치적 현실주의의 관점에서 기존 강대국 미국과 떠오르는 강대국 중국의 군사적 충돌 가능성을 언급한 것이라면, '킨들버거의 함정'은 경제강국으로 부상한 중국이 국제경제 질서의 유지에 적극적으로 나서지 않을 경우 국제체제에 위기가 올 수 있음을 우려하는 개념이다.[13]

가. 투키디데스 함정

미중관계를 논하는 글들 가운데 가장 많이 등장한 비유로 소크라테스와 동시대인인 기원전 5세기의 투키디데스가 27년 동안의 펠레폰네소스 전쟁의 원인과 전개를 기록한 '펠레폰네소스 전쟁사'에서 따온 것이다. 정치적 현실주의의 철학적 시조로 평가되는 투키디데스는 최근의 미중관계와 같은 국제정치적 양극 체제 하에서 힘이 약한 쪽이 강한 국가를 먼저 공격해 전쟁이 발생할 수 있음을 역설하고 있다.

"당시 스파르타는 아테네의 힘이 점점 증가하고 있었으므로 시간이 흐를수록 힘의 경쟁에서 아테네가 유리해지고 스파르타는 불리하게 될 것이라 생각했다. 때문에 스파르타는 더 늦기 전에 지금이 시기적으로 적기라고 생각하여 선제공격을 가했고 이로써 전쟁이 시작되었다. 즉 전쟁의 진정한 원인은 바로 스파르타가 아테네의 힘의 증가에 대해서 갖고 있던 '두려움'이었던 것이다. 스파르타는 이 두려움에서 벗어나고 세력의 우위를 점하기 위해 전쟁을 개시했던 것이다."[14]

나. 킨들버거 함정

'킨들버거의 함정'은 중국의 국력이 커질수록 자신이 혜택을 입은 국제질서에 공헌하기 보다는 무임승차를 할 경우 나타나는 파국적인 결과를 말한다.[15] 마셜 플랜의 지적 설계자이자 메사추세츠공대 교수로 재직했던 찰스 킨들버거가 1930년대라는 재난적 시대의 원인을 떠오르는 강대국 미국과 저무는 강대국 영국의 역할 대체 실패에서 찾은 것에서 나온 설명이다. 즉, 세계 최강의 글로벌 파워 자리를 놓고 미국이 영국을 대체했지만 미국이 글로벌 공공재를 제공하는 영국의 역할을 떠맡는 데 실패했기 때문에 글로벌 시스템이 붕괴되고 불황과 대학살, 그리고 2차 세계대전으로 이어졌다는 것이다. 킨들버거는 이런 주장을 토대로 당대의 패권국가가 적절한 국제정치경제 질서에 필요한 공공재를 제시해야 평화가 유지된다고 보는 '패권안정이론'의 창시자로 꼽힌다. 역시 현실주의 계보다.

3. 양극체제의 안정성

같은 현실주의의 계보에 있지만 미어샤이머 교수가 '방어적 현실주의'로 분류한 고 케네스 월츠 버클리 & 콜럼비아대 교수에 따르면 미중관계가 필연적으로 파국으로 치닫는 것은 아니다. 그는 미소 냉전과정에서 약소국가간의 국지전은 있었지만 양 강대국간의 전쟁은 없었다며 양극체제가 다극체제보다 오히려 안정적일 수 있다고 주장했다.[16] 월츠는 2013년 사망했으나 생전에 미중관계의 안정성에 대해서 언급하지는 않은 것으로 알려졌다. 하지만 후학들은 그가 살아서 발언한다면 미중관계 역시 미소관계처럼 안정적이라고 말할 것으로 전망했다.

> "현실세계의 변화는 국제체제의 구조 측면에서 또 다른 양극체제를 가져온다. 즉, 미국 중심의 일극체제가 아니라 미국과 중국이라는 두 개의 강대국이 존재하는 양극체제가 등장할 가능성이 크다. 이러한 중국의 부상에 대해 많은 학자들과 정책분석가들은 불안정성을 예측하지만, 월츠는 자신의 이론적 결론에 따라서 미국과 중국의 양극체제가 미국과 소련의 양극체제와 마찬가지로 안정적이라고 볼 것이다. 미국과 중국이 모두 핵무기를 보유하고 있기 때문에 새로운 국제체제의 구조는 더욱 안정적일 것이라는 낙관적인 결론을 개진할 것이다. 이러한 결론에 대해서 많은 학자들은 반론을 제기할 것이고, 그 과정에서 월츠 이론은 국제정치이론 논쟁뿐 아니라 정책논쟁에서도 핵심사항으로 부각될 가능성이 크다."[17]

4. 복합적 상호의존(Complex-Interdependence)

이상과 같은 현실주의적 논의는 국제정치의 무정부상태와 이에 따른 개별 국가들의 안보딜레마, 국가이익과 권력 등을 개념을 강조하는 '국가 및 군사력 중심적' 패러다임이라고 할 수 있다. 하지만 1970년대 상업적 자유주의의 한 흐름에서 나온 복합적 상호의존 이론은 국가이외의 국제 정치적 행위자-국제기구나 기업, 노조 등 사회단체 등-의 역할, 그리고 군사력이 아닌 경제적 관계의 중요성을 강조하고 나섰다.[18] 아래 3절에서 논의하는 바와 같이 미국과 중국이 서로 배려하면서 경쟁도 하고 협력도 해야 한다고 주장해 온 오바마 행정부 8년의 대중 정책은 바로 이런 철학적 이론적 배경을 깔고 있다.

5. 상호확증경제파괴(MAED·Mutually Assured Economic Destruction)

상업적 자유주의의 관점에서 위의 주장에서 좀 더 나아가 핵무기가 주는 공포의 균형(balance of terror)을 경제적으로 긴밀한 두 나라에 적용한 개념이다. 냉전시절 미국과 소련의 핵 공포 균형의 논리적 기반이 되었던 상호확증파괴(MAD·Mutually Assured Destruction)에 '경제(Economic)'라는 단어를 넣어 만든 신조어로, 미중 양국이 국제 상품 및 자본 시장에서 긴밀한 상호 의존관계를 맺고 있기 때문에 한쪽이 일방적으로 경제적 단절을 선언하면 공멸할 수 있다는 것이다.[19]

이상의 여섯 가지 개념을 국제정치의 대립하는 양대 패러다임인 현실주의와 자유주의의 스펙트럼 위에 표시하면 <그림 Ⅱ-1>과 같다. 왼쪽부터 현실주의에서 자유주의로 여섯 개념을 배열하고 그것이 노정하는 결과를 갈등과 협력으로 놓아 '2×2 매트릭스'를 만들면 아래와 같이 우하향하는 직선을 얻을 수 있다.

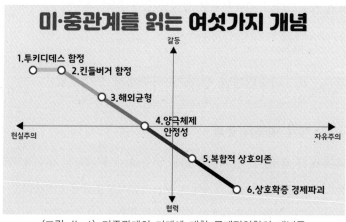

〈그림 Ⅱ-1〉 미중관계의 미래에 대한 국제정치학의 개념들

양국의 전략경쟁이 군사적 갈등으로 비화하는 '투키디데스의 함정' 수준에는 아직 이르지 않은 상황이다. 중국이 미국의 국력을 추월했거나 비등한 상태를 상정한 '킨들버거 함정'이나 '양극체제의 안정성' 개념은 아직 현실에 적용하기에는 시기상조라고 할 수 있다.

이하에서는 오바마 행정부가 상업적 자유주의의 관점에서 중국과의 정치 경제적 경쟁과 협력관계를 관리했음을 보일 것이다. 오바마 행정부는 미국과 중국이 다양한 분야에서 협력하고 있다는 점(복합적 상호의존론)을 강조했으며 갈등이 더 심화될 경우 중국은 물론 미국의 경제도 악화될 수 있다는 점(상호확증경제파괴)을 우려했다. 서론에서도 밝힌 것처럼 트럼프 행정부의 경우 미어샤이머의 '미국이 주도하는 헤게모니 블록'의 관점에서 중국이 아시아 지역패권국가로 부상하는 것을 억제하기 위해 오바마 행정부 당시보다 높은 수준의 정치적 경제적 군사적 압박을 가하고 있음을 보일 것이다. 그러나 트럼프 대통령과 시진핑 중국 국가 주석이 2018년 11월 주요 20개국(G20) 정상회의를 계기로 무역갈등을 협상으로 해결하려는 움직임을 보인 것은 서로에게 가져올 현실적인 피해를 직시했기 때문이라는 자유주의적 설명도 일부 적용 가능할 것이다.

III. 미중관계의 변화: 오바마에서 트럼프로[20]

1. 미국 내부의 변화

자유주의적 헤게모니 대전략을 따른 미국의 역대 정부는 중국을 정치 군사적으로는 견제하면서도 경제적으로는 자유시장경제에 끌어들이는 양면 전술을 폈다. 특히 1990년대 초부터 서구 사회에 '중국 위험론'이 제기되면서 경제적으로는 중국과 협력하여 함께 발전을 추구하지만 군사·안보적으로는 아시아의 동맹 및 안보 파트너 국가들과 협력을 강화해 중국을 견제하는 정책을 명확히 했다. 특히 중국이 미국의 패권적 지위 또는 미국이 만들어 온 전후 국제사회의 질서와 규범, 기준 그리고 보편적 가치에 도전하는 '수정주의' 국가가 되는 것을 방지하자는 목적을 내포하고 있었다.

오바마 행정부는 그런 양면 정책의 완성 내지는 전형을 보여주었다. 2009년 출범 이후 군사 지정학적으로는 남중국해와 동중국해 인근에서 인공섬을 건설하며 영토주권을 확대해가는 중국을 상대로 항행의 자유를 강조하며 견제했다. 정치적으로는 한국 호주 필리핀 태국 등 기존 동맹국들은 물론 인도네시아 베트남 싱가포르 등과의 안보 협력을 강화하는 이른바 '아시아로의 회귀' 정책과 이의 다른 버전인 '아시아 재균형' 정책을 추진하였다. 경제적으로는 세계 경제질서를 중국이 만들도록 할 수 없다며 일본과 호주 등 아시아태평양 12개국을 규합해 2015년 10월 '환태평양경제동반자협정(TPP)'을 타결시켰다. 2013년 시작된 2기에는 아시아태평양 12개 국가와 환태평양경제동반자협정(TPP)을 체결해 사실상 중국을 자유무역시장의 띠로 포위하려고 했다. 하지만 이슬람 국가(IS)의 퇴치와 러시아의 우크라이나 침공 저지, 이란 핵문제 해결, 지구온난화 공동대응 등에서 중국과 협력하며 대중관계를 관리해 나갔다.

오바마 행정부 1기 국무부 부장관을 맡았던 제임스 스타인버그와 브루킹스연구소의 아시아 지역 전문가인 마이클 오헨런 선임연구원은 2014년 내놓은 '전략적 재보장과 결의-21세기 미중관계'에서 오바마 행정부의 미중관계를 논리적으로 설명했다.[21] 오바마 행정부 2기의 대외정책 기조인 '다자주의적 개입주의' 하에서 중국을 보는 미국의 시각이 담겨 있는 이 책은 결론에서 '죄수의 딜레마' 비유를 통해 양측 관계를 설명하고 있다.[22]

"떠오르는 힘으로서 중국은 미국과 주변국들에게 자신의 국가안보 추구가 다른 국가의 그것을 희생하지 않을 것이라는 점을 증명해야 할 특별한 의무가 있다. 미국은 과거 40년 동안 정책과 행동으로 중국이 정치 경제적 파워로 부상하는 것을 기꺼이 후원한다는 점을 보여왔다. 중국은 이러한 미국의 지혜로운 정책이 강화되도록 노력할 필요가 있다.

양측은 서로가 추구하는 목적을 일방적으로 달성할 수 없다는 점을 알아야 한다. 양국의 관계는 게임이론에서 부르는 죄수의 딜레마와 유사하다. 협력할 경우 최선의 결과를 얻을 것이요, 상대방의 희생속에서 자신의 이익을 일방적으로 추구하려 할 경우 상대방도 똑같이 일방적으로 자신의 이익을 추구하면서 결과적으로는 모두가 손해를 볼 것이다.

워싱턴은 중국이 미국을 몰아내고 일종의 '동아시아 몬로 독트린' 같은 어떤 정책을 추구할 경우 이를 용인하지 않을 것이다. 양측이 부정적이고 위험한 상호작용의 다이나믹스를 인식한다면, 함께 미끄러지는 것을 피하는 강력한 유인을 가지게 될 것이다. 반대로 서로가 상대방의 능력이나 의도를 오해한다면 죄수의 딜레마라는 비극은 현실이 될 수 있다. 자신의 미래 능력을 과장하거나 상대방의 능력을 과소평가할 때 이런 일이 생길 수 있다. 양측이 협력의 가치를 과소평가할 때도 그렇다."

이처럼 '자유주의적 패권주의' 기조에서 경쟁과 협력이 속에서 포용과 압박을 병행했던 오바마 행정부의 대중정책은 2016년 11월 트럼프 대통령이 당선되면서 근본적으로 변화하기 시작했다. 트럼프 대통령은 선거전에서부터 중국과의 무역역조 문제를 제기하면서 일대 경제전쟁을 예고했다. 당선자 시절 대만의 차이잉원 총통과 전화를 하며 정치적으로도 '하나의 중국' 원칙을 포기하고 대만을 주권국가로 대우할 수 있음을 암시했다. 취임한 이후에는 오바마 행정부의 '아시아 재균형' 전략에서 범위가 확대된 '인도-태평양 전략'을 추구했다. 2017년 6월에는 대만에 대한 조기경보 레이더 부품, 어뢰, 미사일 등 약 14억 달러 어치의 무기 판매를 승인했다.

2017년 11월 미국 재무부는 북한의 자금 세탁에 이용됐다는 이유로 중국 단둥은행을 미국 금융 시스템에서 완전히 퇴출시켰다. 12월 18일에 발표한 '국가안보전략(NSS)'을 통해 중국을 "미국의 안보와 번영을 위협하는 경쟁자이자 수정주의 세력(revisional power)"로 규정했다. NSS는 △미국인과 국토, 미국인의 삶의 방식 보호 △경제적 번영 △힘에 의한 평화 △미국의 영향력 확대 등 4가지 목표를 제시했다.

〈표 Ⅲ-1〉 미국의 대외정책 변화

	버락 오바마(2016년)	도널드 트럼프(2017년)
대외정책 특징	○ 자유주의적 패권주의 - 자유무역주의 - 동맹을 배려한 다자 개입주의	○ 미국 주도 블록 패권주의 - 호혜적 자유무역 - 동맹에 비용 요구 일방 개입주의
대외정책 내용	○ 자유주의적 국제정치경제 확산	○ 민족주의적 미국 이익 우선주의
대중정책 기조	○ 경쟁과 협력관계 - 압박과 포용 정책 병행	○ 경쟁관계 - 압박 정책 우위

2. 중국 내부의 변화

오바마 행정부가 2기 들어 TPP를 결성하는 등 대중 견제에 무게를 둔 것은 상대방인 중국 발 현상타파 정책에 대한 대응으로 풀이된다. 중국은 2008년 8월 베이징 하계 올림픽이 성공적으로 개최되고 때마침 미국에 니먼브러더스 발 경제위기가 찾아오자 국제무대에서의 정치 경제적 영향력을 확대해 나가는 동시에 외교정책의 변화를 추구했다. 시 주석은 2013년 취임하면서 '중국의 꿈'을 주창하면서 '강한 군대'와 '적극적인 외교'

를 강조했다. 미국을 상대로 한 적극적인 외교의 구체적인 개념으로 '신형 대국관계', 아시아 정책으로 '아시아 신안보관'을 들고 나왔다. 경제적으로는 '일대일로'라고 불리는 실크로드 경제벨트를 건설하는 한편 아시아 인프라 투자은행(AIIB)을 창립하는 등 킨들버거가 말한 글로벌 공공재 제공을 위한 시스템 구축에 나섰다. 군사적으로도 해군력과 공군력을 강화하여 남중국해와 동중국해의 영토주권을 포기하지 않을 것임을 분명히 했다.

트럼프 행정부 첫 해의 대중정책 변화에 중국이 강하게 반발하면서 양국간 경쟁 및 갈등관계는 심화되었다. 시 주석은 2017년 10월 개최된 제19차 당대회를 통해 두 번째 중국공산당 총서기에 오르면서 2050년까지 '사회주의 현대화 강국' 설립을 국가 목표로 제시했다. 이를 위한 중국 외교정책의 키워드로 '신형국제관계'와 '인류운명공동체'를 제시했다. 또한 '분발유위'를 강조하며 국제사회에서 역할을 확대하고 자기주장을 강화하는 '적극적인 외교'를 지속할 것과 국익을 양보하는 "쓴 열매"는 절대 삼키지 않을 것임을 강조했다.

〈표 Ⅲ-2〉 중국의 대외정책 변화

	시진핑 1기 출범(2013년)	시진핑 2기 출범(2018년)
대외	- 중국몽 - 강한 군대와 적극적 외교 - 신형대국관계, 아시아신안보관	- 사회주의 현대화 강국(2050년 목표) - 분발유위 "쓴 열매는 삼키지 않겠다" - 신형국제관계, 인류운명공동체
경제	- 일대일로 - 아시아인프라투자은행	- 중국제조2025(4차산업혁명 첨단산업 육성) - '승복하지 않는 패자이론' 주장
군사	- 남중국해 영토주권 주장	- 남중국해 영토주권 주장
북핵	- 비핵화 요구하며 외교적 압박	- 세 차례 정상회담으로 전략적 포용

IV. 2018년 양국 대결 양상

트럼프 행정부 2년차인 2018년 미중관계는 앞에서 설명한 양국간 갈등 기조가 분야별로 더욱 심화된 시기라고 할 수 있다. '하나의 중국'을 둘러싼 갈등은 심화되었고 남중국해 영토분쟁 문제도 과거처럼 부각되지는 않았으나 지속되고 있다. 1월 19일 제임스 매티스 국방장관이 발표한 '2018 국가방위전략' 보고서는 중국을 "약탈적 경제를 이용하여 이웃 국가들을 위협하고 남중국해에서 군사력을 휘두르는 전략적 경쟁자"로 규정했다.

전년과 가장 달라진 대목은 수입품 관세 부과를 둘러싼 양측의 무역 분쟁이다. 트럼프 대통령은 3월 22일 '중국의 경제침략을 표적으로 하는 대통령 행정명령'에 서명하고 중국산 제품에 대한 대대적인 관세부과 및 중국의 미국 기업기술에 대한 투자 제한 조치를 마련하도록 지시했다. 이에 따라 미 행정부는 중국에 시장 접근 개선과 미국 기업들을 위한 지적재산권 보호를 요구하는 구체적인 조치에 착수했다. 이와 함께 중국 정부가 자국 기업에 지급하는 보조금 삭감 및 3750억 달러에 달하는 양국 간 무역 불균형을 해소해야 한다고 주장했다.[23] 이 주장을 관철하기 위해 미국은 7월부터 세 차례에 걸쳐 총 2500억 달러 규모의 대중 수입품에 관세를 부과하는 무역 보복을 단행했다. 이에 반발하며 중국도 세 차례에 걸쳐 1100억 달러 규모의 대미 수입품에 관세를 부과했다.

문제의 해결을 위한 11월 미중 정상회담에 앞서 마이크 팬스 미 부통령이 중국과의 사실상 냉전을 선포함으로써 양극 갈등관계는 최고조에 이르렀다. 12월 1일 아르헨티나 부에노스아이레스에서 열린 미중 정상회담에서 미중 정상은 무역전쟁에 대한 잠정 휴전(미국의 대중 관세부과 90

일 유예)에 합의했다. 중국이 시장개방 등에 대한 협상을 약속하기로 했다.

〈표 Ⅳ-1〉 2018년 미중 양국의 분야별 경쟁 및 대결 양상

분야	항목	내용
정치	대만과 관계 강화	○ 미국인의 대만 여행법 발효. 양국 관료들의 공식 교류 가능(3월) ○ 미 국방부, 3억300만 달러 규모 F-16 전투기 등 군용기 예비부품 대만 판매 승인(9월) ○ 펜스 부통령, 중국에 사실상의 냉전 선언(10월)
경제	무역 보복	○ '중국은 경제침략국' 호명(3월, 행정명령 발동) - 중국산 제품에 대한 대대적인 관세부과 지시 - 중국의 미국 기업에 대한 투자제한 조치 마련 지시 ○ 대중 무역전쟁 - 중국산 태양광패널·세탁기에 관세부과, 무역전쟁 시작(1월) * 중국은 WTO에 제소하고 미국산 수수에 대해 관세 부과로 맞대응 - 818개 품목 340억 달러 대중 수입품에 관세 부과(7월) * 중국도 545개 품목 340억 달러 수입품에 보복관세 부과 - 279개 품목 160억 달러 대중 수입품에 관세 부과(8월) * 중국도 114개 품목 160억 달러 수입품에 보복관세 부과 - 5745개 품목 2000억 달러 대중 수입품에 관세 부과(9월) * 중국도 520개 품목 600억 달로 수입품에 보복관세 부과
경제	기업 제재	○ 미 상무부, 중국 통신장비 업체 ZTE에 대해 7년 간 미국 기업 거래 금지. 북한 및 이란 제재 위반 이유(4월)
군사	인도 태평양 전략	○ 2018 국가방위전략 "약탈적 경제 휘두르는 전략적 경쟁자"(1월) ○ 미군 태평양사령부, 인도-태평양 사령부로 개칭(5월) ○ 2019 회계연도 국방수권법(NADD), 중국을 '전략적 경쟁자'로 선언하고 인도-태평양 지역에서의 중국 영향력 확대 견제 및 중국의 림팩 훈련 참여 금지 명시(8월) ○ 남중국해 '항행의 자유' 작전 지속

이상의 미중관계 갈등은 단기적인 등락은 있을지 몰라도 장기적으로는 계속될 것이라는 전망이 지배적이다. 우선 중국에 대한 미국의 불만사항이나 양국의 전략적 목표 차이가 일시적이거나 상황적인 것이 아니라 장기적이고 구조적인 것으로 보이기 때문이다.[24]

우선 미국의 대 중국 무역역조는 만성적이고 구조적이다. 미국은 중국의 최대 수출 상대국으로 2017년 중국에서 5056억 달러 어치의 재화를 수입한 반면 중국으로 1304억 달러 어치를 수출했다고 상무부가 밝혔다. 연간 3750억 달러의 적자를 본 셈이다. 미국의 대중 무역수지 적자는 국내총생산의 2%에 육박하고 있으며 미국의 무역 적자액의 50%에 이르는 액수다. 미국은 이러한 대중 무역수지 적자가 △중국의 위안화 평가절하 △수출장려보조금 △덤핑 등 불공정 무역관행에서 비롯된다고 판단하고 있다.

투자부문에서도 미국 기업들은 중국의 세계무역기구(WTO) 가입을 계기로 △거대 시장으로의 자유로운 진출 △중국 정부의 규제투명성 제고 및 내외국 기업 차별 철폐 △지적 재산권 보호 등을 기대하고 있다. 하지만 시진핑 시대에 와서 외자기업에 대한 중국의 차별정책은 더욱 심화되고 있다. △외국 기업에 대한 사업승인 지연 △금융 생명공학 등 투자제한 부문 확대 △외국기업의 기술이전과 데이터 현지화 규제 등이 그것이다.

이러한 구조적인 문제의 시정을 위해 미국은 통상법 301조 등을 이용해 중국이 추진하고 있는 첨단기술 육성정책인 '중국제조 2025'에 집중 포화를 가하고 있다는 것이다.[25] 이런 보호무역 정책은 11월 6일 치러진 중간선거 이후에도 크게 달라질 것 같지 않다는 것이 대체적인 관측이다.[26] 2018년 11월 중간선거에서 공화당이 하원을 민주당에 내주긴 했지만 상대적으로 선전했다는 평가를 받고 있는 트럼프 대통령은 2020년 재선을 위해 '미국 우선주의' 정책을 심화할 가능성이 크다.

특히 대 중국 경제압박 정책은 공화당뿐만 아니라 민주당에게서도 초당적인 지지를 받고 있는 상황이다. 실제로 자유주의 국제정치학파로 트럼프 대통령의 대외정책에 비판적인 조지프 나이 교수마저도 칼럼에서 다음과 같이 지적했다.[27]

"미국 내에서 중국에 대한 일반적 통념은 2016년 대통령 선거 전부터 깨지기 시작했다. 트럼프의 레토릭과 관세 부과 문제는 타오르는 불에 기름을 부은 것일 뿐이다. 자유주의적 국제질서는 중국이 급속한 경제성장을 지속하고 빈곤을 극적으로 감소시키는 것을 도왔다. 그러나 중국은 국영기업에 보조금을 지급하고, 상업적 스파이 행위에 개입하고, 외국 기업이 중국 국내 파트너들에게 지적재산권을 이전하도록 요구함으로써 무역 분야를 자신에게 유리하게 기울도록 했다. 많은 트럼프 지지자들은 미국의 기술적 우위에 도전하려는 중국의 야심에 대한 트럼프의 저지에 지지를 보낸다."

나이 교수는 중국과 미국은 다른 한쪽이 없이는 해결이 불가능한 초국가적 도전에 직면해 있고 양국 관계가 포지티브섬 게임(positive-sum game)이 될 수 있는 측면이 있다며 양국이 냉전보다는 '협력적 경쟁'을 해야 한다고 강조했다. 다만 "핵심적 의문은 (트럼프의) 미국이 '협력적 경쟁'이라는 맥락에서 생각할 능력이 있는지 여부"라고 지적했다.

V. 북핵문제 중국 레버리지는 약화 전망

정치 경제 군사 대외분야에 걸친 트럼프 행정부의 대중 경제와 압박 정책은 미어샤이머 교수가 제시한 '미국이 주도하는 헤게모니 블록' 대전략을 대체로 이행하고 있는 것으로 보인다. 그것의 성공 여부와 관련 없이 트럼프 행정부의 대외정책은 '미국 우선성'과 '현실주의', '민족주의' '동맹을 아우른 블록 패권주의' '상업적 자유주의에 대한 불신' '적대국과의 금융 기업적 거래 차단' 등 미어샤이머 교수가 나열한 대전략의 요소들을 모두 포함하고 있는 것으로 보인다.

한국의 입장에서 중요한 것은 미국의 중국에 대한 견제가 심화될 경우 한반도에 미칠 영향일 것이다. 가장 큰 관심 주제는 미국에 대한 한국의 전략적 중요성의 유지 여부와 북한 핵문제 해결과 관련된 미중 협력 가능성이다.

우선 '미국 주도 블록 패권주의'에 따르면 미국에게 아시아 지역 국가 가운데 동맹국인 한국의 전략적 중요성은 당분간 계속될 것이며 미중관계의 악화 과정에서 더욱 커질 것이라는 전망이 가능하다. 미국은 중국을 둘러싼 동맹국과 파트너 국가들로 대중 포위망 구성을 심화할 것으로 보인다. 한국의 입장에서는 '미국 우선주의' 원칙에 따른 트럼프 행정부의 방위비 등 동맹비용의 추가 분담 요구에 현명하게 대처하면서 동시에 미중관계 악화에 따라 악화될 것으로 보이는 한중관계의 전략적 관리를 고민해야 한다.

그러나 북핵문제 해결을 위한 미국의 대중 레버리지는 약화될 것으로 보인다. 우선 미중 양국이 정치 경제 군사적인 대립국면 속에서 북한 핵문제에 호흡을 맞출 것인지에 대해서는 비관론이 앞서고 있기 때문이다. 중국의 한반도 전문가들은 2018년 미국의 대중 무역압박 국면에서 공개적으로 "중국은 앞으로 미국의 대북 제재에 필요 이상으로 자원을 할애하지 않을 것"이라고 공공외교를 폈다.[28] 2018년 트럼프 대통령이 제기한 '중국 배후론', 즉 중국이 배후에서 북한을 조종하며 비핵화 협상을 방해하고 있다는 논리에 공개적으로 반박을 폈던 중국 정부는 2019년 1월 8일 김정은의 생일에 베이징에서 열린 4차 북중 정상회담에서 보란 듯이 '중국 배후론'을 공식화 했다. 주요 2개국(G2)의 전략적 경쟁이라는 국제정치의 최상위 레벨에서 일어나는 이같은 전략적 환경 변화는 북한으로 하여금 미국과 중국 사이를 오가는 줄타기 외교에 더 많은 기회 요인을 주고 있다.[29]

실제로 북중 밀월은 2019년 벽두부터 가속화 공개화 되었다. 김정은 북한 국무위원장은 2019년 1월 1일 발표한 신년사에서 "정전협상 당사자들과의 긴밀한 연계 밑에 조선반도의 현 정전체계를 평화체계로 전환하기 위한 다자협상도 적극 추진하여 항구적인 평화 보장 토대를 실질적으로 마련해야 한다"고 강조했다. 그 발언은 7일부터 10일까지 이어진 3박 4일 동안의 제4차 북중정상회담으로 곧바로 현실화 됐다. 그가 지칭한 '정전협정 당사자들'은 바로 중국으로, 2019년 양국이 주동이 되는 다양한 형태의 외교전이 펼쳐질 것임을 예고한 것이다.

1월 9일 조선중앙통신과 중국 관영 매체들이 보도한 양국 정상회담의 주요 내용에는 "한반도 정세 관리와 비핵화 협상 과정을 공동으로 연구·조종해 나가는 문제와 관련해 심도 있고 솔직한 의사소통을 진행했다"는 대목이 포함됐다. 통신은 김 위원장이 시 주석에게 "조미(북-미) 관계 개선과 (미국과의) 비핵화 협상 과정에 조성된 난관과 우려, 해결 전망에 대해서 말했다"고 전했고, 시 주석은 "조선(북한)이 주장하는 원칙적인 문제들은 응당한 요구이며 조선 측의 합리적인 관심 사항이 마땅히 해결돼야 하는데 전적으로 동감한다. 유관 측들이 이를 중시하고 타당하게 문제를 처리하는 것이 올바른 선택"이라고 강조했다는 것이다. 시 주석은 중국이 북한의 후견국임을 공식적으로 밝힌 셈이다.

김 위원장은 신년사에서 "미국이 세계 앞에서 한 자기의 약속을 지키지 않고 우리 인민의 인내심을 오판하면서 일방적으로 그 모습을 강요하려 들고 의연히 공화국에 대한 제재와 압박으로 나간다면 우리로서도 어쩔 수 없이 부득불 나라의 자주권과 국가의 최고 이익을 수호하고 조선반도의 평화와 안정을 이룩하기 위한 새로운 길을 모색하지 않을 수 없게 될 수도 있다"고 위협했다. 김 위원장은 시 주석과 '새로운 길'에 대해서도 논의했을 것으로 추정된다.

다만 중국이 미국과의 관계 악화를 이유로 북한 비핵화에 대해 형성된 제재 레짐을 이탈할 것인지에 대해서는 국내 전문가들 사이에 의견이 엇갈리고 있다. "북한 핵문제가 나름대로 구조의 독특함이 있고 보다 독립적인 이슈이긴 하지만 미중관계라는 더 큰 구조와 완전히 떨어져 있는 것은 아니다. 대체적으로 미중이 전략적 협조를 잘 할 때, 북한 핵문제가 풀릴 가능성이 높다. 미중이 무역 소위 '전쟁'을 치르고 있는 상황에서 미국이 중국에 대해서 북한 핵문제에 적극적으로 협력을 해달라고 얘기하기가 어렵다"는 의견[30]에 대해 "중국에게도 북한 비핵화가 중요한 이슈다. 북한이 핵무장을 하게 되면 일본과 한국 심지어는 대만까지도 핵무장을 고려를 할 수 있고 일종의 핵도미노 현상이 벌어질 가능성이 충분히 있다. 북한에 대한 미국의 압박과 봉쇄는 더욱 강화될 것이다. 북한을 표적으로 하는 강화된 압박 전략이 중국의 안보에도 부정적인 영향을 미친다"는 반론이 맞서고 있다.[31]

이 장의 주

1　Barry Posen, "The Rise of illiberal Hegemony: Trump's Surprising Grand Strategy," *Foreign Affairs*(February 13, 2018).

2　John J. Mearsheimer, *The Great Delusion: Liberal Dreams and International Realities* (Princeton University Press, 2018), pp. 224~227; Michael Lind, "John Mearsheimer on International Relations, Great Power politics, and the Age of Trump," *The National Interest* (December 15, 2018).

3　John J. Mearsheimer and Stephen M. Walt, "The Case for Offshore Balancing: A Superior U.S. Grand Strategy," *Foreign Affairs*(June 13, 2016).

4　John J. Mearsheimer, *The Great Delusion: Liberal Dreams and International Realities,* p. 223.

5　John J. Mearsheimer, "Donald Trump Should Embrace a Realist Foreign Policy,"

The National Interest(November 27, 2016).

6 Michael Lind, "John Mearsheimer on International Relations, Great Power politics, and the Age of Trump."

7 Dong Sun Lee, "America's International Leadership in Transition: From Global Hegemony towards Offshore Leadership," *Jornal of International and Area Studies*(Vol. 24, No. 1, 2007), pp. 1~19.

8 존 J. 미어샤이머(이춘근 역), 『강대국 국제정치의 비극: 미중 패권경쟁의 시대』(서울: 김앤김북스, 2017), 87쪽.

9 위의 책, 88~89쪽.

10 위의 책, 511~513쪽.

11 존 J. 미어샤이머(이춘근 역), 『강대국 국제정치의 비극: 미중 패권경쟁의 시대』, 483~485쪽.

12 위의 책, 513~514쪽.

13 『동아일보』, 2017년 3월 22일자. 왕이 중국 외교부장은 트럼프 행정부 출범 직후인 2017년 3월 20일 국무원 산하 발전연구중심 주관으로 베이징에서 열린 중국발전고위급포럼 연설에서 "중국과 미국은 협력을 통해 '투키디데스함정(Thucydides Trap)'과 '킨들버거 함정(Kindleberger Trap)'을 피할 수 있다"고 말했다. 다음달 시진핑 중국 국가주석과 트럼프 대통령의 첫 정상회담을 앞두고 주요2개국(G2) 간의 충돌보다는 협력의 필요성을 강조한 것이다.

14 강성학, 『무지개와 부엉이: 국제정치의 이론과 실천에 관한 논문 선집』(서울: 박영사, 2010), 347쪽.

15 『한국일보 인터넷판』, 2017년 1월 15일자. 이른바 연성 권력(Soft Power)의 주창자인 조지프 나이 하버드대 석좌교수는 '투키디데스의 함정'이 트럼프 대통령이 중국을 너무 강하게 볼 경우 빠질 수 있는 것으로, '킨들버거 함정'이 트럼프 대통령이 반대로 중국을 너무 약하게 볼 때 빠질 수 있는 함정이라고 동시에 지적하고 있다. 1930년대 영국과 미국의 상황에 맞춘다면, '킨들버거 함정'은 미래의 어느 시점에 미국은 지금보다 더 쇠퇴하고 중국은 더 부상해 그동안 국제정치경제 제도를 만들고 운영해온 미국이 그 역할을 중국에 넘겨야 할 시점이 되었을 때 적용될 수 있는 논리라고 할 수 있다. 앞에서 지적한대로, 중국은 이미 자신들이 협조하지 않으면 현재의 국제정치경제 질서에 파국이 올 수 있음을 암묵적으로 위협하고 있는 것이다.

16 이근욱, 『왈츠 이후: 국제정치이론의 변화와 발전』(서울: 한울, 2009), 43~45쪽. 냉

전시절 경험적 차원에서 나타난 근거는 세 가지다. 첫째, 양극체제에서는 동맹국으로 인한 '불필요한 전쟁'이 발생하지 않는다. 둘째, 양극체제하에서는 다극체제보다 서로의 의도에 대한 불확실성이 낮아 강대국 관계에서 혼선이 빚어질 가능성이 적다. 셋째, 양극체제에서 나타났던 '장기적인 평화'는 냉전 시기 국제체제에서 미국과 소련이라는 두 개의 강대국에 힘이 집중되어 있기 때문이었지, 핵무기라는 새로운 무기가 등장했기 때문만은 아니었다. 하지만 월츠는 냉전기간에 미국과 소련이 핵무기를 이용해 서로를 억지(deterrence)하는데 성공했으며 이런 측면에서 월츠는 핵무기가 평화를 가져온다고 보았다.

17 위의 책, 334쪽.

18 강성학, 『무지개와 부엉이』, 91쪽. 이들은 권력의 개념을 부정하는 것은 아니지만 권력의 중요 요소가 군사력에서 비군사적 홍정의 기술로 옮겨 갔음을 강조한 것이다. 세계는 군사력을 앞세운 강대국의 투쟁장이기도 하지만 여타 다양한 조직체들이 상대방 국가와 비국가 단체 등과의 그물망을 형성하며 거래하고 홍정하는 네트워크라는 설명이다. 이 이론은 특히 국제사회에서 강대국들이 다뤄야 할 이슈가 증가하고 복잡해짐에 따라서 강대국간 협력 필요성이 커졌다는 점을 강조한다.

19 『동아일보』, 2013년 6월 4일자. 이언 브레머 미 유라시아그룹 회장과 존 헌츠먼 전 주중대사는 2013년 6월 2일 뉴욕타임스(NYT)에 게재한 공동기고문에서 상호확증경제파괴(MAED·이라는 개념을 소개했다. '중국과 어떻게 잘 지낼 것인가'라는 제목의 기고문은 2013년 6월 7일과 8일 캘리포니아 주 휴양지 랜초미라지에서 열리는 버락 오바마 미국 대통령과 시진핑 중국 국가주석의 첫 미중 정상회담을 앞두고 제언을 하는 형식이다. 이들은 "좋건 싫건 미중 양국은 MAED의 형태로 묶여 있다"며 양국이 이해하고 양보하면서 갈등보다는 협력을 추진해야 한다고 주장했다. 기고문은 과거 미소 양극체제를 이끈 로널드 레이건 대통령과 미하일 고르바초프 공산당 서기장 '커플'과 오바마-시진핑 시대를 대비시켰다. 경제 관계 없이 핵 대결에 치중했던 미소 관계와는 달리 미중 관계는 '차이메리카(차이나+아메리카)'로 표현될 만큼 무역과 투자 등의 경제 분야에서 '비자발적 협력'을 계속하고 있다는 것이다. 중국은 대량의 공산품을 미국에 수출해 달러를 벌고 미국은 중국 덕분에 낮은 물가를 유지하고 있다. 중국은 다량의 미 국채를 사들이고 미국은 이 유동성으로 중국 상품을 사들일 여력을 확보하는 순환구조를 갖고 있다고 기고문은 강조했다.

20 이하 3장과 4장의 미중 정부 발표와 기초적인 사실관계는 김한권, "전환기 중국 부상과 미중관계: 중국 정치와 외교안보 분야의 도전요인"(동아일보 부설 화정평화재단·21세기평화연구소 주최 정책토론회 발표문, 2017년 9월 12일); 박행웅 편역·박동철 해제, 『트럼프의 미국 우선주의』(서울: 한울, 2018) 참조.

21 스타인버그와 오헨런 저서에 대한 자세한 설명은 신석호, 『오바마는 왜 트럼프처럼 김정은을 다루지 않았을까』(서울: 린쓰, 2018), 185~188쪽.

22 James Steinberg & Michael E. O'hanlon, *Strategic Reassurance and Resolve* (Princeton University Press, 2014), pp.203~206.

23 『뉴시스』, 2018년 11월 17일자.

24 유현정, "미중경제 갈등 내용 및 전략적 고려사항,"(2018년 11월 15일 통일연구원 발표문); KOTRA, "미중 통상분쟁 현황 및 전망,"(글로벌 마켓 리포트 18-022) 참조.

25 박병광, "미중 무역전쟁의 배경과 시사점,"(국가안보전략연구소 이슈 브리프 18-48); 최진백, "미중 무역분쟁의 내용과 전망: '중국제조 2052'를 중심으로,"(국립외교원 외교안보연구소 주요국제문제분석 2018-30); 신꽃비 등, "미중 통상분쟁의 영향: 301조에 따른 상호 추가관세 부과를 중심으로,"(대외경제정책연구원 오늘의 세계경제 18No. 35) 참조.

26 민정훈, "2018 미국 중간선거 결과 분석 및 전망,"(국립외교원 외교안보연구소 주요 국제문제분석 2018-42); KOTRA, "2018 미국 중간선거 결과에 따른 정책전망 및 우리에게 주는 시사점,"(글로벌 이슈 페이퍼 18-003); 서진교 등, "미 중간선거 결과와 트럼프 행정부 통상정책 변화 가능성,"(오늘의 세계경제 18No. 39) 참조.

27 『한국일보 인터넷판』, 2018년 11월 19일자.

28 2018년 10월 이른바 '채텀하우스 룰'로 진행된 비공개 북핵문제 국제세미나에 참석한 한 중국 인사는 이렇게 말했다. "미국이 북한 비핵화를 위해 최대압박을 하려면 중국과 잘 지내야 한다. 그런데 미국은 중국과 무역전쟁을 벌이고 있다. 북핵은 중국에도 위협이지만 이젠 이차적인 것이 되었다. 미국의 위협이 주요 문제가 되었다. 폼페이오 미 국무장관이 베이징에 와서 우리를 봉쇄하는 것이 아니라고 말하지만 우리는 그렇게 느끼고 있다. 중국 정부는 북한 제재에 과거와 같이 많은 자원을 쓰지 않을 것이다. 또 북한을 비핵화 하려면 다자적인 협력을 통한 인센티브 패키지가 필요하다. 선거에 따라 정권이 바뀌고 의회의 비준을 받아야 하는 미국은 경제지원을 크게 할 수 없다. 중국이 지원하지 않으면 북한이 안심하지 못할 것이다. 비핵화에는 시간이 걸린다. 제재도 해야지만 보상도 해야 한다. 트럼프는 보상은 없이 완전하고 검증가능하고 돌이킬 수 없는 폐쇄(CVID)만 외치고 있다. 말로는 김정은을 사랑한다고 하는데 김정은은 믿지 않을 것이다."

29 이종주, 『북한 핵정책의 변동성 연구(1991~2016): '제한적 편승'에서 '전면적 내부 균형'으로』(북한대학원대학교 박사학위 논문, 2018). 이종주(2018)는 2009년 이후 북한이 핵개발 정책을 가속화 한 것은 동북아 지역 국제정치의 상위개념인 미중관계가 미국 유일 강대국 체제에서 미중 양극체제로 이행하면서 북한도 '제한적 편승

전략'에서 '전면적 내부균형 전략'으로 선회한 것이라고 주장했다. 미중관계가 북한 핵정책에 영향을 주었다는 주장이다.

30 현인택 전 통일부 장관과의 인터뷰(2018년 10월 30일).

31 윤영관 전 외교통상부 장관과의 인터뷰(2018년 10월 29일).

필자 소개(집필순)

이종주

1998년부터 2019년 현재까지 통일부에서 일하고 있다. 고려대학교(1995년)와 서울 대학교 행정대학원(2000년), 미국 하버드대 케네디스쿨(2006년)에서 사회학과 정책 학, 국제안보학 등을 공부하였다. 2018년 북한대학원대학교에서 "북한 핵정책의 변 동성 연구(1991~2016): '제한적 편승'에서 '전면적 내부균형'으로" 제하 논문으로 북 한학 박사학위를 받았다.

박시영

합동참모본부 근무. 육군사관학교, 서울대학교, 조지워싱턴대학교에서 국제정치학 을 공부하고, 2015년에 북한대학원대학교에서 북한학 박사학위를 수여 받았다. 한 미연합사, 판문점 공동경비구역(JSA), 국방부 등에서 근무했으며, 독일 베를린 자유 대학교에서 방문학자로 동·서독 군사통합과정을 연구했다. 주요 관심 분야는 북한 의 군사전략, 북한 핵·WMD, 남북한 군사통합정책 등이다. 주요 저서로는 "북한의 위협인식과 전략적 선택의 메커니즘 연구,"『현대북한연구』제19권 1호(2016), "핵 무력 완성 선언 전후 북한의 위협인식과 '선호의 역전' : 위험감수에서 위험회피전 략,"『국방연구』제62권 제1호(2019) 등의 논문이 있다.

유판덕

〈한국융합안보연구원〉수석연구위원, 〈한국DMZ학회〉이사. 예비역 중령, 군 복무 시 다년간 북한 분석업무를 수행하면서 북한군사 문제에 관심을 갖게 되었고, 북한 군에 대한 보다 체계적인 연구를 위해 북한대학원대학교에 입학하여 2018년 "북 한 '주체의 군사사상'에 관한 연구" 논문으로 박사학위를 받았다. 주요 논문으로는 "북한의 '혁명전쟁이론' 으로 본 북한 '핵 무력'", 접경지역연구 제2권 제1호(2018. 6), "북한 '핵 무력'이 '주체적 통일노선' 에 미칠 영향", 통일문제연구 제31권 1호 (통권 제71호, 2019 상반기) 등이다.

한상철

대학에서 역사교육을 대학원에서 북한학을 공부했다. 1999년부터 현재까지 동성고 에서 역사를 가르치고 있다. 진실한 역사를 가르치겠다는 열정 하나로 근현대사 대안교과서 작업을 10년간 진행했다. 힘든 작업을 마치며 얻은 교훈은 북한을 모르 면 한국근현대사를 총체적으로 인식할 수 없다는 것이었다. 북한 자료를 볼 수 있 는 북한대학원대학교에서 학문의 자유가 소중함을 느꼈다. 2019년부터 심연북한연 구소에서 활동하고 있다. '분단'과 '전쟁'을 연구하고 있으며 최근 '한반도 평화'에 주목하고 있다. 주요 논문은 「남북한 분단국가 수립과정 연구(2011)」, 「한반도 이 념전쟁 연구(2017)」이 있다. 저서로는 『내가 쓰는 한국 근현대사(2010, 공저, 우리 교육)』, 『한반도 이념전쟁연구 (2018, 선인)』가 있다.

이규태

〈가톨릭관동대학교〉 명예교수. 남북한문제에 원래 관심을 가졌지만, 중국문제를 먼저 공부하기 위해서 臺灣의 國立政治大學에서 "當前中共「新時期統一戰線」之硏究"(현재중공신시기통일전선의 연구)와 "中共對韓政策之硏究"(중공대한정책의 연구)로 법학 석사와 박사학위를 받았고, 북한문제를 심도있게 연구해보고자 2007년 북한대학원대학교에 입학 "대만과 중국의 협상소통기제연구-남북한에 주는 함의" 라는 논문으로 2017년 박사학위를 받았다. 현재 한중관계와 북중관계, 대만해협양안관계와 남북한관계의 비교연구를 주로하고 있으며, 주요저서는 "현대한중관계론", "국제지역연구와 중국학" 등이 있고, 주요논문은 "한중관계: 사실과 콤플렉스(2013)", "중국과 주변국 외교관계와 문제(2014)", "대만해협양안관계의 '국가통합모델'로서의 의미에 대한 연구"(2015), "대만해협양안과 남북한 분열관계현황과 기제의 비교"(2018) 등이 있다.

김옥자

(Queens College of the City University of New York) Research Scholar. 한국사회에 만연해 있던 반공이데올로기 속에서 통일교육을 어떻게 할 것인가의 답을 찾기 위해 2005년 북한대학원대학교에 입학, 2013년 북한 권력엘리트 양성에 관한 논문 "만경대혁명학원에 대하여"로 박사학위를 받았다. 대표 저서로는 "북한의 반미선전·선동과 신천박물관에 대하여"서울대학교 한국정치연구28집1호(2019); "북한교육 패러다임 전환: 기술교육중심에서 정치사상교육 중심으로" 현대북한연구18권3호(2015); "만경대혁명학원 창립과 핵심인재양성에 관한 연구" 현대북한연구18권1호(2014) 등이 있다.

이경직

〈북한미시연구소〉 객원연구위원. 분단된 조국의 통일을 위해서는 북한에 대한 이해가 필요하다는 생각과 국회에서 정책보좌관으로 외교통일위원회, 국방위원회를 담당하며 전문적 지식과 능력함양을 위해 북한 공부를 시작, 2014년 '김일성·김정일 수령형상 과정에서 선전선동의 역할'이라는 제목으로 박사학위를 받았다. 한국요양보호사중앙회 사무총장 직을 수행하며 현재 행정사, 사회복지사, 요양보호사로서 복지에 관심을 갖고 관련 업무에 종사중이다. 향후 열악한 북한의 복지체계에 관심을 가져보고자 한다. 저서로는 정치소프트(1995), "북한의 체제유지와 선전선동의 역할: 수령형상의 측면에서"(북한연구학회보 제18권제2호, 2014년 겨울) 등이 있다.

홍성보 박사(경희대학교)

서울대 농경제학과를 마치고 MBC와 YTN에서 기자와 PD로 일했다. 북한대학원대에서 '태권도'와 '체육정책'으로 석사와 박사 학위를 받았고, 경희대, 가천대, 성균관대 등에서 미디어와 태권도 과목을 강의하고 있다. 주요 저서와 논문은『WTF태권도』(공저, 2006),『북한태권도의 특성 연구』(2006),『북한 선군체육의 기원 연구: 1945~1970』(2015), "북한의 국제경기대회 현황 연구"(2015), "남북태권도의 교류와 융합에 관한 연구"(2017), "북한태권도의 변화와 지속성 연구"(2017), "북한태권도의 문화유산 특성 연구"(2018), "남북태권도의 유네스코 공동등재 방안 연구"(2019) 등이다. 지금은 인터넷신문사에서 남북교류와 경제협력 분야를 취재하고 있다. 연락처는 paulsbhong@hanmail.net

조우찬

통일부 위촉 통일교육위원. 북한대학원대학교에서 "북한 갑산파 연구: 기원, 형성, 소멸"이라는 주제로 박사학위를 받았다. 국방부 산하 기관인 국방전신전력원 연구개발부 소속으로 안보학 분야 교관의 논문 심사 및 무형전력발전위원회 위원으로 외국의 군 교육기관에 대해서 연구하였다. 주요 관심 분야는 북한 체제의 변화에 관한 것이다. 현재, 남북한 문화예술교류협력과 지방자치단체 남북교류협력에 대해서 연구하고 있다. 주요 논저에 "김두봉의 해방 후 정치활동의 특징과 숙청의 배경,"『한국근현대사연구』제88집(2019. 3), "한반도 평화와 스포츠: 평창 동계올림픽과 남북 스포츠 교류를 중심으로," 통일연구원,『통일정책연구』제27권 제2호 (2018. 12), "일본과 러시아의 영토인식의 재조명과 획기적 영토교섭의 한계: 흐루시초프와 모리의 2개 도서 반환론의 함의를 중심으로," 육군사관학교 화랑대연구소,『한국군사학논집』제74권 제2호(2018. 6) 외 다수가 있으며 연구보고서『한국광복군의 정신적 유산과 국군의 계승』(국방정신전력원, 2018) 등이 있다.

신석호

〈동아일보〉 디지털뉴스팀장 겸 〈동아닷컴〉 미디어콘텐츠본부장. 1993년 고려대 정치외교학과 졸업 및 동 대학원 수료. 기자생활 8년차인 2002년 6월 처음 평양에 가게 된 것을 계기로 그해 9월 경남대학교 북한대학원 석사과정에 입학해 늦은 북한 공부를 시작했다. 2005년 북한대학원대학교에 입학해 2008년 '북한과 쿠바의 경제위기와 개혁'이라는 논문으로 박사학위를 받았다. 저서 '토요일에는 통일을 이야기합시다'(필맥, 2003), '김정일과 카스트로가 경제위기를 만났을 때'(전략과 문화, 2008), '분단저널리즘 뛰어넘기'(리북, 2012), '오바마는 왜 트럼프처럼 김정은을 다루지 않았을까'(린쓰, 2012), 논문 "사회주의 경제위기와 대응의 정치학: 1990년대 북한과 쿠바의 사례" 현대북한연구 제11권 1호 (2008. 6) 등이 있다.

김정은시대 북한을 보는 10가지 시각: 지속과 변화

2019년 08월 12일 초판 인쇄 | 2019년 08월 22일 초판 발행

편저자   북대북한연구회
펴낸이   한정희

편집·디자인   한명진 김지선 유지혜
마케팅   전병관 하재일 유인순

펴낸곳   역사인
출판신고   제406-2010-000060호

주소   경기도 파주시 회동길 445-1 경인빌딩 B동 4층
대표전화   031-955-9300 | 팩스   031-955-9310
홈페이지   http://www.kyunginp.co.kr | 전자우편   kyungin@kyunginp.co.kr

ISBN   979-11-86828-16-8   93340
값   25,000원

ⓒ 북대북한연구회 편, 2019
역사인은 경인문화사의 자매 브랜드입니다.